北京市学校艺术教育蓝皮书

北京市教育委员会专项资助

史红 ◎ 主编

北京中小学艺术教育改革与发展思考

北京市学校美育研究中心
首都师范大学青少年美育研究发展中心　主办

首都师范大学出版社
CAPITAL NORMAL UNIVERSITY PRESS

图书在版编目（CIP）数据

北京中小学艺术教育改革与发展思考/史红主编. — 北京：首都师范大学出版社，2018.5
ISBN 978-7-5656-3699-8

Ⅰ.①北… Ⅱ.①史… Ⅲ.①艺术教育－教育改革－研究－中小学－北京 Ⅳ.①G633.950.2

中国版本图书馆CIP数据核字（2017）第325537号

BEIJING ZHONGXIAOXUE YISHU JIAOYU GAIGE YU FAZHAN SIKAO
北京中小学艺术教育改革与发展思考
史　红　主编

责任编辑　孙少红　陈娇娇
首都师范大学出版社出版发行
地　　址　北京西三环北路105号
邮　　编　100048
电　　话　68418523（总编室）　68982468（发行部）
网　　址　http://cnupn.cnu.edu.cn
印　　刷　北京九州迅驰传媒文化有限公司
经　　销　全国新华书店
版　　次　2018年5月第1版
印　　次　2018年5月第1次印刷
开　　本　710mm×1000mm　1/16
印　　张　23.5
字　　数　411千
定　　价　69.00元

版权所有　违者必究
如有质量问题　请与出版社联系退换

编委会

主　编　史　红
副主编　张京华　刘　弦　于大雪　周　翔
　　　　王　婷
编　委　史　红　张京华　刘　弦　于大雪
　　　　周　翔　王　婷　吴　文　林　清

前　言

本书为北京市教育委员会委托专项基金"北京市艺术教育活动创新实践研究"成果之一。

艺术教育对人的成长、对文化的传承、对社会的可持续发展都具有重要影响与意义。"举精神之旗、立精神支柱、建精神家园"是时代赋予中小学艺术教育的历史使命，激发丰富的想象力、培养全面发展的能力、引导正确的价值取向、生成健康的人格等是艺术教育的责任与目标。根据北京市教委数据统计，北京市现有中小学 1642 所，其中小学 1040 所，中学 602 所，学生总数 121.77 万。北京市是学校最多、学生人数最多的城市。为了全面落实党的教育方针，根据《国务院办公厅关于全面加强和改进学校美育工作的意见》的精神以及教育部体育卫生与美育司有关美育工作要点的指示，北京市教委在学校艺术教育方面提出了"一个目标、两个任务、三个平台、四个融合、五个维度"的理念。

一个目标：开展学校艺术教育的核心目标为全面发展学生的艺术素养。艺术教育是学校教育当中的重要组成部分，发展艺术教育是艺术教育工作者的天职和神圣使命。艺术教育工作者应坚定不移地坚持这一目标而不能偏移，并围绕这一目标扎实地做工作。

两个任务：第一个任务是改善学校艺术教学。艺术教育形式多种多样、包罗万象，艺术教育可以和很多学科做交叉性的互动、融合，如艺术教育与人文学科、外语学科、科学学科等。一些学科教学说不透、说不深、说不全的事情，通过艺术形式就很容易理解、知晓，艺术形式是提高学科教学效果的有效突破口。第二个任务是通过开展艺术教育推动师生的全面发展。艺术教育在全面解放人的天性方面具有其他学科不可替代的作用。另外，不仅要对学生进行艺术教育，更要对全体教师也进行艺术教育。现实中教师的天性并未完全解放，并未遵循人的自身规律而发展。以艺术教育发展教师的身心健康，是北京艺术教育的新任务。

三个平台：即讲台、舞台、平台。首先，站好讲台，把握、利用好课堂教学这一主渠道，对全体学生实施艺术教育。其次，注重提供舞台，艺术的实践性要求舞台做支撑，使学生有欣赏艺术之美、展示艺术才华的空间。再次，搭建平台，以促进艺术教育的资源整合、信息交流、师资培训等。讲台、舞台、平台这三者联动是促进北京学校艺术教育取得成功的关键。

四个融合：即学生、学校、家长、社会的融合。北京有丰富的艺术教育资源，有家长资源，也有社会资源，仅仅依靠学校的力量是无法实现全面推动艺术教育的。借助多方力量来推动学校艺术教育的发展，并不断推动这四者融合，可突破艺术教育本身的边界，弥补艺术教育资源的不足。

五个维度：艺术教育可以在五个方面发挥作用与功效。第一个是培养校园文化的温度。校园文化需要常温和常态，通过艺术方式保留和传承学校文化是常态的一个表现。一个艺术作品可以承载一个学校文化，也可以让一个学校的文化得以延伸。第二个是提高学校艺术教育的高度。艺术教育不应被看低、看窄、看小，它既是教育也是文化，它背后蕴藏着大量思想、人生、社会等内涵。艺术教育不只是让学生简单地欣赏艺术，而是要挖掘艺术内涵、意蕴，让学生在体验、参与中领悟其中的深邃精神、思想。第三个是拓展学校艺术教育的宽度。学校是育人的组织机构，是提供给学生教育精神食粮的地方，遵循古典和经典原则，把古典和经典的艺术精品介绍给学生，可使学生获得最深刻、最生动、最感人的美育。第四个是延伸学校艺术教育的长度。艺术教育对学生树立审美观、人生观、世界观都具有相当大的作用，一部戏剧、一段舞蹈、一首音乐都会在孩子心里留下美好印象，影响着他的未来人生之路。艺术教育是奠定孩子终身发展的基础教育，也是培养孩子积极、勇敢、奋进的品格，提升美好灵魂的教育，所以不能"一时一事"，而要从学生身心健康、健全人格、人生发展等角度综合、全面考虑。第五个是增加学校艺术教育的厚度。艺术是文化的叶，文化是艺术的根。文化靠艺术来彰显，艺术以文化为底蕴。没有文化含量的艺术不能称为艺术，文化是艺术的根基。艺术教育不是单纯的以娱乐化为主的绘画、音乐、舞蹈、戏剧的教育，它需要文化的厚度，在艺术教育中传递世界与中国优秀文化的精髓。

北京市教委将这些艺术教育理念贯彻落实于中小学艺术教育工作中，在系统性、规范性、科学性和连续性上，构建了完整的工作体系，形成良好发展态势，在多方面取得了令人瞩目的成绩，已经逐渐形成鲜明的首都学校艺术教育模式。

树立品牌、树立典型、树立榜样是北京市学校艺术教育建立首都独有特色的自觉意识的表现。北京市中小学艺术教育坚持普及与提高统一，在普及基础上进行有意识地提高。北京市中小学艺术社团品牌如"金帆艺术团"现有十几个艺术门类、200多个艺术分团和近万名团员，承办学校涉及200多所中小学和校外教育机构。金帆艺术团之所以成为北京市中小学艺术教育的标志就在于北京市教委的规范化的管理办法，包括工作要求、组织管理、验收评审、支持保障等。"金帆艺术团"在增强特色化建设、体系化建设、制度化建设方面为北京市中小学艺术教育提供了宝贵经验。它是北京市的"金"名片，是北京市塑造的艺术教育改革的成功典型。

在全方位上下功夫、在全面性上做文章、在全区域上讲均衡是北京市学校艺术教育的格局思维的反映。为推动中小学艺术教育发展，北京市教委颁布了一系列指导性政策，要求学校从课程、师资、教材到设备、教室等方面符合教育部的有关规定。此外，北京市还整合社会资源来支援学校艺术教育，体现出全方位的思维。让所有学生都接受艺术熏陶也是北京市艺术教育的目标，这一目标以育人为本，面向全体，力图实现人人有艺术兴趣，人人有艺术专长。其具体工作落实即以课堂教学为基点，以学生艺术团建设为引领点，以艺术实践活动为着力点，让艺术感染每一个人的身心，滋润每一个人的心田。

讲究多样性、讲究多类别、讲究多维度是北京市学校艺术教育的实施策略、技巧与方法的显现。在多元社会，多样性既是时代要求，也是艺术教育本身要求。北京市中小学艺术教育在书、画、歌、舞、戏剧等艺术形式中展示出多姿多彩的特点。由于讲究不同类别指导，因人、因地、因校制宜，艺术教育在中小学校特色鲜明、卓有成效。在艺术教育过程方面，艺术意识渗透于多学科教学，与语文、历史、外语学科结合紧密，艺术教育与德育、智育、体育基本已经融合。除课堂教学之外，课外艺术社团的活动、校外参观、艺术实践等活动也同时并举，显现出北京市中小学艺术教育已形成课堂教学、课外活动、校园文化的多维合力的模式。

面向国际、面向时代、面向未来是北京市学校艺术教育的追求方向与目标。北京市中小学艺术教育在中外交流方面，做了大力的、积极的拓展。从学生自身发展出发，提供了形式多样的国际艺术交流平台，如举办各类国际艺术展演、国际学校间交流，邀请国际著名艺术家讲座、举办各类大师讲堂，达到了将中国文化艺术送出国门，将世界文化艺术引进来的目的。这些活动不仅拓宽了学生的视野，也拓宽了北京市艺术教育的国际影响空间。

北京市在全方位、多样化、深层次、高水平、大视野上开展中小学艺术教育，理念先进，举措得当，效果明显，亮点突出，成绩斐然，显示出首都学校艺术教育的工作质量。未来的北京市中小学艺术教育的工作机制会更加完善，更加均衡发展，更加优化体系，更加深化改革，更加强化质量。

本书分为上、下两篇，上篇以访谈为主，主要是2012年对推动北京市中小学艺术教育发展的有关领导、专家、教师的访谈，重点介绍与分析北京中小学艺术教育的改革示范榜样"金帆艺术团"的建立、发展的历程，精神内涵、启发意义与作用、师生情怀、人生影响、未来规划、前景展望等。许多领导、专家、教师都是金帆艺术团成长的亲历者，从他们的生动谈话中，我们可以了解金帆艺术团的成立背景、初期的困难条件、发展的转机、现在的辉煌和影响；我们可以知晓那些鼎力支持金帆艺术团的功臣们、教师们在背后付出的辛勤努力；也可以获知学生在金帆艺术团的真实感受以及艺术对他们人生发展的影响；可以让我们清晰地了解北京市中小学艺术教育发展的战略、政策、措施，以及具体的实施成果。

下篇以研究为主，主要是国内外有关学者对艺术教育的路线图、规划、进程、特点、规律等的理论思考，对北京市中小学艺术教育发展的现状分析、问题反思以及相关对策建议，还有国外艺术教育状况、中外艺术教育比较等。这些研究虽然视点不同、观点不同，但是可以让我们开阔视野，掘进思考深度，掌握变化特点，把握未来发展趋势，获得诸多推进北京市中小学艺术教育改革的启迪。

本书作为北京市学校艺术教育的第一本蓝皮书，对北京市中小学艺术教育（工作者）进行系统访谈、回顾、分析、总结和研究，既全方位展示其改革、发展的成就，又深入分析了其存在的问题、产生的原因和前进的方向，希望它对提升北京市艺术教育质量、水平具有参考意义与价值。在此基础上北京艺术教育在实践与理论方面会更加完善，会更加提升层次、水平，会出现新的经验、新的成果、新的高度，它不会停止追求飞跃，不会停止追求卓越，北京艺术教育永远追求一流！

未来，北京的中小学艺术教育会更加领先、更加超前！

史　红

2017 年 10 月

目　录

上篇　访谈篇

首都师范大学党委书记郑萼访谈录 / 3
北京市教育局原局长陶西平访谈录 / 10
北京市东城区教委书记刘藻访谈录 / 18
北京市海淀区青少年宫书记王宣德访谈录 / 22
北京舞蹈学院潘志涛访谈录 / 31
中国人民解放军军乐团团长邹锐访谈录 / 36
金帆艺术团黄飞立访谈录 / 42
金帆艺术团吴灵芬访谈录 / 48
金帆艺术团廖代芬、小柯访谈录 / 56
北京市少年宫原舞蹈特级教师张先敏访谈录 / 65
北京市第二实验小学校长李烈访谈录 / 71
北京市第五十七中学才晓雯访谈录 / 76
北京市第五十七中学吕进访谈录 / 82
北京市第八十中学胡玉红访谈录 / 85
北京市第一零一中学胡丙余访谈录 / 95
北京市第一六六中学李正华访谈录 / 100
北京市第二中学孟艳访谈录 / 107
北京市第五中学张立英访谈录 / 112
北京市第九中学王忆农访谈录 / 119
家长访谈录 / 123
学生访谈录 / 128

下篇　研究篇

构建21世纪的创造力
　　——联合国《艺术教育路线图》解读 / 137
呼唤艺术教育的回归
　　——我国义务教育阶段艺术教育问题及改进探究 / 142

生态式艺术教育透视 / 151
公共艺术教育的美育进程
　　——从知道到懂得 / 158
中国行进管乐与中学音乐教育 / 162
中国青少年铜管乐发展存在的问题 / 166
合唱是安静的艺术
　　——谈合唱环境问题 / 168
通过合唱享受音乐
　　——访中央少年广播合唱团指挥孟大鹏 / 171
有关儿童歌唱训练的基本知识 / 174
对中小学合唱艺术教育的思考 / 181
浅谈北京市"非金帆"中学生管乐团问题及对策 / 183
对北京郊区中小学合唱与指挥现状的思考 / 192
我国高等师范音乐院系发展忧思 / 200
谈中小学民乐团发展现状的影响因素
　　——以北京中小学民乐团为例 / 204
关于小学音乐教师专业化发展的思考 / 207
童年在舞蹈的"呼吸"中成长 / 214
偏好与表达：中小学生的舞蹈意愿调查 / 218
美术教育发展趋势的把握与美术课程构建的对策 / 230
儿童美术教育的支点 / 238
基础美术教育正在发生什么变化 / 246
新视野下的小学美术教育探论 / 252
小学书法教育现状分析及解决办法 / 259
美国中学艺术教育改革的特点及启示 / 264
艺术教育与熏陶 / 269
西澳大利亚州工艺美术负责人对"K12"视觉艺术课纳入教育体系的呼吁 / 284
比较视角：澳大利亚、越南、中国的儿童早期艺术教育 / 302
英国艺术教育的近期发展：除了为人所见的事物外，代际间并无变化 / 320
跟上时代：艺术教育中科技和标准的演变 / 348

后　　记 / 365

上篇　访谈篇

北京市一直十分重视学校艺术教育，不断进行着新的探索与改革，成果显著，特别自1987年金帆艺术团成立以来，北京市学校艺术教育发展更为迅速。现在金帆艺术团已经成为北京市学校艺术教育改革的一张具有特殊影响的名片、一个具有典型意义的标志。那北京市教育委员会制定了哪些促进学校艺术教育发展的战略思想、方针、政策？各级有关领导采取了哪些推动学校艺术教育改革的措施、方法？金帆艺术团是如何诞生、发展的？有关专家是如何支持金帆艺术团的？相关学校的老师又是怎样开展金帆艺术团的活动的？2012年北京学生活动管理中心刘弦对多位领导、专家、老师进行了访谈。

首都师范大学党委书记郑萼访谈录

问：今天非常荣幸能够采访到您，我们想了解一下当时成立金帆团的背景是什么样子的？

答：当时(1987年)有一个德国学生艺术团到北京访问，希望和我们北京的一个中小学艺术团进行交流、切磋，结果北京教委行政部门找遍了我们1000多所中小学，发现没有一个中小学艺术团体能够和他们对话，北京就没有这样的学生艺术团。当时我就产生了一种要在学校艺术教育中成立学生艺术社团的迫切心和紧迫感，因此下决心要建立这样一个学生艺术团。当初是先在海淀区现有的管乐团的基础上进行试验，主要是为了试探一下看看建团到底行不行。我们邀请了著名指挥家李德伦先生，说"您帮着看一看，能不能建艺术团"？孩子们即兴弹奏了一段，李德伦先生听了很激动，他说，"很好，应该说是有条件建的"，这样我们信心大增，立即着手开始组建金帆团。

问：当时整个社会背景是什么样的？据说那时候是高雅音乐非常低迷，通俗音乐比较流行，是吧？

答：对，那个时代流行音乐不仅仅是充斥了学校，而且在社会上、市场上也比较流行。大家欣赏的层次都停留、局限在流行音乐上，而对像管乐、交响乐等高雅艺术却知之甚少，但是特别可贵的是有一批艺术家们一直在坚守着，他们在积极传播、宣传、推广着高雅艺术。建团之前，当时北京市教育局局长陶西平同志非常有远见，他首先给我们这个艺术团起了一个很好的名字叫"金帆"，寓意是"扬起理想的风帆，驶向成才的彼岸"。这样，金帆团就开始一点点发展起来。金帆团刚开始起步的时候，可以说是困难重重，条件艰苦，没有师资力量，没有排练场地，也没有固定经费。当时条件艰苦到什么程度呢？我看过一张早期金帆团排练的照片，在一个学校操场上有几棵树，这棵树上挂一个"高声部"牌子，那棵树上挂一个"低声部"牌子，一个老师在教几个孩子进行声乐训练。除了缺少场地，老师也严重短缺，缺老师怎么办呢？当时我们的教育行政部门的相关工作人员也起了很好的作用，他们主动地去联系一些艺术院校、艺术团体，包括中央音乐学院、中国音乐学院、中央舞蹈团、中央芭蕾舞团、解放军军乐团等，他们都给了我们特别大的支持。有一批德艺双馨的老教授、老艺术家无偿地来帮助我们对学生进行辅导、练习，如黄飞立先生当时都72岁了，而且他心气非常高，说"你们在我面前谁也不能气馁"。这几年金帆团演出时候，黄老先生还频频出场呢，我们真的很感动！不光是他，还包括一些像郑小瑛、李德伦、曹理、聂中明等老艺术家也是鼎力支持金帆团。他们那一代有一批艺术家走进我们中小学，这对于推进高雅艺术在学校艺术教育里的发展，让孩子们先欣赏高雅艺术，然后再去演奏它、表现它，都起到了积极的作用。

问：我听说那时候有很多同志都累病了，还一直在坚持做，有这种事吗？

答：有这种事啊！一开始没有师资，我们音乐老师就得先上手对学生进行训练，其实他们也是在"干中学、学中干"，都是利用业余时间在做。音乐老师抓完这个声部，又要带那个声部，还要指导学生进行不同种类的器乐练习，真的非常累。他们晚上还要自己先熟悉音乐作品、乐器，再想着怎么去指导这些学生。真正把这些孩子都有条不紊地指挥起来，很不容易，所以老师们真的是付出了很多努力。

问：大家付出了这么多的努力，金帆团才有了起色，当时情况是什么样的呢？

答：在20世纪90年代后期，金帆团经过了10年的努力才渐渐地有了转机。首先，许多社会力量来关注、关心和支持金帆团的发展，从人员配备、师资队伍方面就比过去加强了，我们还从正常途径引进了一些教师。其次，教育行政部门也设立了一些学生艺术节，一些不同类型的比赛以及一些艺术展演，对金帆团起到了一个促进、推动的作用，金帆团慢慢地就发展起来了。另外，孩子们经过一段时间练习与努力，他们上台表演的水平和效果，也被家长、社会认可了。家长也给金帆团的发展起了很好的一个助推作用。

问：您能介绍一下现在的金帆团在北京的规模、影响是怎样的吗？

答：我们北京约有1700座中小学校，金帆团刚建立的时候才有11个分团，600个孩子，现在金帆团有94个团，由80个中小学校构成，分布在7个区当中，覆盖了多少孩子呢？10000多个孩子。这94个团涵盖了十几个艺术门类。应该说现在的金帆团规模很大，速度增加得很快。在金帆团的引领下，学生艺术社团迅速发展，在北京的中小学里有数千个，每个学校不止一个。金帆团已经具有了全国性、国际性影响，但是我们还是坚持了一个高艺术水准。

问：您接手金帆没有几年时间，但是金帆这几年的确发展得很快，相信您也做了很多的努力，能不能介绍一下您这几年都做了哪些工作？

答：作为教育行政部门，我们想这项工作既然在推进素质教育和提升学生全面素质当中起了很好的作用，就应把它作为一个很好的抓手。在政府层面，建立金帆团不仅市教委会给一定的投入，我们也要求区级教育局也要有相应的投入，这是引导性的。在制度设计层面，我们做了很多的工作，比如说规定金帆团每年必须有公开演出，我们搭建平台让孩子们去展示，这是一个基本任务。在检查与监督层面，我们对金帆团的检查和评估由原来的三年一次改为现在的一年一次，而且也从过去比较偏重于艺术性，变成了现在偏重于引领性和示范性，它必须带动其他学校的艺术社团的发展。我们强调先要让金帆所在学校的孩子们受益，再让周边学校的孩子们受益；还强调城区的金帆团要拉手郊区的艺术团。简单地说，就是制定一些政策，投入一些经费，搭建一些展示平台，使用一些检查、督促的措施来促进金帆团良性健康的发展。

问：现在金帆有很多的活动与演出，有没有一次让您感动到落泪的演出呢？

答：金帆团的演出，我还真是看得挺多的。金帆团的种类非常全，从声乐到器乐都有，器乐里包括民乐、管弦乐、管乐，还有舞蹈、戏曲、曲艺、杂技，真的特别多，我基本上每年都要看金帆团演出。我曾经看过两场166中学的金帆团的新年音乐会的演出，实际上也是毕业班学生的告别演出，我觉得很有气场。因为孩子们在用心演奏了这么一台音乐会之后，就该参加高考了，他们在退出金帆团之前，对老师要有一个告别的仪式，老师对于孩子们也有许多鼓励。当时台上台下大家都非常感动，我看了以后自己也都掉眼泪。这些孩子在金帆团的四五年里接受了很多教育，他们不仅仅是陶冶了情操，提升了艺术素养，而且培养了团队精神。一个孩子从一开始追求美、欣赏美，变成可以表现美、创造美，美育和德智体有机地融合在一起了，金帆团在对孩子的全面素质的提高上起了相当积极的作用。在育人角度上，孩子的这种受益是我们作为教育工作者感觉最成功的一点。

问：我听您讲述的时候，觉得您真的动了感情。您对金帆团有没有印象特别深刻的人？

答：有啊！很多老师让我感动，比如说北京市二中的孟艳是北京舞蹈学院培养的舞蹈专业人才，毕业之后就一直在这个学校舞蹈团执教。20多年了，孟艳不仅把一批一批舞蹈团的孩子给培养得这么好，而且这个舞蹈团也成就了她，现在她是国家一级编导。我们最近有庆祝金帆艺术团25周年的大型演出，都是她指导的。她还是亚运会开幕式编导，也参与了奥运会的开幕式的指导。这个老师给我留下特别深刻的印象，我们的艺术团不仅成就了孩子，也成就了我们的老师。

问：金帆团的发展已远远超过了当初的预计与设想。从您的角度来看，25 年来金帆团的成功包括哪些重要因素？

答：站在政府的角度，应该是坚持推进，坚持不懈地努力。在政策上面，它有一些支持，包括资金支持。另外，还有一批坚持素质教育，有理想、有坚韧毅力的校长。校长是非常关键的，其实金帆团也是有起有伏，凡是发展得比较好的，一定有所在学校的校长鼎力支持。金帆团还有一批自主的老师们，这些老师既包括校内的艺术指导的教师，也包括了很多社会上关心、关注孩子成长的、德艺双馨的艺术界人才，特别是艺术院校的老师，他们是金帆团不可或缺的力量。要是没有这批人的支持，金帆团发展不到今天。今天金帆团自己也逐渐地强大起来了，但是不能忘记起步时候的那批人。孩子是金帆团的主体，有的孩子准备高考，还是愿意参加演出。我看了三次北京交通大学《长征组歌》的排练和演出，他们坚持了 10 年，我去看望大学生的时候问："你是几年级的"，那孩子说，"老师，我是研二的"。我说，"那你是这里最大的吗"？马上有个学生说，"老师，我是博二的"。你想想这个博士二年级的孩子在这个合唱团里待了多少年？有谁逼着他一定留在这儿？没有，就是艺术团有一种凝聚力，有一种向心力才把孩子们凝聚在这样一个团队当中。他愿意成为团队当中的一分子，默默无闻地发挥作用。其实我们也很感谢家长，无论是金帆团的练习还是演出，家长都要接送孩子。没有家长的配合，金帆团也没有今天。所以，全社会对金帆团都起到了很好的推进作用，金帆团的成功应该是一个合力的结果。

问：无论是老师，还是学生都觉得金帆团有一种魔力，这是不是有一种金帆精神在吸引着大家？

答：是，我觉得金帆精神就是坚韧、执着、奉献、向上，这一精神对孩子们的影响特别大。举个例子，我的孩子作为文化小使者出国演出，已经走过 50 多个国家。我孩子小，刚到国外时，气候、环境不适应，就会发烧、感冒。但是这孩子出国以后，明天若有演出，就坚决不下排练场。金帆团对孩子的爱国情怀的培养，坚韧不拔的意志品质的锻炼，都已经远远超过他在一个艺术团里本身的意义了。

问：金帆精神和现在倡导的"北京精神"有非常密切的联系。您能跟我们分享一下吗？

答：首先，我觉得爱国是一致的。这些孩子所学习的无论是中华民族的传统优秀的文化，还是世界的文化，他们不仅是传承，同时也在创新。在这个过程当中，他们就有对自己优秀民族文化的一种认同感。对于祖国的热爱，对于民族的热爱，不是更有基础了吗？所以，无论从爱国上讲，从创新上讲，它们都是一脉相承的。这些孩子通过艺术形式走向了世界，更热爱我们的祖国，更热爱我们的民族。现在北京金帆艺术团在国际上名气真的很大，只要一有北京中小学生艺术演出，有时候还不是金帆团，国外就给我们挂名叫"金帆艺术团"。现在也催生了许多学校拼命要争挂金帆艺术团，它实际上成了一种艺术精品，一种走向世界的艺术团品牌。

问：金帆在您的心中意味着什么？

答：我觉得它给孩子的健康成长搭建了一个舞台。这个舞台有多大，我自己都说不清，但是我知道在这样一个大的舞台上，孩子们所展示出来的远远超过我们所想象的。

什么叫一个人的成功和成才？如何来看待眼前的和长远的？只关注孩子的考试成绩，这是最眼前的事情。家长觉得时间对于一个人是有限的，希望孩子有更多的时间学习书本的知识。其实一个孩子的全面成长和成才，实践对于他是更为重要的。一个孩子不仅仅是从书本里学习艺术，他还需要获得深厚的人文精神的支撑，需要很多文化知识的涵养。这种对人文精神的探索以及艺术实践都锻炼了孩子的团结协作精神、意志品质等，特别是合作精神，是孩子未来成功不可缺少的因素。未来的成功不仅仅只依靠智力，智力因素是一部分，对于一个真正的成功者，非智力因素占了更大的比重。而这种非智力因素的培养，从艺术和科学的有机构成上看，它有一种内在的联系，而不是简单的、孤立的。我们的教育工作者对于艺术教育本身的理解是更为深刻的，因此会引导、引领着孩子们去发展那些非智力因素。我觉得越是困难的时候，这种理想、理念的支撑就越是重要。这是对于正确的教育理念的一个认识，只有这样才能够坚守，才能够坚持。坚守不那么容易，这边是孩子要做作业，那边是孩子要进行一场演出，他要吹拉弹奏，家长怎么抉择？孩子怎么抉择？这都需要家长和孩子对艺术教育有清晰的认识与坚守。实际上，我们对孩子的发展也做了一些追踪，虽然有时教育评价的数据不是很准确，评价一个人的全面发展需要很多年，但是从我们已有数据中，我感受到最终在这些孩子的全面发展上面，艺术教育对他们是有帮助的。尽管大家很功利地看待学业成绩和考分，其实这些孩子学业上并没有输。这些参加金帆团的艺术特长生，他们在学习成绩上可能表现更加优秀。艺术与学业是一个互相促进的作用，艺术可以全面提升学生的综合素养。

问：今年金帆团已经25年了，它给北京乃至中国的教育带来了什么？

答：对于教育本身而言，金帆团是素质教育的改革和发展的经历者、见证者，它始终是在推进素质教育。同时，我觉得金帆团最大特点就是用潜移默化的形式进行教育。我们算了算，25年在金帆团成长并受艺术熏陶的孩子已经有 10 万人了，艺术教育在培养这些孩子健全的人格，促进他们德智体美综合素质全面提高方面具有十分积极影响。同时金帆团对于没有在团的孩子的情操陶冶，对他们普及艺术教育也起了很好的作用，这就是金帆团的意义所在。金帆团的理念就是"扬起金色风帆，驶向成才彼岸"。风帆本身是一种寓意，人要想成才，他必定是一个素质全面提升的人。艺术素养对一个孩子的人文精神、健全人格的培养会起到很好的促进作用。有些孩子性格比较内敛、内向，甚至孤僻，但是一旦他加入金帆团，无论是加入乐团、合唱团，还是舞蹈团，他的开放的心怀、包容的心态就都会有所增加。所以，有的家长说孩子参加金帆团以后，变得热情、开朗了，人格更加健全了。金帆团的孩子在艺术的熏陶下不断追求真善美，而且素质教育对他们的学业、事业也有很大帮助，成就了不少孩子。

问：25 年前的金帆条件是那么艰苦，您当初想象到它会发展到今天这样的规模吗？

答：当时没有想到，但是我们在不断计划。在教学环境整体提高方面，政府已经做了很多的事情，给学校创造了很好的条件。现在学校有舞蹈室、音乐室，有器乐演奏的环境，条件是越来越好了。现在经过我们建设中小学艺术教育工程的达标，已经实现了每一个学校都有艺术专业教师。很可贵的是，我们有一些金帆团毕业的孩子们，大学学成后又回到我们学校来执教了，比如东直门中学、人大附中、一零一中学就有这样的老师。有的学生都出国留学回来了，但金帆团对于他有一种归属感，他又回到了学校当一个艺术指导老师去指导金帆团。有的是直接当艺术老师，有的是业余的，他有自己的学科，但是他业余时间还愿意干这个事情。现在有的金帆团演出时，有毕业了几年、十几年，甚至二十年的毕业生再回来跟现在的孩子们同台献艺，有的还担当节目主持人，这就是师哥、师姐的作用。最感动的一幕是，原来的毕业生带着他的孩子来看金帆团的演出，跟他的孩子讲，"你将来还得进金帆团"。这就是文化的一种传承。这种凝聚力是不是已经远远超过我们原来所设想的呢？

问：长远地去看金帆团的发展，包括艺术教育的发展，您有什么样的设想、规划，包括一些具体路径，能给我们分享一下吗？

答：我觉得将来我们会在艺术教育的普及与提高以及二者进一步融合方面做更多事情。金帆团的确带动了我们艺术教育整体水平的提高，在这样的一个基础上，我们要做更高层次的普及。在普及艺术教育上，我们做了很多的工作，课内的、课外的，校内的、校外的都有机地结合在一起，我们最终是希望培养的孩子德智体美全面发展。希望每个孩子都有一两项艺术专长，培养他们形成专门的艺术兴趣，提升他们的艺术素养。我们现在讲培养文化的自觉、自信，每一个孩子也要有他的文化的自觉与自信。我们要做更多地努力，让孩子成为自信、自强的孩子，成为全面发展的孩子，成为幸福指数很高的孩子。实际上，他有一两项艺术专长以后，他就会更有意识地归属一支团队，他需要展示他的艺术才华。他会成为幸福的人，将来又会建立一个幸福的家庭，他又会培养幸福的孩子，我们国家幸福指数就会越来越高。建立美丽中国不就从我们做起，从现在做起了吗？美丽中国，首先人是美丽的，美丽的人应该是具有人文精神和艺术素养的人。

问：您对未来金帆团的规模、结构，有一个什么样的考虑？

答：这不是我一个人能够回答得了的，有一些专家给了金帆团规模的提示。金帆团在普及化水平比较高的情况下今后如何发展，还要进一步的研究。但是有一点是肯定的，我们要在7个区，要在农村地区的艺术教育普及化和提高方面做更多的工作。在教育均衡发展当中，要让艺术团起到一个推动作用，形成优质教育的一个平衡发展。

问：您预期金帆团最好是发展成什么样子？

答：我觉得金帆团发展到现在，它的意义与作用已经远远超出了其本身。它的示范和引领作用不仅仅是对一万个孩子，它能让更多的孩子受益。我们要坚持这种高水准，金帆团数量不可能直接增加那么多，但是在它的带动下，我们已经有数千个学生艺术社团在活动。面向所有学生的艺术普及教育如果能够进一步完善的话，育人的作用才能显示得越来越充分，学生受教育的面才会越来越宽。

问：那您对金帆团还有什么样的期待和祝福呢？

答：我想金帆团从一个蹒跚学步的孩子，一点点地成长，现在走向了一个青少年时期，它会进一步走向成熟。我们原本计划就是办出一个面向全国、走向世界的第一流的金帆团，现在这个目标实现了。首都的艺术教育就应该这样，艺术团应该具有国际艺术水准。

北京市教育局原局长陶西平访谈录

问：今天非常荣幸能够采访到您，我特别感兴趣的第一个问题就是"金帆"这个名字是您起的。为什么要叫"金帆"，它有什么特殊的意义？

答：当时金帆艺术团刚刚成立的时候，需要一个名字，大家都提出了很多名字，后来我们想"金帆"这个名字能够反映一种理想和目标，所以就定了"金帆"，即"扬起理想的风帆，驶向成才的彼岸"。这个名称不仅成为金帆艺术团的名称，后来也成为北京市学生最高荣誉奖"金帆奖"的名称。这个名称主要来自我的灵感，应该说是突然的吧。因为大家都在想，我也在想，但脑子里面好像就出现了一片蓝海，有一朵一朵的金帆在海面上乘风破浪，我想就用"金帆"这个名字吧。

问：当时金帆成立的背景是什么样的？为什么要成立金帆这样一个团呢？

答：金帆艺术团成立的大背景当然就是全面推进素质教育，而艺术教育是美育的一个重要的形式，在学校里面是比较薄弱的。当时存在的问题就在于一方面，学校的领导和教学安排没有给艺术教育应有的位置；另一方面，通俗音乐基本上占领了学校的课外活动的阵地，所以在这种情况之下，就有一个怎么样进一步开展群众性的艺术活动和怎么样进一步来提高学生的审美情趣、艺术品位，从而更全面地提高学生的素质的需要。当时也还存在着另外一个矛盾，因为艺术教育活动主要是由校外教育机构来进行的，校外教育机构的进行固然创造了学生参加艺术活动的条件，但终究学生校内的课外活动还是给学校留下了很多的空间，因此要把校内的艺术活动跟校外的艺术教育结合起来，这样才可能更好地推动艺术教育的发展。在重视校外艺术教育发展的同时，倡导在各个学校内部也要建立艺术团体。

问：有资料说当年有一个外国学生艺术团来中国演出，发现国内竟然没有一支学生艺术团，有这样一个情况吗？

答：当时是这样。当时我们曾经要选派一个学生艺术团去国外参加艺术演出活动，这个选拔在北京进行，全国各地的艺术团体都来了，但是最后选拔了一些人，北京市没有学生入选。北京市领导很重视这个问题，进一步研究为什么会出现这样的现象？后来才发现学校艺术教育活动薄弱是一个重要的原因，市委的领导当时提出教育部门应该加强对于学校艺术活动的推动。

问：金帆团成立当初肯定是困难重重，您能给介绍一下当时的情况吗？

答：这个团成立时还没有名称，也不是哪一个会议上决定要成立的，而是在海淀区有一些学校共同组建了一个管弦乐队，我们就想能不能以这个管弦乐队作为基础，把它发展成为一个艺术团体。当时我就请了著名的指挥家李德伦先生，我说，"你跟我一起去听一听我们学生的演奏"。他听了这个管弦乐队的演奏——一个是《蓝色的多瑙河》，一个是《赛维利亚的理发师》，说："有点味道"。我说："可以不可以成立一个管弦乐团？"他说："可以，支持你！"所以，这样才决定要成立这样一个艺术团体。

问：第一个金帆团是管弦乐团，当时乐器、排练场所等这些条件的提供肯定也都是很困难的吧？

答：当时存在的困难第一个是条件的困难。因为场地、乐器还有其他必要的设备都没有，所以主要是要靠学生自带乐器，利用非常简陋的场地来进行排练。第二个困难就是师资的困难。因为我们学校内部的音乐教育与这种艺术团体的音乐指导还有一定的区别，我们当时还没有这样的师资力量的准备，所以最终决定依靠社会力量来解决这个困难。当然，最大的一个困难是学校领导的认识。如果学校领导始终不把这样一个开展艺术教育的活动放在全面推进素质教育的重要地位来认识的话，那么艺术团体也很难得到支持，所以我们就对开始创办这样的艺术团体的学校领导做了工作，他们很支持。由于有了他们的支持，有了大家共同创造条件，再加上社会各界的帮助，所以这个艺术团体就开始起步了。

问：那为了金帆的发展，全体师生付出了怎样的努力？

答：我想金帆艺术团的发展有几个重要因素，第一个是领导的支持。当时艺术团体建立起来以后，市政府领导就非常关注。其实这个艺术团从成立一直到现在，它的团长或者名誉团长一直都是副市长或者是市长担任，他们都很关注这个团体的发展。另外，也拨了一定的资金，虽然这个资金数量不多，但是也给金帆艺术团开始起步奠定了一定的物质基础。特别使我们感动的就是当这个艺术团体刚刚起步以后，取得一定进展的时候，当时市领导就决定要充分展示这样一种艺术团体的活动，所以就决定在北京市人民代表大会举行期间，为全市的人民代表进行演出。市领导又决定把全市的 3000 多位校长都集中在展览馆，要听一次我们学生的音乐会。这样的一些举措都大大地提高了社会各界和教育内部对开展艺术教育的认识，所以领导的支持是非常重要的。第二个因素就是社会力量的支持，其中特别是艺术家的指导。一个高水平的艺术团体，如果没有高水平的艺术指导的话，是很难出现的。当时社会各界许许多多的艺术家都在不计任何报酬的情况之下，走进学校，帮助学校开展这种艺术教育的活动。比如像李德伦先生、黄飞立先生、郑小瑛女士、徐新先生等，这些世界知名的指挥家都来到学校作为金帆艺术团的指导。他们有的不仅亲自担任指挥，而且开讲座，带动了其他的许多艺术团体也关心学校艺术教育。不管是总政的还是其他部队的艺术团体以及社会团体，包括中央芭蕾舞团等，他们都分别指导过学校的艺术教育，所以这也是金帆艺术团的水平能够得到提高的一个关键。第三个因素就是学校领导认识的提高。学校领导开始把艺术教育放到推进素质教育的重要地位上来了，很多学校都积极地申请设立金帆艺术团。金帆艺术团的成立也使有艺术特长的学生得到重视，使他们的个性在这个艺术团能够得到充分的发展。当时在通俗音乐非常流行的背景下，学生很少接触到高雅音乐以及高水平舞蹈或者其他舞台艺术，所以这样的一个艺术团的建立也等于给他们打开了另外一扇窗，使他们认识到原来艺术里面还有那么多更美好、更高雅的领域，吸引他们积极的投入。金帆艺术团的发展是一个合力，是在一个大的社会背景之下，各方共同努力的一个结果。

问：为什么说金帆会得到这么多人的关注和支持，是因为要加强我们学生的素质教育，还是什么其他原因？

答：我想一方面是我们在全面推进素质教育，素质教育是德智体美全面发展的教育，而过去美育是一个弱项。在这样一个大背景之下，加强美育，推动艺术教育就有了一个比较好的环境。当然，另一个方面也是学生审美的需求，因为学生在比较枯燥的学习生活当中都希望能够有更多的东西来滋润他们的心田，所以开展艺术教育，提高学生欣赏美、创造美的能力，是学生的本能需求，也是家长对于孩子的一种期望，这是一个国家的需要跟群众的需要的一个有机结合的背景。

问：您是一个特别无私的人，您一直在说别人对金帆做的贡献，您肯定也是付出了很多的努力。您能介绍一下所做的工作吗？

答：我当时作为北京市教育行政部门的负责人，当然有责任来推动学校的艺术教育的发展，一个是认真地落实市委市政府关于开展艺术教育的指示，一个是积极地争取社会各界来支持学校艺术教育，一个是提高我们学校领导对于艺术教育的认识。另外，对于各个艺术团体我们通过举行会议和开展活动来给予奖励，能够促进它们健康地、快速地发展。

问：那金帆是从什么时候整个情形有了好转呢？

答：我觉得金帆团的发展到现在25年了，它还不像其他事物的发展有低谷、有高潮，它是在逐步提高、逐步成长。它始终得到了市政府以及各级领导的支持和社会各界的支持。当然金帆艺术团的发展也不是一帆风顺的，所有学校的金帆团都是从无到有，然后从小到大，从弱到强，都是经历了这样一个过程，总体来看，是符合一个事物的发展规律的。

问：现在金帆在北京的规模、影响多大？

答：现在金帆艺术团在北京已经拓展到了将近百所学校了，规模不断地扩大。金帆艺术团关键就在于比较好地解决了一个学校艺术教育推进过程当中的一个辩证关系，那就是在普及基础之上的提高和在提高以后的普及的关系。因为在金帆成立之前，曾经有一种观点是学校艺术教育主要是基础教育，重点不在于提高它的水平，而在于拓展参与者的范围。这个道理无疑是对的，但是他们忽视了另外一点，如果没有提高的话，那就没有吸引力，那就不可能有更多的人去觉得这件事情是很有意思的，这件事情是有高度的，是可以攀登的。我当时就举例子，就好像跳高一样，我们就拉一个标杆，是1米1，所有人都来参加，所有人都跳得过去，每次跳都是跳1米1，那么慢慢大家就没有兴趣了。如果今天他跳过了1米1，但是有的人跳过了1米2，那么他就会追求更高的水平，他就更有兴趣来自我超越。所以，金帆艺术团的成立实际上是立足于学校内部的提高，它是一个有较高水平的学生艺术团体，它的存在使更多的学生看到了艺术价值，看到了更多的美，开始对于艺术有更大的兴趣，更大的追求。它所起的影响就是一方面使学校艺术教育的水平得到了提高，许多著名的艺术家都讲金帆艺术团的水平目前已经达到了世界同类团体的一流的水平。从我们多次与其他国家的艺术团体的交流当中也发现，我们的金帆艺术团绝对不低于其他同类学校或者同类的艺术团体的水平；另一方面也促进了艺术教育活动的普及，有更多学生参加除了金帆艺术团之外的其他的各种艺术团体。现在家长也都更加重视校内、校外艺术教育的活动。

问：现在金帆取得了非常好的成绩，有很多的演出。您印象比较深的一次演出或者活动是什么？

答：我想说一个例子就是在20世纪90年代台湾有一个台北中学乐队，那是台湾的一个标志性乐队，迎宾都是用这支乐队。这是一个行进的管乐队，他们到北京来访问做了表演，当时北京没有一个行进的管乐队，我们和他们在一起联欢的时候只能是他们做行进表演，我们的金帆管弦乐团坐着来演出。所以，当时我就说，"金帆一定要成立自己的行进管乐团"，现在北京已经有许多这种行进的管乐团了。

现在几乎所有国家性的大型活动，只要有演出，都会有金帆艺术团的成员参加。他们参加的有的是助演，有的是直接参与主演。金帆艺术团已经成为我们国家的群众艺术团队当中的一支非常重要的力量。

问：在金帆发展过程中，您印象比较深的几个标志性的事件是什么？

答：标志性的事件不是特别好说，就发展阶段看，它的第一个阶段应该是立足于建立起一批团体，逐步健全活动制度，正常地开展活动。第二个阶段是这些团体之间相互切磋，通过开展各种交流活动，包括通过比赛活动来不断地提高水平。在这个提高水平过程当中，有更多的社会艺术家进入辅导金帆团的行列里来，使得金帆艺术团的门类越来越多，从最初的以音乐为主，然后拓展到了舞蹈，拓展到了话剧，拓展到了其他的艺术形式。当时还有一些在全国很少有的像钢鼓乐队等这样的一些艺术形式，它不断地在扩展。第三个阶段就是走出国门。现在几乎所有的金帆团都到国外进行过演出，或者参加过国际比赛，或者开展过多种国际交流，而且都有比较好的声誉。这些演出活动有一些是学校之间的交流，有些是区域之间的交流，有相当一部分还是政府部门跟国外交流的需要，抽出金帆团去参加。有一部分国外的知名艺术家，包括指挥等也开始到国内来指导我们的这样的艺术团体。金帆团就是这样逐步地发展起来的，最终成为一个在国外有影响的一支艺术团体。我带着这样的艺术团体到国外去演出，都是受到非常热烈地欢迎，反响很大。有的时候定在一个城市演一场，有的最后扩展到演六场。大家为中国艺术教育进步得这么快，感到非常高兴。

问：这么多年，从金帆走出了一批又一批的老师、学生，有没有特别优秀的，让您觉得很骄傲的？

答：金帆艺术团在培养艺术人才方面也作出了很大贡献，现在已经有一批年轻的艺术家，他们都曾经在金帆待过。但是，我最感动的是北京东直门中学有一个金帆管弦乐团，他们请我去看演出。我听完了乐团演奏的曲目，觉得演出水平非常高。这时候指挥走到我面前了，他问："您还认识我吗？""我就是当年金帆团的小提琴手，现在我又变成了金帆团的指挥。我从金帆团走出去以后，到了大学学习了音乐教育。毕业之后，我就下决心回到金帆来培养下一代。"所以应该说，金帆的旗帜已经是一代一代往下传了，这也是我最为感动的一件事情。

问：那您认为金帆的精神是什么？

答：我觉得就是执着地追求真善美。教育最重要的是要培养一个有高尚品德、高尚情操的人，有了这样一个基础，其他才能的发挥才有方向，也才有动力。这种情操陶冶需要通过多方面的熏陶，艺术教育是熏陶高尚情操的非常重要的途径。这么多年来，金帆艺术团始终坚持追求真善美，追求高雅，追求高尚，我觉得这就是金帆精神的一个最集中的体现。有的人问一个问题，就是"金帆为什么没有通俗乐队"，这绝对不是贬低通俗歌曲，它也是音乐一个很重要的门类，但是这个门类在社会上已经有许多阵地生存，有许多条件提供给他们。所以，没必要另外再提供一些新的条件组建通俗乐队。我们强调作为金帆艺术团的追求始终要保持一个高尚的格调。

问：现在金帆也被视为一种"金帆模式"，您能总结一下"金帆模式"的作用和意义在哪儿？

答：作为金帆来看，它的定位第一是在学校内，第二是一个艺术团体。就学校内部的学生艺术团体，这个定位就是一方面要和校外青少年宫等馆站的艺术教育活动相配合，但是又有区别。它不是校外的活动，是校内的课外活动的一个组成部分。另外，这个定位所起的作用就是要用这样的艺术团体来带动学校艺术教育的普及。它不与学校的群众艺术活动隔离，它要起一个带动的作用。

我觉得金帆的主要作用应该是：第一，它推动了学校的艺术教育，而且带动了北京市和全国的艺术教育。在金帆的带动之下，全国各地都开始出现许多学生的艺术团体，而且这些学生艺术团体都在不断地提高自己的水平。我们看这些学生艺术团体演出的时候，他们往往都会告诉我们，"我们是在金帆精神鼓舞之下发展的"，所以金帆团起了一个引领的作用。第二，它起了一个普及的作用，使得更多的人认识到了艺术的重要性，使得更多的人关注艺术教育，不管是课内、课外，还是校内、校外。第三，它确实提高了我们整个艺术教育的水平。我前几天在国家大剧院听了北京二中管乐团的音乐会，整个音乐会演奏的全部都是难度很高的歌剧序曲。当时国家大剧院院长陈平同志就说，国家大剧院将来要搞一个歌剧序曲的奖项，专门来鼓励我们的年青一代了解歌剧序曲，提高自己的欣赏品位。这说明我们的艺术教育现在已经达到了比较高的水平。

问：**25年过去了，您觉得金帆给北京，乃至中国的教育带来了什么？**

答：学生素质是多方面的，基础教育应该为学生全面素质的提高奠定基础。正如钱学森同志所说的，美育在一个创新型人才的成长过程当中是十分重要的。因为一个人的艺术的思维方式，感性的思维方式是有助于他的理性思维的发展，也有助于创新。金帆团的很重要影响就是帮助我们更全面地理解了素质教育，并且逐步地把它从抽象变为现实。美育不是个概念，而是要通过一系列具体的活动、具体的教育实践来实现的，因此学校教育里面绝对不能忽视这个重要的环节。

学校的特色发展是增强学校活力的一个很重要途径，但是学校的特色发展不是培养专门人才的。基础教育的主要任务还是奠定基础，它可以对于学校的特色发展起到促进作用，比如像166中学的话剧团、101中学的交响乐团、北京二中的舞蹈团、北京九中的舞蹈团等,这些都已经成为学校的品牌,但是它们最重要的作用还是在能够增强学校的活力,来促进这个学校全面素质教育的发展。

问: 那今天的金帆与 25 年前您想象中的金帆是一样的吗?

答: 应该说是不一样的,主要是在于我没有想到金帆能达到现在这么高的水平。我原来也做过中学校长,看到学校里连一个艺术团体也没有,我就想成立一个小乐队。当时市委领导到学校去,我说,"请您听一听我们小乐队的演奏"。当时那个小乐队只有 5 个人演奏,几把民乐乐器,有二胡、琵琶。那个不能是金帆的前身,那是一个学校的乐队。但我很骄傲的是这 5 人小乐队当中有一个乐手是拉二胡的,后来我做了北京市教育局局长之后,他给我打来电话说,"下个礼拜您一定要来参加我的个人音乐会"。原来他中学毕业以后考了清华大学,在清华大学的礼堂里面他举行了个人的二胡演奏会,那就是 5 人小乐队培养出来的。学校小乐队虽然不是金帆的前身,至少在我心里面是播下了一颗重视艺术教育的种子。

我没有想到现在我们哪一个学校都可以拉出一个民乐队来,几十个人,上百个人演奏非常好的乐曲,没想过能达到这样高的水平。当然,艺术发展是无止境的,今后金帆团还有很多需要努力提高的方面,现在的这个水平确实使我感到非常欣慰。现在有不少金帆在那儿飘,而且飘得很美,飘得很好,将来应该会有更多。

问: 金帆超出了您的想象,您是亲眼见证了金帆从无到有,从小到大,然后一直发展到今天。那么金帆在您的心里意味着什么?

答: 我想金帆应该是一个标志,是一个信念标志。我们要做一件事情一定要持之以恒,有了明确的目标就应该坚持走下去。我们现在的教育活动往往随着一代一代教育行政部门或者学校的领导人的更变,不断地提出新的口号、新的主张,而这种改变有的时候就使得我们难以形成一定的传统,难以打造一定的品牌,或者说使我们前任所取得的成果很轻易地就被后人丢掉了。但是金帆这个旗帜始终没有间断,它是一个信念的象征,就是全面提高学生素质,全面提高学生艺术品位这样一种执著追求的信念的象征。

问: 您会不会把金帆当成自己的一个孩子?您对金帆是一种什么样的感情?

答: 金帆不是我的孩子,金帆是我的偶像。我很为北京市能够有这样一个高水平的艺术团体,绝对不落后于世界任何一个国家的同类艺术团体而感到非常骄傲。

问: 您对金帆有没有一个心中的蓝图和规划?

答：我认为今后要更好地发挥金帆艺术团推动群众艺术活动发展的这样的一个作用。应该说，现在群众性的艺术活动从总体上来看开展的还是不够的，学校之间的差别也是比较大的，也有相当一部分学生还没有关注到这个领域。金帆艺术团虽然过去在推动、普及上起了作用，今后应该发挥更大的作用。

问：您希望金帆最终达到一个什么样的目标？

答：我想普及跟提高能够结合得更好。奥运会提出一个"更高、更快、更强"的目标，我想金帆团应是一个"更高、更广、更强"的目标。

问：金帆还会继续地走下去，您对金帆有什么样的期待和祝福吗？

答：我相信金帆会有一个更美好的未来。一方面会有更多的金帆在大海上航行，另一方面它们会朝着一个理想的目标去前进。我希望艺术教育能够更快地普及，不仅艺术团体的艺术水平高，而且学生的整体艺术水平也高，审美能力也更强，面对这样一个纷繁复杂的社会现实还能够追求最真、最善、最美的东西。由于现在的金帆是由教育行政部门命名的，因此它需要达到一定的水平才可能获得金帆的光荣称号。我最大的希望就是"金帆"这个称号能够被放在人们心里面，大家觉得这个学生艺术团体非常好，心里面就可以管它叫"金帆"，我想这样的金帆就更多了。

北京市东城区教委书记刘藻访谈录

问：您是什么时候介入这项工作的？

答：北京市金帆团是1987年建团，东城区第一个金帆团队建于1991年。那年我因为工作的需要正好调到了东城区教育行政部门工作，时至今日也有20多个年头了，恰恰与金帆有着一份特殊的情结。因为我1991年到区教委工作报到，正好报到的那个部门科室就是分管金帆团艺术教育工作的，当时东城创立金帆团，把元老一级的团队放到了一六六中学，所以那个时候我们就开始跟着一六六中学的校长、老师们一起策划、组织这个团队。时至今日，这个团队也有20年的建团史了，也是从那时开始，我与金帆的团队建设特别是与区域层面的艺术教育就有了一种不可分割的关系。我在这个主管的部门工作了有12年，以后我又因为工作的关系调到了另外一个部门，这个部门正好也是全面抓中小学的艺术教育工作的部门，叫"中教科"，即中学教育科，它分管一部分艺术教育。最早金帆团管理是放在市教委的基教处和德育处，正好与区县对接就是中小教科。我2004年调到了东城区校外教育科，金帆团也因为市教委行政职能调整又被放在了校外教育科，我2008年又接任了统筹分管的工作。所以，我21年以来没有离开过学生艺术教育的土壤，特别是对金帆团情有独钟。东城区的金帆团从无到有，从有到今，到现在队伍力量的壮大，我觉得很欣慰。

问：东城区建团之初肯定是遇到了很多困难，东城区教委是怎么克服、解决这些困难的？您能简单地介绍一下吗？

答：当时东城想成立金帆团的时候，恰逢北京市金帆团成立4周年。东城作为推进素质教育的一个示范区、引领区，需要有更好的载体和抓手，我们的局长当时就高瞻远瞩地提出在一所中学建立一个金帆管乐团。当时最大的困难就是生源、师资、经费。训练场地不难解决，最主要的困难是生源。从初一阶段建一个中学金帆管乐团，从配器到人员的组建，需要从孩子们的扫盲做起，然后再有提升，所以当时生源是最重要的。第二个困难是师资。20世纪90年代初，教音乐的老师除了教唱歌之外可能有一些业余爱好，有一些技能，但是让他马上去指挥一个乐队，去统筹运作一个乐队那是比较难的。

还有一个困难是经费。如设备、制装等一系列的问题都需要经费。我印象特别深刻的是当时在任的老局长拿出 10 万元人民币支持一六六中学的金帆管乐团筹备和启动。那个时候这 10 万元是很值钱的，拿到钱以后，学校立刻着手买设备、聘请专家，对学生做了一个基本筛选，就把这个金帆团的基本架子搭起来了。一路走来，现在看来那时的艰苦、投入、付出是特别值得的。

问：刚成立的时候，东城有多少个金帆团？跟现在比肯定是有很大的区别吧。

答：1991 年东城区刚刚成立金帆艺术团时就 1 个，时至今日东城区已经有 22 个金帆团，其涵盖 15 个校区。按东城现在中小学的学校数和生源数来讲，我们的占有率是全市首位。25 年的历程，金帆团对东城艺术教育的推进和引领乃至全面教育改革和素质教育成果的体现（起到很好的作用），它真的是一个很好的、实践探索的方式。

问：与当时建团之初的水平比，金帆团现在有哪些质的飞跃？

答：我觉得是不能同日而语，现在金帆团是高水准的、高质量的、高品位的，跟 25 年前相比已经有了很大的变化。最开始金帆团买的乐器都是国产的，也就能吹出声音。当时有的专家开玩笑说，"孩子们吹出来像三合板敲打的声音"。现在一个金帆乐团或者金帆舞蹈团走上舞台之后，它的艺术水平不亚于专业性的，所以它的发展变化确实是挺快的。但这种东西是外显的，最主要的还是内涵性的体现。比如说孩子通过舞台艺术的表现，真正实现了他的内在艺术修养的提升；学校通过这种艺术团队的发展和壮大，带动整个办学理念的变化、办学品质的提升和学校文化建设的提升。这个是不能用数量或者外在显现去评估它的，内涵更重要。

问：东城区金帆的教育特色，或者说是优势体现在哪些方面？

答：东城艺术教育有它传统的积淀，作为中心城区来讲，它有一个文化支撑。所谓的皇城文化积淀下来的这种文化的血脉和基因，练就了一些学校在整体办学过程中推进文化这张牌。东城百年以上的老校有三十几所，然后还有新成长起来的一些学校，可能规模和地域面积无法跟别的兄弟区县或兄弟学校去比，但是我们恰恰有文化（支撑）。"八五""九五"时期，东城就提出了把美育当作学校教育过程当中的重要理念，以美促德、以美建体、以美促智等，以美育为突破口。那么到了"十五"时期，东城又提出了"全面推进素质教育，办人民满意的教育"的战略方针。我们确定了战略发展规划就是面向全体学生，全面发展素质教育，让孩子们学有所长，通过艺术的手段，通过学校文化建设来提升教育水平。到了"十一五"时期，我们又提出了"内涵发展、特色发展、协调发展、均衡发展"的战略理念，现在东城的学校发展的均衡态势比较显现。到了"十二五"时期，我们又提出了"精品特色"的发展战略，特别是针对艺术教育或者美育，我们有整体的发展战略规划。2005 年，东城启动了"兰亭工程"。当时"兰亭工程"核心理念就是把学生从课本和繁重的课业负担当中解脱出来，让孩子们能够有一个幸福美好的童年，能够让他们的精神生活更加丰富多彩。所以，那时的学校的文化建设生动活泼、生机盎然，各个学校的艺术团队发展得也比较健康。在"十五"时期我们提出了"三个百分之百"，百分之百的学校要建立艺术的兴趣小组，百分之百的学生要参加到这种团队当中来，百分之百的学校要能够把这种艺术团队全部纳入。所以在普及的层面上，金帆团是学校的一道亮丽的风景，或者一个龙头，或者一个骨干，它是应运而生的。东城艺术教育最大的特点体现在普惠性、全面性、历史的继承性上。

问：现在孩子的学业非常重，而且金帆的训练也是非常严格，那东城区有哪些办法使二者达到一个相对的平衡？

答：所谓的平衡或者均衡只能是相对的，真正之间的差异恰恰是永恒的。特别在中学阶段，学生课业负担重。在他应有承受的压力下，课业负担一定是有的。如果他再参加金帆团的话，的确课余时间就很紧张。当然，在这个过程当中，我觉得应处理好几个关系。第一个是学校尽可能地要减少演出的竞技性，学生的压力可能就会减缓一些。第二个是去功利性。如果说学生练到一定程度很辛苦，但是为他意志品质和他艺术水准的提升，他就不会觉得特苦、特累。但如果他有了一定功利色彩，必须要成名，必须要去干成什么样，那可能在处理关系上就比较麻烦。但在学生时代如果有了这么一段丰富的经历，当时苦和累，当他们走上人生的历程之后再回头看，可能觉得是值得付出这份代价的。在金帆团生活一段时间以后，有些孩子就走上了专业的道路，但是更多的孩子会把这段时光当成他的人生之路的一份美好记忆，一份美好的经历，是他人生当中的一个重要的精神财富。针对到每一个人或者每一个学校团队发展的时候，要设计好、处理好这两个关系，不影响不可能，但是要把影响降到最低。

问：有没有具体的一些措施、方法，让这些孩子们既不耽误学习，又能够很好地发展？

答：教育不是万能的，也不可能所谓的一个办法就能解决所有的问题。我觉得最好的办法还是考虑孩子身心发展的规律，遵循教育的规定，因为我们做的是金帆教育，而不是金帆竞技。所以在金帆教育过程当中，要尊重学校发展的规律、孩子成长的规律，以人为本。

问：您从事金帆的工作这么多年了，那您对金帆有着一个怎样的感情？

答：在金帆团25周年"金帆日"演出的那天，我即兴写了一段话。"金帆日"当天我们全区22个团在演出，走进了不同的剧场。同时，东城还启动了金帆联盟。当天我的感触就是，这是忙碌而充实的一天，从早到晚我们十余场次的演出，但它是一种精神的盛宴、文化的饕餮。回顾这25年的历程，是金帆深远而坚实的一程，有成长的喜悦，有收获的幸福。从金帆情来讲，我觉得真的是感慨万千，金色的风帆，起航的辉煌。所以，我在盛典之时就搞了很多系列的活动。我更多的是感动金帆，感恩金帆。在未来的阳光之路上，我会喝彩金帆，祝福金帆。未来，我觉得应该是壮大金帆，让金帆真正从壮大走向强大。

问：您觉得金帆的作用和意义是什么？

答：我觉得金帆的第一个作用就是引领。它有几层内含，第一个引领是学校层面，学校有了金帆的骨干团队，它一定能够引领学校文化建设往一个更广泛的方向去发展；第二个引领是学生层面，它对学生的精神追求是一个积极向上的引领；第三个引领是区域层面，有这些龙头骨干团队，对整体带动区域的全面提升是一个很好的引领。第二个作用就是带动，在首都学生全面发展、综合艺术水准体现方面，金帆团有向国际化和现代化的发展方向的带动作用。

问：您觉得金帆的精神是什么？

答：在我心目中，金帆的精神可以说是"执着、坚守、美好、永恒"。这种的精神不仅仅体现在艺术团，也体现在对教育事业发展的永恒追求上。

问：**20多年过去了，金帆给北京甚至是中国的教育留下了哪些应该值得学习、借鉴的地方？**

答：可以说金帆是一个重要的载体，它所显现出来的精神内含是不可估量的。我记得1987年提出建团的时候就提出了"扬起金色风帆，驶向成才彼岸"的思想。25年后的今天再看，它恰恰是教育的核心理念，恰恰是我们育人的战略方针。让每一个孩子都能够成才，让我们每一个学校都办得精彩，让每一个老师都能够成为教育家。

问：您对金帆还有什么希望和祝福？

答：刚才那几段话里，代表了我的一种情结。未来金帆教育、金帆文化是学校整体发展，特别是素质教育、培养学生全面发展的一个重要的载体，要坚定不移地走下去。在我看来，金帆团25年的历程最开始由于它这种物质条件的改变、物质环境的提升，使得金帆团变得更加壮大，我们的师资力量、办学理念都有了一定的改观，学习成果也有了一定的展现。它由壮大走向了强大，但是未来还有25年，还有100年，未来有更远的征程要走。我们应该在塑造金帆文化的积淀上不断地前行，让金帆团不断强大。

北京市海淀区青少年宫书记王宣德访谈录

问：您可以介绍一下海淀区金帆团的情况吗？

答：北京市学生金帆艺术团始建于 1987 年，当时主要是中小学，特别是中学盲目地追求升学率已经成为一种风气，各个学校、各个地区都在比谁考入大学的百分比高，扭曲了教育最高的一个宗旨即育人问题。在这个背景下，当时海淀区教育局的主要领导就提出，海淀区要全面贯彻党的教育方针，必须拿出具体的行动，那么从哪儿作为突破点呢？首先就是抓艺术教育，第一是抓好音乐课、美术课和体育课，当时它们被称为"小三门"。第二就是要组建学生艺术社团，让学生从片面追求升学率的困惑当中解脱出来。当时的海淀教育局采取了几项措施：其一，从组织上指定专人来负责中小学艺术教育；其二，拿出专项经费支持学生艺术社团。当时教育经费也非常紧张，但是海淀区从 1985 年就开始拿出专项经费支持中小学的艺术社团建设。

我是 1982 年大学毕业以后就分配到海淀区教委局中任教科工作，1984 年区领导指定我为专管学校艺术教育工作的专职干部。在当时的教育局领导的安排下，我全力以赴研究策划海淀区的学校艺术教育应该怎么搞、方向怎么走。我们根据领导的指示，首先在一部分中学当中成立学生艺术社团。我还记得当时的教育局给了 10 万块钱，指定 10 所学校来组建学生的管乐团。为什么先从管乐团入手呢？因为我们海淀区驻有一支全国水平最高的中国人民解放军军乐团，它跟我们的关系非常密切，所以我们利用家门口这支艺术队伍，聘请他们到我们的中学进行辅导，担任艺术教育的社团辅导员。从这个点上，我们海淀区艺术教育进入了起步阶段，先后有 10 所中学正式承担了这个任务。同时，海淀区抓的一项工作就是艺术课程的建设。由于当时中学音乐教师十分短缺，海淀教育局就与中央乐团、合唱团以严良堃老师为首的老同志共同达成一个协议，请中央乐团合唱团 40 名演员到海淀区中学任兼职音乐教师，解决了音乐教师不足的问题，使海淀区中学音乐课基本实现了开足开齐。在这一步的基础上，海淀区决定要组织一个重要活动，这个抓手是什么呢？是"一二·九"纪念日，把它作为海淀区开展学生大合唱的一个起点，以后就形成了海淀区多年的一个传统品牌，即海淀区中小学生纪念"一二·九"大合唱活动。从1985年一直到现在，海淀区每年都要搞纪念"一二·九"的大合唱活动。当时我们的口号就是要"人人开口唱，校校有歌声"。这个口号已经被坚持了10多年、20多年了。它是我们普及学生艺术活动的一个切入点，艺术教育要面对全体学生，人人都要参与，这是当时海淀教育局采取的一项重要措施。海淀区的艺术教育因为采取了一系列举措、举行了一系列活动，影响很大，有效地化解了片面强调升学率的这种势头，得到了市教委和教育部有关领导的高度评价，并且有关报纸对海淀区普及音乐教育进行了报道，给予了很高的评价。在1986年，海淀区召开了全市第一个区县的美育工作会议，在全区介绍和动员开展美育工作的工作情况，并且提出今后下一步的发展方向。当时市教委主要领导都参加了海淀区的美育工作会，这次大会之后北京市马上召开了全市的美育工作会议，推广了海淀区开展学生美育工作的经验，并且决定成立金帆艺术团。这样北京市教委就把组建第一支北京市中学生金帆交响乐团的任务交给了海淀区教育局。当时由人大附中来具体承办、组建金帆交响乐团，这个团涉及的乐器种类、人员要求比较高，所以我们和解放军艺术学院一起合作，由解放军艺术学院派教员到我们的学校来进行辅导，并且面向全区中小学招收艺术特长学生。第一支金帆交响乐团团长由北京市教委主任陶西平同志担任，副团长由（时任）北京市教委副主任兰宏生和（时任）海淀区教委副主任王家俊同志担任。在组建这个团的基础上，海淀区还采取一个政策就是为了提高艺术教育的水准，保证金帆艺术团的质量，整合海淀区区域内以及北京市区域内的艺术院团的资源，聘请了由40多名专家参加的艺术教育顾问委员会来指导海淀区开展中小学艺术教育。这个顾问团的团长由李德伦先生来担任，包括著名的指挥家严良堃、秋里、黄飞立、聂中明，还有解放军军乐团团长吕蜀中，部队的一些院团像空政歌舞团、海政歌舞团、战友歌舞团、二炮文工团的主要领导等，可以说是名家荟萃。社会力量大力支持，进一步加强了海淀区的艺术教育的开展，同时对金帆艺术团的建设也进一步发挥了推动作用。在成立第一支北京市金帆艺术团的基础上，海淀区根据北京市教委的指示，很快地又组建了19中金帆少年广播民族乐团，它是与中央广播文工团合作的，海淀区又和中央乐团合唱团联合组建了由交大附中承办的海淀区中学生金帆合唱团。同时我们还组建了和解放军乐团合作的、由八一中学承办的海淀区中学生金帆管乐团。与空军政治部歌舞团合作，联合组建了十一学校金帆管弦乐团。在1987年到1989年，海淀区连续组建了5支学生金帆艺术团，而且都聘请了专业团体的专家作为艺术总监和辅导员。这就是第一阶段的工作情况。

问：当时成立之初的金帆团大概有多少人？北京市教委对海淀区有什么要求？

答：当时第一个艺术团就是中学生金帆交响乐团，一成立就有110多名学生。为什么当时能吸收这么多学生呢？海淀区艺术团体多，很多艺术团体都搞了艺术班、艺术培训学校，很巧合地为我们的艺术教育提前准备了一批人才，海淀区艺术教育在北京市牵了一个头。当时是北京市教委下达任务要求海淀区把承办金帆艺术团的任务做好，而且非常信任海淀区。我们非常受鼓舞，下大决心一定要把这件事情办好。我们先后解决了经费的问题、组织机构的问题，包括学生升学政策等一系列的难题。同时我们还开展大量的与学校的共同工作，从上到下，大家一起努力，才使这个团得以最后能够顺利地保留下来和发展起来。

问：当时刚建团初期的时候，海淀区金帆团经历了哪些困难？

答：当时是有阻力的，就是学校对于艺术教育的认可度。确实是有的学校支持力度不够，但是在区教育局领导和北京市教育局领导的大力宣传和教育下，校长们逐渐地都认识到了艺术教育的重要意义，认同了这项工作。另外，在建团过程当中也面临着教育经费短缺的问题。当时教育经费是很紧张的，我们海淀区教育局根据北京市教育局的要求，从经费当中果断地拿出40万元经费作为支持金帆艺术团的专项经费。各个承办学校也拿出一部分经费来保证金帆艺术团的正常活动。当时我们面临的还有招生的困难，金帆艺术团是北京市艺术水准比较高的学生社团，必须有良好的生源。当时招生的时候，我们区教委就采取了一个政策，就是在全区范围内可以招收有艺术特长的、品行良好的学生参加艺术团，并且解决他们的学籍问题。这样就化解了一个又一个的困难、矛盾以及问题，使金帆艺术团能够比较顺利地运作下来。

问：有没有关于怎么解决困难的具体故事呢？

答：组建八一中学的金帆管乐团的时候，确实遇到了一些困难。比如说学生的素质和质量，好学校对学生要求比较严格。金帆艺术团需要一些艺术骨干，有些孩子的艺术特长很突出，但是很调皮，学习水平不是很高，就出现了这边团队想要、那边学校不想要，影响了艺术团质量的问题。当时我在教委工作，反复和学校领导协商，明确表示金帆艺术团的目的是什么？它是以育人为核心。各种各样的学生进入艺术团，不同教育活动、组织活动逐渐在感化、感染和转变他们。金帆团不是一个单独的艺术团体，它是一个教育队伍、教育组织，是为了最终的目标服务的。这样的话，学校才逐渐接受了我们这个建议，完成了我们第一批、第二批艺术特长生的收录工作，这个矛盾是这么化解的。从现在来看，金帆艺术团越办越好，质量水平越来越高，而且希望加入金帆艺术团的学生越来越多，可选择余地很大，学生标准就越来越高。不像过去有的吹小号的学生，别人不能顶替，不得以就得要他。没有他，这个节目演不下来，现在就不一样了。

组建八一中学金帆管乐团除了生源困难以外，经费匮乏也是一个问题，怎么办呢？我们找解放军军乐团去商量，能不能把他们淘汰下的乐器给我们。解放军军乐团还真不错，送给我们一批淘汰的乐器，解决了燃眉之急。在八一中学排练时，当时没有那么大的、能容上百人的乐团坐着排练的教室，只能挤到会议室。每周活动一次，星期六或者星期日，学校就要把会议室给我们腾出来，让孩子坐进去，然后等到排练完了以后，再把原来的东西都搬进去。在这个过程当中，难免给学校造成了一些财产方面的损失，比如说摔坏、碰坏桌子、椅子等，但学校给予了我们很大的帮助。那时学生水平不像现在一进学校就能参加演出，有很多学生只会一星半点，进学校以后再集中进行排练。金帆团排练了半年之后要进行汇报演出，可是没有服装，怎么办呢？我们还是找部队商量，从海军买回了一批已经淘汰的旧军装、大壳帽。但大壳帽围圈是黑颜色布，不好看，我就发动中教科的全体同志把黑带子圈拆下来，再买来尼龙红绸发带缝上。全科同志缝了整整一个星期，做了100顶帽子交给八一中学。当时孩子们很高兴，但是不知道怎么回事，以为是买现成的。后来我们跟老师和孩子们一介绍，他们非常感动，"我们教育局的领导们亲自为我们缝这个帽子"。这是当时解决困难的一个花絮。海淀教育局投入经费还是很有限的，金帆团的花销是很大的。

现在投入很大了，从1988年开始，在海淀区教委支持下，这种学生音乐社团，如管乐、交响乐、民族乐等器乐社团，涉及乐器多，人比较多，消耗比较大，所以每年会保证每个团40万元到50万元的专项经费。其他如舞蹈团、戏曲团、合唱团每年保证都不少于20万元到30万元的专项经费，这样就彻底解决了金帆团发展的至关重要的一个环节。

问：金帆刚成立的时候家长支持孩子进金帆吗？现在家长是不是很支持了？

答：刚开始成立金帆艺术团的时候，学生家长是有顾虑的，觉得金帆艺术团会影响孩子的学习。所以，我们在组建金帆艺术团并开展各项活动过程中特别注意不给学生承担过多的社会活动，保证孩子的基本学习任务不受影响。即使影响上课了，我们要求学校要派专门老师去给他补课，保证孩子学习成绩不下降。这样逐渐地赢得了家长对金帆的信任，他们说，"我们把孩子交给金帆艺术团，我们更省心了"。特别是有了特长生升学政策以后，家长认为孩子在金帆艺术团不但受到艺术熏陶，更重要的是孩子将来在升学方面也能够得到一定的照顾。所以这几年家长都拼命想把孩子送入金帆艺术团。应该说，多数金帆艺术团的毕业生，几乎三分之二以上都能够进入比较理想的学校。特别是像人大附中的交响乐团、一零一中学的交响乐团、八一中学的交响乐团，学生本身素质比较高。在考取大学时，他们百分之百都能够进入本科学校，有相当一部分进入国家重点大学，像清华、北大这样的大学。

问： 金帆团的学生升学情况怎么样？

答： 每年海淀区送往大学的艺术特长生，属于大学降分录取的，几乎都在100人左右。孩子们受益于金帆，同时它也为大学提供了后备人才。我在1987年曾经与三所大学建立了优秀后备艺术人才、科技人才的培养基地，让中学和大学挂钩。我觉得这里可做文章特别大，大学特招是在20世纪90年代以后零零星星地开始的。大学要组建大学生艺术团，受谁的影响？就是受我们的中小学金帆团影响。

金帆艺术团成立以来，几乎每年平均都要向大学输送上百名的艺术特长人才，而且这些孩子们在大学里非常受欢迎，都很优秀。包括清华大学学生艺术团的指挥、团长，南开大学的学生艺术团团长，北京大学学生艺术团的副团长等，都是出自金帆艺术团的学生。大学采取这项特招政策，也是受我们在小升初、初升高，对艺术特长生采取的特殊政策的启发。海淀区要发展学生艺术教育，提高艺术社团的水平，必须要有比较好的后备学生。海淀区从1987年就开始实行了小学升初中、初中升高中的艺术特长生的特招政策。以后北京市统筹了这项政策，从20世纪90年代，在全市就采取了艺术特长生的特招政策，受到社会广泛欢迎。这在当时对推进素质教育的发展，对吸引广大家长支持孩子参与艺术教育活动起了一个非常重要的推动作用。随着时代的发展，我们会进一步调整这个政策，降低它的功利性，总目标是要更多培养艺术拔尖人才。

问： 金帆团刚刚成立时的水平和现在的水平一定有区别，那现在水平可不可以和专业相媲美呢？

答： 在金帆艺术团建设初期，我们招收学生的标准是只要他能够初步掌握乐器和其他艺术门类的一些基本东西就可以。当时学艺术的学生比较少，生源比较匮乏。随着金帆这些年的发展壮大和逐渐走向辉煌，使很多家长仰慕金帆，希望自己的孩子也能够学一门艺术特长，进入金帆艺术团。所以，近年来随着社团的发展，孩子们学习水平的提升，金帆艺术团招生时是门庭若市。一个没有相当于音乐学院八、九级以上水平的学生根本就进不了金帆艺术团。但是我们更注重学生的全面发展，一方面他要现场表演他的专业水平，得到专家的认可，这是最重要的，另一方面我们也综合考察他的表现，他的为人处事和基本能力。

问：金帆团这么多困难，然后一直走到现在非常不容易。那么现在海淀区大概有多少金帆团？

答：到目前为止，有31支金帆艺术团。它包括的门类非常广阔，像音乐类就有声乐与器乐，声乐有合唱团，器乐有民族器乐、管弦乐、管乐、口琴等乐团。除了音乐团以外，舞蹈团、戏曲团，光戏曲团就有五六个，比如说京剧、昆曲、粤剧、豫剧、评剧。当然这里不都是能够达到金帆水平的，有两支京昆艺术团是正式挂牌北京市金帆艺术团的。作为海淀区来讲，发展民族艺术教育是我们一个目标，所以我们办了多种地方戏曲学生艺术团，而且很多艺术团水平还不低，多次参加全国比赛、拿到金奖。在开展这项工作的过程当中，我发现学校老师给予正确引领，孩子对民族艺术非常喜欢，有很多孩子自己主动到校外机构报名参加京昆培训班，使我们感觉到非常欣慰。关键在教育者怎么引领学生。

问：海淀区金帆团这么多，也是一个代表。您都做了哪些工作，把金帆团办得这么好？

答：办好金帆艺术团是我们多年的夙愿，而且它也代表上级领导对我们的信任。我们前些年在这方面做了大量工作，素质教育已经被校长们所接受。学校要办好艺术团，必须要坚持全面发展，必须要有自己特色。我们现在已经形成了由下而上的工作模式，很多中小学校长主动要求申办金帆艺术团。一些没有被命名的学生社团，也都在向着高水平方向努力推进。校长们的基本思路就是要给孩子们提供一个发展个性的平台，要让各种人才能够脱颖而出。

问：现在金帆取得特别好的成绩，您有没有印象比较深刻的一次活动或者比赛呢？

答：在组织和建设金帆艺术团的过程当中，曾经有一件事情，使我很有感触。1996年我们率团到朝鲜去访问，当时带着八一中学金帆管乐团和交大附中学生合唱团，还包括一些教员、指挥和（参与）工作的老师，一共150多人。我们到朝鲜少年宫去跟他们进行联合演出，朝鲜孩子对艺术精益求精、敢于吃苦耐劳的精神使我们的孩子非常受感动。孩子们用自己的话说，"我们原来感觉自己有时很累，又参加艺术团活动，就想偷偷懒，舒服一下，但是看到朝鲜同学们对艺术那么认真，他们水平那么高，我们感觉到作为中国的一名金帆艺术团的成员，应该努力地向朝鲜同学学习，对任何事情都要坚持、精益求精"。同学们到过朝鲜演出以后，他们愈加切身体会到祖国的伟大、美好、繁荣。同学们在火车上就自发地组织起来唱《我的中国心》等这样的歌曲。

回来以后很多孩子们写下了自己访朝的体会,表达了他们对祖国的热爱,也表达了他们应该怎么样向朝鲜的少年儿童学习,为祖国的教育发展能够尽自己的微薄之力。所以这次活动,老师们普遍地受到感动,觉得这次活动确实是一次教育孩子,成就孩子梦想,推动他们不断进步的、真正的、有益的活动。

问:您为金帆奉献了很多,金帆的老师和孩子们给您带来了一些什么?

答:这是回报的问题。我这些年跟学校、艺术社团的老师们、孩子们摸爬滚打,建立了很深厚的感情。即使近几年我不管金帆艺术团了,这些社团的老师依然惦记着我。每逢市里开会、区里开会他们都会提到我,使我非常感动。另外,很多孩子不管他们走到哪里,都会经常给我打个电话,发个短信,甚至给我寄一封手写的信,来表示他们对我的想念,对我的惦记和关心。有一次我随市教委的代表团到国外去访问,在飞机上非常偶然地碰到了第一批金帆艺术团合唱团的一个声部长,他现在已经成为中国民航的机务大队的副大队长了。当时我还没有认出他,因为孩子离开这么多年了,变化非常大,但他依然记着我的形象,一眼就看出我来了,然后非常热情地跑上来说,"王老师,您还记得我吗?"我想了半天也没想起来,后来一提名字,我说,"有印象,当时你是艺术团最淘的一个孩子。"他说,"当年我给您添了不少麻烦,我非常想念您。您看您到哪儿去,有什么要求,跟我提。"孩子这几句话使我感到非常的温暖,他没有忘记我。我觉得作为一个教育工作者,没有什么比孩子的成功,比孩子对你的这种惦念更能够感到幸福的了。

问:那您对金帆有着什么样的感情?

答:最近这三年我调到少年宫以后,就跟金帆离得比较远了,但是从1984年到2008年,这二十几年的时间一直都是陪伴着金帆,见证了金帆的成长。要说感情,应该说是非常深厚的。我不仅目睹了金帆的发展过程,而且亲自参与了金帆艺术社团的建设过程,其中的酸甜苦辣我都领教过。我看到了一支又一支的金帆艺术团的组建、成长和成功、辉煌,我由衷地感觉到幸福、骄傲和自豪。因为它不仅仅是显示了我们个人或者某个集体的功劳,更重要的是它展示了我们对学生的一种责任感和看到学生成功的幸福感。所以我即使现在不管金帆了,但是我依然怀念着金帆,关注着金帆。我希望他们能够永远在党的阳光下,在全面发展方面,不断地进步。

问:海淀区是全市艺术教育的一个典范。您看金帆教育模式有哪些地方是可以值得推广或者让大家去学习的?

答:金帆艺术团是我们实施学校艺术教育当中的一个点,我们只是把金帆艺术社团单独提出来,以学生社团形式进一步推广到各个学校,丰富学校的课外活动。同时通过这种团队形式把艺术特长突出、有艺术才华的孩子相对地集中在一起，展示海淀区或北京市或是中国学生的艺术高端水平，也从中能够让艺术拔尖人才脱颖而出。金帆艺术团也有它一定的局限性，有很多学校可能还不具备这样的条件，但是我们至少给如何开展学生课外文化生活提供了一个借鉴。我们可以搞更多的普及性学生社团，门类更加丰富多彩，让学生能够有选择地按照自己志趣来参加这种活动，丰富他的文化阅历。

问：金帆艺术教育模式与国际上其他国家如美国、日本艺术教育比较，像日本有音乐拯救计划，有的形成流派了，那我们的优势或者区别在哪儿？

答：我们的优势与最大的不同就是政府的投入，它是一个政府行为。我们在反思工作的同时也有一个思考，国外有些学生艺术团的成功是发挥了民间的作用，整合了各种各样的社会资源。作为我们中国来说，政府支持这一强大的后盾是任何国家所比不了的，但是我们也应该学习国外一些经验，积极地整合社会资源，联络各种社会团体来参与这项工作。有钱的出钱、有人的出人、有力的出力。另外，我们也观察到国外学生社团是学生自主来开展的，学生自主能力锻炼非常突出。而我们老师包办、学校包办情况比较多，所以金帆艺术团也要逐渐地走向学生自己管理，自己教育自己，使学生作为主体在社团中发挥作用，这样更有利于人才的培养，今后我们应该更加强化这方面工作。

问：25年过去了，您觉得金帆给北京或者是中国的教育留下了什么？

答：金帆艺术团发展过程使我们感受到，作为中国基础教育应该给孩子们一个发展个性，成就梦想，发现才华的机会。我们的教育这么多年来一直围绕着升学率问题，孩子们生活得并不很幸福。真正的人才培养应该能够充分显露他的个性、特长，让他能够在自然追求当中幸福地自我成长。这是我们应该慎重考虑的一个问题，而不应该把孩子籁在一个人为的范围内，感觉到不幸福，缺乏自己的思想，影响其健康人格的形成。我在区教委工作的时候做过一个调查，与5所高等院校的团委书记、艺术团的负责人一起座谈，就聊到金帆艺术团向大学输送艺术特长生的表现情况，他们的心理状态情况和他们后来的发展走向。这些学校反映是，现在大学生的确存在一些思想上或者行为上的扭曲的东西，但是金帆艺术团的艺术特长生，他们生活得很阳光，思想很健康，而且他们的组织能力、创造能力都比一般的孩子要强。这些孩子很少有不健康的东西来影响他们的发展，干扰他们的生活。这几年自杀的大学生当中没有一个是金帆艺术团特长生，为什么呢？因为他们生活得很阳光、很乐观，即使有忧愁，一旦进入社团活动当中，这种阴霾就会挥之而去。

问：您觉得金帆的精神是什么？

答：这可需要高度提炼。我感觉金帆精神就是培养了孩子们一种吃苦耐劳的精神，培养了孩子们的一种团结友爱的团队精神，也培养孩子们追求真善美的精神，应该说是寓活动于教育当中。具体来说，第一个是"以美启真"。音乐教育也好，还是其他艺术教育也好，它都是涵盖在大的美育当中。当年我们最开始做金帆团时候，就是以美育这个点来着眼的，它把艺术、科技、体育等都联结起来。当然美育里艺术教育更加突出，色彩更加浓墨重彩。任何一个工作当中都有美的东西，行为美、语言美等，所以我们着眼点就是"以美启真"。真是什么呢？真可以把学生的艺术教育和科学教育结合起来。很多科学家又对艺术非常喜爱。启真就是让孩子在美育当中认识到真善美，认识到科学，保持他的一种淳朴的、真实的东西，培养他追求科学的不懈努力的精神。另外一个是"以美寓德"。坚持德才兼备，非常重要，这是我们育人的一个根本性的东西。真善美也集中体现了一个德的问题，一个人只有良好的道德，良好的人生观，才能真正成为对国家有用的人。

问：那您认为金帆团的作用和意义是什么？

答：金帆团的作用，一个是它体现了全面贯彻党的教育方针的思路，第二个是它引领了学校素质教育发展的一个方向，第三个是它给孩子们一个幸福生活、快乐生活、健康成长、成就人才、成就梦想的平台。参加金帆艺术团的孩子们，感觉是很快乐的，他们通过这些活动进一步领略了真善美，也进一步完善了他们自身的人格，这些孩子生活得要比其他孩子更幸福。

问：您对金帆团还有什么样的期望和祝福？

答：作为一个教育工作者，也是教育工作的管理者，和金帆艺术团在一起工作的经历，让我感觉到艺术教育在学生、家长和全社会中已经成为人们话题中的一个重要部分，金帆团为孩子成长确实提供了一个非常好的平台。我看到金帆艺术团的发展、壮大和辉煌，感到无比的自豪和骄傲。我也为它做了一点点工作，今后有可能我还要为金帆去呼吁，去给予方方面面的工作支持。

我希望金帆艺术团不断地总结经验，进一步完善机制，完善各项制度，进一步推进艺术教育，能够越办越好，取得更大的辉煌与业绩，向世界领先地位看齐，培养出更多的优秀人才，为我们国家的各项事业提供后备人才，真正做到让每一个孩子得到发展，能够成就梦想。

北京舞蹈学院潘志涛访谈录

问：请问您是何时加入金帆团的？

答：1995年到2000年，我在广州的广东舞蹈学校当校长，2000年回到北京，我就参与了北京地区的舞蹈各方面的活动。当时北京市教委叫我们一起去看二中的《红扇》节目，那个节目给我们的震撼挺大。那个时候二中的舞蹈老师孟艳还是个小年轻，刚从北京舞蹈学院社会教育系毕业，正好适合做普及教育。她非常具有创造性，她创作的《红扇》这个节目当时就一气演了三遍。这个舞蹈一遍就能够让孩子们气喘吁吁的，因为耗体力，几乎专业的人都跳不下来两遍。它要求每一个动作都非常利落，而且非常投入，全都得到位，那力度是相当大的。我看完两遍以后就提了一点意见，有的地方可以收一收，有的地方可以掐掉，不用那么长。孟艳老师立刻就跟孩子们传递了我们的意见，大概三五分钟以后接着又跳了一遍。不到半个钟头连着跳三遍，给我们印象很深。更重要的是这些孩子们通过舞蹈体现的不是舞蹈本身的那一点点美，而是从心灵到气质到形象都给了我们很大震撼。这些都是十四五岁的孩子，个个都像小金豆子那样，壮壮的、很健康。每一个人都有自信力，有表现力，有表现欲，给我们印象可深了。孟艳不只是做了一件舞蹈老师应该做的事情，而是把孩子们的人体美和心灵美结合在一起，创造了一个新的青少年形象。这十来年二中已经不知道拿多少奖了，从头至尾参加金帆或者说参加素质教育舞蹈活动恐怕就是从二中开始的。

问：您10多年当中都做了哪些工作？遇到什么困难？

答：我主要是给他们做辅导，给他们做讲评，给他们找老师。他们排完节目以后看一看，提一些意见。到了最后选拔的时候，北京教委体育卫生与艺术教育处的王军处长，领着我们一遍一遍看，我们会对这个节目不断修改，精雕细琢。

原来的困难就是挑不出来几个优秀的节目选送到全国去比赛，现在的困难是有一批都能够去参加全国比赛的节目，但是要从中忍痛割爱，把那个去掉，留下这个。这十几年，舞蹈教育已经有了翻天覆地的变化。

问： 作为资深专家，您觉得当年北京中小学的舞蹈停留在一个什么水平？现在跟过去比有哪些变化或者哪些进步？

答： 应该说是天翻地覆。最早我20世纪50年代就来北京上学，学习舞蹈。我当学生的时候，我就开始到大学、中学去辅导舞蹈，把我学的东西跟他们做交流。我就非常熟悉这些业余舞蹈人的状态，第一动作不协调，第二拍子跟动作合不到一块儿。那个时候我也没有什么教学经验，节目又不怎么样，甭提多难了。现在他们自己能够看录像，就能学着跳舞蹈，你专业跳什么我就跳什么，你就给他稍微指点一下哪个地方修改一下就行了，这就是翻天覆地的变化。最早胡锦涛同志还是清华大学舞蹈队的，那时候他们跳什么？就跳《鄂尔多斯》。现在我们的孩子们都跳什么？你专业能够完成的东西他们全都能够完成不说，甚至比你完成得还要更具有他们自己的特点和特色。二中就是这样，他们的舞蹈一般专业演员可能还跳不下来，体力够不上，精气神不够。最重要的是他们由衷地热爱舞蹈，那种兴趣、那种状态是其他人不具有的，这个是了不起的事。

问： 这些学生又不是专业的，还每天都上学，他们是怎么训练得这样接近专业？

答： 我想这个跟每个老师的投入有关系，和老师的水平有关系。每一分钟能不能合理地、非常有效率地被利用，甚至他的创作能不能跟学生的心灵状态、身体状态能够结合得很好，老师是非常重要的。更重要的是孩子全身心地投入，有兴趣，跳得不觉得累，所以能够造出不可想象的、惊人的结果来。

跳得好的不光是二中，还有人大附中。人大附中的男孩完全出乎我们意料之外，因为一般男孩不像女孩能跳舞，现在看起来男孩不仅会跳舞，而且跳得很有阳刚气。有的小男孩那个帅劲、那个爽、那个酷、那个卖萌，那种状态真是让我们惊喜万分。这次北京能够把这些小男孩推出来，对全国都是一个示范。

问： 您接触的国外专家也比较多，他们有没有看过金帆的舞蹈呢？

答： 国外的舞蹈专家要与我们国内舞蹈专家比较的话，他们专得不够，因为不可能有国家养着他去当专家，他还得完成他自己的本专业。比方说他是大夫，或者是足球运动员，或者是体育教练，或者学校老师，他又爱好舞蹈，然后礼拜六、礼拜天去练习一下，或者在某一个季度他集训一下，有一个人给一笔钱他就完成一个作品。他不能像我们国家养着你，让你成专家，这个情况太少了，所以他们这些专家没有时间去关心这么多的事。在学校暑寒假的时候，我们的孩子们跟他们的孩子是有接触的，互相交流的。我们的孩子更多地了解他们，但是他们了解我们就像西方了解我们中国一样，刚刚是个开始。

问：那您从事舞蹈教育10多年，在跟金帆的接触当中，有没有让您特别难忘的事情？

答：有，太多了。我最最难忘的是这些孩子们，因为我去看过他们的节目，跟他们的老师切磋过节目的过程，所以我只要走进他们学校里头，他们见到我的时候就会非常热情，一律叫我"爷爷"，我心都酥了。我说现在有困难，是让我挑选节目的时候，我就觉得舍弃哪个节目都不好意思。可是北京要有荣誉感，我必须得挑选出最最有竞争力的节目，就得牺牲其他的一些节目和孩子们，我就不知道怎么办。我建议要多给孩子们一点肯定，或者有个提名奖，或者让他们多演一演，让大家能够了解他们。他们是同样有才智的孩子，但是代表节目只有一两个，或者一两所学校，这并不等于他们之间有多少差距，他们也都是优秀的。现在学龄前的孩子就开始学舞蹈了。

问：您指导过很多老师还有孩子们。您有没有印象比较深刻的老师或孩子？

答：金帆团的老师本身就是优秀的舞蹈工作者，他们一点都不比舞蹈学院专业的老师们水平低，甚至在某些方面水平更高，更能够以符合孩子们身心健康的需求去思考。其实每一个老师见到我时，好像我们共同在完成一个事业，都感觉到舞蹈应该普及给每一个喜欢舞蹈的孩子。我们的目标是一致的，特别有共同语言，节目修改建议都是非常一致的。给我印象深的就是经常得奖的那些老师们，个个都熟悉得都跟我家里人一样。所有的北京舞蹈老师们，我都心存一种尊敬。我作为老教员，作为专业的舞蹈老师，我佩服他们，有很多的舞蹈老师在默默无闻地奉献。他们比我们工作更不容易，更有创新性，做的是前沿工作，就是有了他们，才有我们舞蹈的未来。

问：您觉得舞蹈给孩子们带来什么东西？

答：太多了。曾经有人问我，您怎么显得不老呢？我其实是精神面貌好。为什么？我跟孩子在一起，孩子给予我的是那种积极向上的、不知道年龄的、没有忧愁的东西。我想作为一个老人来讲，能够获得这个比吃药还好。他能够让我始终觉得生命在萌动，你说谁不愿意跟这些孩子们多待待？

问：金帆在您的心里面意味着什么？

答：我是一个老舞蹈教育工作者。我从1956年12岁起进北京来舞蹈学校学舞蹈，到现在快70岁，这当中一直没离开自己的中国民族民间舞蹈的教学、研究和推广。我的理想是让中国的孩子能够知道中国的舞蹈，我们一点都不比其他的民族差，我们也很会舞蹈，我们的舞蹈也很美。通过舞蹈丰富我们的生活，丰富我们的精神，甚至完善我们的人格，能做多少我们就做多少。

问：您从事金帆教学也好、顾问也好，您对金帆有什么样的感情呢？

答：我非常喜欢金帆所做的这些事情，我希望金帆团能够在北京的舞蹈普及上起到积极作用，甚至在全中国挥舞起一面舞蹈旗帜，树立榜样的力量。首都是首善之区，海淀区有5所舞蹈专业院校，有浓厚的文化氛围，能够在舞蹈教育上面做出贡献，做出榜样。金帆是一个很好的方式，它使我们大家可以贡献自己力量。如果能够有自己的一点成绩，我自己一生也足矣。

问：您觉得金帆的作用或者意义是什么呢？

答：我想这个可能就是一个过渡。我自己上舞蹈专业的时候，觉得舞蹈是一种精英教育，只是一小部分人在练习舞蹈。到了改革开放以后，据我们的教育思想要进行素质教育。素质教育体现在两点，一个是全体，一个是全面。全体和全面就不单单是几个人从事舞蹈教育，是让所有喜欢舞蹈的孩子们都有可能参与舞蹈。素质教育要做的事情很多，未来道路也宽广，我愿意把我的余生，通过一些工作来完善它。我想金帆先抓几个点，先把开展好的学校作为一个示范，然后再扩大一点，连成一个线、一个面，使得全体喜欢舞蹈的人都能够有机会参与。这不是最终的目标，但是一定会有非常积极的作用。金帆团毕竟25年了，我参与就十几年，而且我明显地看见巨大变化。原来是找不着好节目，现在是好节目太多不知道选哪个合适。所有舞蹈老师、领导都在深入研究，扩大实践，提高水平。金帆的成绩不是最终的，但是它作为一个起步、一个试点应该是起着非常好的推进作用。

问：您觉得金帆是不是有一种精神，这个精神是什么？

答：金帆精神就是"北京精神"，爱国、创新、包容、厚德。孩子们通过舞蹈来体会我们这个国家、这个民族，中华民族的文化就融在八个字里头，舞蹈本身离不开这八个字，我们所要体现的也是这八个字。我们作为北京市民都来实践这八个字，就会使得我们这个国家更好。

问：25年过去了，金帆给中国教育或者是北京教育留下了哪些应该值得学习或者值得借鉴的东西？

答：我有深刻印象的就是二中的孩子。我曾经在清华大学做舞蹈特长生的选拔，那一天从早到晚都不断地有二中的孩子来考试。等到傍晚的时候，他们十几个人聚在一起向我们道一个再见，而且就用了一分多钟时间自己编排了集体舞来表示对我们的感谢。感谢是一个你看得见的东西，他们说"请老师们记住我，我就是今天考试的那个孩子"。他们这种表现欲望和能力以至表现方式都给我留下了深刻印象。我们太缺这样的青少年，太缺这样的未来栋梁，自己的本事充分地体现出来，而且积极向上，对自己充满信心。这就是金帆给予他们的那一点点的进步或者一点点人格塑造。虽然这只是一个舞蹈的事情，但从完善一个人的整体人格来讲，这是不可或缺的。

问：**最后您对金帆还有什么期望和祝福吗？**

答：我有一个老领导，也是我的良师益友，前几天讲，"先进文明的国家是把舞蹈作为一个课程放到中小学里头去"。我们也可以这样做，我们有体育课、美术课、音乐课，但却没有孩子特别喜欢的舞蹈课程。以往大多是音乐老师和体育老师在代替舞蹈老师在教舞蹈。在1949年以前大多数人不会舞蹈或者说不知道舞蹈，1949年以后随着新中国的成立，建设北京舞蹈学院是革命工作中的一个组成部分。北京舞蹈学院可称得上是世界级的舞蹈学院。我们要通过舞蹈学院来体现中华民族不缺舞蹈。我也很希望通过金帆这样的方式，能够使更多的北京孩子甚至全国孩子有学习舞蹈的可能，让我们全民族都能够有这样的一种舞蹈体验，作为一个完全的人存在于这个世界上。

中国人民解放军军乐团团长邹锐访谈录

问： 很高兴今天有这样一个机会跟您交流。您是从什么时间开始接触金帆艺术团的？

答： 不应该说是我接触，应该是我的团队跟金帆的接触。解放军军乐团作为全国唯一的大型专业的管乐艺术团体，应该把艺术教育和普及作为自己的责任。我记得1986年金帆乐团刚刚成立，从1987年以后解放军军乐团就参与了金帆艺术团的组建。可以说，我们解放军军乐团的艺术家们作为教官见证了金帆25年的发展历程，为他们取得的每一个进步感到由衷的高兴。

问： 那在这20多年里面，解放军军乐团是如何去辅导这些孩子，使他们在音乐方面有所成长的？

答： 我们团有200多名管乐艺术演奏家，现在不仅在北京，也在全国各地都承担教育责任。从金帆建团以来，我们团最开始是跟北京八一中学金帆管乐团进行军民共建，搞了一个合作。后来逐渐地随着金帆的不断扩大，对师资力量需求的不断提高，我们开始有计划地派自己的演奏家们到各个学校去。只要有需求，我们都会去。现在北京的各个城区都有我们的教官在从事艺术教育的活动。

我们团工作任务是很重的，担负着党、国家和军队的大量的外事司礼演奏任务，同时还担负着一些重大演出活动，包括为民服务，到基层去慰问演出等，但是我们把普及艺术教育作为自己分内的事情。这个事情有两个方向，一个是我们对部队战士的、业余的军乐队的辅导，再一个是对学生乐队的辅导。在业余时间我们都是有组织、有计划地派一些专家、学者参与艺术教育的一些活动。除了一些学校的乐队辅导以外，我们还参加一些社会的研讨，包括参加一些高端的学术的论坛等。艺术的提高有两个层面，一个是普及，一个是突破。在普及的基础上提高和突破，突破的任务就应该放在专业艺术团体上，以艺术的突破引领艺术的普及，这样才能提高全民的管乐艺术水平。

问： 在最开始的时候，经济方面或者软硬件方面条件都比较艰苦，您能描述一下当时的景象吗？

答： 这已经25年前的事情了，25年前我也是一个军乐团普通的艺术工作者。最开始进入金帆指挥的是我的前任团长叫吕蜀中,他一个著名的指挥家。他给八一中学进行指挥训练,八一中学的条件很差,冬天排练室特别冷,但是学生们对艺术的热爱和指挥家对教育的倾注使寒冷的房间充满着温暖,我想这就是一种艺术的力量。

问:那这个执教的过程当中,有没有让您印象特别深刻的一些事情?

答:这个应该多采访一些我们的教官们。军乐团对艺术教育重视的原因,主要是十七届六中全会提出社会主义文艺大发展、大繁荣的方针以后,使得我们有责任、有义务去普及艺术教育。管乐的美学特征很独特,比如它上手比较快,不受场地的限制,更能体现团队合作的精神,特别适合中小学生来进行艺术教育的普及。其实一些艺术比较发达的国家,像美国、日本、韩国等这些国家,管乐艺术都很普及。这些年因为金帆的作用,在我国,特别是在北京市,管乐普及率不断提高。我们一种感觉是什么?没有量的积累就很难有质的突破。我们特别羡慕乒乓球,它是国球,因为普及,打的人就多,水平很高,艺术也是一样的。所以我就想让更多的学生接触艺术。

问:那您觉得解放军军乐团在指导学校、指导学生过程中发挥了什么样的作用?

答:我和很多主管艺术教育的校领导在一块座谈过,我感觉他们评价得更准确。大家提到了一个普遍的问题,就是这些教官不仅教学生艺术,更教学生军人的素质和纪律。那些校长没有更多地谈孩子们在艺术上的提升,更多的是讲孩子在做人上,在军人的气质上,在纪律的养成上,在个性的提升上的东西。这可能是军人艺术家搞艺术教育的一个特质,这个是让我想不到的。

军乐团的特点是什么呢?我们团有两种人,一种是军人,一种是艺术家,是军人和艺术家的合璧,即军人艺术家。我们所有的演奏员把军人放在第一位的,在从事艺术教育过程当中多多少少会把这种气质和概念传输给学生。现在每个学校在开学都搞军训,目的是培养学生的组织纪律观念,对祖国的热爱,培养军人特质。解放军军乐团的艺术家搞这些艺术教育的同时会自觉不自觉地把这些因素糅到他的艺术教育当中去,他们言传身教地去影响学生,这也是军乐团搞教育的一个特征。

问:刚才您提到教官去教孩子会给他们带去军人的气质、人格的修养,反过来孩子给教官有没有带来一些什么影响?

答:你这个问题问得特别好。我一直想说一个事情,这个事情有两个含义,2009年国庆阅兵和群众游行的时候,当时我们都在阅兵指挥部,在研究群众游行的方案。我们团长是著名指挥家余海,他跟北京教委王军副处长就提出了"天安门群众游行的乐队加入合唱"的要求。我当时是联合军乐团的办公室主任,对这个事是持怀疑态度的。我感觉几千人的学生合唱团跟1500人的乐团配合,从技术环节上很难解决。比如说合唱的水平、艺术素养能不能跟乐队合到一块儿去,几千人的声场如何解决,音乐的切换能不能那么准确,这些都是问题。我们乐队有14次阅兵的经验,我是有自信的,但是作为学生乐队、合唱队加在天安门广场的群众游行当中去,在60年历史当中是没有的,这是一个先例,也是创新。我向北京教委提出这些问题。余海如果没有多年搞艺术教育的充分的艺术积淀,没有对学生艺术教育的这种自信,他是不敢提出来的。后来事实证明,合唱队唱得非常优秀,很感人,这是25年金帆艺术教育一个成果的展示。同时,你刚才提到学生们给予我们什么的问题?学生们给予我们的是他们对音乐的那种追求和热爱,还有他们的纯真,真是让我们很感动。有一年国庆阅兵合唱队里面有一些童声合唱,有一首是《今天是你的生日我的祖国》,它的主题呈示都是童声合唱。在排练的时候,我在后边看学生乐团到底唱得怎么样,结果很多孩子是饱含着热泪在唱那首歌的。很多孩子在现场训练时因为太阳很毒就吐了,但是就是不下场,为什么呢?有一个孩子说,"我有这个机会很难得,爸爸妈妈告诉我了,下场就是失败者,我不能走",特别让人感动!而且他那种眼神全是在音乐里边。这是学生给我的一种印象,这种纯真的对祖国的热爱都体现在他对艺术的追求里边,这个是让我很感动的。我们的很多教官也有这种感受,就是孩子们对艺术的追求那种精神确实值得我们专业工作者去学习。孩子们在阅兵仪式上做得这么优秀,超出我们的想象。

问:您能概括一下金帆精神吗?

答:金帆主旨是"扬起金色风帆,驶向成才彼岸"。评价金帆不是那么一句话两句话可以说清楚的,我更看重金帆的社会意义,特别它对未来社会的影响力。提升一个国家和民族的自尊心和自信心,文化起着很重要的作用。传递文化传统,对于每一个艺术家来讲都是一种义不容辞的责任。我们开始以为金帆发展几年就不搞了,但是它25年发展得越来越好,一直走到今天。我更重视25年或者50年以后的金帆。它培养民众的人文精神,会潜移默化地对中国未来的建设、社会的发展起到很好的推动作用,这是金帆本身的一种意义。

问:您如何评价金帆艺术团在素质教育当中发挥的作用?

答:其实我们对金帆艺术团是很有感情的,一方面它作为我们国家的一种很独特的艺术现象,确实已经成为中国艺术界一道独特的风景。金帆艺术团成立25年来,它已经成为成功进行艺术教育的代名词,成为我们津津乐道的一种现象。它的社会意义、历史意义已经超越了金帆本身的现实意义。在社会主义文化大发展大繁荣的新时期，金帆乐团已经成为活跃首都文化、提升民众审美情趣的一支力量。前不久金帆成立25周年，我特别关注一些报纸，它搞了个"金帆日"。金帆的很多艺术团到院校、基层去慰问，它成为活跃首都民众文化生活的一支生力军。另一方面，金帆艺术团以首都特有的一种教育风范和艺术品质对全国的大中小学的艺术教育起到的一种引领、示范的作用。就全国而言，其实是一个政治经济发展不大平衡的一个国家。就艺术而言，一些发达的城市管乐艺术水平提高得比较快，但是一些经济不太发达的地区，它的管乐艺术发展比较慢。北京通过这几年金帆的发展，确实已经引领了全国的管乐艺术水平。2004年成立中国管乐协会，组织了全国的管乐艺术教育普及活动。北京的教育工作者确实以自己特有的胸怀，一种包容，一种引领，无私地对各地的管乐艺术教育进行指导，这我感触特别深。另外，金帆乐团25年的发展为专业乐团的人才队伍建设做出了很多贡献，培养了近万的管乐爱好者。比如我们解放军军乐团从1988年开始，一共招收了7批学员，有40个来自金帆乐团，有6名已经担任了声部首席，还有一些获得了中国音乐金钟奖比赛的金奖和银奖。这是金帆艺术团25年建设的很辉煌、很值得称道的成绩。金帆艺术团25年长期的艺术积累，使北京的艺术教育达到了一种国际的水准。2005年，我们在北京和上海举办了一个全国的非职业优秀管乐团的展演，这也是中国音协和中国音协管乐协会组织的一个活动，每年一次，北京有一届，上海有五届。北京的学生乐团一共有52支参加，其中获得金奖的就有37支，获得银奖的14支，获得铜奖的有1支，获奖的比例在全国是很高的。它的水平确实发展得很快，更可喜的是很多管乐团在国际上也获得了金奖和银奖。另外，我还有一个感觉，学生乐团的发展在一定程度上拉动了社会经济的发展。比如我国的乐器制造业，如天津京宝乐器厂在1987年是一个非常小的小厂，它没有任何外资，自己独资。它当时只有30个员工，全年销售收入只有280万元。但是到了25年后的今天，它现有员工2000多人，预计今年的总销售收入将在4个多亿元，增长速度非常快，比25年前增长了150多倍。为什么说它叫"金帆现象"呢？它还拉动了院团、剧院的发展。今年的"六一"我特别关注了一下，各大院团、各个剧院都上演了大批的适合于少年儿童观看的音乐剧、交响音乐、管乐音乐会等。像武汉的琴台音乐厅、解放军军乐厅、国家大剧院都有这种节目的上演，拉动了市场需求，这也是一个确实值得称道的地方。罗列些许，我只能说明金帆乐团对当下的一些影响。艺术教育是个潜移默化的过程，它内在的政治意义、历史影响会在一个长期的社会生活中发挥着重要作用。比如美化人们心灵，激化个体的尊严和自信，更为重要的是会对中国未来的社会发展奠定一种良好的人文基础。

问：那您对金帆未来的发展有什么建议吗？

答：我们在感受金帆艺术成就，体验金帆辉煌的时候，我们也在想金帆未来的发展。金帆的25年、50年，甚至百年以后，它的发展对国民人文精神的建设，对学生的艺术教育会起到很大的作用。我从技术环节上谈几点对金帆的建议，第一个是我们既要加强管乐艺术的普及，也要注重对管乐艺术教育理论的引领。现在管乐教育是世界课题，管乐艺术理论研究在国际上也属于滞后的一种状态。但是在我国大家既然这么喜欢管乐艺术，北京教委又具有自己研究和教育的优势，更应该加强这种理论的研讨，比如如何搞好学生管乐队的建设，如何引领管乐的趋势等。特别是当下国际管乐艺术的潮流、演出形式不断变化，包括管乐已从单纯的礼仪性管乐演奏（发展）到现在的交响管乐、爵士管乐、流行管乐、行进管乐等，所以加强理论研究很重要。到现在为止，我们还没有一个很系统的管乐作品，没有中国管乐作品的集册出版，没有中国管乐作品的分级。作为专业的管乐艺术团体，如何搞好学生乐队的教育的研讨还需要加强。第二个是在学生艺术教育当中，既要追求高超的演奏技巧，更要注重抓好基础训练。多年来我总感觉现在很多团队过多地注重对技巧的追求，但对学生最基本音乐素养的培养，对音乐审美欣赏的培养做得不够。我们不要只是把音乐作为一种追求高技巧的演奏技术，应该在演奏当中体会音乐美感，特别是要引导学生对音准、音色、音乐表现、作品风格的把握方面要加强。追求高技巧是重要的，是表达音乐形式的必不可少的一个环节，但更重要的是注重基本音乐素质的培养。把学生基本素质打牢实，是他们学习音乐有没有后劲的一个很重要基础。技术是保障、是过程，音乐的本体才是中心、才是结果。第三个是各个乐队在选择作品时候很注重近现代作品，但是在古典音乐精确研究方面要加强。在学生时代，学生浏览近现代作品可以开阔视野，增强艺术感受，但用古典音乐可以规范学生的音乐思维，养成良好音乐习惯，这个非常重要。艺术教育是大系统，其中每一个环节都值得研讨。比如现在我们有很多高端艺术人才，如何使用专家，既要把他们放到最基层，担任学生乐队指挥，也应该让他们去搞培训，把他们当成母鸡去下蛋。对专家的使用要发挥他们的作用，特别是一些高端的专家，如指挥家、作曲家要发挥他们的作用，培养更多的、专业的艺术教育者。现在的艺术教育要避免一些贵族化倾向，比如我们器材不要一味追求高端的。很多学校追求很高端的乐器器材和乐器，这没必要。作为解放军军乐团的团长，作为一个艺术团队的领导，我更希望不论是艺术管理者，还是艺术教育的实施者都要有很宽广的胸怀。对音乐的理解千人千面，艺术的道路也是千条万条。无论是教育实施者，还是受教育者都应在温暖的环境中去学习艺术，感受艺术，这个才是最重要的。

问：**您对金帆未来发展的期待是什么？**

答：教育是个长期的过程，是个潜移默化的过程。我特别期待金帆艺术团在社会文化生活中的引领作用一直持续下去，我还特别希望金帆现象不仅仅是北京的，而应该是全国的。现在我们搞一些全国非职业管乐艺术活动时，北京的乐团只要去了，前几名肯定跑不了，它的水平和能力是有目共睹的，这也是金帆25年来发展的一种成果。但是如何把这种成果普及到全国各地，去更好地发挥金帆示范引领作用，这个需要全国各地艺术教育工作者的努力。金帆自己做好了，对全国的推动作用就会很大。

金帆艺术团黄飞立访谈录

问：您今年有高寿了啊？我觉得您精神状态特别好，跟您喜欢音乐也有关吧？

答：我1917年出生，今年95岁过了。老了。

问：您是什么时候加入金帆这个行列的？

答：那是20多年以前，我70岁时加入的。我没有参与建团，但是金帆101交响乐团成立我参与了。

问：那您是怎么加入金帆团的？

答：我是1987年退休。最开始的时候陶西平学长有这个想法，要从课外活动来加强中学生美育，其中就包括音乐教育，所以他开会请我们音乐界的好多人参加，我参加了。他这个想法大家都很赞同，开完会以后，就成立这个艺术团了，有管弦乐团、民乐团、合唱团、杂技团、京剧团等。当时为什么我赞成呢？我的理解是中学以前的教育应该就是素质教育，学生身心要全面发展，但是当时许多学校的语文、数学、外文把音乐、体育都挤掉了。连续两三次"两会"有代表提出来要加强素质教育，当时有的代表提出"德智体"这三个育，有代表提出来应该要加上美育，作为素质教育的美育是很重要的，但是没有通过。在这样的情况之下，陶西平同志提出只能够在课外活动加强美育，使得学生更好地全面发展。我觉得他在当时是非常有远见的，非常有意义的。开过那次会以后，他们在全市挑一些学生成立了艺术团。当时每一个团都是重点培养的，教育局特别给一些拨款支持这些团。

金帆交响乐团刚建立的时候，我没有参加。艺术团成立以后，他们就接到一个任务要接待一个西德派来的中学生乐队，准备排练，我的学生要我帮他们提高指挥，所以才找我去。那时金帆交响乐团是不同中学的学生凑起来的，礼拜六下午活动，借人大附中的一个大教室排练，条件很差，以后我就继续了下去。音乐会基本上排练好了，就等西德的中学生乐团来，当时具体日子没有定下来。我也忙，那时刚从学校退休后，好多地方也请我去，正好山西太原要请我去，那我就同意去了。我一同意去，接待西德中学生乐团的时间也定了，所以没办法我就请郑小瑛来指挥我排练的节目，接待西德中学生乐团。

问：您刚开始排练的时候条件特别艰苦吧？那些学生是不是也都没有基础啊？

答：开始学生用的乐器绝大部分是低档乐器，我们在一个大教室排练，排练的地方只有一个长条板凳，学生都是坐没有靠背的长板凳。那时候苦就是反复排练，反复要求。刚建立起来是这样的，但是我们头场音乐会就得到了非常高的评价。北京音乐节的评委听了觉得很惊讶，业余的中学生演奏出这样的水平，用他们的话说有"准专业"的水平。西德的中学乐团据说反应也非常强烈，后来他们又请我们回访。那时候我已经跟金帆确定合作关系了，我们也都排好一套节目了，对方也订好了计划接待我们，让我们的学生到他们那儿分散住在学生家里，计划很周到，但是不巧碰到苏联解体。我们订的计划是进入西伯利亚坐火车到联邦德国，那个时候很不安全，所以后来北京市研究还是不要去，就没有去成。

问：您认为金帆成功的主要因素是什么？

答：我主要负责一零一中学金帆交响乐团，虽然对其他金帆团我不算很了解，但是我自己亲身的体会是金帆有几个特殊的条件：天时、地利、人和。什么是天时呢？得天独厚。怎么样得天独厚呢？这个天就是领导的天。陶西平同志非常重视、关心这个团，几乎场场排练他都亲自来听，听完排练就跟我们老师们开会，有什么问题下一步怎么做。当时北京市的陆宇澄副市长，现在是华夏银行的总裁，他是当名誉团长，也常来听我排练。后来我就跟他比较熟了，就谈到乐器的质量太差，有时候音没有办法吹准。后来他就决定给我们一笔钱，7000美元，这个天厚不厚？这样我就派了曹华跟一零一中学张联启老师，专门到香港去买了一批管乐器，这就是得天独厚。

那时候兰宏生同志是教委副主任、教育局副局长，他也非常关心支持金帆。有一次他们听说军艺有一台竖琴预备处理，我了解到他们只要三万块钱，现在一台好的几十万块，我一听马上到教委去找兰主任。兰主任正在开会，我把他叫到外面来了。他出来后我把这个事情告诉他，"我觉得应该买这个，你同意不同意"？兰主任说"买吧"。这个"天"厚不厚？一零一学校的领导前任王校长、现在的郭校长也都非常关心金帆。那时候金帆已经比开始好得多了，当时要演《钢琴协奏曲》，学校的钢琴太破旧了，我就提出来要买一个大的三角琴，那是十几万，一零一中学郭校长跟王校长就拍板买了，这得天独厚吧？

我再说一个，胡昭广同志是当北京市副市长，他也非常关心金帆。有一年我们金帆为在人大会堂的新年招待会演奏，李岚清同志听了。后来陶西平希望我们专门跟他演一场，我们就专门为他演一场。演完以后，李岚清同志还上台跟我握手,他说"你们演奏得很好,你指挥也挺好,但是可惜你们的弦乐器质量不够好,假设你们用好一些的乐器,声音会更好"。胡昭广同志就站在旁边,他也听得很清楚。他问我"你们的提琴要多少钱一把"?其实他懂音乐,他在清华也是艺术团的,我说"这小提琴那就没有办法说了,小提琴最低1000多块钱,好的小提琴几十万美金","一万块左右一把的怎么样?""当然要比现在要好得多了"。那时候已经年底了,他说"现在年底我没有钱了,等过了年我给你一部分,你先买几把,以后陆续每人再买"。过了年,他果然就给了50万块。我就把每个声部的弦乐器买了几把,也买不了几把,那时候定音鼓一套十几万块,我没有好的定音鼓,用的是苏州出产的,50万块一下就花掉了。

有一天晚上在音乐厅开音乐会,胡昭广去了,我也去了,还没有演出,我进休息室看到他。我说"你真好,你给我的钱我花了,都买的是什么什么乐器",你猜他怎么说?他说"我现在手上还有些钱,还可以给你一些,你要多少"?我当时都不能够开口要多少,我说"我回去研究一下看看要多少","行,你打电话给我吧"。后来我真打电话给他了,我说"我还有一些乐器需要更新",他说"你要多少"?我说"起码三四十万块吧","好吧,我给你30万块"。这个天厚不厚?范伯元同志亲自带着我们到莫斯科,我们拿了一个一等奖,回来他还照样关心我们,这个天厚不厚?我从莫斯科回来,去跟当时教委领导曹华以及现在的教育部部长袁贵仁汇报说我们拿了四个奖当中的一个优秀奖,10个国家参加,9个国家都是半专业或者纯粹是专业,只有我们金帆是中学的业余学生,拿了个很高的荣誉啊。那个教委主任说,"好,奖给你们30万块"。

问:那"地利"是什么?

答: 地利是北京市中学因为有了陶西平倡议办金帆艺术团,逐步逐步地发展起来,每个团都可以在北京市找到一些专业的老师替他们辅导,外地没有。我举一个例,有一年召开全国音乐教育工作会议,参加的是各省市的中学校长,要请陶西平做报告。陶西平说"我不先做报告,要请大家先听一场音乐会,就是我们金帆专场演出的音乐会,听完了我再做报告"。然后他的报告里面结合我们金帆的演出,用大量的篇幅讲音乐在素质教育里面的重要性,结果那帮代表看完了我们演出,许多回去要成立类似团体。我听说上海教委的听完以后回去就找有关方面商议也要搞学生艺术团,北京给全国起了表率作用。

问:"人和"都有哪些?

答: 我刚才说地利是可以请到好老师。我们金帆交响乐团有一帮好的老师，很多人牺牲周末到金帆来排练。开始在人大附中的时候，这些老师基本没有报酬，只有少量的一些车马费，现在给老师报酬也不高。这个老师在家里教学生，收的学费要比金帆给的高得多，但是他们也是因为喜欢这个工作，爱这帮孩子，觉得这个工作有意义，再加金帆的刘池老师、李景春老师管着这帮孩子，我们的合作非常好，还有一些学生家长也非常支持，这是不是人和？

问：您是一位非常有国际声望的著名指挥家，为什么以您的身份和地位会愿意为一些孩子拿起指挥棒啊？是什么吸引了您呢？

答：我没有什么声望，只是年纪大一点，经验多一点。我小学的时候学英语，英语老师教我一句话，"Do what you like, and like what you do"，做你喜欢的事情，喜欢你做的事情。这个喜欢不是说我喜欢喝茶那么一个简单的事情，喜欢是因为这个事情有意义值得去做，既然做这个那就要喜欢，那就叫热爱，想办法把它做好。这句话我也经常跟小孩们说，为什么喜欢音乐？为什么参加乐队？不是单纯我是音乐爱好者，要知道音乐对人的发展、修养是很重要，要知道这个了，喜欢才是真的喜欢，既然喜欢参加乐队了，可以学很多东西，那也真是喜欢这个乐队，就学到东西，也得到修养，是不是这样一个关系？

问：您教了金帆这么多年了，有很多的优秀人才也走出来了，您有没有印象特别深的或让您觉得特别骄傲的一些孩子？

答：那不少了。本来陶西平同志跟我并不打算要学生们将来要专业搞音乐，办金帆的目的只是中学生得到全面的发展，但是现在有两方面都很突出的人才。我们金帆的中学生有的考进清华大学参加乐队，有的当学生会的干部如团长、理事、干事等，很多是我们金帆培养出来的。比方说有一个吹圆号的学生，他现在当了一个银行分行的经理。还有一个女孩子完全可以学专业的，但是她在大学学经济会计，学得非常好，还没有毕业就已经有单位预定她。现在北京市东直门中学指挥金帆的秦西也是我们金帆毕业的。他在金帆学到的东西加上自己的努力，现在指挥东直门中学乐团，水平也不错。国家大剧院组织了一个管弦乐团，演奏小提琴、中提琴的就有我们101中学金帆毕业的学生。有的毕业以后考进了音乐学院，又考取了研究生，成为首席。这都是给他们营造了一个学习的环境，加上他自己个人的努力的结果。

问：据说您的儿子为您办了定居加拿大的手续是吧？那是什么时候？您当时临走之前，对金帆还依依不舍。

答：那是1993年，不是依依不舍，我就是没有打算办理，我儿子要替我办。我的目的也就是拿一个绿卡，方便我出国，不用每次办签证。我走以前陶西平请我吃饭，我说我要回来的，我并不想去加拿大。我在加拿大只住了半年。

问：您每次都跑那么远去给孩子们训练，坚持了 20 多年，您不觉得累吗？

答：我来去有车子接送。排练没有不累的，排练有两种累，排练得顺利很高兴，兴奋得累；排练得不顺手也累，总要想为什么不顺手。做工作哪有不累的？都累。我没有想过放弃给孩子们训练，我还有很多事情要做。

问：您对金帆团有着一种什么样的感情？孩子们给您带来了什么？

答：我做了一些爱做的事情。孩子们有进步了，有成就了，我心里就很高兴，所有的老师都有这样的感觉。特别每年过年总有一帮孩子找我聚会，请我吃顿晚饭，那是很高兴的。这些孩子多半叫我"黄老师"，也有叫我"黄爷爷"，特别小金帆队员都叫我"黄爷爷"。我觉得一个小学生交响乐团非常重要，在中国是独一无二，在全世界也不多。教委现在要办金帆艺术团 25 周年这个活动，我觉得应该要包括中关村二小的金帆团。

问：您的儿子黄安伦先生也为金帆做了很多贡献，您能给我们介绍一下吗？

答：安伦为大金帆写过一个小型的交响乐曲《金帆号角》。纪念小金帆 5 周年要演出，安伦也去听了。音乐会演出结束大家吃饭，陶西平说他来写歌词，要安伦作曲，安伦也一口答应了。后来他回加拿大去了，拿到歌词，就打电话问，"那个中关村二小金帆乐团是真的交响乐团吗"？我说"你就照交响乐团的编制来写吧，你给大金帆写那个《金帆号角》这个水平，它们也可以有那样的水平"。他后来写了还有三首乐曲，也演出了，我也演过他的作品。他就希望有人演奏他的作品，演奏效果不是根据他，也不是根据我，评价应该让别人说。

问：金帆成立已经有 25 年了，您觉得金帆给大家留下了什么东西？您认为金帆的作用和意义是什么？

答：这是非常有意义的一个问题，但是要找出这个问题的答案，不应该我一个人说了算。金帆艺术团已经办了 25 年，应该要好好总结一下，做过什么事情，有什么意义，建立过什么好的传统，同时也要找找金帆艺术团在各个学校有哪些不同的特点，有没有需要改进的地方。我觉得这个事情不单单由教委几个人来决定这个事情，就是像陶西平一开始建立金帆也是请北京市教育界、音乐界的人来提意见。当时提建议的有音乐界的李德伦、韩中建、我、郑小瑛、司徒志文，坐满了一屋子人，大家对陶西平这个想法各自发表意见。现在金帆25 周年了，恐怕北京市乃至全国都知道有个金帆，特别北京市音乐界好多人知道金帆，是不是应该请他们来，为了未来继续发展做一个很好的总结。我觉得有时候问题要反复讨论的，我一个人讲那是我个人的观点，也许经过讨论，我的观点可能会改变。

问：您觉得金帆的精神是什么？

答：金帆的精神就是"扬起金色的风帆，驶向成才的彼岸"。金色的风帆是什么？就是我们这个课外的业余艺术组织，为了全面发展，我们驶向成才的彼岸。这个成才不一定是音乐的专才，是一个打好基础，进行全面素质教育的成才。我参加金帆工作也是为了这个目的，这也是我喜欢做的事情。

我觉得金帆成立以来，无论从规模或者水平来说，在全国都是名列前茅的，这是事实。最早陶西平提出要在课外搞音乐活动、美育活动，给学生一个机会，给他们营造全面发展的环境。我们提倡素质教育已经几十年了，但现在还远远没有达到这个要求，还没有摆脱应试教育的束缚。金帆通过课外活动来提升学生的全面素质，使他们健康的成长，这是大的目标，我是举双手赞成的。现在金帆艺术团规模很大，水平也很高，但是素质教育已经有了一些偏离。我听说为了比赛，有些学校选的作品难度很大，连一些专业工作者听起来都很难理解，这个对中学生合适吗？我觉得应该选取经典的作品，无论是中国的还是西洋的，只要适合于中学生接触的就行，从这些东西来培养他们的艺术修养，而不应该为了比赛拿第一加班加点训练。

问：今年金帆已经有 25 年了，肯定还会继续发展下去，您对金帆有什么样的期待或者说祝福吗？

答：我希望金帆发扬好的传统，改进不足的地方，继续往健康的方向发展，将来要纪念金帆 250 周年、2500 周年。

金帆艺术团吴灵芬访谈录

问：您什么时候加入金帆的？

答：我是 1990 年加入的。我 1988 年才从莫斯科回来，参加了教育局领导组织的一个活动。他们可能知道有我这么一个人，从国外回来了，所以就找我负责北京市高校乐团活动。当时的中央音乐学院副院长朱同德同志跟我谈，叫我到延庆领导组织金帆合唱的活动，发动全北京市中小学要"班班有歌声"，我就这样进来了。

问：您从国外回来，国外条件肯定要比国内好，当时是什么吸引了您参加这个活动？

答：有这么几个原因，第一是院长给我派任务，我必须执行。第二个因为在国外我看到几乎所有的公民都在歌唱。我当时在俄罗斯学习的时候我也有这样一个心愿，我觉得我也有能力让整个民族都唱起来。在国外我听过这个口号，"一个民族都歌唱的时候，它才能够走向一个先进的一个国度"。我当时也有这样一个想法，为什么不能回国来也启动这样一个很大的事情，刚好碰上这个院长叫我去延庆，延庆当时是最穷的、最苦的、最远的县。第三个原因就是我的老师做了很好的榜样。我的老师都比我大十几岁，也有 70 多岁的老教授到延庆去教音乐的。这个团队清一色都是国外留学回来的，中央音乐学院的教授都是我的老师。我第一次到达延庆的时候，没有高速公路，他们弄了个吉普车，感觉确实很穷。但是我的老师们在那儿做了很多工作，而且就这个县请了一个一流的铜管乐队，当时在北京很轰动。我发现延庆县负责艺术教育的干部非常优秀，有那种"有条件也上，没有条件也要上"的"大庆精神"。当时的文化局长、教育局长讲"我们必须靠艺术教育来打开延庆县贫困的局面，来提升延庆县老百姓的素质，推动经济建设"。他还说一定要找北京市一流的老师，所以工科、理科、文科包括音乐全部找的都是很好的老师。

问：当时您去的是延庆哪个学校？

答：不是学校，我去的是延庆的一个村。因为它当时没有一个音乐老师，就有两个任课老师也不会搞合唱。我去以后就先调查了情况，听了 300 个孩子歌唱，也听了100多位延庆老师歌唱，几乎没有一个人能把我们的《国歌》或者是《少先队队歌》完整地唱下来的，但是他们嗓子特别好，接受污染少。当时我很自豪，提出了一个建议，我就跟局长讲"不要把我放到一个学校里，而是给我一批老师"，先培养老师。我就在延庆搞了第一个音乐的中专师资班，这是我开头的。我起草了教学大纲，列了一套教学方案，动员了中央音乐学院指挥系的老师做系副主任，动员了我系的全体学生包括现在有名的李心草、于夫等，把他们弄到延庆县去教乐理、作品分析、合唱。我开了四门课，用了一个小学实验，选了一帮孩子做一个示范队，我给这些老师做示范，怎么样教小孩子唱歌。这样我用两套教学方案，一套是训练老师，一套是训练小学生，让那些老师来看，就这样搞起来了。这个实验小学先是管乐金帆，老得第一名，后来成立了金帆合唱团。

问：当时您教的那些学生，现在还有在金帆工作的吗？

答：很遗憾，我是1990年去，到2000年延庆教育局长换了，当时和我一起工作的干部就全部都换了，导致2000年到2010年之间10年形成一个大的空白，所有的金帆牌子都摘掉了，现在一个也没有了。

我花了10年的时间培养这批老师，一共100多位，先是中专，然后大专。我到中国音乐学院以后，跟中国音乐学院院长说清楚，把他们放到这儿来续本。我又跟首都师范大学讲好，有一些作为本科生直接送到那儿训练。我又选了10个送到中央音乐学院进行特殊训练，他们在技术上非常成功，为他们将来建立少年宫做准备。这一教师梯队就先建立起来，这个是我的一个很大安慰，这是延庆县的未来。后来这些人有的到了我们管乐团甚至武警乐队，从此以后他们走出大山，还有人成了电影学院的讲师、教授。因为唱了10年，他们的耳朵很好，就很顺利地考上录音系，还有的在中央音乐学院、中国音乐学院学音乐的。音乐教育改变了这个山村，这些力量等于给延庆储备了一部分人。虽然延庆音乐教育垮了10年，但是从2011年开始，当年的这些合唱队员和当年我们训练过的这批老师现在已经成了延庆县的各级领导，所以他们就想恢复以往的繁荣。这些领导很齐心，那十几年的合唱教育给他们养成了一种团结、和谐、合作的品格。当他们成为领导干部的时候，他们就成为一个核心。现在从2012年春节开始我又重新回到延庆，现在就带着很多助手。现在和20年前的起点不一样，他们这批老师已经能够理解我的教学，延庆县自己能培养出来一批帮我的助理。延庆的少年宫建立了一个童声合唱队。夺回金帆是我的目标，当然我也还是那个办法，请延庆县的教育局领导帮助，让一些音乐教师看我排练，学习怎样领导这个合唱团。

问： 当时您教的那些孩子现在还有联系吗？

答： 当年我教这些孩子时，他们都很小，那个时候就几岁，只能坐在那儿看，现在都长大了。老师我都在联系，跟我联系最多的是当年的中专生，现在在县里都成了很优秀的音乐老师、模范教师。有些学生回到县里做了领导干部，也是一直在联系。他们的下一代还有很多出国留学，有个吹长笛的就到德国留学，现在回来在东城少年宫工作。现在大学生交响乐队首席就是延庆的，首都师范大学的团委书记也是延庆的。

问： 刚去延庆的时候您经历过哪些困难？

答： 其实很困难，第一是交通非常不便，什么公路都没有，一下雪就不能去了。我每个礼拜一要到那儿上一天课，我坐汽车到八达岭，下雪了车就都不通了，我们就得爬山过去。延庆县的人在山的那一边等着我们，然后再开车进县城。第二个是所有的村里人都不理解。我第一次选了40个孩子在实验一小训练，我在里边排练，外边的家长不停地喊，不要让他儿子来唱。一会儿张小蛋回家，然后李小俊回家，家长很不理解。后来一些干部就在门口挡着不让那些家长来喊他的孩子，像警察一样的帮我维持秩序，但是家长老远还是喊。我花了5个月的时间，很快地建立起了一个合唱队。当他们第一次在北京参加金帆比赛的时候，延庆县很穷，学校都没有琴，结果一上台全是无伴奏，大家很震惊。第一次上台的时候一、二、三等奖全部都抱走了。那个时候家长才慢慢地开始不来阻拦了，以后教育局又实行了一些其他的政策。所以我现在一到延庆排练时，所有的家长都赶快把孩子送来，这个变化很厉害。开头做好了，以后就很顺利。

问： 您用哪些方法去克服当时的困难的？

答： 当时不是我一个人，延庆县的干部非常优秀，他们什么都不懂，但是教育局局长有一句话，"只要吴老师来，所有的事情你们不许插嘴，你们只有一个任务，就是帮着吴老师把所有东西都准备好"。我去的时候院长跟我讲，"你不许要钱，因为他们很穷"，我说，"我没有想过要钱"，我觉得我的职责就是教会大家去唱歌。这些干部为《三国演义》剧组去做旧衣服，衣服做完了以后要放到河里踩脏了再洗，洗到像旧的一样；拿假的皮子为士兵做盔甲。他们争取向《三国演义》剧组拿一点钱，给我们吃一点好的，然后给我们多一点报酬，一天15块钱。有时候进了村的泥地，我们鞋一踩就掉下来了，艺术教育处的干部就会立刻上商店去买雨鞋，我们老师每个人一双。你在这样一些干部面前，真的不好意思说很苦，就是这样一种精神。我觉得一切工作都有保证，多苦都能过去。我能感觉到像电影里看到老区的老百姓对北京来的人的这种热情，他们为了山村孩子能够学到艺术而愿意付出。现在是联合国科教文的亚太地区首席长官陶西平同志就跟我讲，"别的区县可以给你很高的报酬，但是你找不到像延庆县的干部这样的干部，所以你一定不要动摇"。他让我坚持在延庆县带这批人，后来他们就出来了，都是一流的合唱队，老师是一流的，学生也是一流的，他们参加人大会堂演出，给李岚清首长演出，很有成绩。

问：现在的延庆变化大吗？

答：很大。现在有高速公路，延庆县已经看不见当年的学校平房，学校都很漂亮，有的地方盖得很好。当时为录音机找个插销都很困难，我带个录音机去讲课，没有插销。教室都是透风的、破的。后来奖给一架钢琴，钢琴也没地方放。北京市教委觉得他们工作很优秀，就给了一辆车，为什么呢？"这个车装的全是中国一流的教授，万一你们的车出问题，那就有个车"。但是，那个车很快也坏了，我们就得自己爬山过去。现在我去少年宫上课，最大的变化是跟着我的助理们每个人都有车，包括送孩子的家长也都自己开车去。不像过去，我到了延庆，他们就拿自行车驮着我到处走，现在变化巨大。

问：金帆是学生业余音乐团队，这支队伍现在的水平跟以前比怎么样？

答：以前我们是开发阶段。开始每个礼拜五上午老师一定先集中训练，我要给他们上课，教大家认识音乐是什么，怎么叫合作、合唱，这是认识时期。然后就是一个积累阶段。以前把《少年先锋队队歌》唱完整就很不容易了，奏一个非常小的曲子，如《白毛女》《北京喜讯到边寨》，这个乐队就不得了了。现在基本上我们国家的交响乐队能演奏的，我们的金帆交响乐团也都能奏，甚至金帆交响乐团的作品由教育局特别投资请作曲家来写。他们的作品和专业团体的作品不相上下，不同的是学校由于经济的原因，乐器的质量会比较差。但是他们出来的音乐感完全不差，如一零一中学金帆交响乐团屡次在国际上获得第一名，合唱团也出国很多次了。合唱团唱的有些作品还是用外文，可能专业团体练起来都很困难，这个水平还是很高的。学生在这种艺术氛围里有两个问题，一个是他原来的才能有释放的地方，他爸爸妈妈投资让孩子在家里学钢琴，他到学校有地方让他表现，有个上舞台表演的平台，有一个价值的认可，就使他在学校里上课很兴奋。另外一个是往往这样的学生功课也很好。在很多孩子家里经济条件不允许学音乐的情况下，普及性的教育对学生也是一个非常重要的。我女儿当年在北京八中就是金帆合唱团的，她在八中是很愉快的，后来就考到美国波士顿大学音乐学院，现在也在美国做指挥。如果八中没有给她这个平台的话，就很难想象了，那么她就会一个人在家里头独自练钢琴，只考虑个人。

问：从专业角度，您给金帆这些乐团一个什么样的评价？

答：金帆艺术团是北京艺术教育的一个名片，一个艺术的符号。它在每一个行当、每一个品种上都是达到了一定的高度，也是一面旗帜，或者是给大家树立了一个艺术教育普及的标杆。大家不能满足于这个普及，要根据学校教育的情况，给这些学生一些更多的精神食粮。

问：国外有没有对金帆的评价啊？

答：我听到过对合唱团的评价。我们经常有孩子出国比赛，有些国际比赛总是让我当评委，我就会听到评委组说中国的童声合唱团有两个优点，一是我们中国孩子嗓音很好，二是歌的主题特别多，我们民族多，旋律的丰富感非常好，这是外国人所望尘莫及的。

问：您印象最深的一次演出或者活动是什么？

答：要是让延庆的那些老领导讲就更生动。我刚去延庆县的时候找了40个小孩，他们的概念是300个人。我说"300人唱歌那叫群众歌咏活动"。我们要求是每个学校班班有合唱，我先做示范，这一个班的学生怎么搞合唱。我是这样开始训练的，第一个训练是什么呢？"一只蛤蟆四条腿"，先带着孩子练节奏。那些干部就很着急，说"你怎么还不唱歌"？我说"每个人都能感觉到从妈肚子里出来时心脏的节奏，先把这个找回来"。训练了三个月以后，开始教曲调，那些孩子就开始唱歌了，他们脸上开始开花，会唱歌以后再教两个声部。那些看我排练的老师也照猫画虎地在自己学校教，当时建立了12个学校的合唱团。北京市领导到延庆来审查，好的团可以进北京参加金帆比赛。我想把这12个合唱团都选上，给全县领导干部汇报，我们要进北京了。那时老师根本没看见过北京什么样，因为没有公路，没有车，要进一趟北京很难的，结果12个团都选上了。他们的老师也学会打拍子，我一边教老师打拍，一边带这些合唱团。12个团一起在县里非常小的一个多功能厅汇报演唱，谁弹伴奏？李心草，当时他大学三年级，他弹伴奏，然后大部分都无伴奏。最后一个歌唱完的时候，从教育局局长一直到老师们和校长们，全都趴在桌上大哭。没想到这些曾经脸都很脏的孩子，化起妆来那么好看，我给他们设计的衣服也很好看。那场哭我永远难忘，很震撼。

对于一个农村来说，这开启了一个完全新的天空。因为启动了金帆活动，教育局长陶西平拨款，好的学校给了一架钢琴。有一个老师从来没见过钢琴，压根不会弹钢琴，我就派李心草到延庆城永宁镇里一个普通小学给他们弹伴奏，那个老师用画画出每一小节音是怎么弹的，画了这么一摞画，最后演出时他自己上台弹的一个音都不错。这就是延庆人，他那种渴望产生这么大的奇迹，这是我有史以来第一次见到这样学钢琴的人。所以，我相信一个人真的没有学不会的,只有不想学的,他希望做这个,就能弹出来。我问他"你什么时候学钢琴的"?他说"没有,我就看着李心草弹,把每个指头画下来"。这个老师现在在延庆县少年宫,也在教音乐。他们从来没听过歌,就是这么一点点教起来的。

问:金帆在您心里意味着什么?或者说您对金帆有什么样的感情?

答:我就是离不开金帆了。一个原因是教育局从陶局长起,虽然换了几任教育局长,但每一任的领导都叫我来参与,他们都会给我一些任务。我在完善的过程当中,能够感觉到国家教育的脉搏,能感觉到一些家长们的热情。如原来56中有个金帆合唱团,后来也被取消了。他们有个9人的家长委员会,这个家长委员会支持孩子到什么程度呢?他们发现孩子服装不好看,家长委员会一开会,有个家长就自己到动物园的服装城挑一堆服装,让孩子们可以换衣服用。实际上,我有一个除了音乐学院以外的比我自己单位的人还要亲的一个大家庭。比方说,我稍微有点不舒服,学生家长会带着我赶快去医院,他们会提前5个小时去给我排队。

我已经有10年不去延庆了,但是每一年那些村里头的老师,收下来的玉米或者核桃就会想办法运到北京城里来送给我。当时的学生现在有的成了局里领导了,有的成了骨干,有的成了少年宫主任,我就对他们说:"我们发誓把金帆牌子拿回来。"

问:您为金帆的孩子们奉献了好多,那金帆和孩子给您带来了一些什么?

答:第一是带给我一种大家庭的感觉,我永远不会有寂寞。我自己的学校或者我的家都不具备的这样一个大的家庭条件。第二就是金帆在追求,我也追求,因为什么呢?我教学生们的时候,我发现他们希望学得更难一点、更多一点,或者他们听到世界上有一首歌其他人比他们唱得更好,他们就希望我再教他们,那么我也赶快去学那个歌。我就从网上去搜更新的资料,所以我的知识保持得比较新鲜。我的同事跟我讲,说"你老是追潮流",我说"不是我追潮流,而是这些学生给我出的题目",使我能够像专业团体一样不停滞。他们追求促使我也追求,我觉得这个是其他任何的工作都没有办法去代替的。

问:您觉得金帆的作用和意义是什么?

答:真是很难几句话说清楚。这么十几年来,北京孩子有这么一个天地,不是光为了他能够上台表演、比赛,而是让他在学校活动当中有一个展示自己、拓展自己并进行艺术享受的平台。他可以在语文课里头得到很多灵感,就像钱学森讲第一是形象思维,第二个是形象思维帮助逻辑思维,如果这两个思维都够了,你就会爆发出一种顿悟,你就有创造性。所以金帆得奖并不是目的，而是要给学生一种繁忙学习生活里的艺术思维，艺术形象的想象。他开发的想象力比不参加金帆团的学生的要多，会有一种掌控自己的能力。比方说像清华大学、北京大学这两年招特长生，北京金帆团的学生往往一下子就进北大、清华了，为什么呢？他调整自己的生活非常快。有的时候特长生优待50分，但是有的时候根本不用优待，他会考到700多分。我上礼拜去了一趟北大，北京金帆团输送了差不多一半。清华大学的乐团基本上也是北京金帆交响乐团的，实际上它捡了一个北京中学生金帆乐团。

钱学森为什么说这两年出不来人才？其实我们从2000年到2010年教育有点失误，教育部也承认这10年有点失误，现在就开始抓起来。有些很好的团是因为学校一直坚持，没有动摇过。像延庆就动摇了，所以5个金帆牌子全摘掉了，也出不来人才了。

问：那您觉得金帆的精神是什么？

答：金帆精神就是不断追求，一山更比一山高。

问：金帆给北京或者是中国教育留下了一些什么可借鉴的东西？

答：我觉得最主要是不去追求单纯的分数，而是从某个角度出发去启发他内在的潜力。昨天我听说金帆戏剧团每个小孩都会演戏，因为给两岁小娃娃一个布娃娃，他实际上就开始演戏了，他要哄布娃娃睡觉，然后就没人管了，但是到学校他就会把幼儿时的才能在一个戏剧社、剧团里迸发出来。金帆团不管是交响乐团还是其他团体，都给了学生一个非常高的品位感，所以我也很自豪。我的合唱队员或者是延庆的孩子出来一看，就不像是农村孩子，是一个有很好品位的孩子，金帆团在这方面起了很重要的作用。这也说明素质教育给人一个很高的趣味感，给人一个规范。我们要在尽可能有条件的情况下普及艺术教育。它其实用不着太多的钱，当然需要一批很有奉献精神的老师。

问：您觉得金帆在哪些方面需要改善？

答：第一个问题是老师力不从心，我们对老师的投资少，这一点我们不如广州。广州的老师大部分从师范院校出来。教学法和当指挥是两个行当，我们在过去这10年里头，对这个问题有点忽视，所以现在光靠这些音乐老师，很难让他自己学校的这个团向前进，所以大部分团不得不借助于像我们这些专业的工作者去做，我又没有时间。我觉得对师资的培养要投资，让他们学会怎么去从事这种艺术教育活动，而不是普通音乐课的活动。第二个问题就是创作。不管是乐队还是唱歌，为青少年写的歌几乎没有，这个我们落后于日本50年。我去年去做日本的中小学合唱评委，我没法打分，因为它全是世界一流的。它从60年代提出了一个口号是"合唱队里没有我，只有我们"。20世纪60年代的日本每年派100位老师到德国、奥地利和匈牙利培训，5年一期这样轮回，它在教师身上花的力气是很大的，现在它是世界一流，所以它不参加国际比赛，参加国际比赛干吗？有些国外的经验，我们需要拿过来学习，加大对我们老师的培养和那些有志于为青少年写作的作曲家的培养。由于这两个方面的缺乏，现在停滞的影响开始显现，很危险。我们在停滞这10年，但是广州花10年让老师出国学习，到香港、北京、上海去听课，他们甚至花十几万、几万的去请作曲家去体验生活，去为青少年写歌。我们北京需要在这方面再做一些工作，加大对老师的培养力度。

问：您对金帆还有什么样的期望和祝福？

答：腾飞啊！只要我们能够有一批骨干老师，能够集中社会上的创作力量，能够给金帆团更多新的东西，我们还会继承那四分之一个世纪。等下一个世纪，我们会在新的高度上迈进一步，前提条件就是解决这两个问题。我昨天提了一个口号"滋养人性，丰富人生"。我们拿什么去滋养我们的孩子？就是好的作品和好的老师。这两个问题解决了，我们金帆真的就不仅仅是在中国做出一个榜样，而是在世界上做出一个榜样来。我们昨天举了委内瑞拉音乐拯救国家的例子，现在世界上一个著名的乐团的首席和最棒的一位指挥原来是贫民窟的孤儿，但是国家投资90%赞助10%，把这些贫民窟里的孩子，也是吸毒、打架，犯罪最多的年轻人改变了过来，现在这些年轻人都成了世界一流的交响乐团的队员。它就是由于这样一个"音乐启动工程"，使这个国家变成了交响乐的国家、音乐的国家，那么它的起点是什么呢？用自己的民歌把这些孩子从贫民窟，从打架堆里拉出来。陶主任老给我们放这个片子，我也复制了很多片子，天天给我们老师看。但是你知道吗？那些著名的乐队（指挥）如阿巴多在中国赚了很多钱，然后完全义务地在委内瑞拉培养这批孩子。我们在这方面的注意力，对我们老师的培养下的功夫太少。如果我们也能在国家经济情况好转的情况下，能够投资的话，那我们也会像他们一样在世界上立起来。我们的金帆是一个名片，这个名片才能告诉他们什么是中国，中国有什么。我们已经有个别的名片在世界上，是外省的。比方说深圳有关中学经常被邀请到美国去演出，美国人就通过他们演唱的中国各地民歌认识中国。他是一个人家不得不承认的世界一流的中国少年合唱团，我们北京还达不到这个水平，就是因为我们缺这样的师资，缺这样的作品，所以我最大的希望就是我们的领导、创作人员还有老师一起合力打造能够让全世界了解中国的这样的一个新的名片。

金帆艺术团廖代芬、小柯访谈录

廖代芬的访谈

问：您是什么时候加入金帆这个行列，主要承担什么工作？

答：1987年我从部队回来以后，在研究所政治办公室当教研主任，教政治。1987年大年三十晚上教委在人民大会堂组织了一场联欢会，教委的曹华和我两个人为了要找声乐条件比较好的学生，跑了很多学校，挑了七八个学生，结果演出效果挺好。1988年金帆艺术团成立，教委陶西平就给我下了个聘书，聘我为金帆艺术团的艺术指导。因为金帆艺术团要经常排练，在那个年代又不能身兼两职，所以在这种情况之下，我才50多岁就提前退休了。以后我就专门在金帆艺术团当艺术指导。

问：当时为什么会选择金帆，为了这些孩子们提前退休呢？

答：我15岁就当兵，在部队文工团一直从事声乐，在团里头担任独唱。后来部队为了培养我，送我到解放军艺术学院学习，那是最早第一期的进修班，各个团的主要演员都到那儿去进修。我进修班毕业回来以后赶上了文化大革命，因为我在福州军区还是比较有名的，也受了一点冲击，后来我就提前转业了。转业以后我回到北京，进了塑料厂的塑料研究所。开始还当了两个月工人，后来领导发现我唱歌不错，就把我调到文艺队参加演出。我十几岁就从事声乐，对这一方面特别喜爱。后来教委找我，让我就培养一批学生。在这种情况之下我就离开了原单位，专门搞声乐教学。我一方面出于爱好，另一方面觉得从小党培养我，我在部队锻炼了这么多年，教音乐比教政治强得多，我是半路出来教哲学、马列主义的，还是搞声乐比较适合我。

问：金帆刚开始成立的时候是不是挺难的呀？

答：对。刚开始我们要组织一个歌舞团，我就准备管声乐，舞蹈是九中王忆农负责，民乐是十二中的耿丽莎（音）负责，再加上曹华。声乐没有学生，就让我去招，曹华就开着车，我们两个人就到各个学校去招学生。我最早在西藏中学招了两个学生，印象最深的是招了一个声音挺好的学生，他唱《翻身农奴把歌唱》。我跟曹华跑了几天招了8个学生。来了以后我就开始训练，有的学生也没有基础，没有学过声乐。我边训练边严格要求，有的孩子很用功，但是也有的孩子不那么用功。有一个学生刚开始训练的时候贪玩，歌词背不下来，但是他的声音非常好，表演也很好，我就想好好培养他。有一天我就跟他说，"今天你背不下歌词你别吃饭，我陪着你也不吃饭，你要是背下来了我们两人一块去吃饭"。在这种情况之下，他边哭边背，总算把歌词背下来了，然后我们两人一块儿去吃的饭。那时候大家都是把艺术活动当成一种业余的，学生也没有拿什么奖。印象特别深是在九中放假了以后，我们在假期中举办了一个夏令营。我带学生一个多月，就把他们组成了小合唱，有童声二重唱、表演唱、男女声独唱。那时我就把小柯也弄去了，他开始弹吉他，带通俗味道，我就让他找了三个小孩，练了一个组合。那段时间从建立到排练、做服装等，我们都得费心去做。教委就是曹华负责我们，下边没有什么人，许多事情就得靠我们自己去做，比较辛苦。我们演出印象最深的就是第一次大年三十在人民大会堂举行的联欢会，让我们金帆艺术团演出。我就带着我的学生去演出，不是整个团，有一点舞蹈、声乐，演出以后反映效果特别好，陶西平也特别满意。我觉得一个真正的艺术团要好好培养学生，我得要尽力。我就把所有的精力都用在金帆艺术团，全教金帆的学生。除了在金帆艺术团排练以外，每个礼拜孩子们都要分头到我这儿来上课。

问：那时候主要的困难是什么？

答：刚开始的时候没有人，没有基础。我们就到学校去挑学生，把节目弄上来。但是当时一零一中学都有乐团了，黄飞立是管弦乐团，我是歌舞团，我们都是最早负责金帆团的指导老师。教委本身对这个很重视，聘请我们这些艺术指导去选拔人才，去培养典型。那个时候经费没有那么多，我跟学生们上课都不收学费。因为那时孩子们（的家长）都是工薪阶层，不像现在有钱去找音乐学院老师上课，所以招来了难在孩子们没有学过，没有音乐基础知识，我得一句一句的教。比如孩子要唱民歌，民歌风格怎么样，你作为老师要考虑到，不像现在我教学生，我给他一首歌，他一识谱马上就行了。那时候不行，孩子们音乐基础知识比较差，所以教起歌来特别困难，我必须要单独在家里头教他们，光靠在教委礼拜六、礼拜天两天训练是培养不出来的。

问：那时候没有钱，又那么难、那么累，是什么让您坚持了下来呢？

答：一个我从小参加革命，另外一个也是党培养了我，我有这方面的才华，我也应该为咱们的国家做一些贡献。我能够发挥余热，就尽量地去发挥。我就觉得人一生当中总得有一个目标，我就想把我学到的知识传给更多的学生，我的学生让我挺满意的。

问：这么多年从金帆走出了一批又一批优秀的学生，您有没有印象特别深的并且特别令您骄傲的？

答：最早金帆艺术团的一个学生徐春媛（音），现在在美国。她是首都师范大学毕业以后在文化宫教声乐，在美国读的研究生，毕业了，现在在美国教学。还有一个张京雨（音）是一个女中音，刚开始我没有看上她，但是她就想参加金帆艺术团，想跟我学声乐。她家里头很困难，妈妈没有工作，爸爸是一个厨师。她知道我们训练地点以后就来听，那时候还不是金帆艺术团。我被她这种精神所感动，无偿地让她来跟我学声乐。我教了一段时间定好她为一个女中音，就让她加入了金帆。后来她自己挣钱，怎么挣呢？她跑到什刹海船上去唱歌，自己挣钱到德国留学，她为什么到德国留学？因为德国是公费，出国费用比较低，她就到了德国柏林音乐学院学声乐。在她的个人的努力之下，慢慢在那儿学声乐、搞教学，一直坚持到博士毕业，现在在柏林音乐学院任声乐老师。我感觉到特别欣慰的是什么呢？她现在从德国回来都要来看我，她找了一个德国的丈夫，带着她的丈夫回来，请我喝他们的喜酒，她没有忘记从小我对她的这种启蒙的教育。还有一个就是孙聪（音），他也是一次我在当评委时发现的人才，后来我就把他吸收到金帆艺术团。现在他是在维也纳音乐学院，研究生、博士生毕业了。在维也纳举行的世界性声乐比赛中，他拿了第二名。张京雨（音）也是拿了很多奖。还有一个学生就是徐平，现在在中央电视台。他那时并没有经过什么专业训练，就是我教他，后来在印度尼西亚搞了一个世界青年学生会演，他就代表北京去参加，他唱得确实是不错，他唱《在希望的田野上》特别好，拿了一个比一等奖还高的"特别奖"。还有一个现在在日本的孔凡鹏（音），也是最早金帆刚成立时叫来的一个男生，他唱歌唱得好，就到日本留学了。金帆的经历对这些孩子的影响都挺大的，这些孩子都是因为声乐的特长，使得他们在工作各方面发展都非常不错。

问：您的一家跟金帆特别有缘，被称为"金帆一家人"，您能给我们介绍一下吗？

答：我在金帆时就带着我儿子。那时候小柯搞了一个四人组合，他就参加了金帆，一直到他毕业。他在学校时就已经拿过奖了，如钢琴比赛一等奖，但是我要让他走上舞台，要让他有一些经验。小柯的音乐走上舞台，跟金帆艺术团是分不开的。还有一个是我的儿媳妇魏梦，她在一零一中学交响乐团拉小提琴，也是金帆艺术团。还有就是我的外孙子在八一中学管乐团吹萨克斯，我的外孙女在一七一中学合唱团，所以我们一家五口三代人跟金帆都非常有情缘。他们都参加金帆我也挺高兴，金帆艺术团确实是培养了不少人。我觉得从它那么困难的起步开始发展到今天确确实实很不容易。

问：您是怎么发现儿子有音乐天赋的？

答：我是"文化大革命"回来生的儿子。在"文化大革命"中，搞艺术的被挨整，我就不愿意孩子们搞艺术，我让他的两个姐姐都学理工科，学数学、物理，走科学的路。我儿子小时候也没有打算让他学音乐，但是他功课不好。五六岁的时候，他看完一个电视就能把里边的音乐记下来，音乐记忆力非常好，对音乐非常敏感，在这方面好像还挺有天赋。那时候演南斯拉夫电影《桥》，看完了以后，我说"儿子，给我哼一下里边的音乐"，他就给我来了一句，"再见吧，再见……"，我也觉得这个音乐非常准。但是我即使知道他有音乐天赋，也没有打算让他学。后来我有一个老战友儿子学钢琴，我就带小柯到老战友家去玩，他到了钢琴上就不下来了。他那时9岁多就喜欢上钢琴了，回来以后就缠着我跟他爸爸一定要买台钢琴。我们那时候存款也不多，有2000块钱，买一台钢琴就得花一千多。我们两个人说："儿子，你要学钢琴，你就没有童年，你不能像别的孩子那样想干什么就干什么，想怎么玩就怎么玩，你就得给我练琴。"他答应了，这样我们就下定决心，花了1499元给他买了一台钢琴。他开始练的时候非常辛苦，小学中午放学回来吃完中午饭练半个小时，然后赶快上学。从放学回来以后做完功课又练，吃完晚饭又练。我请了三个老师培养他，他学的时间非常短，参加北京市钢琴比赛就拿了第一名。后来就把他带入了金帆，他中学毕业以后又被保送到首师大音乐系，以后就走上了音乐这条道路。

问：您培养得非常成功，孩子们给您带来了什么呢？

答：孩子们给我带来了很大的精神安慰。我自己这一生通过金帆在艺术上有了一点成就感。我当时在文工团的成就感是，我上台独唱很受欢迎。但是到了金帆以后，我培养了下一代觉得特别自豪，在哪里呢？我培养的学生他们没有忘了我这个老师。我送了十几个学生到首师大音乐系，他们出来以后现在都教音乐。虽然我回来以后没有到音乐学院去任教，就在家里这么培养学生，但是我还是桃李满天下，所以我感到特别的欣慰，尤其是过年过节学生从国外回来来看我，我就非常的激动。学生不忘记我这个老师，说明我还是给孩子们留下了深刻的印象，让更多的孩子能够发挥自己的特长，能够走上他自己喜爱的音乐道路。

问：您在金帆干了多少年了？

答：我是53岁退休，一直干到了70多岁，71岁还不让我退，后来我说"我不行了，我都70多岁了，你们应该用些年轻人，我现在岁数也比较大了，不能像原来那样带着学生到外地去演出了"。原来我就是属于教委，教委的教育处它不挂团了，就把我弄到五十中，招生完了以后给我培养。后来我就觉得五十中离我家里太远,我又搬到这个地方来了。我申请了好长时间,才让我退下来,但还是给我下了一个金帆艺术团的声乐指导的聘书。我就是挂个名了,我现在教出来的学生有很多都是金帆艺术团的声乐演员。我在金帆团从建团开始到现在有20多年了,所以20周年建团给我发了一个特殊贡献奖,陶西平和我们还在一块儿吃了一顿饭。

问: 您在金帆干了20多年,那您对金帆有着一种怎样的感情呢?

答: 金帆给我后半辈子的事业发展创造了一个空间,所以我对金帆感情特别深。金帆的很多照片,我都留下了。我对金帆有很深的情结,原来曹华是教委的处长,我们感情都很好,不管你们有什么需要我的,我能做得很好。我退休干什么呢?我是金帆艺术团的艺术指导、声乐老师,金帆艺术团真让我感到特别自豪。金帆给了我后半生发挥余热的地方,我把后半辈子的所有精力都贡献上了。金帆艺术团拿奖,我就特别高兴。金帆20年的时候,出了一本书《金帆情》,可以说金帆艺术团跟我的情结太深了。

问: 25年前金帆刚成立的时候,您曾经想象过它会发展成今天的规模吗?

答: 不一样,那时候我以为金帆只有教委下边这几个团,我没有想过现在发展得这么大,有几十个团,这样发展更好。它说明什么呢?金帆艺术团发扬光大以后走到国际上去演出、获奖,世界上都知道我们金帆团。我印象最深的是,金帆艺术团刚建立的时候美国来了一个大学要联欢,那时候大学生没有出节目,我们金帆艺术团出节目了。我就带着学生一块儿去演出,那照片我都有,我们唱的并不比他们差,在这点上我觉得挺自豪的。

问: 25年过去了,金帆给北京乃至全国的教育留下了什么呢?它的作用和意义在哪儿?

答: 金帆艺术团对孩子们的文化教育和艺术,对孩子们的陶冶情操真的在全国起到了一个带头的作用。国外的孩子都要学一门艺术,艺术能够陶冶孩子们的情操,让孩子们有一种自豪感。金帆艺术团有许多团,管弦乐团、舞蹈团,它使很大一部分孩子都走上了艺术的道路。文艺工作需要有基础,需要从小培养。现在学钢琴比较普遍,原来就很少。现在的孩子们上台唱歌,也是展示了咱们国家文化发展的一个基础。欧洲那些国家我都去了,那些学生都学一门艺术,不是学唱就是学钢琴,家里头都有钢琴。咱们国家为什么不行啊?金帆在文化艺术上,在学生当中起到了一种推动的作用。

问: 那您认为金帆的精神是什么呢?是一种什么样的精神和力量推动它走到今天?

答: 金帆艺术团的精神就是要在艺术上发扬光大,从小学习,从基础打起。现在很多孩子都来学习艺术,就是让这孩子走上一条艺术之路,在文化领域开拓他的学习能力，发展他的智力。学艺术的孩子都比较聪明，如我们小柯小时候就老得 2 分，自从学了钢琴以后，记忆力一下就增加了，他功课一下就好了，为什么呀？学艺术他就不一样，学语文靠背，学艺术不行。学声乐完全靠大脑神经支配，你就得用心，你就得用脑子，要气息，胸腔共鸣，鼻腔共鸣都要打开，然后你还得要背谱子，是多根神经运动。孩子学音乐能开发智力，我在教学过程当中深有体会。

问：金帆今年已经是 25 年了，它以后肯定还会继续发展下去，您有什么样的期待和祝福吗？

答：我希望它能够继续发扬光大，希望能够将它推广到更多的学校，让更多的学生能够在这方面得到一些知识，在音乐上推出更多的人才。

小柯的访谈

问：想聊一聊您与金帆之间的缘分，您是什么时候加入金帆的？

答：我都不知道我是什么时候加入金帆的。我特别小时，我妈就在金帆艺术团教学生。每到周末，家里就一帮孩子跟我妈学唱歌，然后我就跟着混，所以自然就加入了。

问：您那时候也是受到母亲的一些影响吗？

答：对，当然。1987 年我母亲有一个金帆夏令营，所有艺术团的孩子都去一个地儿集训，排节目，男男女女住一块儿训练、演出。我就跟着混去了，混来混去就混进了这个队伍，就是那个夏天我学会了弹吉他。那是和这些曾经的伙伴在一起的快乐的时光。

问：您母亲说当时您弹吉他，还组了一个四人小乐队，是吗？

答：对。因为我是混进去的，也不知道干什么合适，正好有其他三个男孩也是弹吉他的、唱歌的，然后我就跟他们学吉他，学着学着我们四个人就在一起就开始唱歌了，然后就被团里发现说，"这四个男孩很青春"。我们演出唱《下雨不带伞》，还有《课间那十分钟》，我们私下里头唱的是爱情歌曲，像齐秦的歌。

那时我 16 岁，现在我们都已经 40 多岁，都有各自的职业，有的还在国外。那个夏天，是我终生难忘的夏天。

问：在您的眼中，您母亲为金帆都付出了什么？

答：那就没法说了。我妈妈退休快 30 年了，从她退休的那一年开始，就和金帆有了缘分，一直就在教这些孩子唱歌，直到现在为止过年过节，我们家就一屋的学生，当初的孩子现在已是中年人，最大的已经 40 多岁了，比我大的都有。

问：当年加入金帆的经历，对您有着怎样的影响？

答：那算是我最初的舞台经验。因为我小时候是学钢琴的，对古典舞台并不陌生，就是一个琴坐在那儿弹，但是真正的表演舞台是很复杂的、很喧闹的。你在台上要积累很多的经验，现在很多歌手在舞台上，我们一眼能看得出来这个歌手很嫩，那个歌手很成熟。对舞台的理解和对舞台的熟悉程度，促使他在舞台上表现出有没有气场，有没有亲和力。金帆最早使我登上那样的舞台，所以觉得挺好。现在每次看到北京市中学生金帆艺术团的时候，心里还有一种莫名的感动。我现在也会关注金帆的一些活动，看到的话，都会多看两眼。

问：我刚刚听您母亲说，说这个钢琴是您十几岁买的，很有感情？

答：这个钢琴是我10岁的时候父母给我买的，它在我们家已经30年了。妈妈几次是要处理掉，我没让，我说"你没地儿搁，实在不行，我就拉走"。我特别感谢它，因为我今天所有一切的开始都是从这架钢琴开始。虽然现在我很多台钢琴，其他都是买了弹，弹腻了就换，但是只有这台从没有换过。它毕竟是一个30岁的老琴了，里边有很多的零件都曾经全套的换过。但是有一天它弹不响了，我也会把它放在一个地方。

问：真是名副其实的金帆一家人，您家的很多成员都跟金帆有缘，能介绍一下吗？

答：对、对、对。我妈、我和我太太。其实我跟我太太在金帆艺术团不认识，我们在两个团，她是管弦乐团，我们属于歌舞团，后来谈恋爱才提起来当初曾经在某一地方一起演过，特别有缘分，但是他们管弦乐团一大帮人都分不出谁是谁，没有我们醒目。

问：您家与金帆这么有缘，你对金帆有着怎样的一种感情？

答：就好像是自己待过的一个地方，我希望那个地方永远的存在，也许现在我回不去，也许现在那个地方已经不属于我了，但是我想它的时候还能看到它，而且我经常想它。这可能对它是一种情感，它千万不要被强拆掉，这可能比较自私，但就是一种情感。

问：您母亲年近80了，但她现在还为这些孩子们去努力，您有时候会担心吗？

答：我天天劝她，老是提醒她休息，张弛有度，我觉得她快80岁的人了，毕竟不年轻了，起码要在意自己的身体。虽然说音乐对于人的身体和健康是最好的药方，但是再好的药吃多也是不好的。但是她还是做，也没办法。

问：同样都是音乐人，您能理解母亲的那种心吗？

答：理解。我的父亲、母亲经常会夜里 12 点打电话说"你干吗呢"？我说"我还在录音棚"，他们都会劝我，我会觉得没事。反过来想，我劝他们的时候其实心态是一样的，所以理解是理解，但是休息还是必要的。

问：我特别喜欢您写的一些歌，它承载了很多我们的青春梦想。您觉得金帆就是承载青春梦想的地方？

答：还有一个最重要的事情是结交了一生中最珍贵的一群朋友。因为人是群居的动物，在生活中除去亲人之外，最不能缺的就是朋友。现在社会这么复杂，人和人之间的利益冲突这么明显，相互之间的信任度这么低，真正能够无话不说的朋友越来越少，但是这个群体里的孩子们无论长到多大岁数，见到对方的时候都感觉很亲切。他还不像同学，同学是一种发小的感觉。金帆艺术团的孩子都是因为音乐相识的，学音乐的孩子心里就单纯，由音乐相识、相知、相认的朋友一辈子都是那样，这也是我觉得最重要的。

问：您现在工作忙，清闲的时候，想过为金帆做点什么？写一首歌？像母亲那样做指导？

答：只要是这个团有事情找到我，我都会尽我全力地去做。

问：作为一个金帆人，您认为金帆的精神是什么？

答：我认为金帆的精神是快乐成长。很多人并不是专业做音乐的，其实后来都改行了，在各种地方工作，有的是在政府机关工作，有的甚至跟音乐没有任何关系，但是他们曾经都有一段非常快乐的成长岁月。所以我觉得金帆就是让所有的少年健康成长的乐园。

问：今天您在音乐道路上已经非常成功了，您给金帆孩子们一些什么指导？

答：珍惜在团里的每一天，因为等你们大了之后，你们会突然觉得这段岁月是人生中最美的一段。我现在说这番话时已经 40 岁了，我的记忆其实是支离破碎的，它不可能像放电影一样那么完整地去播放，但是有几个永远忘不了的片段，其中有一个就是在金帆艺术团的岁月。它是一段年轻的生活，一段追梦的经历。回忆我们的青春是什么样的，它就是什么样的。

问：金帆至今有 25 年了，走出了很多优秀的人才。这 25 年金帆给像你们这样的孩子们，包括北京乃至全国留下了一些什么呢？

答：这是一个影响着很多孩子的地方。我认识的很多身边的曾经在金帆艺术团待过的人，仿佛他们人生中第一个参加的跟音乐有关的团体几乎都是金帆艺术团。由于它的年龄段就是中学生从初中到高中，可能最小的就是 12 岁，所以从那个时候就能够给这些孩子一个平台和机会，让他们登上通往梦想的舞台,这是一件特别伟大的事情。我觉得这是真正梦想开启的地方。

问:您对金帆有什么样的期待和祝福吗?

答:期待当然是越做越好,祝它永远的存在和发展得越来越大。我们这些人已经走出来20多年了,也积累了很多的社会经验和行业经验,挺希望帮助这个团能够更良性和有序地发展。比如说如何把音乐能够发展得更好?如何让这些孩子在舞台上表现得更为青春?什么样的内容能够使他们的青春全部绽放出来?我觉得这不是一个点上的问题,这可能是一个链条的问题。

北京市少年宫原舞蹈特级教师张先敏访谈录

问： 请您先给我们做一个自我介绍吧。

答： 我叫张先敏，是北京市少年宫的原舞蹈特级教师。我对金帆团有一种很深很深的情感，在金帆团成立的初期我就是见证人，我看着金帆艺术团成长。金帆团为什么成立呢？在我回忆里，原来我们的教育局长陶西平在接待一个外国的中学生交响乐团时，在北京竟然没有找到一个能跟他们合台演出的管弦乐团，所以他开始意识到中学生艺术教育问题。1987年教委他们开会，决定在学校内成立金帆艺术团，加强学生的艺术教育。

问： 在您的印象中，没有金帆的教育状况是什么样的？是比较注重课堂教育吗？

答： 可以这么说。当时各校没有舞蹈队，没有乐团，没有合唱团，基本就是在少年宫系统来培养一些学生的特长，学校教育就是以文化课为主的。

问： 当您听说要在学校成立这样的社团，您当时的心情或者想法是什么样的？

答： 教委当时决定成立金帆艺术团的时候，是决定让教委的干部曹华来主抓。曹华处长也是初次做，他对艺术怎么去抓也是要摸索，所以他找到了我，说"我们教委要成立金帆艺术团，你一定要帮着我把这个团搞好"。我是少年宫舞蹈老师，我的舞蹈课是一个半小时一节课。曹华是教委的一个领导，他来时一直在少年宫的西舞蹈室窗户外面等着我下课，这种执着精神感动了我。这种感动是互助的，我应该帮助、扶植金帆艺术团成长，当时我还介绍了总政文工团的老舞美。我送曹华到汽车站时，还一直在谈金帆，所以给我感觉是教育局领导特别特别重视金帆团。我当时谈的时候心情很激动，哇，金帆艺术团成立，就像一个金娃娃一样，金娃娃诞生了，很兴奋，很高兴，终于学校也能开展艺术教育了。金帆，这名字就是亮！另外就感觉它要起航，起航得有护航的，我们就是护航的，我们能保护它。

我认为学校应该开展艺术教育，不能仅仅是少年宫开展。校外艺术教育可以吸收一些个别孩子，但是应该让更多的孩子接触艺术教育，这是一个普及与提高的关系。这也是美育，是让孩子们德智体美的全面发展，做有理想、有道德、有文化的优秀接班人。从它的意义上，我认为是非常非常重要的。

问：您是什么时候加入金帆这个行列，主要在里面承担什么工作呢？

答：我承担的工作就是一个艺术指导。我是少年宫的舞蹈老师，当时最开始金帆团先从中学入手，后来发展到小学。我是校外系统的老师，少年宫系统的还有银帆。后来由于这种变化和发展，银帆也变成了金帆。我是当时的艺术部部长，还要抓银帆。我加入时是1987年，我事先不知道，当时有人打电话让我赶快到教委去开会，谈谈学生的艺术教育、艺术规律等情况，研究金帆团的情况。那时教委就知道要抓艺术教育，可是到底怎么抓？怎么去成立艺术团？怎么创作节目？不是很清楚。过去的教委没抓艺术教育的时候，跟艺术教育是断的，都不知道找谁。我就帮助学校，学校几乎没有舞蹈队，孩子没什么训练，跳现成的舞蹈很困难，又不能太难，得让他接受，还要体现中学生的青春风采，所以我就创编了《春天在哪里》，然后教给他们。这个舞蹈还有猴皮筋、柳条等道具，都是我做的。

问：金帆当初刚成立时都经历了哪些困难？

答：各种困难挺多的。成立艺术团的时候，任何学校都没有舞蹈团，我们就先抓一个学校，先搞一台节目出来，进行一些演出，然后一点一点像滚雪球一样以点带面发展。以后有二中舞蹈团，十三中民乐团，这样慢慢地发展起来。我记得曹华很辛苦，都累得住院。我印象很深，我去看他，他讲的全是要让金帆如何发展起来，确实有一种拼搏的精神。我基本上是利用自己的课余时间来去下学校，帮着组织学生，组织课，帮着指点。到目前为止我也是这样，学校需要帮着他们进行艺术上的提高，舞蹈的修改，那么我们就会尽一个老教师的职责，进行传帮带。年轻教师成长起来了，我们就非常非常的高兴。我自己少年宫的本职工作要做，我还额外地去做学校艺术教育，这是我的责任。

问：当时培养这些孩子们，他们一点舞蹈技术都没有，您是怎么训练的？

答：很难。我是少年宫的舞蹈老师，培养孩子是从四五岁开始，培养8年到六年级，那时候他们已经有一些素质、艺术修养了，然后多数给一个中学舞蹈团。那时候给二中多，后来给六十五中，就是直接地动员他们去。二中是重点中学，孩子都愿意去。那个时候各校又调来一些专业的舞蹈老师，像二中的孟艳，六十五中的罗利，他们已经开始了训练，有一部分少年宫的舞蹈队员进入，再加上本学校挖掘一些喜欢文艺的孩子，经过更深层次的训练，然后才发展起来的。

问：您当时排的第一支舞是《春天在哪里》，能详细地介绍一下情况吗？

答：当时情况是学校里头没有舞蹈队，小孩动作都不是特别协调，不知道怎么去做，没有训练。我就训练他们节奏感、柔韧度、弹跳、表现力，启发孩子们，这样才初步地进行表演。我们少年宫演过《春天在哪里》，有一些服装、道具就借给学校用。教委也给一些资金，然后配备一些服装、道具。后来又凑了一些节目，展示校园的特色，这么滚动起来的。

问：这些孩子有没有因为学习艺术，把文化课给耽误了呢？

答：孩子们很辛苦，让我感动。他们是需要额外的时间去进行训练的，学校演出需要占用时间，孩子背着沉重的书包，在演出的后台还在那儿做作业，化了装就做作业，然后进行演出。他们可能回去很晚，到家晚上12点多是经常的事情。他们不像一般孩子很早就能回家了，若下雨、下雪，还要等着雨雪停了家长来接，所以他们比一般的学生付出得要多，但是他们也得到了，开了眼界，别人看不到的可能他们看到了。他们主要矛盾在哪儿？就是文化课和训练有时候会有摩擦。这些孩子学习也有耽误的，但真正好的孩子是不会影响功课的，他想促进文化课的成绩。咱们都知道，一个形象思维，一个是逻辑思维。艺术是形象思维，学习是逻辑思维。我的学生里有一个叫游虎，他是二中的金帆舞蹈团骨干队员，后来考的清华，一直学到了研究生，他没有因为学舞蹈就影响功课。我觉得艺术对文化课是促进的，是相辅相成的。演出确实要占用时间，各门文化课老师给的作业也得完成，许多学生是演出之后熬夜写作业。虽然演出与学习在时间上有一些冲突，但是整体上艺术教育应该是促进智力发展的。

问：这么多年从金帆走出了许多优秀人才，您有没有印象中比较深的老师或学生？

答：我带动了一波年轻老师的成长，这是我特别欣慰的。举个例子像65中有一个舞蹈参赛，当时的节目是很一般的，然而我感动在哪儿呢？比赛结束后我走出去的时候，这个学校的李校长带着所有的队员，站在剧院的门口等我。他站在那儿，迎过来说"张老师，我们六十五中怎么办"？他很真诚的，我就说"你们的队员素质要提高，队伍要壮大，不能只是出个节目，随便一跳就行了，队员的体态要好"。他说"我怎么做"？我说"你最好吸收一些少年宫的受过训练的孩子们，动员到你们学校"。然后他就出了一系列的政策，因为六十五中是区里重点，不是市重点，所以吸引学生要有政策。这样我就动员我的少年宫舞蹈队员们到六十五中上学。六十五中还引进老师，学校甚至想给老师宿舍，以解决路途远的困难。紧接着李校长又去到舞蹈学院挑了一位年轻老师罗利。我说"你有这个队伍，老师得训练学生，我给你输送"，李校长就请我作专家指导。这个年轻老师罗利进步非常快，他是那种执着的、非常虚心的人。当时他第一个节目排的是《辣妹子》，多数是我们的组员，从训练上基本解决了一些表演问题。他亲自跑到我家，就动作、服装、辣椒、扇子等征求意见，我就帮着他进行创意、修改和提高。后来《辣妹子》在人民大会堂演出非常轰动，获得北京市一等奖，一下就起来了，六十五中就被评为金帆团了。金帆的成功就在于执着，从上面的教委领导到校长，都是一直在执着地追求，执着才能有这种结果。后来曹华调走之后，王军处长也一直是这么执着，现在越来越好，越来越往上攀登，越来越走向科学化的管理。所以我亲眼看着这金娃娃在成长，金帆在扬帆，在起航，我特别特别的高兴。

问：现在金帆取得了很好的成绩，您有没有印象特别深的一次演出？

答：印象深的有不少，我印象深的就是二中金帆团的孟艳，她对工作非常的认真，训练很有成效，孩子的状态也非常的好。她的代表作是《红扇》，第一部金帆团校园音乐剧是《在晴朗的天空下》。六十五中是罗利，他的代表是《脆脆生生》《女帅男兵》，这些都是得过奖的好作品。还有九中王玉蓉的《女兵》，都给我很深印象。

问：您从专家的角度看，这些孩子的演出水平怎么样的？

答：孩子的素质越来越高了，越来越靠近专业方面的训练了。在乐队方面，金帆团比一些地方的乐团可能都要好，它已经和专业越来越靠近了。舞蹈有它不同的地方，舞蹈需要创作，我们的作品要贴近校园生活。

问：金帆的薪金不高，您为什么还一直坚持了下来，是什么吸引了您？

答：我是属于第一批的金帆艺术指导，那个时候我们没有把薪金、劳务费放在第一位。首先我是一位教师，本身很热爱学生。培育金帆这幼苗茁壮成长，一定要有一种奉献精神和沉甸甸的责任感，要有一种爱，爱这些学生，爱金帆艺术团，所以我们不计较没有劳务费。过去最开始还没有劳务费，现在还有一些劳务费。过去我们就是付出，就觉得教委有这么一个任务，我们一定把它完成好。只要完成好，就特别高兴。我觉得作为我们老师这种责任感是很重的。

问：金帆20多年了，您有没有珍藏一些有纪念意义的一些物品？

答：目前为止，我还珍藏着金帆艺术团的艺术指导的证书。这个证书是在1987年7月4号北京市教委兰宏生副局长亲自颁发给我的，聘请我为艺术指导。这证书对我来说是金灿灿的荣誉，也是一种非常光荣的责任。这个证书到现在有25年，虽然它不是非常大的那种证书，但是它记录了金帆团的成长。

问：您为金帆和孩子们奉献了很多，那孩子们和金帆给您带来了什么？

答：给我带来的是一种幸福。孩子成长起来了，金帆团成长起来了，优秀的老师多了，我看着他们特别地幸福和欣慰。

问：这个也跟您现在看着特别年轻有关系呢？

答：有很大关系，我今年66岁。我付出了爱心，看着培育的学校，帮助的老师成长了，我就快乐。我们要有一颗童心、爱心。你只要有爱，你的心胸就会很开阔。孩子的童心就是直白，我们也要心胸直白，不要有那么多的小心眼。你全身心地投入到孩子的训练当中去，虽然很辛苦，但是结出的成果是很快乐的。

问：那金帆在您的心里意味着什么？您对金帆有怎么样的感情？

答：我亲眼看到金帆艺术团诞生，一直到现在我还在协助教委的层层领导抚育它成长。我哪怕做一点小的工作，都非常的兴奋和高兴，我太爱它了。我和一般人不一样，有的专家可能是成立一两年后进入金帆团的，我是它一开始刚成立就见证了它的成长。我对金帆团的感情是很深很深的，只要一谈起来就心潮澎湃。金帆艺术团25年的情况，就历历在目。

问：金帆的作用和意义是什么？

答：我觉得金帆团的意义是在于美育。20世纪90年代后期，我国就把美育正式纳入教育方针中。金帆团成立之后，就有一个法定任务在里面。美育能促进孩子更全面健康的成长，让孩子实现美丽的理想和梦想。

问：您觉得金帆的精神是什么？

答：我感觉金帆精神是一种创新和拼搏精神。没有创新，就没有进步。舞蹈更要创新，它与其他的合唱、乐队不一样，舞蹈需要有新作品。当然队伍也要创新，演奏也需要创新。没有拼搏精神，就没有现在金帆艺术团这么健康，这么红红火火，让世界都觉得它是一个名片，是一个艺术的窗口。80年代找不着一个乐团，现在咱们金帆团世界各地走，外国人都很惊讶，说"怎么这么高的质量，唱得那么好，奏得那么好，跳得那么好"，现在世界上都知道有金帆艺术团。它的精神还有就是协作精神，这种精神体现在方方面面，从各级领导、校长到文化课的老师。有的学校班里有5名是舞蹈队员，因为演出没法上课，文化课老师就来补课，这就是协作精神。金帆背后有多少无名的英雄？无名的老师都是在那儿给学生辅导，让学生不耽误文化课。今年我们金帆艺术团要联合演出，更要有一种合作精神，演出不是一个团、一个学校演一个专场，是所有的学校骨干队员合在一起演，没有合作精神、协作精神，行吗？再有演出时互相帮助，你给我化装，我帮你梳头，我帮你穿衣服，等等，这都离不开团结协作的精神。金帆精神还有就是持之以恒的精神，凡是没有放弃的学校现在都健康成长。如果稍微有松懈，肯定它成长就慢一些。现在的王军处长主抓金帆团，他也没有放弃，不是曹华调走了，金帆团就不存在了，反而现在越来越好，还在继续攀登。还有我们学生活动管理中心，像张京华一直在抓金帆，而且抓得越来越好，并且规定舞蹈教室面积大小，老师配备数量，等等，越来越规范化、成熟，这金娃娃长得越来越美丽了。所以，有了这种持之以恒精神，没有放弃才能有这种金灿灿的结果。最后还有一种精神就是精益求精，要出精品就要培养出优秀的人才，要从作品里头出精品，就要精益求精，严格要求，从训练、组织纪律等方面都应该有一种严丝合缝的训练，从创作上吸纳各方面的智慧把金帆团的节目做好。所以金帆精神就是16字：拼搏创新、协作奋进、持之以恒、精益求精。

问：您认为金帆给北京乃至就是中国的教育带来了什么？

答：它提高了我们学生的全面素质，过去光是文化课，缺少一个艺术翅膀，现在这个翅膀有了，展翅高飞了。素质教育非常重要，它是一个德智体美全面发展的教育模式。这种艺术教育模式的能量不可估量，对学生进行艺术教育的培养以后，不一定人人都去干专业，绝大多数通过艺术教育，会在科学领域或其他领域里头有所造就。艺术教育给予学生丰富的想象力，会促进他的工作业绩。

问：今天的金帆跟您25年以前想象的一样吗？

答：是飞跃。那个时候我只是觉得学校有金帆艺术团了，有艺术教育了，我应该扶植各个学校，需要我帮助的，我就下学校帮助，能带动年轻老师，我就帮着修改节目。但是现在金帆团发展得这么蓬勃，像雨后春笋似的噌噌噌往上长，而且艺术训练飞跃进步，这是一个很高兴的、惊喜的事情。

问：您对金帆还有什么样的期待和祝福吗？

答：我们跟国外的艺术教育有差距，那么我们一定要往上走。我希望抚育金帆艺术团的成长，自己做一份贡献。所以现在金帆团发展得很好，我非常欣慰。我是看着这金娃娃成长、壮大的，我很高兴。我祝福它朝着更高的方向行进，扬起更高的风帆。

北京市第二实验小学校长李烈访谈录

问：您所在的学校是从什么时候成为金帆艺术团的？

答：目前我校有两个金帆艺术团，一个是金帆管乐团，一个是金帆合唱团。金帆合唱团挂得比较早，现在说来有六七年了，金帆管乐团是去年才批的。就我学校来讲，有5个艺术分团、4个艺术社团，等于"五团四社"。除了金帆管乐团、金帆合唱团之外，还有民乐团、舞蹈团、京剧团。"四社"有书画社、国学社、文学社、戏剧社。学校非常看重学生的艺术教育。

问：当时是为什么挂金帆呢？

答：北京市不是有金帆艺术团的评选吗？艺术团达到一定的层次、水平可以申报金帆艺术团，市里要请一批专家进行评审。学校有艺术团的都以能成为金帆艺术团为一个目标，也以此骄傲吧。金帆艺术团显出了学校发展的实力，这两个金帆艺术团现在经常参加比赛。

问：有没有获得什么奖项？

答：有，很多。比如金帆管乐团获得过金奖，指挥老师曾经获得过国际比赛的金指挥棒奖项。参加澳门、上海举办的全国青少年比赛也都获得金奖，层次比较高。合唱团获得过北京市的一等奖，次数也比较多。另外，他们也会经常到国外去参加比赛，是一个友谊的小使者。艺术团孩子们出国演出，无论是国外所见所闻还是跟其他国家的同学们接触交往，对他们都是一个非常好的学习经历与学习机会。

问：学生会加入金帆团而影响学习吗？

答：不。第一，因为我们是小学，它跟初中、高中不一样。初中有中考，高中有高考，学生会有毕业的学习压力，小学不像初中、高中有那种直接考试的压力。第二，对艺术教育我们有一种占位，有一种认识。我们党的教育方针是德智体美全面发展，那美是指什么？一个人要经历美的熏陶、美的培训、美的培养，他才会有美的修养。从做人来讲，他要有一双美的眼睛，会鉴赏美、欣赏美，同时他还会美的展现、美的表达。艺术教育本身就是学校教育的一个非常重要的构成部分。另外，艺术教育是提升一个人的品位、生活品质非常重要的修养。德育包含着的很多内容是在美的熏陶中逐渐涵养出来的。和谐之美在我校金帆合唱团、金帆管乐团也体现得非常鲜明。每个孩子演奏的乐器各不相同，吹出来的调也都不相同，音色也不相同，只有不同的乐器吹出来不同的音色才好听。在合奏当中某一个声音不是特别好听，一个声音是很单调的，但是只有当这些声音非常有序地、非常和谐地融合在一起时，它才会形成一首有气势、动人心弦、特别美妙的乐曲。对孩子来讲，这个形成过程也是需要一种相互之间的配合，才能出现如此美妙的声音。如果有一个声音跑调了，它就是不和谐之声，一个非常美妙的乐曲就被破坏了。今天的孩子尤其独生子女怎么与人配合，在整个团队当中一个人的位置、角色，他应该干什么，这些都是在学习、练习演奏的过程中逐渐滋养起来的。那种训练有时很艰苦，孩子确确实实要坚持，要付出不少时间和精力。现在生活条件比较优越的独生子女身上存在着一些弊端，如比较自我，凡事以我为中心等，艺术团中的学习恰恰能够解决他们存在的这样一些问题。拿管乐团来讲，孩子要练一个乐器，一开始非常枯燥、单一、单调，训练也非常辛苦，逐渐逐渐地才能吹出一个相对悦耳的、比较好的乐曲。所以艺术训练对培养他们的毅力，培养他们的协作精神、团队精神，培养他们集体意识都非常有价值。小学教育不恰恰就需要这些吗？而且在艺术团中的学习、修养以及与人相处，孩子可能会收获很多很多的，所以这个教育的功能或者价值是非常非常大的。

问：孩子们怎么加入艺术团？需要一定的基础吗？

答：我们的管乐团是1997年成立的，到今年15年了。合唱团也非常非常早，然后是民乐团，舞蹈团和京剧团成立得晚一点。为什么我们搞那么多团？那么多社？每个团差不多都有一二百人。因为我们把艺术看成是教育非常重要的构成部分，它可以提升孩子未来的生命质量、人的品位。一种大跨度的形象思维，甚至很多创新的东西，都是在这一过程中形成的。我们社团非常多，基本上没有门槛。我们根据孩子们的需要，孩子喜欢哪个社团，只要他报名他就可以加入。

绝大部分孩子都没有基础。孩子一年级入学的时候，第一有基础的孩子数量很少，第二整体层次很低。我们几乎从零开始培养这些孩子，他们一路走下来到六年级A团时就有很高水平了。我们场场听他们演奏，很骄傲，很感动。但我们最得意他们的时候，也是他们要"飞"走的时候，六年级毕业就该上中学了。尽管如此，看到孩子成长变化的过程，我们还是很高兴。

问：您刚才提到A团是什么意思？

答：它是根据不同年级，根据演奏水平分的级别。我们合唱团和管乐团以及其他的团都有A团、B团，A团以五、六年级为主，三、四年级个别特别优秀的会破格到 A 团，B 团大多是四、三、二低年级的。培养层次不一样，形成两个梯队，学生有一个成长的过程。

问：您能分享一下学生跟金帆艺术团令您难忘的故事吗？

答： 对艺术团的孩子，我常常有着一份特殊的情感。有一些同学可能在入团之前有这样那样的问题，比如说娇气、爱迟到、比较自我，但是加入金帆艺术团之后，整体都有很大的变化。金帆艺术团有管理举措，比如金帆管乐团有声部长，根据演奏乐器的不同，会有各自不同的首席，它的首席是轮流的，哪些同学进步很突出，就可以当首席，然后再过一段时间又有同学表现特别好，又可以把这个岗位让位给另外一个同学。这样一波一波，凡是当过首席的同学都属于在这个乐团当中表现特别突出的。所以突出的孩子就会越来越多，同学们为了争做首席，训练会非常刻苦，也特别注意与他人的合作，包括遵守纪律方面，也不迟到了。这个学生显得一下就懂事了，他在非常努力去表现的同时，长进很大。这孩子当了首席之后，可能是他一个新的起点，开始整体就都在比较高层次水平上稳定发展。常常一说起艺术团，我首先特别高兴的是它确实改变了一部分孩子，不是简单地只注重他们演奏的技术，而是让他们全面发展，这是一方面。另一方面，我听孩子们的演奏常常会沉浸到一种非常非常美好的、也非常自豪的一种享受中去。看着我们的孩子表演，我觉得比看任何专业的甚至名家、大家的演出还兴奋，因为有情感，他们是我们的孩子。看着他们从不会到会，从会到相对比较精、比较好，我有一种随着孩子的成长变化带来的喜悦，这是非常高兴的。另外，我们的舞蹈团还不是金帆艺术团。因为金帆艺术团三年一报批，而且一般一个学校只能有一个金帆艺术团，报第二个就比较难了，但是我们还期盼着报第三个。去年首师大的于大雪团队和北京市教委、西城区教委还有我们学校几方共同努力，编创了一个校园童话剧《天鹅湖》，使用《天鹅湖》名曲，但是故事情节变了，反映内涵变成环保主题。这个节目所有歌唱都是我校金帆合唱团的孩子唱，里边舞蹈都是我们舞蹈团孩子跳，有黑天鹅、白天鹅、王子等，全场一共一个多小时。它是一个大型的校园童话舞剧，所有观看演出的专家、来宾、领导，还有家长等看完以后都惊叹不已，甚至不少人不相信是一所学校学生表演的。大家都觉得这个舞剧是集全区的舞蹈力量，或者是许多学校凑成的。我们说，"不是，都是我们的"，他们不信。这个舞剧上台表演的有 200 来人，他们演出的精彩，那个水平让我一辈子难忘。现场所有观众的感动，我觉得没有办法用语言来表达、描述。另外，整个过程中孩子们的投入、付出，从中获得的多方面滋养，让我看了以后也为之感动、自豪。所以为什么我们"五团四社"搞那么多？不仅是为了美的熏陶、美的享受、美的鉴赏，而是在这过程中培养一个有美、爱美，能够表现美的、堂堂正正大写的"人"。一般艺术修养比较好的人，会有一种特殊的大气，他的举手投足、整体形象是不一样的，自身就带着一种美。我们期待学生的艺术素质有全面的发展，而不是为了挂帆而挂帆。

问：您觉得学校在艺术教育方面最大的特色或者亮点是什么？

答：若说特色与亮点，第一个是全员化。我们除了有"五团四社"之外，还有很多方面也体现全员化。比如说每个周二下午打破班级的艺术类选修课，一共30多个品种，每学期孩子会根据他的需要、兴趣去选择，这是全员都要参加的。再比如说我们对学生评价是"10＋N＋3"，有一个基本10项，再加上N，就是根据自己特点自由申报的，再加3，如钱学森奖、读书小博士等。它有不同层次的一种评价，我们不要求孩子每一个人"10＋N＋3"都拿到，只要求孩子有具体目标、具体标准、具体追求。这是一种以激励为主的，以自我肯定为主的，自我具体目标设定的追求和发展。在这10项奖当中我们有一个叫"体艺2＋1"，就是每个孩子在他6年级临毕业时，他最起码要获取两项体育方面的长项，一项艺术方面的长项，这是对二小的每一个孩子毕业时的一种要求。二小学生最起码要有一项艺术类特长，他不一定能去表演，但起码会欣赏，有兴趣，这个也代表一种全员。另外，具体到N项奖，学生可以根据自己获得的成绩去申报。比如说他参加区、市各种艺术类的比赛，只要获奖，他就可以自己申报。第二个特色与亮点，就是我们在全员化前提之下，有那么多社团，竟然还有两个能够获得金帆艺术团的称号。金帆艺术团代表着高度、整体层次、水平。全员化是普及，普及和拔尖这两个往往会有矛盾，尽管那么多团要抓，但是我们还是有两个相对高水平的金帆艺术团，我相信一定还会有第三个、第四个。

问：金帆今年成立25周年了，作为一种艺术教育培养的实践探索和对人的一种全面的发展，您怎么理解金帆模式或者是金帆精神？

答：我觉得金帆一方面是对孩子艺术修养的培养，它代表着北京市艺术教育方面的最高层次，但是它的价值意义远不在于这些。它实际上代表着党的教育方针即德智体美全面发展，它代表着是人的整体发展的一个构成部分，也是非常重要的一个载体、一种模式。它不是单一地只培养学生艺术修养，只培养特长，更重要的是显示了很多教育内涵的东西。它对于青少年成长培养，对孩子全面发展来讲，是一个非常非常有效的、非常重要的培养模式或者是载体。换句话来讲，它实际上代表着学校教育中的一种文化，它是无处不在，通过艺术手段浸润、培养孩子们整体的、全面的发展，这就是它的一种价值。我觉得金帆精神是追求精致、精良、高水平，还有着一种无处不在的文化育人、追求大爱大美的一种东西。

艺术教育不是培养专业的人。拿我学校的经历和体会来讲，艺术教育是学校教育的构成部分，是培养一个人高品位、高品质素养的重要载体。金帆艺术团就是一种载体、一种手段，它的目的、目标是文化育人，是培养全面发展的孩子，提高孩子的涵养、素养，而不是像那种专门艺术学校培养的是将来从事这个工作的人。当这个人有艺术修养的时候，他不仅仅形象气质不一样，甚至他思考问题的角度也会相同，所以艺术教育是一个高素质人的重要组成部分。

问：今年是金帆艺术团 25 年，您对它的希望是什么？

答： 金帆艺术团在非常好的发展前景之下，已经走过了非常好的 25 年路程，取得了很大成绩。在这个基础之上，我希望金帆艺术团更进一步发挥育人功能，既能够使北京青少年保持艺术巅峰，保持这样一个质量，同时又能够有更多的孩子和学校艺术团在追求的过程中戴上金帆艺术团的桂冠。金帆艺术团有规定，它评比的时候是 25％或 15％，但不要太绝对。类似于我们学校，按照这个比例一般一个学校选一个，极个别有两个，我校已经有两个了，不应该有第三个了。但当艺术团真的能达到那个水平的时候，就不要受这个比例的限制。所以我希望有更多的孩子进入金帆艺术团，享受金帆艺术团这样美好的生活，全面健康成长，也希望有更多学校能够诞生更多艺术团。

北京市第五十七中学才晓雯访谈录

问：您是什么时候加入金帆团的，干了多少年了？

答：我在金帆团25年了，我可以算是创办人，一直把它弄起来发展到今天，后来我退休以后才走的。我一共创办了三个学校的金帆团，第一个就是八一中学的金帆团，第二个就是育英学校金帆团，是我退休以后办的，也赶巧了。他们学校本身知道我，我是10月6号去八一中学训练，脚踝骨折了。那阵还没办退休手续，结果育英学校校长和办公室主任到我家来看我，说"听说你要退休了，希望到我们这儿来"。这时候海淀教委的王宣德是体卫艺科科长，他的目的很明确，就是为了发展海淀区的艺术教育，他就希望很多学校搞，不就提高了学生的整体素质了吗？他就劝我说"那你就去吧"。所以我就到了育英学校，接手那个团，虽然水平很低，但是学校领导很重视。我就帮着他们弄，2000年把它创办成金帆管乐团。第三个就是五十七中的金帆团。这三个学校的金帆团都是行进管乐团。

问：25年前刚成立的时候是个什么样的情况？

答：当时人们对行进管乐还没有那么高的认识，没有认识到它能够提高学生的艺术水平、文化素质与修养。海淀区教委刘主任到我们学校，希望八一学校搞这么个团。我们校长还真是没这么高认识，主要怕耽误学生学习，所以他就不怎么想做。我就跟校长说，"咱们八一学校是一个普通学校，要想发展，跟人家重点中学比，你确实比不了，因为什么？因为人家那个招生的文化水平就高，所以咱们应该从艺术方面发展，这对于整个学校发展是很有好处的"。我竭力跟校长说，最后校长答应了，我就把这个团接了。当时有很多学校如立新、育英、曙光的学生。第一年暑假我们是在学校集训，学生全部都住学校里头。我记得那阵是很累很累的，早晨6点钟就跟学生们一块儿起来跑操、锻炼。从军事化开始全面培养学生，晚上到10点多钟孩子们睡觉了，我们还得再去查房，这是第一个假期。

问：经费情况怎么样？

答：经费很难的，给老师的钱是一个小时两块二毛五。国家能给点钱，那是很少很少的。有一年有人请我们去香港参加亚太地方关系协会年会演出，我们也想去，但是没钱。为了要钱，我真是下着大雪就一直在相关负责人家外头等着，瞅着人家的灯一亮，我们就噔噔上楼要钱。那阵很困难的，不像现在金帆也给我们拨钱，我们买一些乐器也都比较方便了。

问：那时候乐器差到什么程度呢？

答：我给你举个例子，1992年的时候日本一个高中乐团跟我们交流，同台演出结束以后互相交流乐器。人家的乐器咱们学生一吹马上就吹得特别好，咱们的乐器人家拿到以后吹不出声来。大连乐器就几百块钱，当时整体生活条件也不是很高，不像现在学生买一个乐器是很容易的事，那一阵不可能。

问：孩子们训练得也挺苦的吧？

答：非常苦。我们跟日本中学生乐团同台演出后，他们团长石川桥雄（音）说两年以后我们还来，再后来他看到我们演出时感觉很吃惊。还有一年台湾女子一中乐团在市教委音乐厅演出，市教委打算让他们和一零一中学的交响乐团同台演出，这样的话不就没有可比性吗？一个是交响的，一个是管乐的。后来我就跟兰局长说，"不行，你不能不相信我们，我们会表演得很好的"。一再要求下，兰局长没办法了，就让我们跟台湾女子一中乐团同台演出，结果演出得非常好，领导也特别吃惊，从那以后很多活动才让我们参加。不然的话，很多人觉得我们刚开始办，情况不会太理想，这是挺正常的。但是我觉得学生特别努力，另外乐团的教官非常好，他们真不是为钱，确实特别认真地教学生。我们学生都是"白丁"，经过学习后的都发展挺好的，特长生比过去强多了。

问：当时薪金也不高，还那么累，那您是用什么样的力量坚持了下来？

答：我觉得这个对孩子的身心健康、素质培养和提高挺有好处，也是我建团的宗旨。像现在五十七中这个乐团条件真的不是挺好的，但是我们发展得很快。行进管乐比舞台表演要难，学生练得都非常苦。每当做一件事情我都要动员他们，要跟他们说目的、意义，所以他们目的比较明确，受益也很大。我的目的就是培养孩子，培养他们的集体观念、勇于吃苦、敢于承担、追求向上的精神，所以我就一直坚持着。苦确实很苦，不是一般的苦，可精神上确实很好。

问：现在金帆取得了很好的成绩，有很多演出和活动，您有没有印象特别深刻的一次演出，让您特别感动？

答：太多了。举个最近的例子，我们是2009年参加上海的全国行进比赛的，2010年参加市内比赛后又参加全国的。我们参加市内比赛的时候正好是5月份，4月份的时候这边搞了一个行进大剧，确实很累很累的，我们本打算是不去了，但教官说这是一个挺好的锻炼体会，那我们就决心去了。我们这两次训练都挺难的。现在北京市在金帆的带动下，行进管乐发展得太快太快了，那我们去要代表北京市去参加这个活动，我们到什么程度啊？学生们还得要学习、要考试，我们练的不敢说是成熟，起码也要到一定水平。我对学生要求比较严、比较高，我对他们说，"通过这次活动我们要有所提高"。我们训练的时候因为教官挺忙，所以很多事情我们都得自己去解决。训练的时候，没有体育馆、体育场，就到处找场地练，像世纪坛。白天在大太阳地儿借场地练，晚上把灯都拉起来练。我跟学生说，"我们的方案相对比较难，但是没有做不成的事。只要我们努力，我相信我们会取得好的成果"。同学们也是这样，练的时候大家都挺能吃苦的，到什么程度呢？2009年我们参加比赛，4月28号上午到上海，下午我们就找了街头一块空地练习，练完晚上回去以后感觉方案不行，又一块儿商量，最后修改了方案。改完第二天又练，有的同学拉肚子脱水了，我给他把药吃了，让他好好休息，可是他还接着练。去年我70岁的时候带着这些孩子去，确实很累，但是大家都有一个目标，也都能克服这个困难。大家练完躺到地下，都不想起来。而且同学们表现都特别感人，太阳特别晒，都不说自己难受。最后，我们取得非常好成绩，我确实激动得流泪了。我说，"孩子们，我爱你们，你们确实是很不容易"。2010年我们也是练得很苦，最后我们取得的成绩非常好。孩子们一出来以后，我抱着他们说，"我们只要有目标，只要努力就会达到，没有做不成的事，就看我们做不做"。我每当想起这些，我都特别激动。后来他们就说，"老师，我们也爱您"。我说，"我也爱你们"。所以孩子跟我关系都特别好，他们背后有的叫我"才奶奶"，有的叫"才妈"。我说不许叫才妈，我现在是你们祖辈的了。通过这些活动，孩子们的集体荣誉感增强了，向上精神也强了。很多孩子过去不太好，到了乐团以后变得特别好。像有一个叫胡金涛的，他原来在班里头不怎么太好，可是他非得要上乐团来。开始什么东西都不怎么会，慢慢学。但是他来到乐团以后，努力学习了，考试很不错，可是他还不满意，要争取考班里的第一。他高二在我乐团待了一年。类似这种情况挺多的，还有一个叫李博宣的，平常学校领导都说，"这小孩吹号挺好，可是怎么在班里不好"。但是今年校长就说了，"这孩子变了，从眼神上看他都在变"。我培养的学生不光是为了吹吹打打，我是让他一辈子都受益。我们这回行进管乐比赛，不是北京市第一吗？那些评委都说，"才老师，一看你们的孩子这精神面貌真是太难得了，这些孩子受益一辈子"。每当看到我的孩子都是这样的，我培养他们就是为了让他们提高，包括他们平常的学习，在班里的表现，我都要跟他们聊，帮助他们成长，这样的话才是真正培养学生。

这次我们去日本参加比赛，日本行进管乐比咱们要早二三十年，如果从水平来讲，我们确实是不如人家。开始的时候我就跟同学说了，"我们去学习、提高，也认识别人，看一下世界情况。咱们到那儿比赛，只不过是让人家说中国的中学生也不错"。后来随着我们训练越来越加强，我又说，"同学们，我们到那儿比赛，要让他们看到中国的中学生真棒"！我鼓励大家，大家也特别努力，确实是让人家看到了中国中学生真棒。他们给我们三个奖：一个是金奖，金奖有25个队，我们是第五名，这已经是相当不得了了，人家的队都相当厉害的；一个是特别奖，除了人家本土以外，在其他地区的乐队里我们总分第一；还有一个是最佳表演奖，确实是对咱们非常重视。

问：您平时教育学生特别注意什么？向他们传达的主要是什么呢？

答：我平常教育学生时是这样，"老师一再说没有做不成的事，只有你做不做，事实上告诉我们了，什么事情我们都可以做到，那就看我们肯不肯努力、肯不肯付出。咱们在学习上也要这样，只要咱们肯努力、肯付出，就会得到很好的成绩"，我把比赛与学习结合起来对学生进行教育。我所培养的学生包括这三个学校，像育英学校去西安参加亚太地区管乐协会，也是拿了两个金奖回来，人家一直对我们评价很高，我们的孩子组织纪律性特别强。五十七中的学生也是如此。奥运会2008个学生参加一个大型的行进管乐，区里一些领导都表扬我们的学生纪律性特别强。孩子们每到一处的时候，走的时候把所有地方弄得干干净净。我们参加什么活动都是这样。今年4月份的时候，美国人来和我们一块儿交流、演出，他们走了以后，我对学生说，"你们在跟他们接触过程当中学到了什么？你们大伙儿都看到了，咱们已经都欢送人家了，人家还不走，我们排练厅满是瓶子，人家就拿个塑料袋在那儿捡"。我要求我的学生捡，他们也捡，我就说，"人家是客人，让人家走，咱们自己捡吧"。他们说，"不，我们老师说了，我们必须得给你们收拾干净才能走"。这件事以后我就跟学生说，"过去我觉得你们已经非常不错了，每到一个地方像解放军一样，弄得干干净净才走，你们做到了，今天我感觉到美国中学生也是这样"。我通过这个事实教育同学要追求什么，知道什么是正确和错误的。有些电视里的东西很不健康，孩子们觉得人家国外的学生可以留长发，可以穿怪衣服等，他老是模仿这些，不能明辨是非。那我通过这个就教育孩子，"人家美国学生也是这样要求的，不光是才老师这样要求，人家也是这样要求的，这说明什么呢？对中学生的要求水平标准都是一样的"。我是通过每一次活动、每一件事教育学生，我的目的明确，所以在这几年每当到一个学校，我都特别注意去教育学生，让他知道自己应该怎么成长。

我教育学生争取做一个金帆人，它标准很高，需要努力拼搏、向上。我在这三个团建设当中，第一个团容易一点，但是第二个团、第三个团那儿很不容易的，演奏好不见得就是金帆，看是否有意识地去培养学生，让学生去追求。我在平常训练中就是以金帆为目标，让学生不断地努力，不断地创新。我每到一个学校的时候，都秉承这一宗旨，有意识地让学生努力地去做到这个。金帆给我教育孩子一个目标，金帆也给我带来快乐与追求。

问：金帆在您的心里意味着什么？您对这个团体是一种什么样的感情？

答：我觉得金帆在整个青少年艺术发展过程当中起到了引领的作用。为什么我所搞的学校都要它们挂帆，目的很明确，我给它们提出了标准，这是一个目标，我们应该有追求。我们这回行进比赛第一，我们是去年挂的行进管乐的帆，所以今年我跟学生在动员时说，"金帆是咱们艺术教育的一个引领，是一个目标，咱们既然今天挂帆了，是金帆行进管乐团了，就要给人家做出个榜样来，要有实际的、真实的东西，让人家看到金帆从水平上、思想品质上、作风上什么样，给人家起到引领作用，不然的话咱们这挂帆就没有意义了"。每当一个学校挂上帆以后，我都要求他们一定要是这样的标准。我把金帆看的是很重的，金帆可以使孩子在艺术水平上和文化水平上，有一个追求的目标和方向。我把金帆看得很重，觉得跟我自己的孩子一样。

问：您认为是一种什么样的精神或者引领着金帆走到今天的？

答：金帆是有一种精神在鼓励着大家往前走。我认为金帆精神是团结、精湛、创新、协作。金帆整个比较团结，各个团之间互相协作。金帆在艺术上是追求精湛，在思想上有拼搏精神，在整个发展上是有创新的。金帆不是满足于一个演奏怎么好，而是通过活动培养学生，使学生（获得）全面的发展。我们开始的时候只有管乐队，现在有行进管乐，有行进打击乐等，这些活动培养了学生集体观念和追求向上的精神。

问：金帆25年了发展到今天，最主要的原因是什么呢？

答：我觉得当时金帆的成立本身是健康的，是有意义的，发展是很正常的。金帆艺术团发展到今天，应该承认金帆艺术团的领导思路是很正确的、确实挺有远见的。如果没有一个领导有远见，能够去引领金帆团这么发展的话，那金帆团不可能有现在。大家的吃惊，只能说是现在金帆发展的水平和形式让大家感觉到吃惊，我也同样。

问：金帆给北京乃至中国的教育带来了什么？

答：我觉得金帆对中国教育、对学生的素质培养和追求向上确实带来很大的好处，培养了学生包容、协作精神。金帆在全国影响也是很大的，我们在上海参加全国比赛的时候，人家一听说我们是金帆就觉得了不起，挺羡慕我们。我真的非常自豪,我这 25 年的奋斗是很有意义的。

问:您对金帆还有什么样的期待或者祝福?

答:我就希望金帆今后更健康地成长,25 年、35 年、45 年发展下去,越发展越好。

北京市第五十七中学吕进访谈录

问：您是什么时候加入金帆，主要承担什么工作？

答：我是 2001 年到这个学校来教书，学校正好有一个团，我就跟着才老师一起把乐团工作抓起来了，但当时还不是金帆团。我本职教物理，本身都是教育，只不过物理是自然学科的一个教育，乐团是艺术教育，所以我觉得差得并不远。从理科转到了艺术，我没有觉得困难。艺术是一个人的修养。纠正一下，我其实从事的是工科，物理是理科，而物理教育不属于理科范畴，这个是我的职业。我现在这学期在初三年级教物理，也同时在乐团指挥，然后辅导打击乐。我的修养和职业并不矛盾，反而我会把乐团上的一些工作、经验会用到物理教学上，在我物理教学上跟学生沟通一些方式也会影响到我的乐团指导上。

问：您从小也学过艺术？也在金帆团吗？

答：我是四年级开始学打击乐。在 1987 年、1988 年的时候，北京市刚开始有金帆团，从小学开始抓起。我特别幸运就是第一批接受培养的学生，学了三年打击乐以后就一直在八一中学的金帆管乐团待了六年。当时我上初一的时候，在一个管乐的特长班，正好才老师也是我们班主任。在乐团里，才老师负责乐团的各项工作，我在乐团打击乐声部当了五年的声部长。我应该算是有一些基础，而且对金帆团也是特别有感情。我从原来的乐团学生，到现在负责乐团，帮着才老师一起来做金帆团，感觉特别特别幸福，我把它当成为自己的一个事业。

问：金帆在您的心里意味着什么，您对它有一种什么样的感情呢？

答：我从小就认为金帆是一种巨大的荣誉，因为当时北京市管乐只有八一中学金帆管乐团一家，我觉得特别特别光荣，也一直影响着我学乐器。我儿时的一种感觉是参加乐团活动以及演出都觉得是特别光荣的事情，随着高中毕业离开了金帆团，那种荣耀就淡了，更多的是回忆那种快乐、那种幸福感。在上完大学参加工作以后，对金帆团是一种向往。因为当时我们学校还没有金帆团，所以我也鼓励孩子们为了成为金帆团的一员而努力，对他们以金帆团为一种荣耀来进行教育。直到我们现在变成金帆团的一员了，我理解金帆团在我和我的学生心中它是一面旗帜。我认为金帆团应该是代表北京市艺术方面（比如说管乐上）的一面旗帜，它也是一种宣传中学生的一种方式，宣传中学生的能力、修养，有这样的艺术团队。可以说，我相当于跟金帆一起成长。

问：您加入金帆之后，包括您以前在学习的过程或现在教学生的过程中，遇到过哪些困难呢？

答：这个历史比较长了，各个时期的困难不一样。在刚进金帆团还是学生的时候，我感觉我的打击乐技术跟高年级的同学有差距，那时候我最大的困难是如何短时间地适应这个团，所以当时我也练得特别地努力。在我们那几届学生里面，老师都能看到我在非常努力地练习乐器，这使我技术迅速地提高。后来在乐团里待的时间长了，技术不是主要问题，为乐团做一些服务工作成了我有时会面临的一些困难。当时才老师让我负责乐团里面的铺台和后台卫生，我也是特别积极想完成这项工作，但是这不是一个人能做的，必须组织起同学们一起做。有些同学觉得排练一天很辛苦，就着急回家，但是我自己以身作则做了很多工作，比如说默默地把后台打扫干净。其他团员也受感染，老师也教育他们，我也跟他们一起聊，其实为乐团服务是非常快乐的一件事，等于那种困难也就解决了。那么到工作以后，为了提高乐团的水平，争取成为金帆一员遇到了很多其他的困难。比方说学生的艺术基础不够好，学生的训练时间和学习时间形成冲突，有的家长和其他老师会不理解，觉得我用了时间去练习管乐，可能会影响学习。我就告诉家长应该引导孩子学习时间不能变，参加这些兴趣活动就要放弃其他的爱好，把更多精力放在最喜欢的爱好上来。关于跟家长和老师沟通，是现在面临的困难。

问：听说金帆薪金不高，而且很累，占用很多课余的时间，是什么让你坚持了下来？

答：您可能只是听说薪金少，工作时间长。可以说，从我初一一直到现在，在乐团里从来没有休过寒假和暑假。在我学生时代，因为一直有集训、演出、外出活动，参加工作以后带着学生参加这些活动，所以是没有时间休寒、暑假了。平时周末也会有训练，每周日小的训练确实占用了时间，但是对我来说也是应该做这件事情的。首先我觉得它也是我的一个爱好、我的事业，我在做它的时候我会很开心。再一个就是我从事教育后，也了解了其他国家社团活动的一些方式。其实各个国家都一样，它们都会利用孩子休息时间来培养他们一些技能、兴趣。你不组织孩子们去做这件事情，他们可能更不知道去做一些什么了，这也是教育的一种失败。所以我觉得时间不是特别困难，薪金问题我没法透露，我跟你说你可能都不信，确实是非常非常少，基本上就全属于奉献。

问：您的家人理解吗？

答：我做金帆团确实是一种热爱，我作为一个物理老师，工作也非常繁重，尤其在教毕业班的时候会有更多的精力投入到教学上，其他的业余时间不能休息，还要参加乐团的训练、培训、演出活动，比赛前还要非常高强度地去训练。我的家人开始也很不理解，过了很多年，也慢慢开始接受了，觉得这也是我生活中的一部分、生命中的一部分，也是事业中的一部分。不去做这件事情，我就会觉得很烦躁，会觉得特别不适应。在乐团的工作中，给我带来了特别多的快乐，也有很多成就感。

问：金帆已经25年，您跟金帆结缘有多少年了？

答：我从1991年上初一，13岁的时候就接触金帆管乐团，一直到现在在金帆管乐团里面培养新的学生，到现在有21年了，所以感情是非常非常深的。像我这样原来是在金帆做学生，现在是当老师的应该还有，我印象里好像海淀教师进修学校附属实验中学有一位，育英学校也有一位，其他的我不知道，但是肯定有。

问：这么多年是什么吸引了你，一直会在金帆学习、工作，让你离不开呢？

答：说实话不是金帆在吸引我，而是这个艺术社团在吸引我。让孩子们去接受更科学的艺术教育与培养，让他们更快地进步，让他们得到更多的收获，这个对于一个教师是一件非常非常幸福的事。

问：在您的心中，金帆的作用和意义是什么啊？

答：我感觉金帆是一个称号，是代表着北京市中学生艺术团体的一个最高的荣誉。大家听到这个团是金帆团的时候，自然而然会想到它是非常优秀的团体，它能代表北京市的学生的艺术水平。另外，孩子在这个团队里面会很快乐，而且能学到很多东西，他会给家长、朋友、同学们带来金帆的气息，使他们慢慢了解中学生的艺术教育和培养，也会更多地了解北京艺术教育，我觉得这个作用还是比较大的。

问：您对金帆有什么样的期待或者祝福吗？

答：我希望能有更多的学校艺术团成为金帆艺术团的一员，有更多的孩子能成为金帆团的一员，期望能跟国际上其他的学生去更多地进行交流和沟通。

北京市第八十中学胡玉红访谈录

问：请您先给我们做一下自我介绍吧。

答：大家好，我是北京市第八十中学金帆管乐团的艺术总监胡玉红。我是2003年加入金帆合唱团的，2007年我们通过审批变成了金帆管乐团。2000年我们学校乐队刚建立时还不是金帆，参加市区演出或者出去交流演出，大家关注点都是"你们是不是北京市金帆团"？这个标志性的东西特别吸引我们想加入。

问：您可以介绍一下您所在学校金帆团的特点吗？

答：北京市第八十中学金帆管乐团是由高中学生组成的，有高一、高二、高三三个艺术实验班，一共是120名学生。我们乐团最大特点有这几个方面，一个是我们办团宗旨是16个字，"给你激情，给你力量，祝你快乐，祝你成功"，学生和家长都特别喜欢。在乐团成长的孩子都说这三年乐团的管理、教育、学习、生活很好地诠释了这16个字。我们在交响管乐探索方面下了很大的功夫，要求每一个团员用歌唱的方法去演奏，所以乐团的声音特别好听。我们的高一学生进入八十中乐团，我就带他们先学歌唱，这10多年一直坚持这个特色。我们孩子拿起乐器能够吹奏，放下乐器能够歌唱，天天坚持这么训练，先是训练10分钟、20分钟的合唱，然后再训练管乐团，这样他们的演奏起来的声音是发自内心的，旋律的感觉和整体对乐器把握、内涵表现得特别好。

问：学校金帆团采取了哪些激励的措施？

答：我们乐团最大的特点就是，只要我们发现了一个好东西，大家都能够坚持下去，包括坚持合唱，坚持我们搞的每一次活动都不用你布置。比如我们去维也纳金色大厅演出，孩子们在回来的飞机上就已经把这次活动的感言写出来，小团长主动地收上来。我们有自己的刊物叫《乐魂》。每一次活动都是这样，包括假期的集训。这几天我们正好参加全国第四届中小学生的展演，我们有一个作品《印象青春》。孩子们写的假期集训感想我也很受感动，这是一个坚持。还有很多，如坚持每天晚上的晚例会，反思一天的学习、训练等等各方面的生活。因为高中社团你要想吸引他，就要全方位打造一个内涵式的管理。还有的坚持如高考口号叫"团结携手夺一本，努力拼搏争迷你（小乐器）"。你只要高考考了一本，金帆乐团就奖励你一个乐队（模型）。还有每年坚持的是 6 月 5 号毕业生的欢送会，很多金帆乐团的高三学生第二天就要奔赴高考战场了，我们欢送会有演出，每一个小孩亲自给哥哥姐姐叠一个金帆送给他，有金帆团的意思，又有高考一帆风顺的意思，有很多这样坚持下来的活动。

问：金帆团的这些孩子们，跟普通学生有哪方面的优势或者不同吗？

答：我觉得最大不同就是他拿起乐器就是一个乐团，放下乐器就是一个合唱团，而且唱得非常好。我们训练方法跟别人不太一样，是内涵式的训练，要给学生讲作品的内在含义。比如这次参加全国比赛的作品《印象青春》，是我们全团跟一个中央音乐学院作曲系的学生一起打造的。我们就在这个排练厅大概打造了一年，一共改了 8 次。这个有四个乐章，第一乐章是上学路上，第二乐章是成长，第三个乐章是快乐时光，第四个乐章是奔向未来，写得很有朝气，很积极向上，很乐观。乐团的孩子把青春的内涵用最甜美的声音给诠释了，如旋律是四五度音程，伴奏音型"嗒嗒嗒"三连音。我是乐团指挥，我从早到晚陪伴孩子们一天，所以我们那种师生的情意更好地诠释了《印象青春》。还有就是每一个乐句，我先教他唱，再教他拿起乐器去吹，这个感觉特别特别好，这是别的乐团达不到的，孩子在修养内涵方面得到了很大的提高。

因为这是高中乐团，孩子到上了高中，他的文化知识内涵已经非常丰富了，而且他像海绵一样吸收正能量的需求量也特别大，所以一个社团仅限于排练一两个小时是不够的，还需要其他丰富的活动。每天排练完之后，我们乐团的小孩要在一起跳自己编的集体舞，男生和女生也拉我感受那种青春的朝气。我们乐团寓教于乐，孩子们每天都是下了课就跑到乐团，吹拉弹唱跳，很快乐。我们管乐团的孩子表现欲望特别强，我看有的乐团指挥可有激情了，但那些小孩就在那儿坐着吹，一动不动的。

办团的 16 个字（宗旨）是我提出来的，我觉得作为一个乐团老师，第一要素是激情，就激情太重要了，你有激情才能去感染别人，才能有创造性。你一切的创作动力、生存的积极向上那种状态全来自激情，要没有激情这些都不可能达到的。另外，孩子们也特别阳光、自信。像高一新生写的总结都说"开了眼"。我们是高一招生，他小学、初中都是做过社团的，来自于北京市各个学校。他们早就听说过八十中金帆管乐团好。我们排练厅还有一个口号叫"我们的队伍向太阳"。我们孩子演奏完了以后男生、女生跳舞，高兴得不得了，说老师还教我们唱歌，所以这些都间接地、有效地培养孩子的自信心。我对孩子们还经常说一句话，"不管你高矮胖瘦，或者你的中考分数高低都没关系，你都是世界上唯一的一个人，所以你有什么理由不自信"。这句话学生们在总结里都显示出来，"我一定要自信，我是世界上的唯一"。我用各种语言、各种办法去让他感受生活是非常美好的。

问：您刚接手这个团，应该也遇到了很多困难吧？

答：对，八十中的金帆管乐团是我一手建立的，我本职工作就是负责金帆管乐团所有一切的工作。当初也没有特长生，一些爱好管乐的同学都是在金帆团长大的，高中又进了我们八十中的金帆管乐团，他们一直是在金帆的大队伍里成长。我们现在的排练厅非常好，但以前排练是在食堂，等老师们、同学们吃完饭，我们才悄悄地进去，结束后还要帮着收拾食堂的东西。因为食堂不隔音会吵着上课的同学，所以我们训练声音不能大、要轻。现在条件非常好，八十中给金帆管乐团一座艺术楼，还有学生住校，我就陪伴他们。下午4点到6点半我们排练，6点半以后有晚自习，等孩子们回家睡觉的时候，我再回家。我天天一睁眼就来找他们，跟他们在一起，他们回宿舍我再回家。虽然累，但特别快乐。

问：您的团队在克服这些困难的过程中，有哪些办法？

答：高中社团有一个最艰难的地方就是孩子到高中之后，家长和孩子都希望把乐器放下去上大学，所以办高中社团是很艰难的，学生会不参加。最困难的时候是2000年到2004年，在2000年的时候我们学校没成立艺术班，特长生招来之后是打散在各个班，高一一共10个班，每个班两三个，同学们下课来训练。因为特长生学校给一定的优惠政策，可以比我们八十中的中考录取分数线稍低点进来，所以孩子们在学业方面有点吃力。学校当时没成立艺术实验班，我作为团队老师只能是他们到了乐团来才能给他们的力量，他们打散在各个班，我各方面对他们关爱照顾、学业上指导都不行，那是我最痛苦的时候。2004年学校田校长来了之后，调研了这个问题说，"胡老师，咱们能不能给金帆乐团的小孩搭一个更好的平台，让他们集中在一个班，叫'艺术实验班'"。我说，"可以啊"。自从成立了艺术实验班以后，我觉得金帆团对这些孩子的引领和支持就更强大了。他们集中编班，因为演出耽误课，我们老师全都上阵给他们补，所以孩子们在这种健康的大平台当中更自信了。但成立了艺术班之后，孩子们很多的生活问题、学习问题也随之而来，但这几年逐渐地理顺了。我们每个班都有班徽，高一、高二、高三都是我们办团的那个口号，激情、力量，他们会特别自豪地说我们是金帆管乐团。这三个班是一个团队，孩子们可爱跟我一起喊，"我们的队伍向太阳"。学校给金帆管乐团的同学搭建了这个平台，孩子们自己说，"金帆管乐团在八十中可牛了，我们是八十中一支特种部队，我们的队伍向太阳"。学校专给我们金帆团一个专栏,我们永远用这个题目《我们的队伍向太阳》。我们的管乐团附属弦乐乐团,学校举行"北京精神"演唱会,我们全团出动。每次学生都盼着我们金帆管乐团来演奏、演唱,说"金帆管乐团的学生站起来就是合唱队"。我们2011年11月2号去维也纳演出,上半场就是合唱,都是我们金帆管乐团演奏的;下半场是我们的管乐,观众没有一个走,一直等着看,说"哎呀,就是这么一支学生乐队,他们演奏、演唱全都包了"。当地跟我们合作的上半场的合唱团就是合唱团,舞蹈团就是舞蹈团,所以我们特别自豪。我现在最关注的就是他们的高考问题,大学社团也是慕名而来,一听说我们学校是金帆团都过来招生。

问: 现在咱们金帆团取得了非常好的成绩,您是如何进行团队建设的?

答: 我们团体建设真的是文化内涵式的,很多演出,包括维也纳金色大厅、全国第二届、第三届的比赛,全国第四届的选拔赛我们都参加了。我们学生的感言更多的是参加活动中的人生的体验,拼搏的过程中给他留下的坚持、奋斗、忍受、合作等精神。你可以采访那个首席,在他排练的过程中,他可能说的不是技术,而是技术之外的那些感动,这是我们团最大的特点。高中生情感的需求量也特别大,他表达情感的能力也特别大。我们参加的金帆管乐团每一次演出和每一次比赛,同学们都是在这方面为之震撼。比如说在维也纳的演出,他们说的更多的就是团队统一,令行禁止。我们孩子很自信,都跟部队似的,包括服装、拉箱的姿势都有统一标准。他们都有声部长,住在酒店也要问我,"老师,明天的服装、袜子是什么"?只有注意细节的一个团队,它才能称之为优秀的团队,它才能奏出好的美妙的、和谐的音乐。在生活的细节、团队的建设和团队的修养上都不注意的话,在舞台上也是做不到的。高中社团这方面一定要注意,要考虑技术之外的音乐内涵。其实把音乐能奏好的话,一定是明白了做人的道理,我们这么多年这方面比较注意。

注重孩子们全方位的东西,这是最聪明的老师的一种做法,其实都在服务于我的乐团表演。我们管乐团吹奏之外的功夫就是合唱、跳舞。一个好的乐团老师是在功夫之外,我陪伴学生到9点多,他的学习,他的高考口号,这些相关的东西会辅助演奏的中心点。为了点而点的人,最后社团肯定办不好,办好的人一定是相关的辅助工作都到位。你的点在舞台上,马上就不一样。我们演出没有请过专业指挥,比赛、演出都是我亲自指挥,我们的那种心灵互动是一般团没有的。比如我请一个非常专业的人指挥我们团,那带动的引领感觉都没有。我们那种亲和力,那种音乐的语言只有我们师生懂,我特别注意跟孩子之间的这种交流沟通。

另外,带团老师要全身心投入。我睁眼就到学校,基本上天天陪着他们。

用孩子的话说，"我们一睁眼就能看见胡老师，我们回宿舍该闭眼睡觉了，胡老师也回家睡觉了"，天天这样。从 2000 年到现在，特别是从 2004 年成立艺术班以后，我和金帆乐团的学生在一个班，那我不陪他们，谁陪他们啊？他们在上课的时候我就是巡视，不让他们睡觉，提醒他们。金帆乐团的老师如果专门陪伴他训练，我觉得太单一了。教育无处不在，我要陪伴他们学习，看他们课堂怎么样，时刻提醒他们，因为他们毕竟是孩子，对不对？陪伴他们一起玩，包括他们一切活动我都参与，不是单一的只是服务于管乐。我是金帆管乐团艺术总监，有话语权，说话特别有分量。我跟他们在一块，贴近他们的生活，去他们宿舍，跟他们在一起，太了解他们了。我每个地方都感受到，才能去引领他们，才能抓住教育的契机，否则我光给他们训练一个小时、两小时，他们在乐队那种表现，是太单一了，我觉得那样对孩子的评价也是不公平的。这三个班都是我负责，他们在学业上有班主任，但是总的管理，育人方面我投入得更多一些。

问：您训练金帆团孩子牺牲很多休息时间，寒、暑假休息吗？

答：寒、暑假从来不能休息。因为 8 月 1 号高一新生才来，我们是高中社团，小循环太快了，到高三他要拼高考。上半年要参加北京市的乐器考核，所以就不能做乐团了。我们做乐团实际上是高一、高二，但每年都要有高二上高三，所以每年 8 月 1 号就有高一进来，大部分来自其他的金帆团。每个团的训练方法还是有差异的，都是根据自己的情况摸索一套经验，所以进来的学生都要按我们的方法要先学合唱，再学跳舞。高中生是讲究公平的，进来的学生先要考核，乐团的首席都不是我指定的。所以小孩进八十中乐团第一件事情就是拉帘考核，跟那个高考认定是一样的。我们请的都是中央歌剧院的专家，谁考第一谁当首席。那补台的位置都是考的，首席指定不行，很多交响管乐的作品首席要吹的技术很高。我们一年考两次，寒假、暑假各考一次，寒、暑假都不能歇，带团老师都是这样，我觉得可能不是我一个人。

问：您家人不会有意见吗？毕竟家里面还有孩子啊？

答：我的孩子在香港读研究生，很独立，有时候我给女儿发短信逗她说，"我今年好忙啊，要参加全国第四届中小学生演出"。她在香港，我说，"港妞，和大陆妈咱俩 PK 一下，努力一下，看咱俩谁进步大"，她说没问题。她那边学业负担很重，也不回来。我女儿也是金帆团毕业的，所以特别支持我全身心地投入。她说妈妈肯定会有回报的。听说我的金帆团学生毕业，比如上了好大学，他们反馈来的信息我特别高兴。他们都说在八十中金帆团的几年给了他们自信，给了他们一个引领。他们看老师不知疲倦地工作，对他们也是个影响。我们一个小孩叫周潜阳，他去年来八十中，身上有很多的毛病，后来说,"老师,您不觉得这一项工作亏了吗"?我说,"我不觉得亏啊,我现在怕休息,每礼拜就休息一天星期六,星期天就想训练,只要休息浑身都疼,难受着呢,你自己去体会"。今年他上高二了,他找我说,"老师,现在我特别怕休息,一休息我觉得我这人没有价值了,我就想听到乐团有召唤"。我们为了参加全国第四届中小学生选拔,为了练那《印象青春》,一天没休。有一天让他们休息了,我单独给圆号声部排练,他又跑来了,他说圆号声部排练,他会弹钢琴,他说,"你还要声音训练呢,没人给您弹钢琴怎么办呢"?让我感动坏了。我说,"你看这一年的金帆团,你变化多大啊"!他说,"我现在特别怕在家待着,我浑身都有劲"。所以,我认为所有的金帆团办得好、水平高,都是在付出,没有休息,而且也不想休息,就像奔跑一样,永远想干,已经上瘾了,就觉得人生就是这样。

问:您是特别有激情,别人看来工作挺累的,而且薪金也并不是很高,那是什么样的力量或者精神吸引您坚持了下来?

答:学生离不开我。比如说学生住校,他一切的生活、学习都要找教练,都要找乐团老师。3个班120个学生,他们离开爸爸、妈妈住一个礼拜,会有不同的事,一会儿可能这个手划破了,一会儿那个有点头疼感冒了,孩子们会出现各种状况,所以我这个带团老师走不了的。我跟他们在一起,达到一种默契,我上瘾了,很快乐。3个班是一个乐团,比如高一刚来他特可爱,高二已经有点放得开了,高三要离开了那种感觉,那个感觉你不在其中,你是体会不到的。我现在因为跟他们在一起已经没有什么坏毛病,不喜欢聚会,不喜欢逛商场,我只喜欢跟他们在一起。我们每天有6点的例会,有演出,有跳舞。他们跳舞我也跟着跳,他们演出唱歌我也跟着唱,那简直快乐得不得了。男生、女孩都是青春期的小孩,太好玩了。

问:我感觉您的眼睛里面都已经有泪光了,已经把自己的全身心都投入了进去,把它当成了自己的一种事业,甚至一种生命,我能这样说吗?

答:家长和孩子都说我敬业,我说我不同意敬业。我特别感激这个金帆团,它让我很充实。如果没有这金帆团,我退休以后怎么办呢?我女儿说妈妈你在社区,还要组织合唱队,还要组织管乐团。现在就怕没这金帆团,实际上是金帆团救了我。我感觉它让我忙了起来,简直幸福得不得了,我有事干了,我还有价值。我每年都要送走一波学生,每年要招进一波学生。高一、高二学生要参加学校、北京市和全国的各种演出活动,包括金帆团开学典礼。像我们开学典礼很振奋,很多领导和家长看了都掉眼泪,全是我们金帆团的功劳。乐队在乐池里奏,仪仗队是我们的学生,我们的团服也特别漂亮。整个开学典礼全是在音乐当中,我们演奏国歌、校歌,全校师生一起唱得很激动。最后我们都要唱《歌唱祖国》，唱得撼天动地，我们唱的时候领导和家长都不愿意走，都跟着唱，这是我们金帆管乐团给大家上的开学第一课。其实每年的开学典礼规格很高，都是格式化了，每次校长都特激动地说，"家长哭了，孩子们歌声真好"。我们金帆团就是学校的一个排头兵、一面旗帜。今年开学典礼，我给金帆团排练了。我们礼堂规格也特别高，乐池要降下去，全体起立高唱《歌唱祖国》。随着音乐响起，我跟孩子们说，"你声音有多洪亮，我们乐池就升得有多快"。高一小孩震山震地的唱啊，简直真是所有的老教师都哭。好在哪一点？就是我们金帆团的奏乐和学生们高亢的歌声好。我们每年开学典礼之后，学校各个组都要展览，就我们金帆团的展览特吸引人。开学典礼之后好多朋友家长托人找我，说，"我们孩子要进你这班，金帆团的班特别牛"。我就把这信息传递给学生，学生特别激动。我们班现在很难进的，为什么啊？就比别的班的人都多，很多小孩分数都特别高，530、540多分，应该可以进实验班的都往这里进，说这是实验班，可以在这儿感受青春、感受快乐。同时跟别的班学的知识是一样的，但知识之外学了很多相关的人文的东西，人文素质整个提升，这都是这金帆团的作用。我们团覆盖很多东西，影响太宽了，我觉得都无法表达。

问：我相信您肯定有很多激动或者感动落泪的时候，是吧？

答：对、对、对，每年开学典礼都很激动，我们校长都很激动，大家都大声地唱校歌。我女儿在香港问我说，"妈妈，你升上来了吗"？我说，"刚唱完《歌唱祖国》，升上来了"。她马上说，"妈妈，开学典礼也很好，我们也唱校歌"，我马上特别显摆地告诉她，我们也唱金帆团奏的校歌，我们还唱《歌唱祖国》。开学典礼是新生的第一堂课，这个第一堂课是由我们金帆团给大家上的，很振奋人心。颁奖时金帆乐团奏颁奖曲，我说，"学生们一定要鼓掌，你要真心地为别人鼓掌，明年就是你上台领奖"。我们金帆团120人，每年毕业40人，他们每一个对一个家庭背后的父母来说，整个就是一个寄托。所以说我特别感谢金帆团，不是说因为我敬业，我觉得它让我的整个生活都精彩起来。就是因为它，有许多事情你放不下，你就去做。我记着有一次电视台采访幸福，我说怎么不采访我，我体会的幸福就是你累得死去活来才得到一个东西，但你也放不下它，你又特别享受这份累，这叫幸福，简直太幸福了。累就叫幸福，因为幸福的含义并不是安逸，是喜欢，是行动。

问：金帆团平时的训练，有没有耽误这些孩子的学习？

答：他们每天正常上课，跟别的班是一样的，下课后小孩自由活动玩的时候他们高高兴兴来到金帆团。为了让孩子不枯燥，每天我们要组织他们看新闻，看完后用我成人的视角去跟他分析，去给他讲。

问：这么多年了，从金帆团肯定走出了一批又一批优秀的人才，您有没有印象特深的或者让您觉得特骄傲的一些学生啊？

答：比如像现在在北大大四的鲍蕾薇，她以前也是金帆团的，又到我们这金帆团。这孩子特别懂事，每年教师节，要是不来看我就一定给我发一短信。结果今年教师节她正好是有课，星期五就来了，正好要出国考研。因为我们当时教育她要低调，她毕业以后又更好地诠释了低调，她说当时讲低调的时候不太明白。这次来就跟我说，"老师，我上了大学之后，才知道低调的含义，我上了北大，牛人太多了，你千万别以为你自己最牛，周围左右全是牛人，所以你要低调，所以你要耐心的继续去学习"，很多东西她更有体会了。我们老说低调做人，高调做事。青春期的小孩都比较张狂，到80中社团的时候我强调低调时他们是被动执行，毕业之后到大学或走入社会之后就主动执行，很多都是这样。我也经常会说，这三年金帆管乐团老师告诉你们道理，可能你还不懂。但毕业以后再回来，他们继续会跟我探讨，有时候跟弟弟妹妹诠释这种低调。

问：您给金帆付出了很多很多，金帆以及孩子们给您带来了什么？

答：应该说金帆为我也付出了很多，就是相互的，我在金帆整个在带团当中，我觉得金帆给我的更多一些。它给我带来了快乐，带来了充实，而且让我感觉到我好像一辈子停留在16、17、18岁，太幸福了。他们跟你在一起那种欢乐，泪水和痛苦的折磨，简直幸福得不得了。因为孩子们特率真，所以我有幸能够永远跟16、17、18岁的学生相处，你想我这工作简直是世界顶级的一个好工作。我们学生在国外回来说，"胡老师，您这是世界顶级的好工作。您跟16、17、18岁的小孩在一起，您快乐吗？快乐得不得了，而且您热爱这份工作"。国家也给我开工资，待遇也非常好，能够让我根本就割舍不下这份工作，让我没有心思去干别的，没有逛商场，没有同学聚会的机会，全身心的投入，这是最高待遇了。你想什么能够让你天天的说充实，钱能买回来充实吗？买不回来，我简直为这个金帆团天天跑，有时候从艺术楼跑到教学楼，你想这是钱能买来的吗？我从来不觉得累，太幸福了，太快乐了，你想你有事做，你多快乐啊？我们学校老师看我就说，"你不逛商场吗"？我说，"我不逛"。他们都说待遇低，我就纳闷，待遇怎么低？我没有时间逛商场，买件衣服就能穿好几年，忙得不得了，那钱怎么能不够花？

因为这个团太大了，涉及的工作方方面面，孩子离开父母住校，他有很多东西需要你有时间去管，占了你很多时间，这个时间必须占的，而且占的过程中你从不爱到爱了，肯定是这样的，你想不爱它都不行啊。

我们毕业的学生一到6月5号给我发短信，"老师，今天高三的金帆团欢送会几点"？我们孩子可棒了，有时候在操场上青春期的孩子都在那儿玩球，我有时候就趴在窗户上看我这些小孩，5点59我都不知道他们谁是头，快到6点了，自动的有拿衣服的，有拿东西的，留着汗水都来了，就相当于人民大会堂参加人民代表大会的，匆匆往台阶上走，这成为艺术楼一场景。我这120个小孩从不同的角落就过来了，没有一个迟到的，不管这球玩得多么高兴，咔嚓能停下来，你说这金帆团的魅力有多大啊。不用喊，不用叫，自动就来。比如说有时候有一点小惩罚措施，现在我都不敢定了。我说要会考不过的话，可就不让参加乐团了。那简直要疯了，就你可以不让他干任何事情，他一定要参加乐团。去年有一个小孩真是没有过，但他跟我去维也纳演出，他可有办法了，他就觉得胡老师已经宣布这个规章制度了，那怎么办呢？他就让全团的人都给他签名要回乐团，好多老师还有校长都给他签。我觉得金帆是一个标志性的东西了，他已经信这个金帆了。它是青年的一个荣誉了，我是这个团的团员，就是荣誉。我们金帆艺术团还有一个徽别在藏蓝色小马甲上，他们可喜欢带呢。

问：您有没有特别有意义的纪念品给我们介绍一下？

答：我们学生做金帆管乐团，我们高考的口号叫"团结携手夺一本，努力拼搏争迷你"。孩子们在金帆团三年，高考的时候我们给他一个什么奖励？我们就想了这么一办法，那年因为教委组织老师去日本的时候，我买过好多特别小的小号钥匙链，我一个一个送学生。"你是吹小号的，我送给你小号"，小孩都喜欢。我说单送也没有意义啊，给我们做一个红色的舞台来放置小号吧。做完这个小纪念品之后，大家都认可。所以一到高三的时候，我们后边就有这口号，把这迷你小乐器照一张相片放后边。每年高考完了以后6月23号出一本线，6月25号我们校长就给我打电话，有多少孩子考上了，我激动啊。高一、高二的金帆团的小孩看到后说，"我高三一定也要得一这个。"高三的学生拿到家以后，家长也特高兴。学生毕业经常要金帆团的团徽、团刊。我们金帆管乐团的网办得也特别好，学生的每一步的人生感言，每一段的活动我们都放在网上，孩子们毕业都看。金帆管乐团在办团的过程中，各方面对孩子要有影响，同时要有标志性的LOGO的东西给孩子们做纪念。

6月5号我们开金帆管乐团高三的毕业欢送会的时候，高一、高二的弟弟妹妹要叠金帆送给哥哥姐姐，唱着《放心去飞》，哥哥姐姐拿着这个就哭。有的小孩要是得不到，就掉眼泪，我说，"你为什么那么喜欢这个呢？这也不值钱"。他说，"这是一标志性的东西"。我说，"那这样吧，你没得'一本'，我们不给你，但是将来你走入工作当中，很有成就，老师还可以奖励你'迷你'，你只要能够去快乐地做一件事情，就叫成就，就叫成功"。这有寓意，成为我们金帆管乐团一个传统了，我们乐团有很多传统的东西还是很有意思的。

问：金帆在您的心里意味着什么，或者您对金帆有着一种怎样的感情？

答：我和金帆已经是一体的了，我们永远是一家人，永远一家亲，不是我想分就能分开的，特别骄傲。

问：在北京有很多的金帆团，您觉得金帆的作用和意义是什么？

答：金帆，就是一个高度的象征。金帆团影响了千家万户，对整个社会的影响也特别大。特别是14号"金帆日"我们给农村校区演出，当我们去跟人联系的时候，对方简直激动得不得了，家长全来参加。我感受到的是什么啊？能够参加金帆团，简直是北京学生家长无上光荣的一件事情。它真是一个标志性的东西，对中小学起到一个引领和示范，甚至是仰慕追求的一个东西，而且带动了一批学校。我们金帆管乐团带动学校的舞蹈团从一个普通团也加入了金帆，它就是起着引领向上的作用。

问：您认为金帆精神是什么？

答：我认为的金帆精神就是积极向上，金帆是一个庞大的队伍，我们的队伍向太阳。

问：金帆成立已经有25年了，您觉得金帆给北京乃至中国的教育留下了什么，又带来了什么？

答：我觉得金帆带来的是真正的素质教育。金帆的艺术团队能够使孩子积极健康的成长，通过美妙的音乐去体会做人的真谛，体会人生的内涵。在音乐当中，一个作品的起承转合其实是人生的一个写照，他在做音乐的同时实际上在体会做人、做事，金帆是最好的素质教育的一个表率。

问：您对金帆还有什么样的期待或者祝福吗？

答：祝福我们北京市金帆艺术团能够吸收更多的孩子来参加这个团，引领更多的没有参加这些团的学生和家长加入我们这个队伍，让我们金帆团的队伍更加的健康、繁荣昌盛，我们的队伍向太阳。

北京市第一零一中学胡丙余访谈录

问：您什么时候加入金帆？负责什么工作？

答：我是20世纪，1988年以前加入的。当时我主要是在中央音乐学院和中央音乐学院附中教课。1988年我刚从校长岗位上下来，把主要精力都放在教学上了。金帆成立之前我参加过一个临时会议，是音乐学院的一个同学余英叫我去参加的，参加会议的有北京市教育局陶西平局长。开会原因是当时德国有一个阿昂特（音）的中学乐团想来中国访问，希望能够在北京找一所学校跟它一起交流，同台演出。我们听了以后感觉到兴奋，觉得北京有这么好的条件，也应该成立这么一个乐团，所以当时就开会商量怎么成立。会后就开始筹备，首先是摸情况，了解生源，西洋乐曲到底有多少？情况了解清楚以后就开始成立。第一个团是1987年在人民大学附中成立的，在他们校园里头举行活动。刚开始的时候，很多乐器也没有，学生也不会，完全从"白丁"一点一点弄起来。开始活动时好多学校凑在一起，但人不多，我们就先从基本功开始一点点练。当时人大附中的条件也很简陋，它有一个很大的教室，里头全是这种木头椅子。声部练习的时候没有地方，我们就在他们校园里头树底下排练。乐团建立后有一部分老师来支援，有我一个，还有白灵老师、戴云华。一开始我主要负责长号声部，围绕着那个德国中学乐团，我们选择了一些曲目，有一个法国作曲家的作品。我们在排练这些作品的时候，还是花了很多工夫的。当时的水平马上拿出来不可能，所以我们还是排练得相当艰苦，还加了很多班来排练这些作品。当时第一场演出地点在中国剧院，去了不少人观看，演出还确实很成功、很轰动。

问：当时是什么吸引您加入金帆？

答：在北京市还没有过一个中学生业余的乐团，这是一个很新鲜的事情。所以当时我们还是很有兴趣的，愿意在这方面做一些贡献。吸引我的主要是学生求知的欲望、迫切的心情。我觉得应该跟专业的结合起来，从这个也可以发现一些专业方面的人才。

问：您是创始元老级的人，刚建团的时候有什么困难？

答：有的。那时乐器的条件不好，国产乐器质量不是很高，有什么乐器就带什么乐器,没有的话就借,后来慢慢市教委拨了一份教育经费,更新了国外的乐器,整个情况就好起来了。开始的时候生源也比较困难,我们从各个学校收罗人,年级也不一样,有的已经高班了,有些是刚开始学的,所以情况也不一样。我们发现哪个合适的,会这个乐器的,就把他动员起来来参加这个活动。学生是凑在一起的,没有这方面的训练。但是,这些孩子对严肃音乐很感兴趣的,是自愿的才这么学的。要组织到一个乐队,需要具备很多条件,如乐器、音准、互相合作,等等。一般来说,那些学生都是自己学乐器,局限于单独演奏作品上,真正作为一个交响乐的作品,对他们来说,感觉都是很新鲜,学生不太了解这些。我开始几乎是一个小节、一个声部的来进行训练。我们练一首歌花的时间还是挺长,都是几个月的时间。当时的水平还不及现在中关村二小少年交响乐团的水平高。但对北京市来说,应该还是第一次。

问: 您觉得现在跟过去对比,有哪些地方有进步?

答: 现在是飞跃发展。首先,从规模来说,学习西洋乐器的人已经很多了,已经普及到北京市的各个区或者包括郊区,当初是属于爱好、比较分散的情况。其次,从水平来说,那已经是不可同日而语了。无论是人大附中的交响乐团也好,还是一零一中的交响乐团也好,还有现在八中的交响乐团也好,他们演出的曲目的难度,相当于现在省级交响乐团的水平,各个方面都有很大的进步。

问: 您什么时候来一零一中学来教学的?那个时候教学条件是什么样的?

答: 我从1988年开始,就一直在一零一中学这个乐团。除了一零一中学,我还定期辅导清华大学交响乐团、北方交通大学交响乐团、首都师范大学的管乐团的铜管声部,还有北京联合大学等,一直没有断过。有几年我音乐学院的教学比较忙,(中国人民解放军)军乐团的吴秀成老师在这儿临时帮我辅导过。刚来一零一中学时,每个礼拜需要临时把文化课教室桌子、椅子都挪开了以后,我们才能排练。现在我们已经有了专门的声部训练场地,如大声部的排练教室或者小声部的排练教室,包括一个大的排练场。

问: 一零一中学获过很多的奖,有没有您印象最深的?

答: 要是从获奖来说的话,我们参加每次的比赛无论是区里头或者市里头还有全国的,基本上都是获得一等奖。全国的第一次比赛获奖是在八十中,当时我们演奏的曲目是《春之声圆舞曲》。第二次在深圳,我们参加的曲目是俄国作曲家的《西班牙随想曲》,难度是挺大的。第三次是在上海获得的。

国际上没有这方面专门的比赛,它是属于艺术节。我们首次参加的是维也纳青少年国际音乐节,在这次比赛当中我们获得是一等奖,这是非常好的一件事情，那次参加音乐节的，除了我们之外，还有一个新加坡国家青年交响乐团，他们几乎是专业性质的交响乐团，还有一些其他国家的乐团。这是我们第一次参加国际艺术节。法国有一个每年一次的贝尔福特艺术节，我们去了轰动了当地的地方政府，包括市长都来看望我们。我们受文化部邀请还参加了俄罗斯的一次艺术节，我们是唯一的一支青少年的业余艺术团。

问：我们也了解到很多老师薪金不高，几乎就是义务教学，是什么让您能坚持下来？

答：这正是我最感兴趣的，我退休了以后的精力就放在这里头。年轻人好学，很有朝气吸引了我，孩子们学习还是挺刻苦的，但能够坚持学乐器，我觉得对他的帮助还是挺大的。我的很多学生出去也都是分配在各个大学里头，都能够担任很多社会方面的工作，有的甚至当了大学艺术团团长，有的当了支部书记，等等。从他们的身上，我感觉到很多我当年所没有的东西。我除了每次参加小声部的活动有一点酬金以外，其他方面我都是义务的。我之前有一个长辈黄飞立教授，他是我们的艺术总监，现在年岁已高，他退了以后把这个事情都交给我了。他本身也是义务的，我就在他的身上学习到了他的精神。孩子们学习本身就很艰苦，我就没有办法再要求他们有更多的，我不想从他们身上获得更多的金钱方面的东西。青少年能够成长起来，变成社会上的一个很活跃的艺术骨干，一个真正对社会有所作为的人，我确实感觉到很欣慰，所以我也就没有想到其他方面的事情。孩子们一会儿称我是知心艺术指导，一会儿又叫我艺术总监，其实这都不是我的正式职务，我的正式职务就是协助指挥、协助学校一起把这个乐团长久地发展下去。这个乐团经久不衰的原因就是在这个地方，一零一中学从校长到办公室的老师，都很热心这个乐团，这是我们一零一的一个品牌，为什么是一个品牌？它使得年轻人通过艺术学习以后，在他的人生发展上可以获得很多东西，前途很宽广。有很多学生搞了专业，有的进到音乐学院专门学习，也有到各个专业团体进行演奏的，像国家大剧院有几个一零一原来毕业的学生。所以说，我们的人才是多方面的，一零一出来的学生全面发展。

问：学生练习乐器与学习会产生矛盾吗？

答：每个礼拜天两天时间练习，很多孩子好早就来了，为什么？他真是喜欢这个地方，是他释放他整个能量、释放他一个心情的地方，我觉得我们给他们创造了这方面的条件。练乐器对学习是有很大帮助的。从学生来看的话，重点中学的文化课都是很重的，有实验班、重点班、普通班，班级里头的要求也不一样，但是各个班抓得都很紧。孩子们还是挺刻苦，挺努力，但是并不影响他们自己对乐器方面的兴趣爱好，他们完全可以抽出时间来练习。

所有的孩子只要自己能抓，肯定有时间的。应该说，这两个方面没有什么矛盾，不互相干扰，不会影响学生整个的发展，他会得到一个很好的适合他发展的天地。

问：金帆团的家长支持孩子们吗？

答：支持！学生们进来了以后家长非常重视，大部分家长还是很配合孩子，一方面来参加乐团的活动，另一方面文化课也不落后。但是也有个别的家长只顾自己孩子的学习，而不顾乐团的集体活动。

问：您的学生当中有没有给您印象特别深的？

答：原来报纸上有一个报道《扛着大管进清华》，那个学生叫王勉，学习是特别踏实，他的业务水平很高的，也是可以搞专业的，但是他走的是文化发展的这条路子。后来他到了清华大学以后，当了交响乐团的团长。还有一个叫钟序威也非常好，从中关村二小六年级的时候，我就带着他，一直到他考进一零一中学，毕业以后又考上清华大学。这个学生我一直非常感兴趣，他每周都来自己上课，他的妈妈是西苑医院的医生，她知道这个方面对孩子成长有帮助，非常支持他。他上课都是非常认真，功课完成得很好，他的水平也是相当高的。当初我在考虑他要不要搞专业，根据他的情况，尊重他父母的意愿还是考了清华。考了清华以后，他就一直在清华当首席，后来又当了艺术团的团长，以后又保送研究生，当了中纪委的公务员。他毕业以后每年我的生日，他都给我打一个祝福的电话，经常在节假日带着父母一起来看看我，我非常高兴。

问：您为金帆也付出了很多，您觉得金帆的孩子们给您带来了什么东西？

答：孩子们给我带来是一种愉悦的精神，我一见到这些孩子们我心里头高兴。我整天跟他们在一起，他们有各种各样的想法，他们的思想兴趣都很广的。我觉得应该让他们全面发展，而不是仅仅局限于整天就是看书、做功课。

问：这么多年您对金帆有着什么样的感情？

答：我的感情可能就是和我的一生从事的事业有关系，我很想把我从事的事业在孩子们身上继续下去，发展下去，提高下去。

问：您觉得咱们的金帆和国外的乐团对比，有什么优势？

答：1998年我们头一次受文化部委派去参加莫斯科的一个艺术节，当时去了10个乐团，都是一些知名的、职业的交响乐团，我们是唯一的中学生业余乐团。我们自己单独开了音乐会以外，还参加了红场的一个大型的活动，演奏俄罗斯一个作曲家的作品，那个演出对我们来说那是相当难的，在那次会上我们还是获得了一个优秀表演奖，那是第一次获得这样的奖项。国外真正的职业的青少年乐团还是比较少的，大部分还都是学校业余乐团，跟咱们性质也差不多，都是以文化课为主，业余情况之下来安排练习。所以，我们现在中学生的水平，跟他们的比起来水平还是比较高的。

问：您觉得金帆的精神是什么？

答：我觉得金帆精神就是"扬起金色风帆，驶向成才彼岸"。我们始终都是围绕这个做，就是让学生们的综合素质全面发展，艺术方面也有所成长。

问：金帆今年 25 周年，您觉得金帆给北京或者中国的教育留下了哪些东西？

答：金帆现象要更多地引起社会的重视，而不是把它当作一种功利性的东西。但从金帆吸收特长生生源方面来看的话，还是存在这方面的问题。从家长到社会来说，还有一个误区，好像通过这个乐团能够考取一个好的大学或好的中学。家长的愿望是没有什么错的，但是真的要实现这个愿望，不是一种功利性的东西。从社会上的情况来看，走特长生的路子本身实际上还是为了更好地从素质教育方面来考虑的，而不是仅仅为了考一所好学校，要放开眼光。

问：您在金帆教学也 20 多年了，有什么心愿？

答：我除了配合学校搞一些事务性的或者学生思想方面的以及管理方面的事情之外，我的主要精力还是放在教学方面。我的专业是长号和大号，这一直是我下功夫的、优秀的一个声部，是让指挥能够放心的一个声部。我在音乐学院曾经成立过一个长号乐团，以长号乐器为主体，结合其他的圆号、小号等铜管类等，经常演奏一些国内外的作品。我的心愿是把我的声部学生组织起来，除了排练现在交响乐的作品以外，也排练一些其他跟长号有关的作品。我希望长号乐团和铜管乐团也能够单独地举行音乐会。现在我们已经开始这么做了，上周我带着长号乐团 15 个同学在天津南开大学进行了一次演出。

问：您对金帆还有什么期待或者是希望？

答：我希望北京市还不是金帆团的各个团能够在业余的文化生活里头，特别是在音乐生活里健康发展，不要畸形、功利式的发展。

北京市第一六六中学李正华访谈录

问：您简单介绍一下您在哪个学校，干的什么工作？

答：我是北京市第一六六中学的一个退休老师，今年退休11年了。我不是学音乐的，是一个学化学的老师，除了担任德育主任以外，还要上化学课，对这块一点都不懂，绝对的外行。那是1991年春天的时候，我们东城区教育局局长于大利集资了10万元，要成立一个东城区的中学生军乐团，对这个团进行招标，好多学校当然都想承办这个团，我们校长也想承办这个团，所以当时刘学良校长就派我去争这个团。校长觉得学校要有一个乐团，就会活跃学校的课余文化生活，所以希望我去能够把这个团争下来。我当时是做德育主任，除了教学以外的所有事都我来负责管理，我去竞争时说了我们把团办好的决心，以及校长会给我们提供什么样的条件，结果我们争取下来了。7月份我们就开始运作这个队伍，团员是在新初一入学的学生当中进行选拔，第一批招了50个人成立一个班。我们邀请了中央乐团的老师作为专业指导老师，老师来了以后说，这个乐团人数不够，我们就在其他班里头进行第二次招生，还有初二和其他年级的一些特别愿意来参加的孩子，最后组成一个80多人的乐团就开始了训练。开始学校的老师、学生基本上不懂得什么是管乐，我们先去中央乐团去观摩人家排练。在地坛中学也有一个金帆团，我们也去他们那儿学习观摩，然后又带着老师去买乐器，人家说什么乐器我们就去买什么乐器，就这样把这个团给建立起来了。

问：当时您为什么要成立这个团？您教化学跟音乐一点关系都没有，是您喜欢这个吗？

答：两个方面原因，一个是因为我中学六年就在这个学校，从小学到中学，一直到大学的过程当中，始终跟文体就是有缘，喜欢文艺，也喜欢体育。那会儿小学时候参加合唱团，然后女十二中文艺活动是非常丰富多彩的，每个班级它都有自己的文艺特殊项目，而我们班就是舞蹈项目。我还参加过体校的体操班训练，在中学的时候做体育委员，大学也是这样过来，所以我本身特别爱好文体，与文体还是挺有缘的。再一个就是当时我做德育主任，这是我工作范围之内的一件事情，校长就把这个工作交给我了。

问：当时学校乐团还没有加入金帆团啊？

答：没有。我们1993年第一次参加北京市中小学生艺术节的比赛，拿了北京市第一名。金帆团得有业绩才能申请，然后我们就开始申请金帆团，到1995年挂牌，以后金帆团是每三年要复审一次，一直到现在。

问：你们加入金帆团以后有哪些困难？怎么克服的？

答：这困难是非常多了。开始我们对成立一个乐团需要什么不是特别明确，比方说需要一个很好的排练场地，还要分不同声部进行训练，现在我们有13个专业老师在指导各个声部的训练。学校地方非常小，场地本身就是一个很困难的事情。第一个场地是在一个会议室里头，摆了好多椅子，我们训练的时候要把这些椅子摆成排练的，然后乐器推进去。有一个很小的仓库，可以把这乐器都收进去，每回一训练就这么来回倒腾。另外，会议室没有什么吸音的，我们就跑到旅馆那儿借了好多被罩、毯子，五颜六色的挂在周围。后来随着我们演出多了，从四楼往下搬大的乐器非常困难，然后就在我们学校一进门对着的一个比较好的厅，就是一个过道，两边用门堵死了在那儿挂着毯子和被罩进行训练。一刮风的时候那门就呼扇着响，尘土飞扬。下雨的时候，这脚底下水就从这边能流到那边去，我们就在这样的场地里头训练，这是第二个场地。有些外国专家来了以后都觉得很惊讶，这样的地方排练但是乐队却是非常好的。以后我们修了一个多功能厅，就在多功能厅里排练，仍然是多用。最后就是固定了现在位置，专门为乐队修的一个大厅，这也说明领导和学校对我们工作的重视。我们也有专门的办公室，虽然不大但是功能是齐全的，可以复印谱子，柜子后面是我们的资料。

从认识角度来说，老师们对这个不是很理解，他有时候下课压堂占着教室，学生们去了以后不能进教室，我就整天协调这些事情。还有资金，这些都是困难。但是我们整个团队是特别好的，它包括几支队伍，首先是专业指导老师的队伍。我们聘请的专业指导老师都是中央乐团的老专家们，由他们牵头组织一个教学班子，一直比较稳定地延续到现在。再有就是家长的队伍。自从这些孩子参加乐队以后，每个星期有一、三、五活动时，这些孩子的家庭晚上几乎没有按时吃过饭，但是这些家长依然非常支持。我们还有一个管理乐团的队伍，我们从管理角度把学生组织好，就能够配合专家进行艺术教学。管理团队以我为首，下边有几个年轻老师分别都是教语文、外语、政治、数学的，没有一个是学音乐的，但是这个队伍懂教育，非常强、非常认真。有几个都是刚大学毕业，就进到我们这儿锻炼成长。再有就是各级领导的支持。教委、学校各个层次领导于大利局长到刘学良校长对我们都非常支持，使这个乐团能够保持比较超前水平地走到现在。我每天基本上都在克服困难，一直就这么走下来。到现在我们的条件也不是特别好,包括排练场地、训练时间,毕竟跟教学有冲突。

其他问题就是没有钱,虽然当初局长集资了10万元,我们花了5万元买了星海乐器,但声音不是很好,后来学校又花钱买乐器。在这儿我也想特别提一下台湾声乐乐器公司的陈绍普老总,他一直从财力上支持我们这个乐团。比如我们出去交流,他会支持我们。1996年我们第一次在北京音乐厅开音乐会,场租一万元,学校说没有,然后我们团队里头自己集资,老师每个人最少都是200元,学生最少的是7块6角,多的300多块钱。我们刚刚接近一万元时,这个事情被陈绍普听说了,他就特别特别感动,说,"一个学校乐团要开一个音乐会,还要自己在那儿集资,要我们这些搞乐器的人干什么"?他立马把这个场租一万块钱给交了,后来我们在开10年团庆音乐会的时候,仍然是他给我们出了一万五的场租,区政府给我们出了一万,那时候就涨到三万元了,现在的场租六七万块钱。陈老先生现在不在北京,回台湾了。前些日子我还去台湾学习的时候见了他,仍然支持我们。我要他新研制的小号,他就非常非常便宜的给了我。当时我们最简单的乐器换成比较好的乐器就是他的支持,一下把我们主要声部的乐器全换了,你有多少钱就给多少钱,没钱你先用,什么时候有钱,你再给我,而且是按照六折的钱给我们的,就这样支持我们。所以,我们乐团困难确实很多,但是支持和帮助的人也很多。

问: 这当中有没有您记忆特别深刻的事与人?

答: 这些事太多了。我们经常说乐团活动的每一天都会成为一个故事,每一个学生也都可以成为一个故事。特别特别让我感动的是从1992年一直到现在,一个日本老师走进了我们的队伍帮助我们,他每年两次来我们团,一分钱不要,给我们提供乐谱,给我们排练,跟我们一起演出。在金帆团征集好人好事文章的时候,我特意给他写了一篇文章,特别特别感人。不是乐团的学生都知道乐团的石川老师又来排练了,大家会听他的新年音乐会,听他的演奏。

对于学生来说,有时候他们让我非常感动。比如说有的学生腿摔折了打石膏,打车到学校,同学之间互相背着上教室上课去,参加乐队训练,训练完了背着给送到车上,他可以休息,但他不休。很多学生是这样,有的学生嘴起泡了,对于吹管乐的孩子来说,嘴有泡肯定吹起来很疼,但是比赛不得不上,真是吹完了以后那嘴唇都流血,他仍然坚持。1995年我们参加一个国际的艺术节,要求参加团队做一个室内演出,一个广场演出,还要做行进演出。参加的外国团队很多,国内除了(中国人民解放军)军乐团、武警军乐团、海军几个专业团队以外,还有两个大学团体,清华大学、交通大学,两个中学团体八一中学和我们。我们是唯一的一个这三项表演全做了的。指挥行进的小孩叫张佳，他去指挥的时候他爸爸因为心脏病正在医院里抢救，但是他没说，比赛完了马上跟老师请假，我们都特别感动，说，"你为什么不早说呢"？他说，"这演出很重要，爸爸有妈妈照顾，我完了去看是一样的"。像类似这样的事也很多，学生都积极参与到这个活动。我们要求重大活动不能请假，那么对学生们来说，轻伤不下火线就是经常的。我们现在又开展行进管乐的比赛和活动，那个非常非常苦，真是夏练三伏，冬练三九，他们也有情绪。但是我们要求他们做，他们就能够做到。当他们练成功以后的那种成功感，那种喜悦是难以言表的，所以他们从中也体会到参加乐团活动的乐趣，这对他们的影响是非常大的。

问：金帆可能培养了好多学生，有没有特别优秀的？

答：每年很多学生会不定期的回来，比如说教师节和寒暑假，只要他们有空就有很多人回来。这些孩子都很优秀，比如说现在人大艺术团的总负责人叫周旋，她是长号声部毕业的，长号吹得相当相当不错，她毕业了保研，后来就管理人大乐团。还有一个女孩叫高原，她会拉小提琴，跟我们管乐没有什么关系。她(中学)毕业以后在两个大学里读书，因为她喜欢音乐，去听谭盾的音乐会觉得特别好，她就到后台去找谭盾，说我想到你们团来工作。谭盾觉得你过来干什么啊？她说我可以帮你们干事啊！谭盾看这个小姑娘这么热情、这么执着地去参与音乐活动，所以就同意她留下来，但说没有工资给你，她就在那儿干，说考察三个月以后再决定，结果不到一个半月她就拿到了工资，做了谭盾的助理，有些演出的事务她就帮着干。跟着谭盾干了一段时间后来她又想干别的，现在在北京做一个与日本音乐有关的工作。类似这样的，还有去电视台做主持人的，有做专业的。

问：金帆的老师工资不高，基本都是义务的，是什么让您坚持下来？

答：我们一开始聘请中央乐团的老专家，在这儿训练两个多小时，路上起码得4个小时，一共给15块钱。我们的管理老师，活动一次给2块钱，就这样起步的。但是这些人之所以能坚持下来，是这个团队的凝聚力量，所有人都觉得这有一个家的感觉，而且大家追求的目标都是一样的，我们在进行艺术教育、审美教育。我们一开始好像认识不是很充分，就知道活跃一下学校的生活。但是随着我们开始学习这方面理论，有一句话说"一个学校没有艺术它就不是一个完整的教育，如果校长不重视这教育就不是一个好校长"，我们认识逐渐提高，好像身上肩负着一种中国教育的重任似的。大家觉得必须得把这个事干好，而且通过毕业生的状况，就觉得这事特别特别重要。好多孩子一进来的时候，往往是家长对他们的一种要求，至于家长为什么投入这么大让孩子去学音乐，他们不一定有很深的认识，就觉得对升学有用。我们的教育目标是希望对他们进行六年的比较系统的音乐教育，随着这些孩子在团队中逐渐地成长，他们慢慢地学会了做事，懂得如何去做人，从被动学习转到主动学习，渴望、热爱音乐，觉得是他们的生活当中缺不了的一种感受。所以我们跟这孩子一起成长，认识也不断提高，所以一直就坚持到现在。

问： 您觉得让孩子来乐团学习帮助有多大？

答： 一个是音乐本身对他们的陶冶，我曾经看过一个格言说"当你在听音乐的时候，你会忘记自己是谁，你会忘记现在是白天还是黑天，你会忘记自己的年龄"，这是净化他的心灵。另外现在这些孩子都是独生子女，他没有更多的机会跟伙伴、团队的配合，但是在这个团队当中他必须得做到协作、团结，大家互相配合。一合练的话，眼睛得看谱子，嘴上得吹着，还得看指挥，需要精力集中，必须跟其他同学合作，这种团队精神对他们影响也很大。另外我们乐团对他们的管理也是非常严格的，要求非常高。我们乐团有品德行为规范，第一条就是要求同学入学以后要想清楚你要做一个什么样的人，这是首要的，不是说我们要求你的乐器吹得多高水平。随着学生的成长，他们也可能愿意从事专业音乐，但是首先要学会做人。如果他们在团队当中不认真或者出现纪律等问题，我们会很严厉地进行教育，去引导他们。

问： 现在孩子们学习也是非常重的，来这儿训练的孩子学习情况怎么样？

答： 学习不一样，有特别突出的，也有差的被淘汰的。我们要求他们两个都不能耽误，学习必须要抓。我们团队有学习团长制，凡是你想为乐团工作的可以申请做团长，但是最基本的条件你必须学习优秀。担任团长的大多是高中学生，他们中考一定要达到学校的录取分数线，个别的同学在初中的时候也被任命过团长。比如高二年级赵伟翰，在初二的时候就开始培养他做团长，这孩子始终保持学习和乐器的训练都在非常优秀的水平上，事实证明他中考分数很高，进了学校高中生命科学班，在班里头仍然排名靠前。我们有几届学生在中、高考当中能拿到学校的状元。但是也有的孩子学习不好，并不是因为乐团的训练造成的，是学习习惯没有养成，家长的教育有一些缺失造成的。不能一概地说乐团训练不影响学习，也有半截退的，结果是乐团退了，学习也没上去。有的还想再回来，一般这样的话我们就跟家长说不适合再回到乐团里头。一个人做事情应该有头有尾，坚持下来这才好，什么事贵在坚持。孩子在学习成绩上头表现不出来的东西很多很多，比如他们除了热爱音乐以外，还有很多特长你看不见，像摄影、画画等，有时候不经意地你就会发现他们还会这样的东西。他们可能一样东西学好了，激发了他们学习其他更多的东西。

问：艺术对您的教学有帮助吗？

答： 我从事这工作前10年的时候，一边教书，一边做乐团管理工作。艺术对我也是一个缺失的弥补，虽然我小时候喜欢文艺，但是没有这个条件去像这些孩子参与到艺术活动当中。我在教学过程当中，跟他们有更多的互相沟通的渠道。我除了教他们化学，在乐队还要对他们有要求，他们的音乐会不断地感动我，这两者有同样的地方。我是学化学的，跟乐团好像没有什么关系，学科规律不太一样。化学是一种科学，音乐是一种艺术，（有关）科学和艺术的两者关系有很多精辟的论述。我在努力地探索、思考，这化学与艺术到底有一个什么样的深刻的关系和联系，化学是有符号的科学，音乐也是有符号的艺术。现在我的水平不高，也许再过一段时间，在反思的过程当中能够把它们看得更清楚。

问：金帆团获得什么奖让您印象最深刻？

答： 那个奖太多了。比如说我们参加全国比赛是从2003年开始的，拿到了全国比赛的一等奖，第一个是交响乐的，第二个是民乐，第三个是管乐，我们是管乐的第一名。我们是全国比赛当中唯一的一支管乐团，其他都是交响乐团、民乐团等，我们演奏的是《黄河交响曲》里的一段。我们一直坚持了三届，都获得了一等奖，这是一个比较突出的成绩。我们第一次出国是参加亚太地区管乐大会，在悉尼歌剧院演出，然后又不断地有类似这样的演出。

问：现在金帆不光代表一个音乐，它可能更多的是代表一种更深的东西，您觉得金帆的精神是什么？

答： 金帆有一句话叫"扬起金色风帆，驶向成才彼岸"，成功的彼岸在哪儿呢？它会有不断的成功，会有不断的追求，不断追求最美的音乐。我们是做音乐的，也追求做最美的人，要做最美的事，所以不断有新的目标，新的追求，可能彼岸就在人生的最后。

问：25年过去了，您觉得金帆给北京的教育留下了什么，有什么东西是开创性的？

答： 金帆是北京乃至全国的学生艺术教育水平的一个水准，学校觉得挂帆了之后，就是对艺术教育是一种认可。另外，金帆在北京及全国艺术教育起到了一个引领作用。每次参加全国比赛，北京基本上是派金帆团出去的，这些团在全国各个项目的比赛当中都是名列前茅的。再有在开展普及性的艺术教育的过程当中，它起到一个辐射的作用。比如我们学校乐团成立了多年，办得比较好，很有业绩。北京市的金帆团有一个规定，当你承办的金帆团业绩很突出的时候，你有资格去申报第二个团。因为我们乐团有人艺的很多子弟，所以跟人艺的关系又比较好，我们学校也有热爱朗诵、热爱戏剧的一些老师，我们就开始申请第二个金帆话剧团。现在我们学校有了一个北京市唯一的金帆话剧团，这个话剧团发展得很好，他们现在正在准备排一个大戏叫《黎明静悄悄》，从他们成立的第一年开始，就在人艺的舞台上进行了专场演出，开始在小剧场，后来在大剧场，他们也非常优秀。

问：您对金帆还有什么样的希望或者说是期待？

答：我对金帆团和金帆团承办校是比较了解的，我觉得金帆团应该对社会有影响，要加大对金帆的宣传。这次25周年设立了一个"金帆日"，还有几个专场演出就特别好。我不建议金帆团在剧场演出，应该让它走进社会。昨天我看电视有在长城演出的，有在广场演出的，还有去农村的。我们是在学校操场与一个小学金帆行进管乐团一起表演的，我校跟那个小学联手结为同盟，就是大的学生带小的学生。那天家长和社区居民都来在我们操场上看两个团一起来演奏。我觉得这种形式是今后金帆团大力提倡的。再有我觉得金帆团之所以发展到现在，一个是它确实是成功的，确实对孩子有很大影响，但是很大一方面是有北京市教委支持金帆团的政策。曾经金帆团要求学生是特长生，什么样的才叫特长生呢？就是在一个优秀团队当中的骨干队员，而不是靠你自己独唱、独舞、钢琴，这些都是个体的行为，我们要促使孩子学艺术的同时也要融到一个集体当中。我觉得对于金帆团来说艺术是一方面，集体的团队精神是更重要的一方面。我希望教委能够继续支持金帆团，开放更多的条件，让孩子们有更多这样的机会学习艺术。我学过一篇文章里说，未来共产主义社会的价值应该是什么样的？不是说每天创造多少财富，而是你能够有空闲的时间去发展。那么对于一个学校来说，就是说你怎么能够让学生更多地从学业压力当中摆脱出来，给他更多的时间去搞课外的文艺、体育活动，然后走到社会当中去，我觉得这点应该是特别重要的。不光是金帆团的团员们，所有孩子都不要有那么大的压力，让他们的休闲时间搞各种各样有意义的文艺体育的活动，这对他们学业是一个很大的促进。比如我们高三的孩子会一直坚持到新年音乐会，离高考也就剩半年的时间，但是他们一离开就觉得不习惯，在学习的空闲时间还会自己主动地到乐队吹会儿乐器。这本身就证明了学生更多地参加文体活动，对他们的德育、智育是一个很好的促进，这是相辅相成的东西。

北京市第二中学孟艳访谈录

问：您以前是从事专业的舞蹈，怎么就加入金帆了呢？

答：我原先是吉林歌舞团的一名舞蹈演员，后来机会比较好，考到了北京舞蹈学院，很荣幸地在北京舞蹈学院学习、深造，得到了很好的锻炼。由于父母也希望我能留在北京，所以1991年年底有一个特别好的机会来到了北京二中当一名舞蹈老师。但是那时候北京二中舞蹈队孩子比较少，有十几个。我也是刚来北京二中，对学校的环境不是很熟悉，又觉得自己可能还没有得到一个很好的发挥。我刚从舞蹈学院毕业，想当一名很好的舞蹈演员，我非常享受舞蹈的灯光，享受掌声。我是属于性情中人，刚来时对孩子也不是很了解，但正好赶上北京市第一届中小学生艺术节，学校领导希望我能够给孩子编一些属于他们的舞蹈。孩子们那种渴望的眼神，对舞蹈的热爱感动了我，那我就编一段舞蹈。我跟他们在一起摸爬滚打两个多月。开始比赛的第一届我编了一个《扭秧歌》和一个《热潮》，《扭秧歌》是东北民间舞，《热潮》是现代舞。因为我是东北人，我就用比较拿手的舞蹈素材来给孩子们编排，真的是意想不到，在比赛的时候取得了一个第一名，我那帮孩子们就一下跑到我跟前说，"老师，我们爱你"！就这一句话把我给感动了，我觉得一下子有了一种自豪感，和我原先的自我满足感完全不一样。那时候我们也正好很荣幸地加入了金帆舞蹈团，很激动、很自豪，但对金帆团不是特别了解，只知道是一个非常好的学生艺术团体，后来通过一段时间去了解，现在对金帆已经达到了非常挚爱的程度了。

问：当时二中舞蹈团有哪些困难？怎么去克服的？

答：困难，我相信问到每一个老师可能都有一大堆辛酸的历史。我觉得困难每个人都有，我要说我没有太假了。我有一位朋友讲过一句话，"其实困难每个人都有，看你怎样去面对"。困难因人而异，我就是一个非常乐观的人，我会把困难留给自己，把美好展现给别人。任何一个困难只要自己有一个坚定的信念，永不言败的精神，困难就不是困难了。所以你要让我谈困难，我把一大堆的困难呈现出来，让别人跟你一起去痛哭流涕，可能我做不来。

那时候主要是条件特别艰苦，我们没有排练厅就在操场排练，操场是水泥地，但是孩子们特别地热爱音乐。我们就在那样的一个环境中，每天都是课后三点半排练到六点，所有的孩子都没有请假的。原来只有 13 位学生，现在学生已经有 75 位了。

问：您说当时场地条件不好，选拔的人才也是比较不好选的吧？

答：我不这样认为，学校领导给我们的平台特别好。那时候我选拔学生，我的初衷是他一定要热爱生活、尊重父母，他愿意、渴望展现自己的美丽。这是我永不变的一个招生标准，我觉得一个人有一个美好的心灵，那他的这种舞姿也是一定非常打动人的。身体条件是很重要，但是我觉得心灵更重要。

问：您能不能介绍一下金帆舞蹈团训练的情况？有什么独到的训练方法？

答：我们北京二中金帆舞蹈团，每周训练三次，星期二是课后训练两个小时，星期五是两个小时，星期天就训练特别长了，从早晨七点半到中午十二点，中间只休息 15 分钟，挺残忍的，一直训练到下午。一般的孩子是承受不住这种强度的训练的，我特别感谢可敬的家长们很有前瞻性，把自己的这么娇贵的独生子，送到金帆的大家庭里来锻炼、成长，让他们锻炼一种和别人的协作能力，一种良好的沟通，一种坚韧不拔的精神和耐力。这些孩子在这样的一个环境和集体当中锻炼、成长，可以说是他们一生的财富。训练苦不苦？你可以问我的学生，真的是很苦很累，说不苦不累那是假的。

关于训练方法，有一句话讲"因材施教"，老师都知道这个道理，肯定每个孩子的性情、家庭、环境、背景都不一样，你的教育方式是根据孩子的性格和他本身接受的能力和感受来进行不同的引导。只要真的愿意当老师，爱自己的学生，这些都不是难事。现在的孩子都聪明，只要给他的语言准确、信念准确，以孩子的智商都可以达到让你意想不到的效果。他们每次在台上表现的时候我觉得特别的幸福，表现最好的时候我就感觉到当老师真的真的很好。

问：您训练这么苦，而且孩子们的学业也非常重，那不会影响学业吗？

答：现在所有的孩子们学习特别繁重，压力越来越大，竞争也大，而且社会还一直都呼吁素质教育，要给孩子全方位的发展。学习的分数重要，就看每个人怎么去看，只要引导好，处理得当，全方位的发展是可以做到的。很多参加金帆的学生学习特别好，像李小竹、李思琦、王若竹、孔令语，在班里面学习都是前一二名，而且跳舞从不请假，风雨不误，学习好，跳舞又好，在舞蹈队里还担任一定的要职。孩子们从小养成好的一些学习习惯这很重要，当然也需要老师和家长的督促。现在在社会都在进步，网络信息那么多，孩子本身能力与素质如何也很重要。舞蹈训练会对学习有一定的影响，但是他的收获是不一样的。

问：家长有没有说开始不支持，后来慢慢支持的？

答：我招来的孩子一定要热爱生活，孝敬父母，喜欢美，喜欢愿意把自己那种阳光的一面展现出来，这是最重要的前提。家长不支持得很少很少，可能有一点溺爱孩子，而且让孩子锻炼的时候他觉得太累了。像这样的怎么办呢？我就和家长进行沟通，我说，"你再优秀也代替不了孩子，现在社会竞争这么激烈，如果你让孩子有一个很好的锻炼机会多好。因为都是独子，他只知道和你的相处，不懂得和别人相处，一旦他走向社会的时候，你再想给他一个锻炼的机会就晚了，你要三思而后行，哪儿没有苦啊？你也从吃苦才走到现在这个地位，如果没有经历过苦的话，那我相信可能就不会有今天"。跟家长也要像朋友一样沟通，相对来说转变的家长那就会好一些，我学生的家长都比较好。

问：东城教委对金帆有什么样的支持？

答：我们东城教委特别重视学生的全面发展，东城有一个特别著名的"兰亭工程"，大手拉小手的一个互助，让孩子们全方位地去了解社会，学生生活能够更加丰富多彩。东城教委领导都非常有前瞻性，我们区在舞蹈、合唱、管乐、民乐、京剧、书法等所有的一些艺术门类，都抓得特别特别的好。刘书记在这方面上是一丝不苟的，我们校长也是完美主义者。我是一个特别幸运的人，东城教委给我的平台特别大，那北京二中给我的平台就更不用说了。我在东城教育环境中非常快乐、非常幸福。

问：我们了解到您担任了2008年北京奥运会导演的工作，当时也有学生参与吗？

答：我是负责奥运会《自然篇章》就是太极篇章的导演，经历了将近两年的排练。我们北京二中的舞蹈队的孩子也是全国唯一的中学生参加奥运会的，担任的是"笑脸"篇章和最后欢迎所有的代表团的运动仪式的引领员。北京二中舞蹈团的孩子们从申奥成功一直到奥运会每一个阶段，比如说口号发布、吉祥物发布，然后迎接火炬、倒计时100天，参与了所有的这些阶段。甚至唯一的到雅典去迎接火炬的火种的一支中学生队伍，也是我北京二中舞蹈队的学生，现在听起来真的是很自豪的。我觉得就是很有福气，在英国的这次奥运会我们也去比赛了。在英国迎奥运庆典的时候，也拿了一个金奖。

问：拿到奖以后，有没有国际上的一些专家的评价？

答：2008年1月1号，我们北京二中金帆舞蹈团代表北京市政府去参加美国第119届玫瑰花车游行，也就是打响奥运会的第一炮。我们是唯一的中国代表队，也是第一次参加玫瑰花车全世界的游行，有200多万人在现场。我们在现场表演的时候，拿了一个最高奖是主题金奖。当时所有在场的外国人都说，"Wow，China No. 1"，所有的孩子都说"Welcome to Beijing"。现场所有的评委包括外国嘉宾都对我们的孩子竖起大拇指。他们说，"真的没有想到，中国现在的青少年是这样的有活力，这样的向上，这样的阳光，这样的灿烂"。

问：您从专业角度来评价一下这个舞蹈团的水平是怎么样的？

答：我是金帆舞蹈团的一名舞蹈老师，评论应该留给外边的人。有一次北京市文化局派我们作为文化使者和跟台湾华冈艺校的(师生)交流，很多台湾知名的一些歌星、艺术家都是从那个学校出来的。我们在台湾的一个非常有名的大剧院里进行交流，他们准备了几个节目，我们也都拿出了很多精彩的舞蹈。当时在现场的时候，我们有一个现代舞，最高潮的部分是同台演出，那时候我的学生非常不示弱，当然对方也不示弱，在一起演出的时候全场沸腾。当地的文化局局长就说，"不可能，这是一群普通的中学生，以他们的艺术水准和舞姿，他们灿烂自信的笑脸，一定是有长期的训练才能达到这样的艺术效果"。我们北京文化局的一个王副局长说，"他们就是普普通通的中学生，而且是业余时间进行一周三次的训练"。当地的文化局局长当时就上台了，很有学问，现场他就问了我们目前教材的一些知识，我的学生对答如流。他吃惊极了，说，"真没有想到，真是让人感觉到大陆发展得太快了"，让我真的是有一种从心里往外的自豪。我只能说是在金帆舞蹈团的孩子们，他们真的很阳光，他们积极向上，给我最大的感触就是活着真好，健康真好，舞蹈真好。

问：您在金帆也是这么多年了，您有没有特别难忘的事？

答：难忘的事情太多了，最让我难忘的是我的孩子们从大学毕业后给我过生日。在我生日那一天我真的是很疲惫，但是我的学生把我引领到这个排练厅里，把灯都关掉，然后说，"您站到中间"，我说，"为什么"？学生说，"您等一等"。他们就把灯打亮了，其中舞蹈队长就讲，"现在此时此刻我们要给孟艳同学颁奖"，然后灯全打亮了，从初一到高三的舞蹈队学生站成了三横排，每一个学生拿一个奖状，自己亲笔写的一句话，过来给我颁奖，都说"孟艳同学，你是表现最佳的学生"；"你获得最佳表演奖"；"你获得最佳老师"……太多了，那个让我真的难忘！现在回想起来，当老师有那么多的酸甜苦辣，但是学生在给我颁证书的时候，我觉得我当老师值了。现在的孩子能够有这样的情感，这样的一种情怀，真让我感动。

问：金帆的学生和没有参加金帆学生有什么区别？

答：我感觉到参加金帆的孩子和不参加金帆的孩子最大的区别就是，金帆的孩子更包容，更知道同学之间怎样相处，怎么样去合作。那没有参加的孩子相对来说从性格、眼界上，那种包容的心态可能会稍微少一点。在金帆的孩子们可能更阳光一些，更能吃苦耐劳。有一个这样的团队，这样的环境锻炼，他们肯定会不一样的。

问：通过您教孩子们跳舞，孩子们得到了什么？

答：这可能要问我的学生是更加贴切。我觉得他们有了一个开阔的视野，坚韧不拔的意志，身体的训练。还有他们在这样的一个大家庭当中，有一个良好的互相学习、沟通与成长的机会，这是他们最大的收获，是一生的财富。我教的第一批学生现在全部都有联系，都已经当爸爸妈妈了，有自己开公司的，有在国外的，也有当主持人的，有的到电影学院当导演，当演员，大部分还是做了白领。他们现在工作都非常非常好，但从事专业舞蹈的少。

问：金帆这些孩子们给您带来了什么？

答：金帆是我的一个人生当中的转变。原先我是一个面对舞台的一个舞者，加入到金帆以后，我是面对着孩子背对舞台的了，这个转变完全不一样。我有双重角色，原先是一个舞者的一个角色，转变为一个老师的角色。金帆给了我一个大好的平台，学校领导给我一个展现的机会。能人很多，付出艰辛的人也很多，但是机遇毕竟是少数，也是有限的，那我就是属于那种比较幸运的人，在一个很好的时机，又拥有了一批很好的学生，我就是这样的一个幸福的人，所以我觉得是相互的。可以说，金帆让我成长，金帆让我的生活、我的经历、我的阅历、我的眼界更加丰富了。

问：您觉得金帆的作用或者说是意义是什么呢？

答：将近20多年来，金帆对我和学生们是最好的一个助力的天堂，舞蹈真好，金帆真好，我们爱金帆这个大家庭。

问：您觉得金帆精神是什么？

答：我觉得金帆精神是永不言败的一种精神、一种勇往直前的信念。我可以比喻一下，金帆这个大家庭就像一个美丽的大花园，百花齐放、耀眼无比，散发着那种迷人的芬芳，它是一只永不凋谢的奇葩。

问：金帆给北京的教育或者是中国的教育留下了哪些可学习的东西？

答：我觉得北京市金帆学生艺术团意义非凡，它可以引领着全中国的青少年向前向前，飞翔飞翔，它可以说是青少年奔向自己梦想的一双翅膀。

问：您还有什么祝福？

答：我的展望就像金帆的名字一样，乘风破浪、勇往直前，就像我对孩子们讲的一句话就是，"永远向着阳光奔跑，勇往直前，一定有最灿烂的彩虹等着我们"。

北京市第五中学张立英访谈录

问：您能简单地介绍一下当时是怎么加入金帆的？

答：我是1984年通过小升初的考试加入的。当时还有文化课的测试，我考进了北京十二中。我知道十二中有乐团，就特踊跃地参加了。1987年北京市正式成立金帆民乐团，当时北京市民乐团有两个，一个是十九中，一个是十二中。那我就有幸成了第一批金帆团的团员。当时我记得有金帆民乐一团、金帆民乐二团，我们十二中是金帆民乐二团。当时大家还在为名字斤斤计较，为什么我们这么好的团是民乐二团呢？但是能够成为第一批金帆团团员，大家还都是非常兴奋、非常高兴的。特别是每年金帆团都有一场很高水准的演出，民乐团、舞蹈团、合唱团等汇聚在一起，那个时候参加这个演出是让孩子们最高兴、最自豪的。

问：当时乐团的情况是什么样的？

答：我们乐团的老师叫刘志龙，是一个男老师。我1984年入校的时候，他调任到十二中。当时十二中只有一个音乐老师，可能他的工作也比较多，刘老师自己非常非常喜欢民乐，什么乐器都懂一点点，但不是很精。所以由他来负责带我们团，这好像也成了十二中的一个传统。我当时也很奇怪，为什么是一个德育处的老师来负责我们乐团的工作，并不是音乐老师在带这个团。我高三毕业以后，另外一个电教的老师带这个团，后来是耿老师带了很久。当时我们乐团只聘请了一个指挥，他带我们6年。但是乐团也会请一些名家，比如说民乐界的著名指挥彭修文老师也指挥过我们乐团。

问：您刚加入那个团的时候，有什么样困难吗？

答：当时对于一个孩子来讲，觉得乐团已经规模很大了。我记得学校条件也还是不错的，我们出去演出学校专门派有一辆大轿车，然后一辆130卡车拉乐器。所有的孩子都是自己装车，自己做一些前期的准备，特别高兴。每次演出的时候我们都会在车上唱歌，特别开心。当训练和一切其他的活动发生冲突的时候，很自然地就会放弃一些其他的东西。当时我们最早在一间小教室训练，后来发现那教室盛不下了，学校给我们提供了一间曾经是图书馆的屋子，让我们觉得条件已经很好了。学校对乐团还是非常支持的，感觉好像方方面面都在给我们开绿灯。后来我又来5中的时候，都觉得条件都没有那么好。

问：您当时最难忘的事是什么？

答：最难忘的事应该是我们第一次登上北京音乐厅的舞台。当时北京音乐厅建的时间也不是很长。我高三毕业是1990年，正好赶上当时的亚运会，我们金帆团在北京音乐厅有三场演出。当时暑假集训是在北京九中，这么大规模对我们来讲是第一次。所有学生都住到九中的宿舍，有舞蹈团、合唱团、民乐团的排练，每天都按时排练，排练场地也很多，那段集训的日子还是挺难忘的。实际上那三场演出的时候，我已经被保送进首都师范大学音乐系，但还是有幸地参加了这场演出，演出效果还是非常非常不错的。我当时是十二中金帆民乐团的学生团长，协助了我们老师干了很多事情。可以说是经历了那么多次演出，这是我印象最深刻的一次演出。

问：您觉得金帆对学习有什么帮助吗？

答：我觉得还是很有帮助的，因为当时考首师大是保送，只是参加专业课的二试，初试都是免的。参加二试的感觉好像很顺利，就考进了学校，我们乐团的一个老师也给了我很大的帮助。

问：您是怎么又到金帆团工作的？

答：我大学毕业是1994年，就来五中工作。当时校长就一句话，"你是学民乐的，20世纪60年代的时候我们学校乐团还是挺好的，但跟现在就没有办法比了。你来的唯一的条件就是把乐团再给我们建起来"。1995年我就开始着手建这个乐团，可以说是困难重重。当时建团的时候有十几个人，我们评上金帆团是在2008年，经历了十几年。

问：您能不能讲一讲乐团怎么发展到现在这么多人？有什么困难？

答：现在乐团是110人，主要归功于学校的支持。我们最早的时候经历了很多的困难，第一没有学生会乐器。当时乐团也有一些特长生的名额，但是很少。最初校长让我以特长生的名义在初中招5个，高中招3个人。初中3个年级15个，高中3个年级9个，一共二十几人，规模很小。乐团经历了很漫长的一个时间，慢慢才取得了一些成绩，学校也就对乐团越来越支持。这个支持首先是放宽了名额，初中从5个增加到15个，现在初一学生就可以招到20个人，然后高中从最早的3个到5个，到现在10个名额，所以乐团规模进一步地扩大了。当时因为人数少就没有办法聘请乐团的声部老师，我们只聘请了一个指挥。比赛的时候很难受，比赛有规定不能超过80人，别的乐团上去以后满台80人，我们上去仅二三十人。真的那个时候很痛苦，我就觉得不管好像怎么努力，都没有办法去跟人家拼，以至于有一段时间我们都很难进入北京市的比赛。我们一个声部只有一两个同学，怎么去给请专业老师？包括老师的费用没有办法平衡。后来慢慢地人越来越多，我们陆陆续续聘请了10位专业老师，一切都走入了正轨，形成了一个良性循环。

问：最开始的时候，是您在教乐器吗？

答：乐器也不是了。我们招的一些特长生都有自己的小课老师。因为我本身专业是学扬琴的，所以我教了几年的扬琴，后来我发现已经没有精力再去带一个声部了。那么多声部，每个声部上课时转一圈可能就一个小时就过去了。一开始的时候只能靠学生自己，靠他自己的老师。我们也只能解决一部分的问题，碰到解决不了的问题，他只能回去问他自己的专业老师，专业老师也都很支持我们的工作。最初我在十二中乐团待了6年，觉得不需要聘请专业老师，一个声部老师都没有请，也都过来了，学生自己干了很多的事情。我在十二中乐团的时候是带打击乐声部，井井有条，已经不再弹扬琴。现在想想那会儿真的很业余，完全没感觉。

问：在您教学十几年当中，有没有印象比较深的学生？

答：太多太多了，很多孩子对这个团都非常热爱。前几年的一个学生，是当时我们的学生团长，现在在北大读大四。这孩子刚来的时候猴精猴精的，乐团排练的时候他拉中胡，坐在最后一排，老师在前面排练指挥，他跟另外一孩子就能把那个二胡抢起来，好像打起来的感觉，是很调皮的一个孩子，但是也很聪明。初中毕业的时候以很优异的成绩又考到了我们学校的高中，我觉得这孩子一下好像就长大了。当时选不出团长来，我对他说："你能不能干？你每次能不能早点来？""干吗啊？""给大家开门啊，为大家服务啊！""没问题。"就这开门的工作，我觉得他做得特别的到位。后来在所有同学的支持下，他当了两三年的团长，所有的工作做得特别好，以至于最后他高三毕业了，还会经常回来为乐团服务。比如说我们参加上海的全国比赛，他跟着我们一块儿去。我们2011年去维也纳金色大厅演出，他也一块跟我们去。毕业两三年以后，乐团所有的活动他都参与，非常积极的一个孩子，对于乐团的感情很深。

问：2008年咱们学校正式挂牌金帆，这之前取得什么样的成绩？

答：从2005年到2008年，是我们乐团发展最快的时间。2005年2月份在中山音乐堂，我们第一次举办了专场音乐会，这以后乐团在短时间内迅速提升。2006年1月1日我们参加了东城区政府的新年音乐会，2007年又到悉尼歌剧院参加了海外春晚《相约中国节》节目的录制，那场音乐会也给孩子们留下了非常深刻的印象，紧接着2008年我们在国家大剧院演出。我们是第一个走进国家大剧院的学生乐团，这几场演出为我们顺利申办金帆起到了一个很好的推动作用。

问：现在金帆团跟以前相比有哪些不一样的地方？

答：太不一样了。我觉得时代在发展，社会在进步，金帆团在经历这25年以后有了翻天覆地的变化。现在的条件、学生的整体素质，都有了非常大的提高。我们的金帆团越来越专业，水平也越来越高。那个时代我们认为已经很辉煌了，不敢想象还能更好，现在回头来再看我们那个时候好像刚刚起步。

问：您觉得金帆给孩子们带来了什么东西？

答：我觉得对于他们成长的经历来讲应该是非常有意义的，能够作为金帆团的一员，他们觉得跟别人不一样，有值得骄傲、值得自豪的地方。其实现在孩子们学习压力还是挺大的，我们排练的时候他们脚底下都会放着各种课本、书，没有他们排练时，他们可能会马上写作业，会去看书。如果学业没有那么紧张的话，他们宁愿会去选择排练、演出，这是他们生活中不可缺少的一部分。前一段时间我们就特别特别的忙，忙于金帆团25周年的演出，包括参加全国赛的北京市的现场选拔赛，全国赛的录音录像。这牵扯了学生很多的精力，我说，"咱们休息一段时间吧，近期先不排练了，期中考完试以后再说"，结果所有的学生见着我或者发短信都说，"老师，咱们什么时候排练啊？这周还排练吗"？我说，"好不容易让你们休息一下，你们还在想着这个事"。我们是周日全天排练，一不排练他们就觉得偶尔放一次，很轻松，第二周还不排练，他就会觉得缺少点什么。事实上排练已经成了他们生活中不可缺少的一部分，成为孩子们一个解压的方式。

问：您觉得音乐对孩子们的影响是什么？

答：我觉得对他们成长有积极影响。现在金帆团的一些学生在考大学的时候，有很多优惠政策，但是有些同学可能看到的并不是这些优惠的东西，他是希望自己能参加到一个乐团并从中受益，能够排练更多、更好的一些作品。我们前一段时间演出，也回来很多的毕业生，他们看到我们排练的时候都惊呆了，说，"现在怎么可以这么好？太棒了！我们怎么没有没赶上呢，我们太早参加乐团，生不逢时"。很多孩子都已经毕业工作了，然后又回到乐团。事实上他们很多还是希望能考到一个有乐团的大学，然后能够继续在乐团排练。他们说，"我们大学的团跟咱们团简直没有办法比，差太多了，排的作品简直没法听"。对于他们来讲，能够参加一个更好的乐团是很重要的一件事情。现在有些高一、高二的学生也在选择，第一条件是这个学校的团够不够好。比如说清华跟浙大比较，他考虑的不是哪个学校的名气更大一点，而是考虑这两学校哪个乐团会更好一些。

问：孩子的家长支持吗？

答：绝大多数家长是非常支持的。我们乐团的演出几乎每一位家长都去看，我们每次只给一张家长票，爸爸去看，妈妈就看不了，但是他们都在想办法磨老师，"可不可以再多给我一张票啊"？两个家长真的都非常想去。每次演出完，我都能接到很多家长发来的祝贺短信。家长有没有自私一点的？肯定都会有，他觉得乐团排练时间长，会影响孩子的学习。事实上很多孩子们也在说，其实排练耽误的不是学习时间，而是玩的时间。

问：您为金帆付出了很多，很少休息，您对金帆有什么样的感情？

答：暑假对于我们所有团来讲可能都是很紧张很紧张的，比平时上班还要辛苦很多。因为平时上班我们有不上课的时候，但是全天集训强度就非常大，经常是连续10天、20天，累的到家躺床上就想睡觉，很辛苦。我的家人好像也习惯了，包括我的哥哥嫂子对我都很支持，每次我们的音乐会他们都会去看。

我在金帆20多年，觉得挺亲切的。我真真正正在金帆也无外乎7年，在学校的时候3年，现在是4年，好像就没有离开过金帆团的光辉的折射，我一直受金帆团的影响，它对我整个的一生还是有着非常重要的意义。

问：金帆给您带来什么东西？

答：金帆对我是一个梦想，我奋斗了很多年，才把我这个团带进金帆的队伍。从我们这个团稍稍有一些规模去参加比赛了，我就开始关注金帆，觉得金帆团的标准好高。我带的五中那个团最初都没有能够达到我在十二中乐团的标准，加入金帆团简直就是一个梦想。后来慢慢地随着乐团的发展、规模的扩大，我们能演奏很多当时我在乐团演奏的作品的时候，我觉得乐团成长起来了。怎么能够成为金帆团的一员，是我很长一段时间的一个梦想。我在2005年也申请过一次，写了一个简单的申请书，准备得不是很充分，方方面面也还不够成熟，那年没被批准下来。我们先试了一下，看看我们到底还差多远。后来随着乐团的进步，随着金帆团的评价标准越来越清晰，2008年我们从准备材料到乐团音乐会的筹划，各方面都做了非常充分的准备，希望一举拿下金帆团的称号。3月份教委正式批准我们成为金帆团的一员，所有的学生都非常高兴。9月份，我们在国家大剧院开了一场音乐会。那场音乐会是我们评上金帆以后第一次的亮相，也是第一次展示，音乐会取得了非常非常大的成功，也给我们的学生很大的鼓劲，给我们学校的领导增添了很多的信心。那个时候，我们每个人都认为我们应该能够做得更好。

问：从专业的角度，评价一下咱们这个团。

答：我们应该是目前金帆团当中最好的之一，确实我们还是很出色的。

2010 年我们在上海获得第三届全国中学生艺术展演的一等奖。当时北京市有 3 个代表团，我们应该是第一名出去的。所有学生认为我们到达了一个顶峰，但这种顶峰的状态能不能够保持下去，是最艰巨的一个任务。2013 年 2 月份第四届中学生全国展演，北京市是 3 个队，我们非常幸运地冲进了全国赛，所以我觉得我们乐团整体的实力还是非常不错。

问：国外专家给咱们队伍有什么评价？

答：对我们的评价还是相当高的。2011 年我们去金色大厅演出，当时效果非常好。我们演出的曲目是参加第三届全国赛的作品，国外的媒体对我们的评价很好。今年我们又有幸随北京市教委去参加英国奥运庆典的一些音乐会，包括爱丁堡国际边缘艺术节的演出，虽然我们去了 12 个孩子，人并不多，但是演出的效果却非常出色。伦敦奥运会开幕式那天我们参加了奥运庆典艺术节，当时作为北京市的代表团有 3 个队，二中的舞蹈队、史家小学的舞蹈队和我们的民乐团，这三队就组成了北京市学生金帆艺术团，当天我们拿到了全场唯一的一个金奖。

问：您觉得金帆的意义和作用是什么呢？

答：金帆展示了北京市中小学生艺术的一个最高水准，达到了丰富全市中小学生课余生活的目的。金帆团的意义并不在于它的团队建设得有多好，而是在于它的普及性。当时金帆民乐团 2 个，现在 94 个，规模非常庞大。对于学生来讲，有更多人能够参与到金帆团的活动当中，更多人为金帆团做出很多的事情，意义都是非常大的。我们现在很流行搞金帆团的专场音乐会，这些音乐会都给北京市民、学生或者家长，甚至专家、领导留下了非常非常深刻的印象。

问：您觉得金帆给北京的教育或者说全国的教育留下了什么？

答：北京市的金帆团在全国起到了一个引领的作用。我们参加比赛冲进全国赛是很难的，真正走到全国比赛我们就不紧张了，为什么？因为我们北京团是最棒的，也正由于有了这些金帆团的存在，几乎代表北京市出去比赛的全部都是金帆民乐团。这次我们很幸运冲出去 3 支队伍，我的母校十二中冲进了全国赛，我自己带的五中金帆民乐团也冲进了全国赛，还有一所郊区学校昌平二中。事实上金帆代表的是北京市很高的水准。全国赛还没有北京赛竞争那么激烈，很多刷下去的队并不是他们不好，他们也很棒，其实大家差异没有多少，可能是谁更幸运一点，或者说从作品的选择上，现场的发挥上等有一些差别而已。

问：金帆的精神是什么？

答：这种精神不能用一句话来概括，它是一种对音乐的执着追求。有些东西可能是相互的，正因为对音乐的那种执着，金帆团才越办越好；金帆团越好，我们对艺术要求、标准也就越来越高。

问：您对金帆还有什么样的期望和祝福？

答：金帆团已经经历了 25 年，好像瞬间就过去了。上学时候的情形好像就在昨天，真心希望还能为金帆团服务更长的时间。我希望能够经历金帆团的 30 年、35 年，甚至 50 年的庆典活动，能为金帆团做更多的事情。

北京市第九中学王忆农访谈录

问：请您先自我介绍一下。

答：我是北京市第九中学的金帆舞蹈团的舞蹈老师，北京市金帆舞蹈团是金帆艺术团成立第一批的舞蹈团，也等于是最早的一个舞蹈团，到现在成立了25年，这个成长过程我一直就经历着的。这个舞蹈团刚开始成立时，从人、财力、设备各方面来说，几乎一无所有。我们都从班里头挑学生。早晨训练的时候都在什么地方呢？九中那时候正搞基础建设，小孩就搭了几块砖，在砖上面压腿。我们没有地方排练，就在食堂，食堂那边买饭，我们这边排练。地下都是泥，我们小孩照常在地上滚，所以当时是很艰苦的。孩子们能坚持过来，一路走到现在，我觉得都是挺不容易的。

问：当时是因为什么原因成立的舞蹈团？

答：当时我是刚从战友歌舞团转业，正好金帆艺术团成立，石景山教委就把我留在那儿没有分配，把我放在八大处中学。金帆舞蹈团一个团分两个学校，一个是在八大处中学，一个是在九中，后来因为八大处中学的生源不好，两校舞蹈团合并，最后又把我调到九中。当时舞蹈团成立的状况就是孩子条件好的几乎就没有，很少有孩子喜欢跳舞的，特别男孩子。男孩子走在操场上，我看到不错的，把他拽过来。有一个孩子叫邵则辉，是我从教室里把他拽出来学舞蹈。这个舞蹈对他现在的艺术生涯帮助很大，他现在在搞话剧，《开心麻花》。

问：当时建团有多少人？

答：当时我们只有十几个孩子。有些家长不理解，包括学校的老师、班主任都不理解，有的来了，走了。最少的时候只有6个孩子，后来才越来越壮大。现在我们从初一到高三就有70多个孩子了。随着艺术教育越来越普及，各种课外活动、兴趣班都慢慢多了，家长对舞蹈慢慢也认可了，而且在教委方面，艺术教育成为一个体系，包括艺术特长的孩子升学有一定的优越政策，学舞蹈的人才越来越多了。

问：当时您自己遇到过哪些困难？

答：当时困难是挺大的。1987年金帆团成立，1988年我就怀孕了，怀孕期间包括演出也都是我一个人管。当时老师就我一个,很辛苦的。因为什么?那时候我也刚刚从部队转业,孩子的吃喝拉撒睡全我一个人管,包括他们的音乐、服装设计以及他们的生活,因为我们是全市招生,很多孩子是住校的。孩子在宿舍出问题了,在班里出问题了,学习成绩不好,班主任都会找我们。我是9月30号生的孩子。9月10号教师节我们第一次在中山公园音乐堂演出,我还带着孩子们在中山公园走台。当时我一着急就在台上跺脚,那时候兰主任就说了,"姑奶奶你可千万别跺脚,一会儿我直接给你送医院了"。那会儿我年轻,也比较执着舞蹈团,没顾及太多。

问: 是什么让您就这么执着?您有什么动力?

答: 我是舞蹈学院专业出身的,演员有各种各样的原因离开了专业团体,我到了学生中间。其实我很喜欢孩子,也喜欢舞蹈,就是这个让我坚持下来了。

问: 您为学生们付出了很多,您的家人有没有反对意见?

答: 有。觉得我太累,太辛苦,我先生当时就说了,"算了,太辛苦了,回来就不用干了"。我还是不舍得,一个是不舍得这些孩子,还有一个真是不舍得我喜欢的舞蹈专业。我孩子对我有意见,因为我关心他比较少。孩子小,我又得工作,从小学学校给他接回来就把他锁家里,我就去上班去了,等到训练完了我再回家。所以,孩子经常跟我说,"妈妈你关心学生比关心我多"。确实是这样的,孩子当时就是不理解,现在工作了也就理解了。

问: 练舞蹈对学生学习还有其他方面有哪些帮助?

答: 我觉得这是有帮助的,为什么呢?跳舞的孩子是很聪明的,舞蹈可以激励他学习。其实我们的孩子确实很辛苦,他要比普通的孩子付出的要多。他们一进入金帆,我就跟他们说,"你们来到金帆团,来到北京九中,第一个任务是学习,第二个任务才是跳舞。大学也有艺术团,你们只是用这个特长来考一个更好的大学"。我们不是专业团体,这个必须跟孩子们说清楚。这些孩子确实很聪明,而且很辛苦,他要同时完成别人不可能完成的任务量。我们训练只要有任务,基本上天天训练到晚上9点,他回去还得写作业。有的孩子真是让我感动,家长给我写了一封信说,"老师,孩子真是太辛苦了。我的孩子在家里头写完作业以后,有的时候就趴在那个地方就睡着了"。有一个孩子他妈妈看他很辛苦,晚上11点多钟了,给他弄了个鸡蛋,那个鸡蛋他就咬了一口,拿在手里头就睡着了。所以,孩子真是不容易。

问: 参加舞蹈团的学生影响学习,您会让他回去吗?

答: 会。我们金帆团有这么一个机制,孩子文化课学习如果有两门不及格,肯定让他停练。我想普通中学、重点中学的学生必须以学习为主,不能因为跳舞把学习落下了。所以,我们的孩子只要一考试他会紧张。他学习赶上去了,班主任跟我联系把成绩单给我看了,我才允许他回来,这其实对孩子们也是个激励,让他知道学习的重要性。他在这一学期中间,舞蹈会落下很多,得不偿失,所以他会很努力地去完成,我们在这一点上面抓得很紧。

问:这些孩子辛苦训练,第一次拿到好成绩是什么感觉?

答:那时候的状态确实是特别感动的。1998年我们参加了首届全国中小学生艺术节的比赛,当时我们的舞蹈拿了全国的四个奖,有一等奖、学生表演奖、教师创作奖等。北京市又给了我们一个金帆奖,同年就这一个舞蹈拿了5个奖。这是对孩子们付出的一个肯定,掌声是最好的鼓励和支持。成功说明一切,但成绩也不能包括一切,有一些事你不一定能获得成绩。孩子们坚持下来就是最好的。

问:学生在金帆团里学会了什么?

答:对孩子们来说,这个金帆团是个大家庭。他融入了这个大家庭以后,学会了关爱。有困难大家都会去帮助。我们每一个年级都有队长管理,高一、高二的同学直接整体管理,日常的服装、卫生管理都归队长管。有很多学校可能所有的卫生都是由清洁工做,我们都由自己来做。

问:金帆的这些孩子给您带来了什么?

答:金帆25年过程中间,真是酸甜苦辣、五味俱全。可是孩子们给我带来了快乐,我才能坚持到现在。

问:在这么多年当中,您觉得非常有纪念意义的是什么?

答:我一个学生是学漫画的,舞蹈跳得也非常好。他在1998年给我画了一幅画。我当时说,"为什么要画这个"?他说,"老师,你还记得批评我的事情吗"?有一次他犯错误我批评他了,1998年那时候麦当劳刚刚进入中国没有多久,我是在请他吃麦当劳的时候批评了他,他在那儿流泪了。这个男孩子就给我画了一幅,这是孩子的一个心声我就一直珍藏到现在。他后来考取了电影学院动漫系,现在做动漫,也三十六七岁了,自己也有孩子了,所以那天我还给他看呢,感受很深。

问:有什么人或者事让您印象特别深刻或者感动的?

答:其实这么多年走下来真是有很多感动,要没有感动,我觉得我不会坚持到现在。对孩子们来说,艺术、舞蹈,如果要是他投入了,他坚持了,会影响他的一生。我印象最深的学生是邵则辉,他那时候是面临高考,舞蹈任务还是比较重的,舞蹈特长生是可以保送的,北航要保送他。他不去,为什么呢?他自己要考一个更理想的大学——北大。我当时很不理解,有一天孩子就跟我说,"老师,我们以后还有演出吗"?我说,"没有了,你就专心地准备高考就行了"。第二天他出现在我的面前，我很惊讶，他剃了个光头。我说，"你为什么要这样做"？他说，"我义无反顾，我必须考好"。他用这个来激励自己，果不其然他考进了北大。到目前为止，我觉得他有那么大的成绩是舞蹈给了他坚定的意志。男孩子都十二三岁了，要学舞蹈是很苦的，舞蹈需要软度、力度，男孩腿根本抬不起来，男孩子的硬度肯定要比女孩子大得多得多，他们都是咬牙过来的，非常好。

问：您认为金帆团有什么意义吗？

答：金帆经历了25年，它丰富了孩子们的业余生活，对孩子的一生起了一个潜移默化的作用，使他们人生有了一个更开阔的视野。我觉得这个意义很大，不是我一两句能说出来的，我只能从孩子的一点一滴来证明这个意义。

问：金帆的精神是什么？

答：执着、坚持、奉献。孩子、老师都是这样，才能走到今天。

问：金帆给北京的教育留下了什么东西？

答：金帆艺术团给北京教育起了一个万花筒的作用。在这么大学业压力状况下，金帆艺术团能在北京市各个区县、各个学校开花结果，在艺术教育方面起了一个引导作用。

问：您对金帆还有什么期待和希望？

答：我希望它越走越好，越走越辉煌。我明年也就退休了，可能会离开这个团队。将来我会在外面看它，看得更多，希望它越走越好，越走越辉煌。

家长访谈录

对家长 1 的访谈

问：您可以谈谈您孩子的情况吗？

答：我儿子李威岩（音）是北京理工附中金帆乐团吹萨克斯的，他从小就比较喜欢这个，从三年级就开始学习，然后一步一步走到今天，真是经历了挺多的。孩子他爸爸开始不是很支持，在孩子吹得挺好的时候他会说，"你可以了，该做两道题了"。我一开始也有顾虑，觉得学习还是比较重要的。在孩子小学的时候还看不出什么，学习还是比较简单一些，不是那么难，他就吹着玩。现在看来，孩子不但没有影响学业，在初二的时候数学还考了年级第一名，去年被评为"十优特长生"，两个都兼顾得挺好。我们用事实教育了他爸爸，他爸爸主要是怕他文化课落下，看着孩子一步一步走过来了，就不说什么了。

问：您觉得孩子练乐器对他的学习和成长有帮助吗？

答：太有帮助了。我非常支持孩子学这个，在有能力的同时，再学一门自己喜欢的乐器或是特长，不会耽误学习。孩子在小学三年级就开始学，一直到中学考入了理工附中，他一直吹行进管乐。中学行进管乐要比小学的难，但孩子在参加金帆以后，更有毅力，更能吃苦耐劳。我儿子本身这方面还是比较好的，他曾经有一个时期膝盖特别疼，正好学校有一个节目要排，我跟老师沟通了，老师说，"没有问题，让孩子休息休息"。但他坚持着咬牙挺过来了，我特别心疼，但也感动了我。我觉得孩子只要他能做的，他想做，他就没有做不到的。

问：您支持孩子吗？

答：我本人也比较喜欢。看到孩子在台上表演得很精彩，知道老师多么不容易，孩子多么不容易。我们都看着过来的，我是挺支持他的。

问：金帆 25 年您有什么期望和祝福吗？

答：我希望金帆越做越好，要让孩子们快乐，快乐是第一的，然后团结友爱，健康成长。

对家长 2 的访谈

问：您先介绍一下您的孩子。

答：我的孩子是海淀区中关村二小金帆舞蹈团的队员叫张文若（音），女孩，刚刚 9 岁，今年是四年级，学习民族舞。

问：那您为什么要孩子加入金帆呢？

答：首先还是孩子喜爱，她本身就很热爱舞蹈。她刚一上小学的时候，被他们舞蹈队的老师挑上，她就坚持了下来。中关村二小有一个很好的培养阶梯计划，从小班、中班到大班，再选入金帆舞蹈团。

问：在金帆团里训练当中，孩子有没有遇到一些困难？

答：困难肯定是有的，比如说压腿疼，身上青一块紫一块是家常便饭了。有时候姥姥给她洗澡，看到身上经常青一块紫一块，但她从来不跟我们说，经常练得腿破了，再结痂，又破了结痂，偶尔我才会发现，很心疼。前一段在国家大剧院排练，她发烧，好几个同学也都生病，她不告诉我。后来是她老师给我打电话说，"这孩子不行了，赶紧接回去"。接回来时她发烧 39 摄氏度，赶快给她打点滴。我跟她开玩笑，说咱就是小螺丝钉，多她一个不多，少她一个不少。我说，"这次演出就算了"。但她说，"不"，上午打点滴，下午去排练。演出那天也是上午打完点滴就去，上午两场，下午一场，晚上一场都在表演。临上场前还发烧，吃了退烧药就上去表演。我们家人并没有要求她，特别是爷爷奶奶相当的反对，特别心疼。但是她没有说，"我不练了，我想退出"。她从来没有过，特别喜欢跳舞，热爱是最好的老师。我和她爸爸工作也特别忙，对她的付出很不够。

问：孩子跳舞会耽误学习吗？

答：她还好。我之前就跟她说过，你要喜欢什么，可以去做，但是学习是第一位的。中关村二小是比较好的学校，学习也很紧张，小孩很优秀。他们四个月连排包括暑假没有休息，"十一"放 8 天假他们只休了 2 天，剩下的 6 天都在排练。这次演出之前是期中考试刚刚结束，国家大剧院连排使她们三天没有上课，紧接着回去就参加期中考试。我孩子还发着高烧，但是她期中考试还是挺好的，语文考全班第一名，数学虽然不是第一名，也是排名在前面，所以我还是比较欣慰的。我就说爱好永远都是爱好，学习永远是第一位的，毕竟是学生。

问：您觉得通过让孩子参加金帆，对孩子有哪些帮助？

答：我觉得有很大的帮助。首先她为自己选择的东西去坚持，为这种坚持付出的艰苦的努力，她也能够承受。其次，是培养了她的集体荣誉感。比如早晨集训稍微晚一分钟，她就特别生气，说，"因为我晚了，我们学校都要受批评"，集体荣誉感特别强，她绝对不能因为自己迟到给大家造成不好影响。再次是增强了上进心。她今天上午看见二中的哥哥姐姐，突然扭头就跟我说，"妈妈我要上二中"。我觉得不是说一定要让她跳得怎么样，但是她这种高远追求是好的，有自己心目中希望达到的高度，对她是一个很好的培养。

问：您经常来参加孩子的这种活动吗？

答：我真是比较惭愧，不是经常来，本身工作的确是特别忙。我特别感谢中关村二小的老师和家长，像我们舞蹈队有很多志愿者家长，无怨无悔地付出，每次都参加。我只要挤出来一点时间，就会来帮大家做一点事，但是跟她们比起来，我付出的就不值一提。中关村二小很多小孩都住得很远，家长早晨5点多钟起床，6点40分把孩子送到学校，连排完了回到家12点，第二天还这样。

问：金帆25年过去了，您有什么祝福和期望？

答：我当然是祝福金帆团越办越好，越办越精彩，尤其是看到这次金帆25周年演出，我本人也感觉非常震撼。一个是心存感激，还有一个就是不管是孟艳导演还是二小的老师们，她们真的热爱这个事业，热爱这个舞台，热爱孩子们，为这些事情他们付出多少都在所不惜。这些老师和孩子们在一起排练已经四个多月了，从早上5点多一直到晚上12点，就这么坚持下来，他们为这份热爱付出，无怨无悔，所以我特别感动。我希望北京市金帆团能作为全国的一个表率，我觉得金帆团有这个能力，而且我也更期望它有50年、75年、100年，也许我看不见，我希望我女儿到100年的时候能来看看它。

对家长3的访谈

问：您先简单介绍一下孩子。

答：我的小孩名字叫袁野，是个女孩子，现在上四年级，刚刚10岁，是北京光明小学金帆舞蹈团的成员，从入学就加入这个团体了。她在四五岁的时候，每周周末都练习舞蹈。

问：当初您为什么让孩子加入金帆？

答：我们选择学校之前就已经有所耳闻了，听说学校有金帆舞蹈团。选择这个学校也有一部分因素，就是舞蹈挺吸引我们的。我觉得女孩子跳舞可以发挥她的特长，丰富她的生活。

问：孩子加入金帆舞蹈团以后，跟以前有什么不一样？

答：我觉得孩子在吃苦耐劳方面，在自理能力方面都得到了锻炼。

问：孩子训练有没有遇到什么困难？

答：最近确实是遇到了。今年金帆团25周年庆典，暑假时候别的孩子都去度假，我们的孩子从夏天酷暑的时候一直到现在都是在训练。金帆团25周年舞蹈专场之前练了几个月，孩子因为太累，肺炎发烧快10天了，咳嗽特别厉害，她每天都打完吊瓶，然后就去参加集训。当时我们真的特别心疼，我内心特别纠结，我还是想坚持，但她爸爸说还是身体重要。孩子抱着我哭，说，"我想跳，我想跳"，她就是不想放弃。孩子有的时候比我们大人还要坚强，她自己也是一直没有动摇，一直在坚持。我一方面担心她身体，另一方面又觉得不让她跳对她是一种打击。她努力了那么长时间，就是想登上国家大剧院的舞台，可是到最后不得不放弃，就在24号国家大剧院演出那天，小孩就住院了。虽然很遗憾，没有登上这个舞台，但是孩子这一段时间训练，无论是从舞蹈方面还是从思想方面、意志方面都有收获，确实有成长。所以我觉得让孩子参加这个团体，至少她有一种爱好、特长，也可以锻炼做一件事情坚持下去的这样信念，一个好的习惯。

问：您觉得她自从加入金帆艺术团，有进步吗？

答：还是有进步的，练舞蹈使孩子思维、记忆力比以前强。因为她们经常变动作、变队形，大人也不一定记得住，可是她们应变能力还是挺强的。再有就是学会抓紧时间了。如果她没有这个训练，可能回家写完作业就是玩或者看电视。现在她比别的孩子放学晚，看电视基本上不可能，她只有抓紧时间，时刻提醒自己要抓紧时间，作业不能耽误，学习不能耽误，舞蹈还要坚持。

问：孩子训练影响学习了吗？

答：孩子现在一般是一周训练三次，如果有特殊的活动还要再加。在活动时，她们书包里都带着教科书或者是练习册，没有轮到她们表演而备场时，就赶快补作业。考试还可以，成绩也没有受到影响。

问：金帆给您孩子带来了哪些不一样的东西？

答：孩子能把一件事坚持下来，同时又没有耽误学习，这促使孩子成长。将来她长大成人以后在社会上，再遇到困难的时候，可能会因为有这些经历，会帮助她更坚强。

问：作为家长您也付出了很多吧？

答：对，金帆背后有一个家长团在做志愿者，支持孩子们。家长们主要在生活上帮她们打打水，帮她们拿衣服。有时候老师忙不过来，看着她们训练。我现在就是全职太太，只要家里没有急事，他们训练我就跟着。今年金帆团庆典训练，我从夏天基本上每次都跟着她们，现场看到她们的付出，我比别的家长更能体会她们的艰苦。他们在舞台上挺光鲜的，可是比一般的孩子付出得要多。

问：看到孩子在金帆团里成长，您觉得金帆团有一个什么精神？

答：我觉得金帆精神就是一种坚韧不拔、追求快乐，释放孩子的青春活力。

问：那您对金帆还有什么期待和祝福？

答：我期待学校、社会更加关注这个团体。我觉得我挺敬佩老师们、孩子们，他们真的不容易。

学生访谈录

对学生 1 的访谈

问：你先给我们做一下自我介绍。

答：我是北京市第八十中学高二三班的常亦明，我在乐团里担任的是打击乐首席。

问：你们平时训练也挺多的，有没有耽误学习？

答：我们并没有因为训练而耽误了学习，每天晚上我们都会抓紧时间把一天的功课都补习上来。

问：你有没有印象比较深的一次演出或者活动？

答：有，就是最近的一次北京市的选拔赛，这次活动非常有意义。我是打击乐首席兼声部长，很多的乐器需要是学校自己来运输。我主要是负责运输，这对我的能力提升很大。

问：你觉得在金帆主要学到了什么？

答：我在金帆主要学到了自信，感受到了同学之间的关爱，牢固的友情。因为我们都是独生子女，在家里可能父母会比较多一点地关注我们，甚至是溺爱，但是在集体的关爱中，我觉得我们是非常快乐、健康地成长。我们金帆同学与普通同学不同在于互相协助的能力很强。

问：你觉得金帆在你的心里意味着什么？或者你对它有什么样的感情？

答：金帆同学在我心目就如同兄弟姐妹一般，我们之间感情非常的牢固，会互相协助。

问：你认为金帆的精神是什么？

答：我觉得就像我们的一句口号，"我们的队伍向太阳"，非常的光明奔放。

对学生 2 的访谈

问：你先给我们做一个自我介绍。

答：我是来自北京市第八十中学高二三班的周倩阳，我在乐团担任巴松首席。

问：你们每天训练辛苦吗？有没有耽误学习？

答：还好，每天就是两个多小时，然后在学习生活之外也算是一种放松。不会耽误学习，就是也给自己换换脑子，然后放松一下。如果说好几天不训练的话，我会想这个集体，挺想跟大家在一起过集体生活。

问：你有没有印象中比较深的演出或者活动？

答：我们是合唱团，可以唱歌。那次合唱比赛印象非常深刻。我们老师每天都会教我们练一个"点"，我们每天都会一点一点练习，最后就是把"点"堆积起来，最后成为一个非常完美的一个作品。

问：你们团队的同学成员跟其他普通的同学有什么样的不同？

答：我们感情肯定要比别人好。我们大部分时间都在一起，我们又是住宿，从一进来开始都是兄弟姐妹。如果别人有什么困难都会特别主动地帮助对方。从个人的气质方面，我觉得改变挺多的。没有参加金帆团之前可能没有气质，现在就好多了。

问：你在金帆都学到了什么？

答：我觉得我们金帆团非常不一样，有一个不同的老师，有兄弟姐妹的关爱，然后每天都生活在一起，感情非常好。我学到了感恩，我们胡老师非常注重感恩，每天都让我们唱歌，而且经常让我们唱《感恩的心》，给家长表演，让我们为家长多做一些事情。我感触非常深，也对我影响比较大。

问：你对金帆有着什么样的感情？

答：金帆在我心里就是一个非常温暖的大家庭，有着每天生活在一起的兄弟姐妹，也有一起生活照顾我们的妈妈胡老师。

问：你认为金帆的精神是什么？

答：我认为金帆有一种积极向上、团结携手，一起配合的精神。

对学生 3 的访谈

问：你先给我们做一个自我介绍。

答：我是北京市第八十中学的高二三班的刘小然，我在乐团中负责低音长号声部。

问：你们平时训练累吗？会不会耽误学习？

答：我们训练虽然很累，但是很快乐，而且不会耽误，会对学习有一定的促进。

问：你有没有印象比较深的一次演出或者活动？

答：我印象比较深的就是上次全国比赛的选拔赛。因为比赛之前出了一个很不好的插曲，在临进场之前我的乐器出了一点小状况，但是平常金帆团的教导让我养成了临危不乱的习惯，然后很快地就排除了问题。虽然很紧张，但是对演出也没有造成影响。

问：金帆在你的心里意味着什么？

答：金帆在我心里就意味着一个避风港，一个温暖的家。在伤心难过的时候就到这个集体来，大家会让你开心，然后给你排忧解难。

问：你认为金帆的精神是什么？

答：我认为金帆精神就是让人奋发向上，热爱生活，不断前行。

问：你在金帆都学到了什么？

答：我在金帆学到了自信，还锻炼各种能力。还有最重要一点就是感恩，现在每个人基本上都是独生子女，再加上高中是青春期有一点逆反，不知道感恩。但是胡老师每年在开家长会的时候，都会让我们去给家长表演"感恩的心"。最后说"爸爸妈妈我爱你"的时候，我就特别的激动。我平常就不太会表达爱，但那会儿会流下眼泪。

对学生4的访谈

问：你先做一个自我介绍。

答：我是北京市第八十中学高二三班的刘守志，担任大号声部的首席。

问：你觉得在金帆都学到了什么？

答：金帆教给我很多东西，比如像感恩、自信，还有教会我发挥自己的个性。还有同学之间、老师之间的关爱也影响着我，像我们乐团基本上都是在一起排练，一起跳舞。我们就像兄弟姐妹一样，晚上一起在学校住宿也是十分开心。

问：你认为金帆的精神是什么？

答：我觉得金帆精神是一种积极向上、给人温暖、让人有向前奋进的力量，（使同学们）取得更好的成绩。

问：金帆在你的心里意味着什么？

答：金帆在我的心里就像是一个太阳，指引着前方，带给我温暖，给我一个特别温馨、特别美好的家。

对学生 5 的访谈

问：你先做一个自我介绍。

答：我是来自八十中学的杨思晓，我在乐队吹萨克斯。一开始我并不是特别喜欢自己的乐器，吹它也是因为出于责任，并没有特别多的热爱。我们明年要参加在厦门的全国比赛，正好安排了一段我的独奏。我一开始挺不愿意的，觉得心理压力特别大。但是既然团队安排给我这个任务，我就应该特别好地去完成它。可是因为一直不是特别喜欢这个乐器，没有特别努力地去练，技术就特别的差。乐团每次到了我这段旋律的时候，都会停下来给我排好长的时间，我自己觉得特别的羞愧。老师们就给我想各种方法让我进步，胡老师每天都辅导我唱歌，教我怎么运用气息，教我发声的方法，希望能通过唱歌，然后改变我的音色，改变我吹萨克斯时候的那种情感。

问：你在金帆学到了什么？

答：我在金帆学到了情感的投入，让我的情感变得更加的细腻、更加的丰富。我以前吹乐器只是按照音符去机械地吹，但是和团队的合作以后，有了对音乐更深刻地理解，会更多地投入感情，真的会被音乐所感动。我每次吹我的旋律的时候都会想到同学们站在那儿，张着大嘴一个个微笑，一个个用特别虔诚的眼神在歌唱，这个时候我就有一种流泪的冲动。我觉得什么是最珍贵的？是我对音乐的认识不光停留在对音符的表现，我有了内心情感的投入。

问：你对同学、老师之间的关爱，有一种什么样的想法？

答：老师和同学们都给了我很大的宽容。我觉得胡老师对我的影响特别大，每天别的老师都走了，整个教学楼就会看到她一个人在那儿穿梭，就是为了看我们三个艺术班，怕我们玩手机，不认真学习。我有时候看她走在校园里边，那么瘦小的身体，我觉得不光是崇敬，不光是敬佩，还有一种特别地心疼。这也是我成长的一个过程，以前我不会对什么事有特别多的情感，但是加入乐团之后，我内心变得丰富起来，会很容易被一些事所感动，我觉得这是对我来说最大的收获。

问：你每次穿上这身衣服，戴上金帆标志，心里会有一种什么样的感觉？

答：每次我穿上这身衣服，戴上金帆（标志）的时候，我都会觉得挺自豪的，觉得我们是和别人不同的，我们有音乐相伴，我们有团队为我们做后盾。在我们失意的时候有一个集体给你力量，所以你不用怕受到伤害，不用怕丢人，不用怕失落。

问：金帆在你的心里意味着什么？

答：我们每年都有师哥师姐毕业欢送会，同学会一起给他们折金帆，算是给他们送行，也代表了我们是金帆团。我也参加过"叠金帆"这个活动，每次叠得挺费劲的，叠得挺复杂的。我想这也是金帆可能代表着很多重含义，我们叠它不容易，就是建立金帆的过程也很不容易。我们还需要更多的时间去理解金帆，去聆听金帆，去更好地诠释金帆。

问：你觉得金帆的精神是什么？

答：我觉得金帆是一种梦想，它代表着我们年轻人的青春，我们把青春投放到音乐当中，音乐让我们成长，让我们学会感动、学会感恩，让我们拥有了更多的感情，这是这只帆船带给我们的意义。

对学生 6 的访谈

问：你谈谈在金帆团里训练的感受与理解。

答：大家好，我是北京二中舞蹈队的刘天一。我是从 5 岁半的时候开始接触舞蹈的。还是在幼儿园的时候，正在上英语课，老师就来挑人，大家都到门口站成一排，说你们要去一个舞蹈团接受训练，我就正式地学习舞蹈。我当初觉得舞蹈就是好玩，爸爸妈妈坚持让我学，结果到了初中的时候我进入了北京二中。这个中学改变了我，这里的金帆舞蹈团让我真正地爱上了舞蹈，舞蹈慢慢成了我生活的一部分。我对舞蹈越来越理解，越来越深入，发现舞蹈真是一个能带给人美好、幸福、快乐的东西。我觉得每天离不开它，哪怕是一天不跳或者是两天不跳都会觉得很别扭。比如说我休息一天，到晚上胳膊、腿都觉得特别别扭。第二天早上我又去排练厅练，到那儿身心舒畅，能很好地完成一天学习，很开心。我每天早晨或者晚上都会去练功。说到苦的话，我觉得金帆舞蹈团里边会有很多苦，但是舞蹈带给我们的是真正快乐，当你面对观众欢呼喝彩的时候，那些苦全都不算什么。包括我们的同学，有的人腰扭伤，身体不好，但他们坚持训练，每天都是按时地完成训练任务。他们和我一样就是享受跳舞训练的每分每秒，享受在舞台上活跃的每分每秒。今年也是金帆舞蹈团 25 周年的生日，在这里我祝金帆舞蹈团 25 岁生日快乐，也祝每一位同学享受艺术带来的每一份喜悦、每一份快乐，享受在这个大家庭里的每分每秒，珍惜每分每秒。

对学生 7 的访谈

问：你谈谈在金帆团里训练的感受与理解。

答：大家好，我是北京二中金帆舞蹈团的队长王璐瑶。我是 2010 年加入的北京二中金帆舞蹈团，我是从 15 岁开始才真正开始接触系统的舞蹈训练。之前我一直是把舞蹈当成兴趣，觉得它是一种锻炼身体、保持体型的好方法。加入二中金帆团之后，我不仅在身体上得到锻炼，更重要的是我每天都感觉幸福，有一种集体力量在支持者我。每次排练、每个舞蹈大家都会加油鼓劲，让我感觉到就是一个家在包围着我。记得第一次演出的时候，我是作为一个新生，可能位置也不是太靠前，但是所有人不管是新生、老生都像家人一样，不管是认识多久，上场前的击掌让我觉得这个家里有我自己的位置。到现在我高三，马上面临毕业，又赶上金帆 25 周年这么大的一次盛典，让我觉得非常荣幸、非常幸运。我能够在青春期的最后阶段，还有一次这样的绽放，觉得非常幸福。我觉得在这个家里面的每个人都非常单纯、执着，追逐自己的梦想，每天做自己喜欢的事情。我祝愿在金帆团的每一个兄弟姐妹们都能实现自己的梦想，也祝金帆团生日快乐。

对学生群的访谈

问：你们谈谈在金帆团里的训练与体会。

群答：大家好，我们是北京理工大附中金帆行进管乐团。祝金帆越走越好，加油！理工最棒，耶！

答 1：我们每回在准备行进比赛的时候，都是春节刚过完，天气最冷的时候，我们站在外面，跟着教练一起训练，一起在走图。我记得有一天早上出来时就看见外面都是一片黄色，我们就在那个沙尘暴天气里训练了一上午，结果等到下午我们准备进室内的时候，天气又晴了。我们都给自己叫"最拉风的乐团"，每回我们训练的时候，都会有风或者有很多的苦让我们吃。

答 2：我是大鼓声部的一员。我们声部都不是专业打击乐手，并不是最优秀的，但是我们绝对是最爱这个大鼓声部的。我们每天训练都很苦，也不同于打击乐其他声部的训练，四个人都从零基础开始学起，所以从刚开始一直到现在，我觉得我们付出是很多的。

答 3：我们年级就我一个是打击乐的，我身为一个打击乐手，每次，比赛或者演出都会比其他乐手多。专门有一个行进打击乐的比赛，就是为打击乐而创办的，但因为这个比赛和其他比赛冲突了，老师都根本顾不上指导我们，我们就只有自己练，自己拉着曲子，自己编图，等到全团所有人的大方案都练完以后，我们才能开始练我们自己的东西。当时比赛时，每天都要练到晚上9点多，大家都特别累，但还是坚持下来了，并且取得了不错的成绩。

答4：因为我特别小，大学长们特别地负责任，天天帮我搞加练。我平时中午本来能玩的，结果就被拎出去练习。我背着鼓练习完了，就特别累。但是到比赛的时候，我们的表现特别好。我们不仅加练多，还挺有效率，最后在比赛的时候发挥特别好，我觉得这是值得的。

群答：祝金帆越办越好，加油！

（访谈后期整理　史红）

下篇　研究篇

政府十分重视学校艺术教育，出台过多个有关艺术教育的方针。2015年9月，国务院办公厅发布了《关于全面加强和改进学校美育工作的意见》，从总体要求、构建科学的美育课程体系、大力改进美育教育教学、统筹整合学校与社会美育资源、保障学校美育健康发展五个方面，对加强学校美育提出了21条明确要求。可以说，这已经为学校艺术教育营造了良好的生态环境。现在艺术教育的实践已在学校各个层级蓬勃展开，在课程、社团、展演等方面显示出形式的丰富性，在音乐、舞蹈、美术、戏剧等方面表现出种类的多样性。艺术教育实践与理论不可分离，既需要具体实践，也需要理论指导。联合国对艺术教育有怎样的规划？21世纪艺术教育理念是什么？中外艺术教育各有什么优势与特点？中国艺术教育的历史轨迹怎么样？不同种类的艺术教育的规律、方法、实施方案是什么？本篇辑录了有关专家从多方面、多角度对这些问题进行深入研究与探索而撰写的文章，希望给予艺术教育工作者某些实践或理论方面的启迪与思考。

构建 21 世纪的创造力

——联合国《艺术教育路线图》解读

万丽君

摘要： 世界艺术教育大会制定的《艺术教育路线图》是促进 21 世纪创造力和文化发展的战略图，是 21 世纪艺术教育改革和发展的目标图，是构建 21 世纪创造力的行动图，是 21 世纪艺术教育基本理念的展示。

关键词： 联合国　世界艺术教育大会　路线图

2006 年 3 月 6 日至 9 日，世界艺术教育大会（The World Conference on Arts Education）在葡萄牙里斯本召开。这次大会由联合国教科文组织和葡萄牙政府及非政府组织举办。参加大会的有联合国教科文组织会员国教育部、文化部的专家、工作人员和研究人员共 700 余人。本人作为中华人民共和国教育部的代表参加了会议。

这次会议的主题是：分析艺术教育对现代社会、文化经济的重要影响，探索当今社会艺术教育的实施途径和有效方法，形成加强艺术教育国际合作的共识，提出为构建 21 世纪的创造力而加强艺术教育的行动纲领。本次大会制定了《艺术教育路线图》（以下简称《路线图》），作为联合国教科文组织指导 21 世纪艺术教育的参考性文件以及世界各国加强艺术教育的指导性文件。

一、《路线图》是促进 21 世纪创造力和文化发展的战略图

当今世界，全球化、信息化风云迭起，现代化进展迅速，人类社会已进入知识经济时代。知识经济是以知识和信息生产、分配和使用为基础，以创新型人才为依托，以高科技产业为支柱的经济。在全球现代化的进程中，创造力对于推动整个社会经济发展起着至关重要的作用，因此，艺术教育应当扮演什么角色，应当发挥怎样的功能，应当按照什么样的方向发展，就理所当然地被提到了教育改革发展的议事日程上。在这样的背景下，联合国教科文组织召开了世界艺术教育大会，并制定了《路线图》，把艺术教育功能定位

于构建21世纪的创造力和促进文化发展上，这是对现代社会艺术教育本质的深刻诠释。

《路线图》深入阐述了现代社会中艺术教育的重要性以及提高艺术教育质量的意义，提出了"建设一个富有创新方式与文化意识社会具有重要价值"的艺术教育理念，勾勒了"为促进21世纪创造力和文化发展"的艺术教育改革目标、方向和步骤的整体框架。这一整体框架具有重要的先导性、前瞻性价值，对于促进世界各国加强艺术教育的决策与实践、加快艺术教育改革和发展具有战略意义。

二、《路线图》是21世纪艺术教育改革和发展的目标图

为了充分发挥艺术教育对于"构建21世纪创造力"的重要功能，《路线图》把艺术教育目标定位于以下四个方面：

1. 把艺术教育和文化参与提升到人权的高度。《路线图》以《世界人权宣言》和《儿童权利公约》两个国际性文件为依据，提出了"艺术教育与人权"这一重要的关键词。它认为，文化和艺术是旨在促进个体全面发展的综合教育中的核心因素，所以，每一个学习者，包括移民、少数民族和残疾人，都应该接受艺术教育。艺术教育是一种具有普遍意义的人权，"人人有权自由参加社会的文化，享受艺术并分享科学进步及其产生的福利"，"尊重促进儿童充分参加文化和艺术生活的权利，并应鼓励提供从事文化、艺术、娱乐和休闲活动的适当和均等的机会"。为此，《路线图》强调艺术教育应成为各国教育纲要中一个重要的并确定是必修课的内容。

2. 发展个体能力。《路线图》认为艺术教育对于促进个体能力的发展具有全面的作用，包括创造力与主动感受能力、丰富的想象能力、感性的智慧能力、道德观照能力、批判反思能力、自主调控能力以及能够满足自己生存于现代社会所需要的其他各种能力等。《路线图》分析了艺术教育在发展个体能力上的独特优越性：(1)艺术为学习者提供了得天独厚的环境和实践机会，学习者可以积极主动参与到创造性的经验、过程和发展中，同时将学习者自身文化中的元素融入其中。(2)艺术教育有助于让学习者形成一种可以延伸到其他学科领域的独特视角，而这种独特视角是不可能通过其他的教育手段实现的。(3)艺术教育是一种将身体、智力和创造力整合为一体的教育，并有益于在教育、文化与艺术之间建立一种可以更为动态和实在的联系。(4)艺术教育可以在一定程度上解决由于现代社会变革带来的家庭结构变化所造成的儿童的情感问题与社会问题。(5)艺术教育能促进认知与情感的均衡发展，有助于

一种和谐文化的构建。(6)艺术教育能帮助各国储备必要的人力资源，是一种开发有价值的文化资本的重要手段。根据上述优越性，《路线图》指出，我们的目标是让每个人都获得平等参与文化活动的机会，艺术教育应该成为"一切教育为了学生，教育为了一切学生，教育为了学生一切"的教育纲要中的必修内容。艺术教育同样也应该是一个系统化的长期的过程，它必须延续于学校教育的全过程。

3. 提高教育质量。《路线图》认为，优质教育（Quality Education）是以学习者为中心的教育，它有三个原则：一是促进培养学习者自身相关并具有普遍意义的价值观（如和平、可持续发展等）的教育；二是投入和产出均等，确保为社会接受接纳而不是被排除的教育；三是反映并有助于实现个体权利的教育。而影响优质艺术教育的因素主要有：积极主动的学习；地方课程；激发学习者的兴趣和热情；尊重并参与地方生活与文化活动；训练有素的教师。

4. 促进文化多样性的表达。《路线图》指出，文化的多样性以及那些富有创造性与艺术性的产品都是人类创造性在当今及过去的显现，它们为人类文明的尊严、优秀文化的传承做出了独一无二的贡献。为此，应遵循联合国教科文组织《世界文化多样性宣言》的纲领性文件，通过艺术教育，增强对文化多样性的认识，保存并充分利用具有文化适宜性的交流与知识传递的方式，在此理念指导下将传统的教学法融合到教育过程中去。

三、《路线图》是构建 21 世纪创造力的行动图

《路线图》指出，构建 21 世纪创造力，优质的普及教育是关键。而这种教育的"质量"只有通过艺术教育才能得到真正实现。因为艺术教育可以提升人的精神世界、促进人的创造力和主动性的发挥、启发人的批判思维、开发关键的事业能力，从而促进人更好地适应 21 世纪的生活。为此，艺术教育要做到以下几方面：

1. 把握艺术教育领域的内涵，实现"三个统一"。即：艺术与文化的统一、艺术教育的结果与过程的统一、艺术学科交叉性与艺术种类共同性的统一。

2. 艺术教育的实施要做到"三个坚持"。即坚持任何一种方法都以学习者所具有的文化基础为出发点；坚持艺术课程教学，发展学生的艺术技能和对艺术的感受、鉴赏能力；坚持"教育中的艺术"，把艺术作为普通科目的媒介和加深对普通课程理解的手段，把艺术教育的优势扩展到所有学生及所有课程领域中。

3. 拓展艺术教育实施途径，抓好"三个注重"。即注重引导学习者与艺

家或教师的对话和互动、注重组织学习者参与艺术实践活动、注重指导学习者学习研究某一艺术门类的技能。

4. 推进艺术教育的关键策略可采取"三项措施"。《路线图》指出，高质量的艺术教育需要技艺娴熟的专业艺术教师，也需要通识课教师，他们与高水平的艺术家成功合作就能提高艺术教育质量。基于这一认识，提出了三项措施：(1)加强对教师的教育，包括普通科目教师的培训和艺术教师的培训。普通科目教师不仅应该对艺术的价值和态度比较敏感，能欣赏艺术，还应该具备参与学校艺术教育的能力，掌握"教育中的艺术"的教学方法；艺术教师则应具备比艺术实践技能更多的知识和能力。要鼓励艺术教师学习其他艺术家的技能，包括其他专业的知识，同时发展与艺术家和其他科目的老师的合作能力，还要掌握电脑艺术等。(2)加强对艺术家的教育。通过教育使艺术家了解学校教育的规律和特点，让艺术家能够与学校或学习中心的教育者进行良好的合作，并直接与学生对话和交流。(3)加强合作关系。倡导开展艺术教育的合作，通过发挥文化、传媒等相关部门的作用，推动艺术教育发展。这种合作关系有部级和市级等较高层面上的合作关系，也有在学校层面上和教师层面上的合作关系。

5. 重视艺术教育实施的保障，开展"三种研究"。即国际性研究、本土研究和学术机构研究。这些研究必须用一种艺术的视角来观察与思考；设计一个研究方案，寻找项目经费；组织艺术教育研讨会，以提高研究水平；调查艺术教育工作者的兴趣；在艺术教育研究方法上鼓励学科之间的合作。

四、《路线图》是 21 世纪艺术教育基本理念的展示图

本次世界艺术教育大会形成了通过实施艺术教育，构建 21 世纪创造力的基本理念，并写入《路线图》中。基本理念主要有：

1. 艺术教育是每个儿童和青少年的基本权利。

2. 提高儿童和青少年的自然与文化环境的意识，为他们创造接触优秀艺术品和实践活动的机会。

3. 艺术教育具有提高儿童和青少年艺术修养，培养未来高素质艺术观众的功能。

4. 艺术教育在文化传递、社会转型与个人发展中有着重要作用。

5. 由全球化带来的文化多样性的挑战，以及社会对想象力、创造力和合作精神的迫切需求，使得艺术教育越来越显示出重要作用。

6. 制定相关的教育文化战略与政策，传递与保存文化和审美方面的价值

观与认同感，以促进文化的多样性，建立一个和平、繁荣和可持续发展的社会。

7. 世界各国的文化遗产都受到了来自多元的、复杂的社会文化、经济和环境变化的挑战。

8. 艺术在学习过程中具有重要的价值与作用，它可以发展人的认知与社会能力、促进人的创造思维和创造力、促进人建立符合社会规范和尊重多样性行为的价值观。

9. 儿童和青少年需要艺术活动的场所，例如社区文化中心和艺术博物馆等。

10. 通过课内、课外、校内、校外艺术教育的学习与实践，促进儿童和青少年各种能力的发展。

11. 将传统的艺术教育观念与当前艺术促进智力发展的理论相结合，促进儿童和青少年学习能力的发展。

12. 通过开发多种教学手段，提高学生参与课堂活动的积极性，提高艺术教育质量，从而有助于实现"为了一切教育——世界教育论坛"[①]提出的艺术教育目标。如艺术教育在残疾儿童治疗、灾难和暴力冲突后的儿童治疗中发挥着十分有效的作用；像其他所有领域的教育一样，艺术教育只有在确保质量的基础上才能有效实施；艺术教育是道德和公民健康的一种形式，是实现社会和谐的主要工具；有助于解决许多国家面临的争议问题，包括犯罪与暴力、文盲、性别不平等、虐待与忽视儿童、政治腐败与失业等；信息通信技术(ICT)在不同社会经济发展水平的地区都在迅猛发展，它有助于提高艺术教育的质量。

总之，《艺术教育路线图》是指导世界各国加强艺术教育改革和发展的一个重要的纲领性文件。在我国素质教育深入推进的新形势下，结合具体国情学习和借鉴该文件的精神，对于进一步加快我国学校艺术教育改革和发展的步伐将会产生积极影响。

（原载于《外国中小学教育》，2009年第1期）

[①] 2000年，联合国教科文组织在达喀尔召开了题为"为了一切的教育——世界教育论坛"的会议。

呼唤艺术教育的回归
——我国义务教育阶段艺术教育问题及改进探究

周 星 于 瀛 崔一凡 任 煜

摘要： 文章简要分析了我国目前义务教育阶段艺术教育的现状：现阶段对艺术教育的真正价值与作用的认识有失偏颇；应试教育的主导作用明显；学校、家庭和社会的艺术教育脱节，缺乏有效的艺术资源整合机制；资金、设备不足，师资力量薄弱；学生对艺术教育相关课程缺乏兴趣和重视等问题。针对其中存在的问题做出了分析，结合国内外相关理论与实践，提出改进艺术教育的参考方法。

关键词： 我国义务教育　艺术教育　问题分析　改进方法

一、研究的背景与意义

改革开放以来，社会越来越意识到教育是提高民族的思想文化素质、加强社会主义精神文明建设的重要环节，教育问题越来越受到社会的关注。提高全民族的素质成为关系社会主义现代化建设全局的一项根本任务，基础教育大力向素质教育方向转轨。艺术教育作为素质教育的一个有效手段，受到了国家教育部门的高度重视。《全国学校艺术教育总体规划(1989—2000年)》和《全国学校艺术教育发展规划（2001—2010年)》的相继出台，指导了近二十年来我国学校艺术教育工作。我国学校艺术教育出现了前所未有的蓬勃发展的新局面，取得了有目共睹的成绩。

但是审视当今义务教育阶段的艺术教育，我们也应清醒地认识到其中内在的、深层次的诸多问题。主要有：(1)现阶段对艺术教育的真正价值与作用的认识有失偏颇。(2)应试教育的主导作用明显。(3)学校、家庭和社会的艺术教育脱节，缺乏有效的艺术资源整合机制。(4)资金、设备不足，师资力量薄弱。(5)学生对艺术教育相关课程缺乏兴趣和重视等。这些问题在多个方面制约了艺术教育的健康发展。

本文结合所收集的相关资料，意在阐明艺术教育的价值与意义，结合国内外成功实践案例提出可能的改进方法，希望对决策者制定艺术教育相关政策提供一定的参考意见。

二、艺术教育的定位与功能

各国对于艺术教育的定位因其具体国情而存在差异。目前我国《全国学校艺术教育发展规划（2001—2010年）》将艺术教育定位为是素质教育的一项重要内容，是学校实施美育的主要途径。艺术教育的审美功能表现为可以陶冶情操、提升人生境界，使受教育者逐步达到自由的审美境界，最终使之自由和谐地全面发展。审美情感能把道德引向与个体情感的欲求结合、融会，从而使道德"他律"转化为"自律"，即意识行为的自由，从而构成使道德认识、道德行为转化为道德自由的中介。

艺术教育是美育的核心，应具有陶冶性情、净化心灵、努力塑造健全人格的作用，其根本目标是培养全面发展的人。《尚书·舜典》中提出："诗言志，歌咏言，声依咏，律和声。八音克谐，无相夺伦，神人以和。"古代儒家的课程为礼、乐、射、御、书、数，体现了重视艺术教育在人的发展中的独立地位的教育观念。古希腊的思想大师们也特别重视艺术教育，认为艺术可以净化人的灵魂。亚里斯多德在《政治学》里谈到"音乐应该学习，并不只是为着某一个目的，而是同时为着几个目的，那就是教育、净化、精神享受"。苏霍姆林斯基提出美是道德纯洁、精神丰富和体魄健全的有力源泉。美育最重要的任务是教会孩子能从周围世界（大自然、艺术、人们的关系）的美中看到精神的高尚、善良、真挚，并以此为基础确立自身的美。

艺术教育的社会功能主要是指人们通过艺术鉴赏活动，可以更加深刻地认识自然、认识社会、认识历史、认识人生。

三、义务教育阶段艺术教育问题

当前义务教育阶段艺术教育存在的问题主要有以下几点：

1. 现阶段对艺术教育价值与作用的认识有失偏颇

这一问题直接导致了当前艺术教育出现其他的问题，这也是本文关注的重点问题。《全国学校艺术教育发展规划（2001—2010年）》将艺术教育定位为是素质教育的一项重要内容，是学校实施美育的主要途径。这样的定位仅关注艺术教育的工具性价值，并将艺术教育置于素质教育的从属地位，忽视了其提高受教育者的审美意识、丰富生命体验与激发自由意志的价值与作用。

笔者认为所谓"艺术教育",即以艺术为媒介进行的教育活动,是指在艺术性的教育氛围里,教育者采用艺术性的教育教学方法,向受教育者施加以艺术为内容的教育影响,使受教育者具备基本的艺术审美素养,丰富情感、陶冶情操、提升品格、完善个性,从而提高受教育者的审美意识与自由意志的教育。

对于艺术教育与素质教育的关系,笔者认为艺术教育应改变附属于素质教育的地位,成为独立于素质教育甚至高于素质教育的教育。将艺术教育从素质教育中独立出来的做法更能体现艺术教育的独特作用,从而减弱我国艺术教育在理论和实践层面都存在的工具主义和实用主义的浓重色彩,唯有如此才能改变艺术教育的工具性和技能性的性质。

2. 应试教育背景使艺术教育发生"异化"

在一般招生考试中,对学生的考核主要偏重文化课程,由此导致在实际教学中,重视文化课程,轻视艺术教育现象较为普遍。小学艺术教育缺乏艺术,艺术教育"不艺术"。长期以来,由于升学的压力,学校教育一直是重智商的教育,名义上艺术教育姓"艺",实际上艺术教育姓"智"。同时,由于招生时对于艺术特长生有优惠政策,导致普通教育不普通。艺术教育成为专业教育而非普及教育。在教育实践过程中,为了使学生在招生录取中更具优势,往往让学生过早地接受片面的艺术职业教育,这对艺术教育方向的偏离更是起到了推波助澜的作用。

3. 学校、家庭和社会的艺术教育脱节,缺乏有效的艺术资源整合机制

艺术教育是一种综合性的教育,需要学校、家庭、社会三位一体的配合,但实际情况往往是三者相互脱节。艺术教育的主要实施场所为学校,学生所接受的艺术教育绝大部分是在学校中完成的。同时,学校在艺术教育实施过程中对博物馆、艺术馆、艺术展览等的利用十分有限。家庭中的艺术教育主要是将学生送至专业艺术培训机构进行专业培养,而日常生活中的艺术教育,如带领孩子欣赏音乐会、参观艺术展等相对缺乏,对孩子的审美认识也缺乏正确引导。社会的艺术教育是以流行文化和大众文化为主导的教育,缺乏高雅艺术熏陶的社会环境,难以完成帮助学生提高审美欣赏层次的重任。

4. 资金、设备不足,师资力量薄弱

资金是开展学校艺术教育工作的重要保证,只有资金投入到位,才能保证学校艺术教育工作的顺利开展。充足的图书和期刊有助于提高教师的专业素质,有助于加强学生对艺术教育的理解。充足的教学设备有助于教师高质量地完成教学任务,也有助于提高学生上课时的注意力和积极性。在这些硬

件的基础之上，还需要"软件"的配合——雄厚的师资力量。现阶段我国义务教育阶段艺术教育教师队伍素质亟待提高。

5. 学生对艺术教育相关课程缺乏兴趣和重视

过于强调知识的传授，忽视学生在学习过程中的情感投入与自主体验，缺乏生活与学习的联系，没有注重挖掘蕴含于学科教学中的具有美的价值因素。同时，应试教育的"指挥棒"导致学生仅重视文化课程而忽视艺术教育课程。另外，学校课程设置中将艺术课程置于副课的位置，加之"占课"现象的存在，也使得学生轻视对艺术的体验与课程的学习。

四、艺术教育现存问题原因剖析

结合相关研究与资料，笔者认为导致当前义务教育阶段艺术教育问题的原因有以下几点：

1. 现阶段对艺术教育真正价值与作用的认识有失偏颇

国家将艺术教育定位为素质教育的一项内容，而未将艺术教育置于独立于素质教育甚至统领素质教育的地位，这使得整个社会对于艺术教育的价值与意义的认识与理解发生偏差，从而限制了艺术教育对于受教育者提高审美意识、丰富生命体验与激发自由意志作用的发挥，这种认识偏颇也导致了对艺术教育资金投入不足等后续问题。

学校一方面将艺术教育视为专业化的教育而非面向全体学生的普及化的教育，另一方面相较于语数外等文化课程，艺术课程被视为副课，部分学校甚至将其置于可有可无的尴尬地位，随意占课现象严重。

家庭艺术教育也多瞄准培养专业技能，从而利于升学就业，使孩子在与同龄人竞争中更胜一筹等目标，一些家长在纯功利目的或"不愿让孩子输在起跑线上"思想的驱动下，往往让孩子过早地接受片面的艺术职业教育，却未能对孩子的审美情趣加以引导。

2. 应试教育背景下工具理性思维引导艺术教育发展

在市场经济大潮中，人的思维程序化和大众文化的功利性渗透到社会的方方面面。教育作为人类组织化、理性化的学习机构，不可避免地要受到工具理性的荡涤。在教育市场化、功利化加剧的应试教育时代背景下，艺术教育更多地沾染上了工具性的色彩，成为应试教育的附庸。

我国自1978年恢复高考至今，虽然在考试科目和考试方式上几经改革，但总体上仍然是应试教育机制，考试的分数决定一切。升学的巨大压力使民众的价值取向功利而又实际，出现了"素质教育轰轰烈烈，应试教育扎扎实实"的现象。学生的考试成绩作为评价一个教师工作能力的唯一标准,全面发展的教育目标为片面追求升学率所取代。另外,在应试教育的大背景下,艺术教育还很容易受到功利性的影响,艺术教育成为考试加分的筹码,成为为应试教育服务的工具之一。

2008年出台的《教育部关于进一步加强中小学艺术教育的意见》要求中小学加强艺术教育,并对课时做出了具体规定,同时规范对学校艺术活动的管理,即学校不得组织学生参加社会艺术水平考级活动,社会艺术水平考级的等级不得作为学生奖励或升学的依据,但是并没有取得预期的效果。

3. 艺术教育实施方式单一、路径狭窄

当今学生对于艺术教育缺乏兴趣、轻视艺术教育,与艺术教育实施方式单一、路径狭窄有很大关系。

(1)艺术教育仅注重学校教育,未形成学校、家庭、社会之间有机互动的资源利用平台。艺术教育需要学校、家庭、社会三位一体的配合,但实际上只有学校才是学生接受艺术教育的主要场所,家庭与社会配合学校艺术教育的行为很少。同时,家庭艺术教育的专业倾向、升学筹码目的,加之日常艺术熏陶的缺失,使得学生对于艺术教育的认识进一步发生偏差。学校与社会对博物馆、艺术馆、艺术展览等社会艺术资源的利用严重不足,两者缺乏长期、稳定、有效的合作机制。社会主导的大众化艺术倾向使得学生的艺术教育缺乏高雅艺术熏陶的社会环境,对孩子的审美认识也缺乏正确引导,学生审美欣赏层次的提高失去了影响显著的环境支持。

(2)学校艺术教育中仅侧重音乐、美术两门课程,未形成多学科联合、全方位教育模式。大多数学校的艺术教育仅仅局限于音乐、美术两门传统课程,对于语数外等其他课程则缺乏艺术的开发与教育,没有挖掘出蕴含于学科教学中的具有美的价值因素,缺乏美的课堂研究,学生缺少感受艺术美、社会美、科学美、自然美、形体美和劳动创造之美的机会与平台。这样单学科的艺术教育所能够起到的作用与影响十分有限,单维度的艺术教育也很难给予学生全面的、生动的艺术体验。

(3)音乐、美术课程中,仅注重知识的传授,缺乏艺术的启发与引导,未能完全起到艺术教育提高受教育者的审美意识、丰富生命体验与激发自由意志的作用。当前学校艺术教育存在一个较为普遍的误区,即过于强调知识的传授,忽视学生在学习过程中的情感投入与自主体验。艺术教育与生活结合是艺术教育中不可忽视的一点,如果艺术教育没有发掘学习内容中的生活因素,没有发现生活与学习的紧密联系,那么艺术教育便难以走进学生的内心世界。

五、国内外艺术教育观念与实践

针对现阶段九年义务教育中艺术教育存在的上述问题,不妨借鉴国内外的成功案例。"多学科艺术教育"于 20 世纪 80 年代形成,它的实践最早发生在美国。多学科艺术教育模式以学科为基础,通过综合利用艺术创作、艺术史、艺术批评和美学四门学科的互动互补关系,试图将艺术教育建构成一门交叉性的人文学科,以便提高中小学艺术教育的效度,培养青少年健全的艺术感觉和艺术鉴赏能力,从而最终改善美国的国民素质和审美趣味。

艺术创作、艺术史、艺术批评和美学是多学科艺术教育涉及的四个具体学科,每一学科都与其他三科处于有机的整体,互补互动,共同关注艺术这一主题。同时每一学科所起的作用又各有侧重:艺术创作即艺术作品制作,属于创造的艺术;艺术史重在理解历史语境中的艺术作品,属于传承的艺术;艺术批评关涉艺术作品的表述,属于沟通的艺术;美学致力于揭示艺术表述并从哲学角度分析审美概念和解释艺术表现,属于批评的艺术。它们从不同的角度共同促进学生人文素养和艺术能力的发展。

美国的多学科艺术教育对当今世界的艺术教育发展产生了深远的影响。"他山之石,可以攻玉",对于我国相对薄弱的艺术教育领域来说,美国的多学科艺术教育极富启发意义。通过调研,我们走进了北京市朝阳区安慧里中心小学。该小学位于亚运村附近,临近少儿天地、青少年体育俱乐部、社团协会、文化艺术、体育健身、安全教育指导中心等综合性社区文化体育场所。在艺术教育中,该小学将社会文化资源与学校资源整合,在安贞学区实行资源共享机制,促进学区内各学校之间的相互学习,这种艺术教育方式很具有借鉴意义。

六、艺术教育改进方法

综观我国义务教育阶段艺术教育现状,并借鉴国内外优秀理论与实践,笔者对于改进艺术教育机制提出以下几点参考意见:

1. 转变观念

(1)重新审视艺术教育的价值与作用。艺术教育作为提高受教育者的审美意识、丰富生命体验与激发自由意志的教育,理应发挥其提高人的艺术修养、健全审美心理结构、陶冶人的情感、培养健全人格的作用,而祛除或减少其在现行教育体制中的工具化和功利化倾向,真正实现艺术教育的作用。

（2）厘清艺术教育与素质教育的关系。艺术教育在我国的现行体制下还处于实施素质教育途径之一的地位，要想达到减弱我国艺术教育在理论和实践层面上存在的浓厚的功利主义和实用主义色彩的目的，就必须改变艺术教育在整个教育体系中的地位，使其成为独立于素质教育甚至高于素质教育的教育。

（3）树立多元智能的理论。树立多元智能的理论，破除传统"智育第一"的观念，"养其根而俟其实"，全面认识学生的各方面的能力，因材施教，全面评估学生的特长和能力，不仅重视包括传统的智育，还有艺术之类的智能，从而为学生的全面可持续发展奠基。

（4）在学校教育中取消主课与副课之分，提升艺术课程在教育大系统中的地位。在我国现行的教育体制中，音乐、美术等艺术学科被定为副课，处于边缘地带和被冷落的境地，因而难以贯彻全面发展教育的方针。我们理应重新审视艺术教育的性质与目的，全面提升艺术课程在学校教育中的地位，并取消主课与副课之分。

2. 完善艺术教育管理执行与评价体制

（1）设立专门艺术教育机构和人员，对艺术教育人员进行系统性、持续性培训。师资是艺术教育中最主要的影响因素，教师的素养和水平直接关系到艺术教育的成效。应当扎扎实实地做好艺术师资的培养工作，全面提高我国艺术师资的知识素养和教学水平，让好的艺术师资真正成为未来我国艺术教育发展的主力军。同时，积极开展对外交流工作，聘请专业人士来校交流，同时利用远程教育和交流平台，促进现有艺术教育人员素质的提高。另外，学校领导也应重视艺术教育，使艺术教师不再是教育中的助手与配角，促使教师工作积极性的提高，使优秀人才成为艺术教育的主力军。

（2）完善艺术教育的方式和评价体系，将其纯粹化。我国传统的艺术教育通常是以"教师讲，学生听"为主要形式，针对艺术类课程，采取艺术化的教学方式才能更好地达到教学的目的。如音乐教育应将基础知识、视唱技能、节奏律动、形体动作、乐器演奏融为一体；对于语文、数学、体育等课程也应努力发掘其中的艺术教育资源，挖掘艺术元素，采取艺术化教学方式；学生也可以通过观看美术展览、欣赏音乐会、做游戏来学习艺术。通过这些改变使教学内容和方法变得丰富多彩起来，将生活与课堂联系起来，从实际生活中感受艺术的魅力和生命力。同时，还应完善教学评估制度，对学生在艺术学习与创作过程中体现出的艺术修养与审美能力作出客观的评价，从而激发学生学习艺术的兴趣。

3. 拓宽艺术教育途径

(1)创新艺术教育途径，艺术教育与地方特色相结合。生活本身就是一门艺术，在艺术教育中也应充分挖掘各种艺术资源。我国拥有很多独具地方特色的艺术资源，在实施艺术教育时也可以挖掘具有地方特色的艺术形式，应用多种平台，以拓展综合、多维交叉的艺术教育模式，共享社会资源，结合地方文化建设，吸取提炼地区民族艺术样式，鼓励学生从自己的日常生活环境出发，从生活中发现美感受美，从而达到关注受教育者的未来发展的目的。

(2)艺术来源多元化，引进来与走出去相结合。对学校、家庭、社区的艺术教育资源进行整合利用，可以充分利用社区的艺术资源，或"请进来"，与社区的艺术家、艺术团体建立联系，请他们到学校指导学生的艺术学习与创造；或"走出去"，让学生参与社区艺术活动。家长也可以被邀请加入艺术教育的行列，使家庭成为学生发挥艺术创造能力的场所。充分利用各种艺术资源，使艺术和生活的联系更加紧密。

4. 完善艺术教育的教授内容

(1)克服以艺术知识技能为中心的倾向，强化艺术学科的人文性质。艺术教育作为一门独特的综合性人文学科，通常可以被分为艺术创作、艺术史、艺术批评和美学这四个具体学科，这四个具体学科在艺术学习中起着不同的作用。而我国的艺术教育过于强调艺术知识的灌输与艺术技能的训练，削弱了学生的艺术兴趣。因此，在我国的艺术教育中，必须克服以艺术知识技能为中心的倾向，强化艺术学科的人文性质，促进学生人文艺术素养的全面发展。

(2)加强各门艺术学科之间的联系，广泛开展综合性的艺术教学。我国的课程设置基本上承袭了近代西方的分科课程体系，存在着过于强调学科本位、强调体系的严密性等分科课程的弊端。在艺术教育领域，上述弊端同样存在，如音乐、美术等学科间壁垒森严、条块分割，相互之间缺乏对话与交流等。然而，艺术自身的多样性和综合性必然决定了艺术教育应该是丰富多样和相互融合的。

因此，要促进艺术各课程之间的有机协调与发展，一方面我们应加强音乐、美术、舞蹈和戏剧等各门艺术学科之间的联系，让艺术教育本身成为一个充满活力的生态系统。另一方面应加强艺术学科与非艺术学科之间的相互渗透与联系，如注重挖掘蕴含于学科教学中的具有美的价值因素，积极开展美的课堂研究，让学生感受语文、数学、自然、体育和手工课等课程中的艺术美、社会美、科学美、自然美、形体美和劳动创造之美。综合艺术教育所起到的作用是任何单科艺术教育所无法替代的，各种艺术的有机融合会使其超越自身的局限性,从而促进学生的全面发展和艺术教育自身的繁荣。

(3)系统设置教学安排,协调艺术教育的系统性和连续性。艺术教育是一个循序渐进的过程,根据这一属性应设置初级、中级和高级三个不同阶段的课程。早期的小学阶段主要是接触和熟悉大量的艺术作品,进行审美感知活动;中期的初中阶段进行比较正规的艺术史学习;后期的高中阶段则深入研究代表作品,培养分析和评价艺术的能力。以难度递进的方式引导学生逐渐走入艺术的殿堂,通过系统而连续的艺术教育培养学生的学习热情,从而提高并保持其学习兴趣,更好地促进艺术教育的发展。

七、结　语

本文基于相关材料简要分析了我国目前义务教育阶段艺术教育存在的问题,强调艺术教育提高受教育者的审美意识、丰富生命体验与激发自由意志的价值与作用,提出艺术教育应独立于素质教育甚至统领素质教育的观点。结合国内外的艺术教育观点与成功实践,提出可能的改善艺术教育现状、解决存在问题的途径,以期对相关教育政策制定、促进义务教育阶段艺术教育的发展提供参考。

参考文献:

[1] 全国学校艺术教育发展规划(2001-2010年).
[2] 教育部关于进一步加强中小学艺术教育的意见,2008.
[3] 钱初熹. 当代发达国家艺术教育理论与实践[M]. 上海:华东师范大学出版社,2010.
[4] 郭晓. 中小学艺术教育忧思录——关于我国中小学艺术教育现状的调研和分析[J],艺术教育,2007(6).
[5] 孟凡亮. 在关注学生的未来发展中拓展综合"艺教"——北京市朝阳区安慧里中心小学艺术教育发展之路[J]. 江西教育,2011(4).
[6] 陈迁. 美国的多学科艺术教育及其启示[J],教育科学,2010,26(1).
[7] 缪胤,霍力岩. 多元智力理论与艺术教育的回归——美国"艺术推进"课程及其对我国艺术教育的启示[J]. 比较教育研究,2003(154).

(原载于《理论界》,2013年第7期)

生态式艺术教育透视

王柯平

摘要：为适应新时期素质教育和审美教育的需要，我国的一些美学家和教育家做过了多方面探索，其中滕守尧先生倡导的生态式艺术教育模式，是一种突出的、有效的理论和方法。它作为"中国国家艺术课程标准"的主要理论基础和参照系统，在目的和方法方面，均呈现出诸多与时俱进的特点。它通过以对话为主导的生态关系，通过跨学科的综合实践，强化美育与体育两系统间的生态联络，培养适应知识经济时代的全面发展的开放型智慧人格。

关键词：生态式 艺术教育

20世纪初，王国维感于中国教育制度的僵化滞后和鸦片之毒害使世风萎颓的社会现状，在探讨研究教育的宗旨、人们的嗜好与孔子的礼乐诗教等问题时，积极呼吁开展美育，以提高国民素质。同时代的梁任公，在标举"小说教育"与"趣味教育"之时，也深刻地认识到美育在人生中的不可或缺性。但碍于时局和历史条件，他们在美育实践上并无多少实际的行为，只是尽已所能地做了一些理论铺垫工作。倒是后起之秀蔡元培，于1917年初入主北京大学后，出于教育救国以及社会改良的使命感，不仅发表了以"美育代宗教"的著名学说，而且率先垂范，以北京大学为龙头开展起不同形式的美育教学以及艺术实践活动，从而在真正意义上开启了中国美育的先河，奠定了相关的理论和经验基础，并且逐步从侧重学理探讨的席勒式美育哲学过渡到立足于实践性和具体化的艺术教育。

迄今，历经几代人的努力，中国美育理论与艺术教育实践均已取得显著的成就。时逢举国上下强调人文素质的教育改革之机，以艺术教育为主导形式的"美育"，作为提高人文素养与人格教育的重要一环，已纳入以"德、智、体、美"为根本宗旨的国民教育方针之中。为适应新时期的社会要求，国内一些美学家和教育家经过长期探索和总结，提出了不少有效的艺术教育理论和方法。这其中比较突出的要数滕守尧倡导的生态式艺术教育模式。该模式作为当前"中国国家艺术课程标准"的主要理论基础与参照系统，在目的与方法等方面，均呈现出诸多与时俱进的特点。

　　就其基本宗旨而言，生态式艺术教育既不同于传统的以教师为中心、忽视学生自由创造性的灌输式美育模式，也有别于偏重学生自我表现能力而忽视艺术激发和教师作用的园丁式美育模式，而是"意在通过美学、艺术史、艺术批评、艺术创造和设计等多种不同学科之间的生态组合，通过经典作品与学生之间、作品体现的生活与学生日常生活之间、教师与学生之间、学生与学生之间、学校与社会之间等多方面和多层次的互生互补关系，提高学生的艺术感受和创造能力。"[1]最终培养适应于知识经济时代人才需要和有利于个体全面发展的开放型智慧人格。就其方法特点而论，该模式在强调"对话性、形象性、活动性、表演性"[2]的同时，积极倡导综合性、开放性、多样性、可操作性，同时还十分重视跨文化的交流意识、全方位的人文素养、开放型的人格品质、个体可持续发展能力和艺术化的生存智慧等。限于篇幅，这里仅谈三点：以对话为主导的生态关系，跨学科的综合实践以及来自古典教育方式的启示。

一、以对话为主导的生态关系

　　基于教学相长的原则，生态式艺术教育特别"强调学生和教师之间的对话关系，以师生之间共同的欣赏活动和创造活动为中心。在这种活动中，教师与学生都积极参与，且形成多学科、多要素、多种类型的人与人之间的生态关系。"[3]在我看来，这里所谓的"生态关系"，主要是指一种文化生态与精神生态的有机整合关系。在此特定语境中，文化生态关系一般表现为相关学科的综合性互补关系，精神生态关系通常表现为人与人、人与作品、人与环境（括自然与人文环境）的审美性互动关系。上述两者构成的基础在于对话，在于一种自由、平等开放、兼收并蓄和不断深化的对话。严格说来，这种对话本身既是一种交流互动的特殊话语行为，也是艺术教育中一种探索与比较的过程。在此过程中，所谓孔子的启发式对话（heuristic dialogue），苏格拉底式的辨析性对话（dialectic dialogue），狄尔泰式的主体间性对话（intersubjective dialogue），迦德默尔式的解释学对话（hermeneutic dialogue），德里达式的互文性对话（intertextual dialogue），哈贝马斯式的交往性对话（communicative dia-

---

[1] 滕守尧：《艺术与创生——生态式艺术教育概论》，西安：陕西师范大学出版社，2002年，第47页。
[2] 同上书，第50页。
[3] 同上书，第337页。

logue)，以及审美主体与审美客体之间的创造性对话(creative dialogue)，均有可能在开放而自由的原则统摄下，交互运用于相关作品或议题的追问、反思、分析与评判之中。这里需要"究天人之际，通古今之变"，需要不拘一格地打破人为的"楚河汉界"，需要努力拓宽对话与思维的空间。这样，在涉入当下的、历史的、本土或异质文化的不同语境中时，追寻对象之"意义"(meaning)与"意味"(significance)的对话，不仅在教师与学生、教师与教师、学生与学生中展开，而且在读者与作者、读者与文本、文本与文本、作者与作者之间展开，同时还需要本着"无限交流的意志"，在"批评的循环"中展开，借此达到不断深化、不断发掘、不断总结、不断走向澄明之境的终极目的。

不难看出，生态式艺术教育所倡导的双重性"生态关系"，是自然生态关系的一种隐喻性引申。众所周知，在自然"生态系统"中，各种不同物种达到一种最佳组合时，才能形成一种互生、互补、生机勃发、持续发展的生态关系。"这种生态关系体现的是一种高级的生态智慧。按照这种智慧，自然和人类的'创造'不是像上帝那样，从'无'中生发出'有'来，而是通过多种不同物种和要素之间的相互联系和互生作用，从'已有'中生出'新有'来。这正是知识经济时代最需要的智慧。一个具有这种智慧的人，最善于使各种不同信息、不同文化、不同要素在自己头脑中相互交叉和融合，从而不断产生出新的思想、新的观念和新的发明。"[1]当代社会需要的这种不断创新的素质只能通过生态式教育，尤其是生态式艺术教育培养出来。而这种素质正是开放型智慧人格生成的根本要素。在此意义上，"生态式艺术教育就是一种充分体现生态智慧和不断运用生态智慧的艺术教育。"[2]因为它把"可持续发展能力"(capability of sustainable development)作为衡量个人素质高低的准则。譬如，在贯通和融合艺术欣赏与艺术创造的同时，通过对艺术形式的感知和分析，使人能够分辨和认识艺术作品中清与浊、大与小、短与长、疾与徐、哀与乐、刚与柔、高与下、出与入、周与疏、虚与实等不同因素和不同事物之间"物物相需"的生态关系和由此而导致的可持续性生命过程。长期接受这种训练，就会通过慢性熏陶异质同构作用，影响人的心理结构，使之成为一种与杰出艺术品同样的开放性和可持续性发展结构。

---

[1] 滕守尧：《艺术与创生——生态式艺术教育概论》，西安：陕西师范大学出版社，2002年。
[2] 同上书，第378页。

二、跨学科的综合实践

在生态艺术教育的实施过程中，首先要在相关的学科之间建立起"生态组合"或"生态式融合"关系，这就需要"打破美学、艺术史、艺术批评、艺术创作、艺术心理学、艺术社会学、文化人类学等不同学科之间的隔离状态，建立他们之间的生态关系"。显然，上述模式在这里参照了美国艺术教育界提出的"多学科艺术教育"模式的理论原则及其内容结构，凸显出跨学科的综合实践特征。

就我所知，美国"多学科艺术教育"(discipline-based arts education)模式的发端，可以上溯到 1988 年公布的全国艺术教育现状研究报告——《走向文明：艺术教育报告》(Toward Civilization：A Reportion Arts Education)。该研究报告指出，"当今美国的问题在于缺乏基本的艺术教育"。为了表明艺术教育的必要性和重要性，该报告引用了不少权威人士的名言加以佐证，特别是美国人普遍引以为荣的那些"制宪元勋"们的告诫。譬如，"艺术和科学对于国家的繁荣、人生的点缀和幸福具有本质意义，而且能够从根本上激发人们的爱国热情和爱人类的热情"（华盛顿语）。"艺术对象会提高我国人民的鉴赏力，会提高他们的知名度，会使他们获得世界的尊重，并且会使他们赢得世界的赞美"（杰弗逊语）。与此同时，该报告有针对性地表示：要花大力气改变这种令人担忧的教育现状，最终要让美国的学校能够"教育美国的孩子像制宪元勋那样尊重和欣赏艺术和人文学科"。也就是说，要通过行之有效的艺术教育实践，达到以下四大目的：(1)赋予青年人以文明感；(2)培养其创造力；(3)传授其有效的沟通能力；(4)为其提供评价他们所读、所观与所听对象的工具或手段。[①] 基于这一理论起点和教育目标，以资深教育家兼《美育杂志》主编拉尔夫·史密斯(Ralph A. Smith)为代表的一批美国学者，在自 20 世纪 80 年代早期以来一直致力于改善美国学校和博物馆内美育质量的歌笛艺术教育研究中心(Getty Center for Education in the Arts)的赞助支持下，通过研究与实践，最终于 20 世纪 80 年代末与 90 年代初提出了"以多学科为基础的艺术教育"模式，也就是我们所说的"多学科艺术教育"或"综合型艺术教育"。该模式试图通过"文化整合"(cultural synthesis)的方式，把艺术创造、艺术史、艺术批语和美学 4 门相关的学科有机地联系起来一同应用于艺术教育的课堂实践之中，以期在互动互补之中提高艺术教育的有效性，解决美国艺术教育系

[①] [美]列维·史密斯著，王柯平译：《艺术教育：批评的必要性》，成都：四川人民出版社，1998 年，第 1—3 页。

统存在的学科运作与教学内容单一化问题。其基本方针认为："鉴赏艺术作品的理解能力不仅要求我们努力生产艺术作品和认知艺术创作过程中的神秘性与难度,而且还要求我们谙悉艺术史、艺术的判断原理及其复杂的难题等等。这一切便是培养青少年健全的艺术感(sense of art)的前提,也是审美学习的首要目标。"[①]这是因为该模式所涉及的4门学科,一方面提供了不同的审视角度和分析语境,其中"包括制作具有视觉观赏情趣的独特对象(艺术创作),领悟受到时间、传统与风格之影响的艺术(艺术史),理性地判断艺术的价值(艺术批评)和批判地分析基本的美学概念与令人困惑不解的问题(美学)。"[②]另一方面,这4门学科还彰显出各有侧重的功能,譬如,艺术制作相当于创造的艺术,是引导和鼓励人们从事艺术作品制作或创造的;艺术史相当于传承的艺术,有助于人们理解历史语境中的艺术作品;艺术批评相当于沟通的艺术,主要基于艺术的合规律性来评价和诠释艺术作品及其欣赏价值;美学相当于批评的艺术,主要从哲学角度来分析审美概念和解释艺术表现。上述两方面均包括有助于提高学生的艺术理解力和审美欣赏水平。

相形之下,生态式艺术教育根据中国艺术教育的具体语境,进一步拓宽了跨学科交叉互补的范围,在上列4门学科的基础上增加了艺术心理学、艺术社会学和文化人类学3门学科,同时有选择地吸收了中国古代诗乐教育传统的某些积极因素和多年来行之有效的美育方法,融汇了环境生态学、精神生态学和现代与后现代设计文化的有趣内容。从积极的角度看,倡导"游于艺"的儒家教育思想,追求"仁民爱物""赞天地之化育""曲尽万物而不遗"和"可持续发展"的社会伦理学,旨在培养人们爱护外部生态环境的环境生态学,注重协调个体内部精神生态环境、进而谐和人与自然、人与人、情感与理智、物质与精神诸关系的精神生态学,作为现代审美文化的重要内容并且致力于促进"实用品艺术化"和提高人类生活质量的设计文化等学科,尽管不能完全兼容,但密切相关,对人文素养教育和现代社会生活具有直接影响。经过一段时间的实践磨合,想必会丰富艺术教育的内容、活跃课堂教学的气氛,增加学校乃至社会、家庭美育的广度和深度。但从消极的角度看,生态式艺术教育在跨学科的平台上似乎承载着太多的东西。这不仅对从事艺术教育者的知识结构提出了更高的要求,而且也增加了艺术教育课堂的实际运作难度。另外,跨学科的"生态式融合"尽管在学理上是可行的,但在实践中我们无法以"一"来包办"多",从而有可能出现"贪多嚼不烂"的问题。

---

① [美]列维,史密斯著,王柯平译:《艺术教育:批评的必要性》,成都:四川人民出版社,1998年,第2页。

② 同上书,第1页。

三、来自古典教育方式的启示

艺术教育侧重"美育",与"体育"相对隔离。但在传统意义上,两者是紧密联系在一起的。儒家"游于艺"的艺术教育模式,是将"礼、乐、射、御、书、数"统合在一起的,其中"射"(箭)与"御"(车)两项不仅是体育竞技内容,而且是军事技能训练。古希腊兼顾灵与肉的艺术教育传统,以诗乐来陶冶美好的心灵与高雅的趣味,以体育来锻炼健康的体魄与作战的技艺。这两种传统教育方式都旨在培养具有内秀外刚的文武全才,而不是那种虽精通"琴棋书画"但"手无缚鸡之力"的文弱书生。积极倡导"多学科艺术教育"的美国学者史密斯,为了打消美国一些民众对艺术的某种偏见(譬如把关注艺术的人视为"缺乏男子气概"),在《艺术教育》一书中特意列举了希腊主帅伯里克利的历史故事。[①]该故事选自汉密尔顿(Edith Hamilton)的佳作《希腊方式》(*The Greek Way*),讲述的是这位主帅与其副官在攻占爱琴海一座岛屿的前夜,在旗舰甲板上饮酒论诗,兴致盎然,通宵达旦。翌日清晨,战斗打响,两人指挥若定,勇猛无敌,大获全胜。在史学家汉密尔顿看来,这向我们展现了两位富有教养的绅士。他们品位高雅,与诗为伴,竟然能在战斗的前夜沉浸于文学评论的幽微精妙之中。这使我们现代人感到,他们的行为本身就像一首英雄的颂诗,与当时流行的希腊社会风尚以及相应的艺术特征是一致的:前者表露出优雅、崇高、果敢和超凡的气度,后者体现为"高贵的单纯和静穆的伟大"(温克尔曼语),在剧烈的情感中和生死攸关时能保持一种伟大而平衡的心灵或诗魂。这无疑"是一种完全文明的表现,一种富有价值和富有教养的文明表现。"[②]在艺术教育家史密斯看来,这两人所展示的希腊方式表明,"最为刚毅的男子气概与最为敏锐的审美感知绝对不是水火不容的东西。"[③]或者说,此两者是密不可分的。其实,历史上的希腊方式,是灵与肉、趣味与体魄、情感与理智、审美活动与社会职责和谐发展的方式。古希腊人所谓的美,不仅指灵魂,也指体魄;不仅表示容貌漂亮、风度潇洒的金童玉女,也包括制作精致、扬威沙场的长矛金盾;不仅追求智慧与节制,也追求勇敢与正义。可见举凡真正代表希腊方式的人物典范,与我们有史以来所推崇的"文能治国,武

---

① [美]列维、史密斯著,王柯平译:《艺术教育:批评的必要性》,成都:四川人民出版社,1998年,第8页。另参阅 Edith Hamilton. *The Greek Way*. New York: W.W. Norton&Company, 1943, pp. 104-105.

② Edith Hamilton. *The Greek Way*. New York: W.W. Norton&Company, 1943, p. 57.

③ Ibid., p. 9.

能安邦"的理想人格几乎同出一辙。深究起来，这与古希腊当时自由的社会文化、教育理念和民主政体息息相关。那种"自由"，用史学家希罗多德的话说，"乃是雅典城邦繁荣强盛的唯一源泉"。而在自由中孕育出来的希腊思想方式，犹如健壮树干上优良的枝叶一样，使希腊人在观念和精神等方面均有别于在强权统治下生活的民族。他们确如马克思所称赞的那样，属于"正常的儿童"，其成长过程从一开始就建立在高起点上。同时，他们也像温克尔曼所感慨的那样，不仅志气高远、心胸豁达，而且"在风华正茂时就富于思想，比我们通常开始独立思考要早20余年。有青春的火焰燃烧起来的智慧，得到精力旺盛的体格的支持而获得充足的发展；而我们的智慧则吸收的是无益的养料，一直到它走向衰亡。"①相比之下，属于后者的这种"不成熟的理智，犹如娇嫩的耳膜，由于上面有不断扩大的切破小口，因此不会陶冶于空洞而无思想内容的声响之中；而记忆犹如蜡制的薄膜，当需要为真理寻找位置时，则只能够存放一定数量的词汇或形象，却不能充满幻想"②，更不用侈谈什么革新创造了……而今看来，上述那种注重全面的人格培养方式与文（文学与艺术）体（体育与军训）并重的古典教育方式，以及那种以"精力旺盛的体格"和有益的思想"养料"来充分点燃智慧之火的自由精神境界，对现代教育或艺术教育依然具有一定的启示意义。因此，一再强调多学科、多因素、多类型之生态组合，十分注重互动、互补、互生之生态关系，并且对国家艺术标准具有理论指导作用的生态式艺术教育，似乎也有必要强化美育与体育这两个系统之间的生态联络。事实上，生态式艺术教育所标举的开放性融合或生态式关系，为自身追求不断完善和建设性重构随时打开了方便之门。

（原载于《美与时代》，2003年第2期）

---

① ［德］温克尔曼著，邵大箴译：《希腊人的艺术》，桂林：广西师范大学出版社，2001年，第111页。

② 同上书。

公共艺术教育的美育进程
——从知道到懂得

王 尧

摘要：艺术教育分为专业艺术教育和非专业艺术教育（又称公共艺术教育）。文章主要探讨了公共艺术教育的美育进程——从知道到懂得，即从积极的方面阐述了公共艺术教育从兴趣点确立到发展过程中所遇到的功利化问题，及之后审美经验的积淀、转折这一整个进程。

关键词：美育　兴趣　功利化　审美经验

一、艺术教育与美育

艺术伴随人类历史洪流已经走过几千年，无论是最初由古希腊哲学家德谟克利特和亚里士多德提出的"摹仿说"，还是德国作家席勒和社会学家斯宾塞提出的"游戏说"，或是英国诗人雪莱、俄国文学家列夫·托尔斯泰所支持的"表现说"，都一再证明了艺术与人类社会发展之间的密不可分。而教育起源论也向大众展示了教育乃是人类社会进化发展的本能反应，与人类进步有着密切的联系。

目前，在教育学科设置上，艺术教育又分为专业艺术教育和非专业艺术教育，非专业艺术教育又称为公共艺术教育。本文所主要探讨的公共艺术教育是以美育培养为基准，不以传授专门技能和知识、也不以艺术为求生技能的艺术教育学科，其教育功能主要是大众美育。艺术教育是美育的实践，美育包含艺术教育。

公共艺术教育所具有的大众美育功能主要包含三点：第一，以兴趣为核心，不以传授专业技能知识为目的，主要引导学生认识美、欣赏美，从而提高生活质量。第二，脱离社会功利性一面，主要从人文情怀角度阐述其对于艺术教育的导向性作用。第三，鼓励自我审美修炼，从学习创作中获取审美经验，得到圆满。这三点在某一程度上也形成了公共艺术教育的发展脉络。

二、兴趣是公共艺术教育的根本

兴趣能激发学生对美的欣赏和追求,能让学生在艺术教育中获得最初的艺术知识和审美素养,此所谓"知道",这也是公共艺术教育的目的。真正兴趣的创建,是引导其建立自身主观的兴趣点,从最初的"表象直观兴趣"演变为"思考主观兴趣",这是兴趣培养的根本意义。这比拿新鲜、有趣的事物来引起关注而产生的短暂兴趣更为重要。短暂的兴趣只是一个单纯接受的过程,没有持久性,其具备的特点就是"能使人集中注意,产生愉快紧张的心理状态"。但是一旦热情消失,就会弃之而去。所以如何将这种直观的"直接兴趣"和能产生其他影响的"间接兴趣"结合起来,才是关键所在。

真正的兴趣培养应该具有包容性,不具有排他性。这不仅体现在授予者——教师身上,同时也会在接受者——学生身上有所体现。在学生接触艺术,对其有基本了解后,往往会产生创作欲望。这一时期,和其他学科的学习一样,学生的表现力和热情最为高涨。由此而产生的兴趣达到了一定的高度,会对其所学进行大量和深入的研究及创作。这时博览其他作品,采纳众家之长,将会延长兴趣维持的时间,并且巩固兴趣在今后学习中的地位。包容能避免学生思想的禁锢,不让其思想越走越窄,最后消失于无。这和前面提到的"直接兴趣"与"间接兴趣"的结合有异曲同工之妙:如何延续和巩固学生的自身兴趣。杜威认为"兴趣只不过是对于可能发生的经验的种种态度,它们不是已经完成了的东西,它们的价值在于它们所提供的那种力量,而不是它们所表现的那种成就"。[①] 这里的兴趣不仅体现了学习过程,还体现了学习广度。跳出课堂书本之外,创造新的学习点,这才是培养兴趣的本质。在杜威看来,"兴趣是居间的事物——即把两个本来远离的东西连接起来的东西"。[②] 这就是学习的一个过程:从学习的起始阶段到最终成就。可以这样说,兴趣就是连接一个事物起点与终点的直线,也是公共艺术教育的根本。

三、去功利化体现公共艺术教育成长

正确兴趣的建立,为公共艺术教育的发展奠定了良好的基石,随后就是其成长阶段。这个阶段缓慢而艰辛,在前进的过程中往往进一步退两步。前

---

① [美]杜威:《儿童与课程》,见吕达等主编:《杜威教育文集》第1卷,北京:人民教育出版社,2008年。
② John Dewey, Democracy and Education, New York: theMacmillan Co, 1916.

面曾提到，公共艺术教育中的美育特点是纯粹的人文情怀，这就需要一个相对纯净的学习和接受环境。这里所说的纯净并不是不知世事的一尘不染、阳春白雪，而是一种对艺术审美最为纯粹的感情。因为公共艺术教育本身并不是以教授专业生存技能而存在，而只是对于学习者自身审美素养的修炼。但功利化的追求成了艺术教育事业发展的壁垒。在专业艺术教育中，近年火热不减的艺考、送孩子去上"大师班"的教育投资都是艺术教育功利化下的产物。在功利化的影响下，学习者的求学目标已不再单纯，最初的兴趣已转变为对于成功的一种扭曲的执着。不可否认，这是经济发展、全球一体化下不可避免的产物。但是，反观公共艺术教育，其前景更为让人担忧。功利化的结果让公共艺术教育乏人问津，大量的教育资源缺失、严重的师资不足，为公共艺术教育的发展之路蒙上一层阴霾。公共艺术教育中的美育功能所反映出的审美素质提升、人文情怀关注被移放至角落。只有跨过这一难关，公共艺术教育才能真正得到发展。

2006 年是公共艺术教育的转折年。教育部办公厅印发的《全国普通高等学校公共艺术课程指导方案》，在公共艺术教育去功利化之路上砍掉了第一根荆棘。文件中指出"推动普通高等学校公共艺术教育的课程设置和教学工作步入规范化、制度化的轨道，促进普通高等学校艺术教育工作健康开展"。这让公共艺术教育再次得到了重视，课程系统化、教材规范化，让学习者在公共艺术教育中提升了其审美素养，更具有人文包容性。艺术不再是专业艺术学习者的舞台，大众一样可以进行系统的学习，这才是公共教育普及的目的。公共艺术教育去功利化，对于整个社会的和谐、民族凝聚力的增强都有着重要影响。在无形间，公共艺术教育提升了社会整体的"软实力"。中国的艺术教育源自于西方社会。西方艺术教育在发展中也遇到了功利化的问题。从西方文艺复兴的艺术辉煌，到德国艺术教育运动的兴起，艺术教育走向了辉煌。二战之后，艺术的舞台由欧洲转至美国，艺术教育也随之产生变化。科技的兴起导致了艺术教育普及的缺乏。列维和史密斯在《艺术教育：批评的必要性》一书中提到"今日美国降低审美教育需要和艺术教育所面临的可悲困境"。[①] 大环境导致了教育行业产业化、模式化、功利化。我们同样也会经历这一过程，但及时调整策略，可以减少我国公共艺术教育发展道路上的障碍。只要问题得到了重视，自然能找到改正的方法。功利化问题是公共艺术教育发展必会碰到的问题，但既然已有既定的发展目标，就能发现问题并逐个击破。相信公共艺术教育事业必会稳步提升。

---

① ［美］列维，史密斯著，王柯平译：《艺术教育：批评的重要性》，成都：四川人民出版社，1998 年。

四、审美经验：公共教育的里程碑

审美经验即人们在观赏具有审美价值的事物时直接感受到的一种特殊的愉快经验。相较专业艺术教育，公共艺术教育的审美经验更可让大众从宏观、直接的角度近距离接受美。因为其受众面更广、更多元化，一定的审美经验既避免了机械式的唯物主义理论的狭隘偏见，又可让大众不要撞入唯心论的死胡同。

公共艺术教育就是要培养学习者能通过自身训练，获得正确的审美经验，而不是拿来主义的一锅端。就好比吃饭，如果只是为了填饱肚子，那只是粗浅的生理满足。如果换个角度，同样可以变成艺术。杜威在《艺术即经验》这本书中曾说道"吃饭也可以给人审美的经验"。不是单纯的满足口腹之欲，而是从健康、营养、卫生，乃至色香味的角度去考虑饮食，这就是一个良性的循环，同时更提升到了一个艺术层面之上。

由此看来，审美经验的培养在公共艺术教育中可谓是一个里程碑式的转折点。教育的成功之处就是教会人们自行运用所学解决问题、提出问题。审美经验的培养就是让公共艺术教育的核心精神能够融入学者的思想深处，通过不断的学习锻炼，修得正果，即所谓"懂得"。杜威把"经验的圆满"视为艺术的特征。在杜威看来，达到圆满状态的经验即成为艺术，成为审美经验，成为其他样式的经验的榜样。他说："艺术内在地是教育，教育也可以成为艺术，使艺术的教育功能得以实现，必须实施相应的教育。"[①]遵循杜威的教育理论，公共艺术教育的审美经验重在让学习者自我修炼，意会艺术的本真与美，能够自己从中提炼出适合自身美育培养的元素。能够做到批评、改变、提炼、包容一切艺术。这就是公共艺术教育中审美经验的修炼。艺术教育培养了人的审美，审美经验的极致就是艺术。懂得了审美经验的重要，就能在今后的公共艺术教育中有重点地进行教学改革和培养。

（原载于首都师范大学学报（社会科学版），2012 年第 3 期）

---

① J. Boydston ed. John Dewey：The Later Works，1925—1953，Vol. 2, Carbondale：Southern Illinois University Press，1984.

中国行进管乐与中学音乐教育

于 海

摘要：行进管乐队对培养与提高青少年的文化修养、人格、品质、合作精神等十分有益。现在大中小学管乐发展很快，但是也存在一些问题，未来5—10年是中国行进管乐发展的重要机遇，应开展多方面工作。

关键词：行进管乐 中学

一、管乐的作用与意义

中国现代行进管乐始于20世纪后期，至今有多年时间。通过多年的推广与实践，我们管乐界同人，包括各级政府相关部门的有识之士已经逐步认识到了管乐，特别是行进管乐的推广、发展的重要性，大家普遍认识到：

行进管乐是一种大众喜闻乐见且比较易于普及和推广的文化艺术形式，它给观众带来的视觉和听觉冲击力，带来的力与美的碰撞，带来的表演者与观众心与心交流所产生的强烈共鸣，是其他音乐形式所无法比拟的。因此说行进管乐是一种灵活、开放，易于亲近大众，易于普及推广，具有良好群众基础的文化艺术形式。

行进管乐有利于培养和提高参与者多方面的艺术素养，能够潜移默化地给参与者多种艺术的熏陶和启迪，对培养和提高参与者，尤其是青年一代的文化修养十分有益。

行进管乐有利于培养参与者的团队精神和健康的体魄，行进管乐是一种集体艺术，它要求演奏整齐，动作一致，吹奏与表演相协调，因而参加行进管乐训练能够学会配合，学会协调，学会与他人合作，学会吃苦耐劳。对参与者，尤其是孩子们来讲，人格的培养的意义超出了他们参加乐队本身而取得的技能的意义，多种表演形式的融入，大大提高了行进管乐的观赏性。

行进管乐是在管乐吹奏的基础上引入了广场艺术的多种表演形式，除管乐表演者在行进中的吹奏表演外，还加入了舞蹈、旗队、声乐乃至武术等多种表演形式,加上各种构思精巧、创意鲜明的图形变换,呈现在观众面前的是行云流水般的音乐和色彩斑斓的动感图画,从而得到的是立体冲击和全方位的艺术享受。

以上几点共识为近年中国行进管乐的推广与发展奠定了思想和理论基础,从而也极大地推动了管乐艺术的普及与发展。

二、目前行进管乐发展与中学的状况

从1987年解放军军乐团首开我国行进表演先河,经过大家的共同努力,使行进管乐这门新兴的艺术形式得到了不断的普及与提高。解放军军乐团、海军军乐团、武警北京总队军乐团三支专业军乐团起到了引领和示范作用,他们精湛的演奏、威武的军容、整齐的队列动作和充满阳刚之气的军人气质,受到军内外广大观众的普遍欢迎和高度评价,同时也极大地激发了部队、武警和公安乃至社会上各管乐团对行进表演的喜爱与参与。

近几年行进管乐发展最快的当属大中小学的管乐团。在各级教育部门和有关学校领导的关心支持下,学生管乐团如雨后春笋般蓬勃发展。他们在提高合奏水平的基础上大力开展行进管乐活动。其中以北京、上海、广东最为突出。北京市教委从1998年开始,每年都在学生艺术节上举办行进管乐比赛,经过四年的努力,已经涌现了以北京理工大学附属中学、北京航空航天大学、北京166中学和北京中学为代表的一批具有较高水平的行进管乐团。其中北京理工大学附属中学自2002年开展行进表演以来,通过"请进来,走出去"等有效方法,使表演水平不断提高,不仅在国内各种表演中取得优异成绩,而且还赴韩国参加世界行进管乐大赛并获得金奖。

最令人可喜的是地处祖国最北端的黑龙江大兴安岭地区,人口不过50多万,全区共有中小学129所但也有100多支管乐队,平均6名学生就有1人学习管乐。2004年,大兴安岭地委、行署提出打造"管乐之乡"的目标,是目前我国按人口比例计算,乐队最多的地区。在师资短缺,训练条件、天气条件十分艰苦的情况下,他们坚持以赛事促进竞技水平的提高,每年都举办一次中小学生管乐比赛。

经过中国管乐学会和各地教育及有关部门的共同努力,我国的行进管乐已经有了长足的发展和进步。据不完全统计,目前全国有了多支行进管乐团,呈现出良好的发展前景。但我们必须清醒地认识到行进管乐在我国还是处于初级发展阶段,与许多先进国家还有不小的差距,存在和急需解决的问题还不少。

1. 师资严重不足。据悉日本有资质的行进管乐编导有 3000 多人，而我们全国较为成熟的编导最多不过 10 人，编导人员的严重不足成为影响行进管乐发展的重要因素。

2. 编排训练不够规范。表现在编排手法比较单一，思路不开阔，基本的动作要领不统一、不规范等。

3. 专用的行进管乐用曲缺乏，特别是中国行进管乐作品太少。

4. 还需借鉴更多的表演形式。除了我们常见的队形变换，加上旗队、舞蹈之外，还可加入棒操表演、枪操表演等。

5. 音乐形象与队形编排不相协调。音乐是行进管乐的灵魂，队形图案等都应服从音乐，而我们的表演经常出现音乐和表演"两张皮"的现象。

6. 乐器、服装等环节亟须完善和加强。行进管乐发展至今已经形成了其特有的规律和做法。比如应尽量使用专门的行进乐器，服装、道具应符合乐队类型与定位等，很多方面需要我们进一步改进。

三、未来 5—10 年的目标与展望

未来 5—10 年将是中国管乐特别是行进管乐发展的重要历史机遇期。一是中国经济的不断发展，老百姓生活水平不断提高，精神文化需求不断增大。二是国家文化事业大发展的良好环境，特别是学校素质教育的不断加强，演出市场、群众文化活动的日益活跃，2010 年上海世博会，2011 年世界大学生运动会等大型国际活动的举办，都为我们管乐事业的发展提供了难得的发展机会。三是管乐事业已有了较好的发展基础，各地有关部门对行进管乐艺术重要性的认识不断提高，支持力度不断加大，各管乐团对开展行进管乐的积极性空前高涨，这些都为行进管乐的发展奠定了良好的基础。

中国管乐学会计划在今后几年重点加强以下几个方面的工作：一是每年举办培训班，定期对行进管乐编曲、编导、指挥等骨干人员进行培训。二是计划成立专门的行进管乐教学机构，加大学术研究和教学、培训力度。进一步加强信息交流。三是成立行进管乐指导委员会。对经考试合格的编导者颁发《行进管乐指导者等级证书》，同时协调各省市管乐组织成立专门的行进管乐队联合会，加大对行进管乐工作的指导。四是坚持每年举办全国性或区域性管乐节或展演交流活动。

行进管乐引入我国已经多年了，在各界同人的共同努力下，业已取得了可喜的进步，但就总体而言，发展比较缓慢，与美国、日本等国之间的差距比较明显，作为专业管乐工作者，深感责任重大，应加倍努力工作。最后，

我呼吁各级地方政府，特别是教育部门加大对行进管乐这一新的艺术形式的扶植、培养和支持。我还希望越来越多的专业艺术工作者尽快加入行进管乐的创作、编导中来，这里是一片待开垦的处女地，作曲家、策划、编导、演奏家、指挥家、舞蹈家、服装设计师、舞美师、音响师，包括乐器制作、经销商们，这里同样可以施展你们的才华，实现你们新的梦想！

中国青少年铜管乐发展存在的问题

赵瑞林

摘要：在学习管乐的目的上中国青少年与欧洲青少年不同，中国铜管乐教学存在学术交流少、教育方法保守、教学经费少、教育体制缺陷等问题。

关键词：青少年　铜管乐

目前我国铜管乐的发展令人欣慰，在各个交响乐团、音乐院校或管乐团中都不难发现优秀的中青年铜管乐演奏家。但我们还必须看到，中国的铜管乐演奏水平与欧美国家的相比还有一定的距离，所以我们必须还要从中找出原因，加以纠正，才能使中国的铜管乐演奏及教学在不久的将来赶上或超过欧美国家的。

笔者在教学实践中发现，欧洲国家青少年学习音乐、演奏铜管乐器是出于一种真心的爱好，不少孩子自愿学习铜管乐器，他们的父母也是从培养孩子的音乐修养、文化气质以及对增强大脑智力有益等方面考虑，全力支持孩子学习音乐，并且由孩子自己挑选所喜爱的管乐器。

而我们国家一些中小学生学习吹奏铜管乐器是为了某种需求。例如，音乐考级，以音乐特长生升入重点中学或大学，学习者身不由己。这些孩子的父母普遍对铜管乐器缺乏了解，为了使孩子能进入重点中学、重点大学而强迫孩子学习铜管乐器。

欧洲国家里一般不设专门的音乐中学，理由之一就是不要过早地将孩子束缚在某个音乐专业中，过早地固定选择某专业对孩子的成长不利。中小学是学习、掌握文化知识的时期，大学则是选择、固定专业的阶段。因而欧洲一些国家里只有青年音乐学校（业余音乐学校）配有专业音乐教师讲课（包括特聘的铜管、木管及弦乐演奏员），上课时间一般安排在晚上。这样既不影响文化课的学习，又不影响学习音乐。高中毕业后，具备音乐才能的学生经过严格、激烈的竞争考入音乐学院，而其他人则升入综合大学。我国青少年与欧洲青少年学习铜管乐器的目的不同，因而造成演奏上的差别也就不足为怪了。

当然形成这种状况与我们现在的吹奏方法和相对落后的铜管乐教学也有直接关联。

提到铜管乐的教学，中国与欧洲国家同样也存在着很多不同之处：

1. 在欧洲，国家院校之间交流非常频繁，同行之间的学术研讨开诚布公；而在我国音乐院校之间、同行之间的学术交流、研讨活动较少。在当今世界，信息流通不畅就掌握不了新技术，更别提赶超欧美国家了。

2. 欧洲的铜管乐教学是公开的，尤其是各个音乐院校教授、交响乐团演奏家们，经常举行各种类型的大师班、独奏与重奏音乐会，使铜管乐学生们得以接受众多的铜管乐演奏家的风格及教诲，用以补充自己的不足；而我国的教学方法与其相比则相对封闭、保守。

3. 在教学经费方面，由于受国家经济基础、行业体制等多方面的因素的影响，我国与欧洲发达国家也存在着较大的差距。如欧洲国家教授的薪水是一般工作人员的3～4倍，有的甚至达到7～8倍，国家教育经费富裕，故出外讲学、进行学术交流很普遍；而我国在某些方面是无法与其相比的。

4. 在欧洲国家音乐学院铜管乐教学中，非常重视重奏与合奏的课程，着重培养乐队人才；而我国大多数音乐学院则以独奏为主，忽视重奏与合奏课，致使许多学生奏鸣曲吹奏得很流利，而演奏交响乐片段却不理想，与社会需求不接轨。

5. 我国音乐院校的招生与毕业的体制也与欧洲国家音乐院校的不同。在我国是入学难，毕业容易，很容易造成有些学生就学期间不用功而达不到毕业水平，以致有一些不合格的毕业生进入了音乐团体后适应不了演奏要求。而欧洲国家则相反，入学相对容易，毕业却非常难，凡是能通过相当严格的国家毕业考试的学生都是合格的音乐人才，反之则拿不到毕业证书。

这些问题都不同程度地制约了我国的铜管乐教学。我们要借鉴欧美国家音乐学院好的教学方法，完善我国的音乐教育体系，严把毕业关，绝不容许不合格的毕业生走出校门。在社会上，应该借鉴欧美国家的经验，逐步用举行铜管乐(小号、圆号、长号、大号独奏或重奏)比赛替代我国目前实行的铜管乐考级的形式。在铜管乐器质量方面，希望国内乐器制造商能增加高科技的成分，尽快制造出优质的铜管乐器。

总之，了解欧洲铜管乐在中国的发展状况会使我们清楚地认识到，中国的铜管乐器演奏要想与欧美国家接轨仍然需要走很长的路。21世纪国家整体实力的增强为我国的音乐家、铜管乐演奏者们提供了极好发展的空间，我们坚信，中国的铜管乐会迅速发展繁荣，它的明天会更美好！

合唱是安静的艺术
——谈合唱环境问题

孟大鹏

摘要：合唱是安静的艺术，需要安静的合唱环境氛围，观众也要安静地欣赏。合唱要讲究用声技巧，要注意声音控制与位置，多声部之间要互相靠拢，追求均衡与协调。

关键词：合唱　艺术

前不久结束的北京第八届中小学合唱节上，许多优秀的合唱团表现出的高水平及对合唱技巧的把握，比前七届又有新的提高。孩子们演唱的曲目范围之广、难度之高，较之成人的专业合唱也不逊色，这使得我们这些从事合唱事业的老师与指挥们倍受鼓舞。

纵观众多团队表演，使人略感遗憾的是有些合唱团在用声上不够讲究，有一味追求大声、高音，特别是大声唱更高的音的倾向，也有一定数量的团体仍存在着白声喊唱的现象。

在相当一段时期，同行间流行着这样一种说法，即在合唱的用声方面有"南派""北派"之分。夸张地说，即在南方用声较柔和，轻声较多，有偏"虚"的倾向。而在北方用声更加追求结实、明亮，但有偏"白""喊"的倾向。这种说法未必科学，但去年年底我担任广州学生合唱节比赛的评委，却深有感触。因为在数以百计的参赛团队中，白声喊唱已基本消失了，大家都比较注重声音的控制与位置，听起来协调统一。

只有一队用真声多，有"喊"的倾向，结果遭遇到评委的一致低分。有趣的是，这个合唱团是由一位由北方调去不久的音乐教师辅导的！

我不由得想起半年前一位来自西北的音乐老师来听我们少年广播合唱团的排练。排练结束后她坦率地对我说，以前只在广播、电视里听到过这个团的歌声，今天面对面地听起来感受太深了。孩子们的歌声太美了，太可爱了，没有想到童声合唱的声音可以这样纯净、动人。可是，孟老师的合唱团要去参加我们那里的合唱比赛，可能不会有好名次。我很诧异，说为什么？不为什么，就是听不见！我恍然大悟。想起自己到北京某校辅导的情景：合唱团在普通教室排练，外面楼道里有其他同学的快乐奔跑和喊叫。为了通风散热打开了所有的窗，却涌进来操场、工地的嘈杂。由于是在四楼，高大杨树上看不见的蝉儿"合唱"早已压过孩子们一头。钢琴前奏弹完，孩子们刚要张嘴，"嘀嘀嗒嗒"，楼上威武雄壮的军乐队排练开始了，那曲恰与合唱团的歌是个"不着四六"的远关系调！

看来如何用声绝不仅是个简单的"南派""北派"的问题，关键是——合唱是安静的艺术！这个念头一从我的脑子里冒出来就再也回不去了。我比较了一下，虽然人声经过训练，音量能够增加不少，但当用于歌唱时高、低音量及不同吐字音韵平均起来看，远不是一支小号、一支唢呐的对手，更不要说一支乐队了。而合唱团的音量也不是每个人音量的简单相加之和，因为在多声部之间要互相靠拢、追求均衡协调。特别是童声合唱团，细腻讲究的用声甚至会轻易地被一把不控制的小提琴的音量破坏掉（钢琴就更不用说），这说明什么？说明在音乐艺术的众多表演形式中，与独奏、重奏、管弦乐、铜管乐等相比较，合唱是最安静也是最需要安静的一种形式，与她独特魅力相伴随的是她的脆弱——她的美很容易被破坏。当今天许多文艺演出的节目单偏要把"合唱"印成"大合唱"时，我们的组织者，我们并不外行的领导者，包括我们身体力行的同行们，真的明了作为音乐艺术的合唱的"七寸"吗？

我不否认训练有素、又集合了一批声乐天才（有过人的发声条件及方法）的优秀合唱团是常常可以用自己激昂、嘹亮的歌声去和一支双管乐队交相辉映，我也自信长期、良好的训练会使孩子们的歌声更加响亮动听，但当素质、条件一般，训练时间不长的孩子们要把自己的歌声雄赳赳、气昂昂地变成打击敌人、消灭敌人的武器，或是在楼上的乐队、窗外的噪音中听见自己，恐怕只剩下一个字："喊！"这种情况不但造成用声的问题，还会使合唱参与者的心态浮躁，纪律涣散。我见过的极端情况是老师在给一个50人左右的合唱队排练时竟要用麦克风扩音！

每当我看到一支参赛的合唱团在用白声喊唱，我对台上的孩子充满了同情。我想，学校合唱团的排练条件是什么样的呢？校长和音乐老师对合唱的认识是什么样的呢？他们对自己的合唱团又有什么样的期待呢？老师与合唱团在艰苦的排练中会不会在偶然的片刻宁静中突然感受到了合唱艺术的神秘魔力呢？

愿孩子们的每一次排练都能在宁静的氛围中进行；

愿每一位观众都以感受合唱的美为目的，安静地欣赏合唱的表演；

愿每一位合唱团的领导和组织者只是希望自己的团员创造美、感受美，并把美好的感受带给大家而没有其他功利的考虑；

愿每一座城市，每一个社区都建有音乐厅，使合唱艺术在她适合的环境、土壤中生根、发芽，让每一次合唱的比赛与表演都在该在的地方进行——这是合唱艺术的天堂。

（原载于《音乐周报》，2002年6月28日第5版）

通过合唱享受音乐
——访中央少年广播合唱团指挥孟大鹏

刘 佳

摘要：在学校音乐教育中，合唱团曲目选择要量力而行，以训练听觉来训练孩子的音准，道具、多媒体的运用合适为宜。

关键词：合唱 音乐教育

有人说"世界上最美的声音是童声，其中最动人的是童声合唱"，合唱是提高少年儿童音乐素质的重要途径，合唱艺术在平衡、和谐的氛围中，使孩子们体会到美和快乐，让他们学会欣赏别人的优点，培养他们对艺术的热爱。针对我国学校音乐教育中童声合唱团曲目的选择、如何训练音准、如何着装等大家普遍关心的一些问题，前不久本刊记者采访了国家一级指挥、中央少年广播合唱团指挥孟大鹏先生。

记者：作为普通中小学校的合唱团应该如何选择适合自己的合唱曲目？

孟大鹏：我觉得曲目的选择量力而行是特别重要的，在我做一些合唱比赛评委时，大家有一个普遍看法，就是有一些学校曲目选择偏难。因为参加比赛，老师们都希望能获得好成绩，所以会产生一个误区，认为选择偏难的曲目能有更好的成绩，其实最后成绩好不好取决于合唱队曲目的完成情况，而不是难度。另一个误区是老师对合唱曲目了解不够多，对作品的选择更多是取决于自己的好恶，而不是根据学校合唱团的实力和水平。选择曲目不合适会出现一个问题：技术上的困难大于艺术上的困难。因为孩子不论心理、生理上都处于一个成长期，作为老师应当很准确地判断出在这个时期孩子们所能达到的水平是什么样的。我有这么一个观念，宁肯在艺术上增加一些要求，也不要在生理上为难孩子。如果选择的曲目在技术上难度不是很高，而在艺术深度上有待挖掘是很好的，这是曲目选择最重要的问题。像北京市上一届少儿合唱比赛中，是演唱比较容易曲目的学校得到了冠军。

在我为合唱团选择曲目时，首先看重的是作品的和声、律动和对位，我们现在很多老师首先看的是歌词和旋律，当然歌词和旋律也很重要，但是合唱是一种多声部的艺术形式，一个作品很可能是单旋律很好听，但它不一定是一个好的合唱作品。和声和对位大家都比较熟悉，所以我想特别强调大家在律动上要多下一点功夫。我们国家比较传统的合唱作品在律动方面强调得不太够，但是随着现在时代的变化、生活节奏的变化以及青少年儿童在音乐审美取向上的变化，都应当使我们的合唱指挥更加重视律动的问题，因为音乐本身就是动的。目前有很多合唱作品仅仅是可以坐着唱，能跳着唱的歌特别少。现在国际比赛上各个合唱队经常选用的合唱歌曲很多都是律动性很强的，可以站着唱甚至可以跳着唱，所以在选择合唱作品时律动是我们应当特别关注的。

在选择曲目时应当着重注意两点：一是针对你自己合唱队的具体情况量力而行选择合适的曲目；二是选择和声、律动和对位比较出色的合唱，通过合唱享受音乐作品。

记者： 中小学合唱队该如何训练音准，大家普遍认为这是一个难题，对此您有什么建议？

孟大鹏： 音准不光是国内合唱队的问题，其实国际上也普遍存在。只要是合唱，音准就变成了最难也是最重要的问题。现在的国际流行趋势是无伴奏合唱，无伴奏合唱的特点是用人声、用嗓子来控制音准。音准也是最好的一种音乐教育的手段，因为它是能提高人的听觉能力的。

音准在于调整听觉的把握能力、控制能力，训练音准的原则首先是训练听觉。好的合唱指挥和好的合唱指导老师一定有办法提高整个合唱团员的听觉能力，通过听觉来控制音准。应当结合乐理知识，尽早让孩子们有12个音符的音高意识。打个比方，就好像在木头柱子上刻槽，我们按照12个音高反复让孩子们刻槽，让他们有音程的意识和音域的意识，要让他们心里有这样的刻度，反复练习。

记者： 学生如何在合唱队中享受音乐，自发地在音乐中体会到快乐？

孟大鹏： 这涉及两个方面的问题。一方面是作品问题，如果作品过难，孩子们疲于应付各种技术困难，很难在合唱中得到乐趣。另一方面就是教师的问题，因为合唱排练是非常辛苦的，有时在练习过程中部分指导老师或指挥过于急躁，在教态、语态上会令人感到不太亲近、不太自然，这样就会影响到孩子们合唱的乐趣和兴趣。我是这样觉得，合唱排练本来就是很辛苦的，愉快的心情很重要，如果一个指挥有办法解决合唱中出现的问题，那么高高兴兴地能解决这些问题，如果没有办法解决，愁眉苦脸也解决不了，更多的时候气氛越轻松愉快，问题越容易解决。而且指挥要明白一个道理，真正面临问题解决不了的时候，首先是指挥的责任，千万不要急躁、发火，否则合唱团员们又怎么能从合唱中得到乐趣进而享受音乐？无论是不是参加比赛，我们唱合唱最终的目的是想通过合唱来享受音乐，有时候我觉得自己作为合唱指挥带着我的合唱团员共同去享受人类文化中最精华的一部分，是一件很幸福的事情。

  记者：现在的童声合唱队会出现一些道具、多媒体，您觉得这些东西如何更好地被用来为音乐本身服务？在学校经费允许的情况下童声合唱团指挥和合唱团团员应当如何着装？

  孟大鹏：我觉得有一个原则，那就是为音乐所用，不管是服装也好、道具也好、化装也好、动作也好，小到一个合唱团员摆摆头，大到整个合唱团全体跳舞，加了好还是不好要取决于音乐，取决于对这个作品是否合适、贴切。比如当演唱很安静的无伴奏合唱《牧歌》时，我们要听的是人声所营造出来的草原上晨雾弥漫、蓝天白云的意境，那种人声营造出的美妙、和谐，如果合唱团非要拿出白云、羊羔，那就是画蛇添足，服装、动作、道具都是这样。我们国内有些合唱团的表演由于受到电视文化的影响，比较追求一些表面化的表演。有一个问题值得我们来探讨，那就是我们合唱到底追求的是什么？有时我们花了太多的精力在音乐以外，做了很多文章，在音乐以内的东西则显得比较粗糙、比较简陋，我们的合唱音乐是不是可以更朴素一点，这是一个值得思考的问题。

  我参与过一些国际合唱比赛，我发现很多高水平合唱队的服装并不一定是统一的，通常他们的色调是统一的，比如都是黑衣服，但样式并不一定是一样的。我们国家的合唱队不一样，要组织一个合唱队首先要申请经费做演出服，其实我觉得大可不必，服装色调基本统一就可以了，还是要靠音乐来打动听众。另外还有一个问题，如果一个合唱团的服装做得非常有民族特色，其实是非常麻烦的。因为这样的服装只适合少数歌曲，所以最好选择比较中性的服装。同样对指挥也一样，有些人认为一个指挥的着装应当非常引人注目，其实不是这样的。一个好的指挥的服装也应该是比较中性的，指挥的特点是不断的动作，而且他是把背面呈现给观众，所以最好女士穿长裙，男士穿套服。指挥的动作和着装应该是帮助观众更好地理解音乐。

  合唱教学在音乐教育中占有很重要的位置，它对激发学生的学习兴趣，培养学生的音乐感受能力、表达能力和审美能力，陶冶学生的情操都具有重大意义。当然，只有合唱声部清晰、均衡，声音和谐，才能更好地表现和享受音乐。

（原载于《中国音乐教育》，2006年第5期）

有关儿童歌唱训练的基本知识

杨鸿年

摘要： 训练儿童歌唱要注意一定原则，儿童歌唱的呼吸训练有单纯的训练与结合练声、乐句的训练。儿童的发声训练包含唱姿、呼吸支持、起声、母音、语言等。儿童的共鸣训练可以有弱声、哼唱练习。

关键词： 儿童　歌唱

关于儿童声乐学习，我们首先要搞清童声的几个阶段。童声有稚声期、童声前期、成熟期和后期之分。稚声期一般从幼儿园中班或大班，也就是4岁半到5岁开始，持续到小学一年级。童声前期是从小学一、二年级到五年级的阶段。童声成熟期为小学四年级至初中年级的时期。童声后期从初一开始到初三结束，个别情况甚至延至高一。

由于每个孩子生长发育的速度和情况都不同，我个人不主张孩子在稚声期就接受成人的声乐训练。因为这个时期的孩子，声带尚未发育成熟，较薄的声带在不恰当的声乐训练下，非常容易受损。我认为，稚声期的孩子比较适合演唱音域在五度左右的中声区的歌曲，并且不要对其有任何演唱上的要求，只要能把歌曲顺畅地唱下来就可以了。

专业的声乐训练适合从童声前期开始，但必须在专业老师的辅导下进行。老师应充分结合孩子生理期的特点训练指导，最重要的是孩子的演唱保持自然。选择曲目的音域也不宜太宽。这一时期让孩子学会打开口腔，用气息支持歌唱，注意不要僵化，在歌唱中学会呼吸。可以从语句流畅的曲目开始，注意语言训练，保持童声的甜美。要注意的是，任何阶段的训练都要避免喊叫。

国内的童声训练追求音色的明亮、清脆，但是明亮的前提是音色的圆润。这一点可以参考一下国外的训练方法，让孩子的口张大，松弛地歌唱就能达到很好的效果。男孩、女孩的训练方法是完全一致的。只是在童声中期，男孩的金属声突出，这时要教会他们用头声演唱。在保持国内演唱传统的前提下，吸收美声训练的方法。除了声乐技巧的练习，还可以让孩子适当接受形体口练。总之，儿童的肺活较成人的要小，选择曲目的乐句不能长，速度不能过快，音域不能过宽。

训练儿童歌唱应注意如下三个原则：

1. 艺术上要处理好"情"与"声"的辩证统一关系。"情"是目的，"声"是手段。首先要注意选择好适合孩子们年龄特征以及能引起孩子们兴趣的歌曲，然后运用科学的发声方法，富有启发性的手段，使孩子们在歌唱时获得应有的艺术感受，他们的音乐兴趣就会越发浓厚。

2. 技术上要解决好呼吸与发声(即"气"与"声")；发声与吐字(即"声"与"字")，以及气、声、字与行腔(腔)之间的辩证统一关系。歌唱(无论是独唱、合唱)就是"气""声""字""腔"这四大要素相互组成的有机联系的整体活动。

3. 训练要遵循循序渐进的原则。无论从发声(软硬)、力度(强弱)、音域(高低)、速度(快慢)、节奏(长短)，都应由易到难，由简到繁，做到心中有数，目的明确，并且要持之以恒。宁慢(指进度)勿站(指持久性)、宁少毋乱(指少而精)。

下面具体介绍有关歌唱训练的几个主要方面：

一、儿童歌唱的呼吸训练

从生理角度上说，歌唱的原动力是气息。正确的呼吸非但是歌唱技巧的基础，而且也是重要的艺术手段。古人云"善歌者必先调其气"就是这个道理。也有人夸张地说，"歌唱的技巧就是呼吸的技巧"，虽然言过其实，但也说出了呼吸技巧的重要性。要使儿童歌唱获得优美的音质，良好的音准，以及清晰的吐字，无一不是以正确的呼吸方法为基础的。现在有些教师在训练儿童呼吸技巧时运用训练成年人的方法，这不一定恰当，虽然两者基本要求一致。但要考虑到儿童肺活量小，又处于身体发育阶段这两个重要特征，因此，儿童歌唱的呼吸训练可用以下两种方法。

1. 单纯的呼吸训练：训练时要在孩子们日常生活中的自然呼吸状态(如仰卧时的呼吸状态，柔和的说话状态时的呼吸)基础上进行。吸气时是在自然吸气基础上适当扩大吸气量。千万不能以为吸得越多越好。吸气过多会造成孩子们歌唱器官人为紧张以及音准不好(尤其是年龄越小越不要吸得过多、过深)。而吐气时要加以控制，越慢越好。在训练时不必要过早对孩子们说明是什么呼吸方法。而应以形象化的语言启发孩子们在吸气时要平静如闻花或像用吸管吸汽水的感觉，不要抬肩(这是教师观察吸气状态正确与否的重要标志之一)。吐气时好像在吹蜡烛的火苗，要慢而持续地吹，而火苗又不左右摇晃般的感觉。常用方法如下：自然吸气—自然吐气；缓吸—缓吐；急吸—缓吐。

自然吸气及缓吸时以鼻为主（也可兼用口缝），而且不能听到吸气声。用"S"（丝）、"F"（夫），或"pu"（普）来吐气（发清辅音不发浊辅音，即声带不振动）以便检验吐气是否正确。缓吐的具体要求是"匀""慢""稳"。急吸时要求口、鼻同时吸气，切忌抬肩，犹如秤砣落地或好像爬到山顶时的吸气感觉。这样孩子们双肋就会自然扩张。在做上述呼吸训练时需要在吸气后保持片刻停顿（即不吸也不吐）后再吐气，即：吸—停—吐。目的是锻炼横膈膜的控制能力。但切忌停顿间隙过长，否则将会使孩子心脏负担过重和歌唱器官紧张，停顿时间一般不要超过六秒（可让孩子心中默数数字）。随着训练程度的加深，这种停顿可以在吐气过程中逐步加多。即：吸—停—吐—停—吐……。这对训练呼吸技巧是很有好处的。由于呼吸训练是为正确的发声服务的，所以在进行呼吸时一定要想象发声。如缓吸是为了获得良好的软起声，急吸是为了获得良好的硬起声，当然，还可以训练缓吸硬起声，以及急吸软起声。这是属于艺术性的范畴。否则这种单纯的呼吸训练就失去了它应有的意义。呼吸训练采用坐式、立式均可。

2. 结合练声乐句进行练习：这是一种最常用的方法，即在练声时按练声乐句的速度、力度、音高要求准确地提前吸气，而吐气过程即为发声过程。如例1：

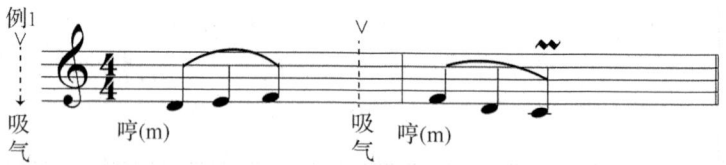

当用不同速度及力度练习时，吸气要求应随之作相应变化，起唱最好用哼唱（M）进行，此时孩子们必然会自动控制吐气，因为哼唱不会把气一下全用完的，逐步就能达到"匀""慢""稳"的要求。随着练声乐句的复杂化也就获得了多样的呼吸技巧。如练习例2：

若按顿音要求哼唱的话，也就训练了吸—停—吐—停—吐……的呼吸技巧。如练习3：

例 3 可以锻炼横膈膜的控制能力。我认为如果在没有把握进行单纯呼吸训练的情况下，还是以第二种方法为妥。因为结合音乐进行训练，孩子们不觉得枯燥，而且直接解决气与声的结合，但需要在练习过程中将单纯呼吸训练的要求贯穿到练声乐句中去。

二、儿童歌唱的发声训练

良好的歌唱包含如下几个方面：正确的歌唱姿势；正确的呼吸支持，正确的起声；正确的母音状态；圆润的音色；丰满集中的共鸣位置，清晰的语言。训练儿童歌唱时，应在正确的歌唱姿势（无论坐、立，身体均要平直，双肩放松、保持积极而兴奋的状态，着力点在腰部）及正确的呼吸支持下进行发声训练。首先是训练正确的起声（发声开始的一刹那叫作起声）。在歌唱中起声分为硬起、软起、缓起三种。歌唱中以硬起声（亦称"激起"）为基础，软起声（亦称"舒起"）及缓起主要是艺术手段，所以培养孩子正确的硬起声是至关重要的。练习时应在吸气后稍作短暂的停顿，立即发短音（如跳音或顿音），要求有气就有声（不允许任何漏气现象）。可以先用单音断唱（见例 4），进而用旋律断唱（见例 5）。

练习时要从中声区以中弱力度（mp）的哼唱开始，然后再练习其他母音。要求发音清晰具有颗粒感，富有弹性，咽部呈开放状态。在唱好断音的基础上再唱延长音，让良好的断音为长音打基础。练习软起声时要保持硬起声的感觉，只不过在起声前用缓吸气的状态，发音后仍需保持吸气状态，让声音徐缓而出犹如小溪流水般流畅自如，不要有任何强弱变化。至于缓气声则是在软起声的基础上，在起声时稍漏一些气再让声音延长。但却切忌漏气过多。起声后不再允许漏气，便可产生稍暗的音色。缓起虽然是一种艺术手段，并不作为一种基本技术手段，但对于克服某些儿童喊叫般歌唱及喉部肌肉紧张的毛病却有一些实用价值，不过使用时要极其谨慎。

训练儿童发声时一定要使他们对于正确的母音状态（包括口型）与色彩逐步建立起正确的概念。可以从 a 或 o 母音开始练习。要求在说话状态上有意识地打开口腔（主要是内口）。唱 a 或 o 母音时，咽部好像含着一个小乒乓球或吞咽元宵似的感觉。唱其他母音时咽部的感觉基本保持不变，运用调整唇部大小及下颚来形成 a、o、u 三个不同的母音。在 a 母音基础上用调整舌位的办法形成开放式的 e 母音。进而在 e 母音基础上调整（微收）下颚形成圆润的 i 母音。使孩子们明确地感觉到不同的母音有着明显的不同色彩，但咽部状态并不改变。如：

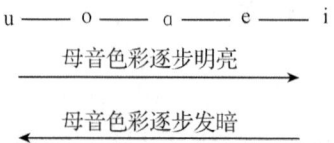

在掌握不同母音的正确唱法以及获得不同的母音色彩之后，另一重要环节便是练习不同母音之间的过渡：

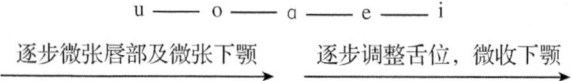

逐步使母音之间的色彩形成渐变式过渡。这样的发音所形成的音色甜美而圆润。除此之外，要特别使孩子们注意到说话中的 e（唉）、i（衣）与歌唱中的 e、i 的区别，前者口部开度较小，后者开度要大，这样可以防止声道堵塞或喉部发紧的现象。在集体练声时，由于各人音域与声部不同，也可采用多声部（和弦）来进行练声，例 6：

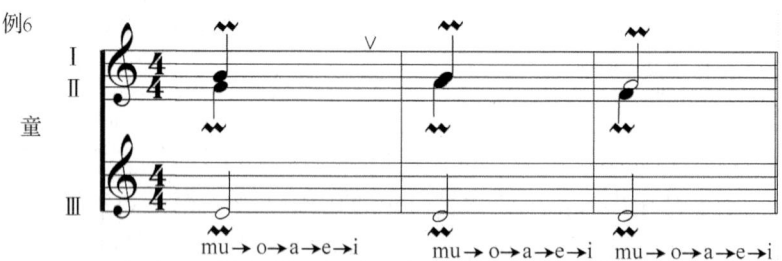

这种用和弦来练习母音发音也应先从断音开始，此时要在每个母音之前加某些合适的子音。即 mu、mo、ma、me、mi 或 lu、lo、la、le、li 等。

三、儿童歌唱的共鸣训练

众所周知，无论成人或儿童都有高、中、低三个声区（即头声区、混声区、胸声区），而共鸣的训练就是以三个声区为依据的。人的共鸣腔体有的可以调节（如咽、喉、口），而另一部分则不可调节（如胸、鼻、额窦），从声带发出的基音只有经过共鸣腔体的共振，才能得到扩大和美化。共鸣腔体的位置以口盖为界，其上为上部共鸣腔，其下为下部共鸣腔。三个声区的划分就是以共鸣腔体的运用来区分的。要使得儿童获得美好而圆润的声音，除呼吸及起声外，就是要训练孩子根据不同的音区能够自如地调节共鸣腔体。训练时首先要强调掌握中声区的混合共鸣（混声区即为混合共鸣区），即不要只强调单一共鸣。从混声区向上发展时逐步调节软口盖（上提），保持打呵欠的状态，以便获得良好的上部共鸣（即头声），形成声音的"高位置"，此时要求孩子歌唱时好像头上顶着一本书的感觉，并且一直要在这样感觉状态下练声。对训练儿童来说，不要强调低音区的胸声，否则容易造成下压喉咙和舌根的毛病。重要的是在混合共鸣基础上引导他们运用头声，在低声区也要用唱高声区的感觉，如用下行音阶引向低声区，要求松弛、自然，反之则对声带有害无益。这样便能在建立悦耳动听的声音前提下，逐步向两端扩展音域（不能操之过急），并且要求三个声区形成自然过渡，使之没有痕迹地将整个音域统一起来。共鸣训练的最好方法有二：

1. 以弱声来练习。弱声唱法的好处在于能保持声音的集中而有"焦点"；孩子们能自然地调整共鸣器官，声带的张力适度；使不该用力的肌肉放松，同时还能建立孩子们先有想象与准备后再歌唱的良好习惯。

2. 用哼唱（M）练习。此时要求上、下牙不能咬紧，双唇松闭、舌根平放、唱时唇部及鼻腔有轻微的振动感，好像声音是从鼻上端发出似的，然后慢慢张开唇部来唱母音。如：

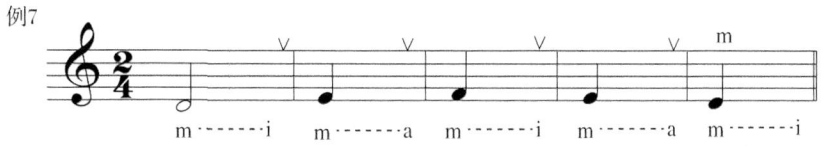

哼唱的好处在于能准确建立混合共鸣及头腔共鸣的感觉，保证声音具有"高位置"，气与声结合的比例准确而平衡，咽腔内张合适，歌唱器官的运动

能协调自如。

　　以上简要介绍了有关训练儿童歌唱的问题。当然，要唱好一首歌，吐字问题也相当重要，至少要遵循两条原则。第一，要根据音乐形象来处理好歌词节奏的轻重关系。第二，严格区分子音、母音、尖音、团音的吐字方法，注意用子音带动母音，延长字腹及正确归韵。

　　除此之外，要禁止儿童喊叫式的歌唱（尤其在变声期更切忌强烈喊歌），不要急于扩展音域和扩大音量，尽量避免在剧烈运动后进行声音训练或歌唱，盛夏时节不要暴饮冷食。总之，科学的训练方法乃是积极保护与发展儿童嗓音的唯一途径。

（原载于《中央音乐学院学报》，1984年第3期）

对中小学合唱艺术教育的思考

吴灵芬

摘要：近年来，中小学合唱艺术教育在学校教育中的地位得到显著加强。一些地区的合唱教育取得可喜成绩，与教育部门的重视有关。但大部分省市的学校的合唱教学仍然处于落后状态。中小学艺术课程本身存在着与合唱教育相违背的问题。

关键词：中小学　合唱

合唱是一个团队集体创作音乐的艺术形式，她以她特有的生产过程在艺术创作的同时也锤炼着唱歌的人群，因此世界各国都将合唱视作训练社会高级人才的重要科目。在西欧，儿童从6岁开始，就以参加教堂唱诗班或儿童合唱学校（大部分为男童合唱学校）的方式开始了这种纪律与和谐的集体教育，这种方式为社会培养了大批优秀的公民。日本则整合了欧洲的经验从20世纪70年代，全面开始了全国自6岁到大学以合唱为主的音乐课教学。"合唱团里没有我，只有我们"就是日本合唱教学的宗旨。在长达30多年的时间里，日本的课堂音乐教学从演唱故乡的老歌到演唱世界名曲，形成了具有日本自己特色的合唱教学体系。

在我国，随着美育正式写进国家的教育方针，中小学合唱艺术教育在学校教育中的地位得到显著加强。这一成效显现在合唱艺术课程和学校社团两个方面。这些成效首先在大、中型城市得到了进一步的改革和发展。

以北京市为例，每两年一度的中小学合唱比赛从20世纪90年代开始至今，其发展无论是技术水平还是参与的人数都已经是今非昔比。1990年，大部分学校的合唱团只有齐唱，还谈不上是合唱团，只是大家一起唱歌的歌咏团。到现在除了校级合唱队之间的比赛外，还设有班级比赛。即使班级合唱队，大部分也已经是多声部甚至是无伴奏的艺术性合唱表演。有些合唱团已经走出国门，在世界大赛中取得了可喜的成绩。

广东省的中小学合唱走在全国合唱艺术教育的前列。其中广东实验中学、深圳中学、深圳高级中学等已经多次在世界舞台上展示风采,在我国现代文明建设及外交事务中扮演了重要角色。在提高学生团队意识、加强学生思想建设、增强学生社会实践等方面发挥了课堂教学无法做到的巨大作用。

这些地区的合唱教育成绩的取得无不与教育部门的重视有关。政府部门观念新,有政策,有措施,特别在提供音乐教师的指挥技能培训方面做了大量的工作,这就给各个学校的合唱发展提供了极大的空间。合唱团所在学校有必要的经济资助,有相应的合唱排练教室,有具有较高能力的音乐教师,也有较好的社会辅助力量。同时参与合唱表演的同学在优秀的团队中接受和谐教育,有力地促进了他们的自我管理能力和健康的心理状态。

然而对于大部分省市的学校而言,合唱教学仍然处于落后状态甚至是空白。从整体讲,我国中小学合唱教育的发展不乐观、不平衡。其原因在于中小学艺术课程本身存在着与合唱教育相违背的问题。

其一,许多领导部门仍然片面理解音乐教师应有的教学技能与艺术课程的价值和目标,导致音乐课程的知识点之一——识谱教学基本上无法完成。音乐教师在大学里学习的只是所谓双基(声乐、钢琴)课程,十分缺乏对于各类作品的阅读能力,因而许多教师充其量能完成"口传心授"教唱歌,致使所教的学生在九年义务教育中,仍然不能自己读谱唱歌。

其二,合唱教学是具有专门技术的学科,它需要教师有很好的选择作品的能力、调节声音的技术、驾驭多声部平衡演唱的能力和对作品进行艺术处理的能力,更重要的是团队的管理能力,这些都亟待在师范教学的观念上进行改善,或在有条件的地方给音乐教师以专业进修的帮助。

上述问题只是围绕着合唱这个轴心所表露出来的现象。渴望合唱的学生、渴望做好合唱教学的老师在创作、学习方面具有极大的热情,如何借鉴学习世界先进经验,如何给急需学习合唱的师生一个根本的解决途径是目前亟待思考的问题。我们有理由相信随着艺术教育的深入发展,学校的合唱教育也会在全社会的关注和支持下大步前进。

(原载于《中国艺术报》,2009年4月14日第4版)

浅谈北京市"非金帆"中学生管乐团问题及对策

李 刚 张 妍

摘要：北京有一大批"非金帆"管乐团活跃在各个校园中，它们对学校的艺术教育起到了重要的作用，但是"非金帆"管乐团也存在着一些问题。本文从北京市"非金帆"中学生管乐团所面临的多方面问题出发，对这一管乐群体的未来发展方向与队伍建设进行了讨论与思考，并提出了创新模式。

关键词："非金帆" 管乐团

20个世纪90年代后，许许多多的非职业管乐团体涌现，这些都是随着人们物质生活水平的日益提升，对精神生活以及艺术审美有了更高的追求，管乐活动渐渐由专业化走向大众化。中国管乐协会的建立，更是对北京市的管乐发展起到了推波助澜的作用。在各大、中、小学的学校艺术教育中，管乐团的建设也渐渐受到学校及家长的重视，校内管乐团如雨后春笋般蓬勃发展。1987年，北京市教委牵领一些学校建立了一支活跃至今的艺术团体——"金帆"，当时，它由600多名中学生以及11个艺术分团构成，成为了全国中小学艺术教育的风向标，其中的金帆管乐团也代表了北京乃至全国基础教育中管乐团队的最高水平。

随后，在北京市教委举办的市、区级艺术节比赛中，"非金帆"一词出现了，所有"金帆"以外的中、小学艺术团体囊括其中。一大批"非金帆"管乐团活跃在各个校园中，它们也对学校的艺术教育及美育教育起到了重要的作用，并且更能够代表北京市中学生管乐教育的现状。这些"非金帆"中学生管乐团往往是较晚于金帆管乐团成立的，学校自发投入与建设的管乐团。笔者就将以北京市的这批"非金帆"中学生管乐团为载体，探讨其面临的问题与对策。

一、北京市"非金帆"中学生管乐团存在的问题

（一）学校与家长对管乐团的支持亟待加强

1. 学校对管乐团的了解与重视程度

"非金帆"中学生管乐团发展的程度归根结底在于学校对管乐团的重视。

有些学校认为管乐团作为学校德育教育的阵地，能够起到普及艺术素质教育、提升学生艺术素养的重要作用。他们积极宣传自己的管乐团，有系统的管乐团领导班子与管理方案，甚至学校的校长或德育校长就是管乐团的团长，直接管理管乐团事务与发展方向。另有一些学校认为，管乐团是学校教育中的附属品，影响学校教学工作，或是徒有名义上的支持，却没有实质上了解管乐团的发展需求。没有了解管乐团存在的意义，没有认识管乐团发展的需要，就有可能造成不提供适合的排练场地、对打击乐器及大件乐器的购买很不支持的局面，导致管乐团的建设与发展受到很大影响。

2. 家长对学生参加管乐团的配合与协助

很多家长认为，让孩子学习管乐是孩子在升学中能够进入理想学校的一个筹码，这种对管乐学习不正确的态度与观念直接影响了管乐团的正常训练。一些学生在刚刚进入学校的时候能够积极参加乐团活动，随后便会逐渐出现演奏水平退步、训练缺勤、甚至申请退团等诸多问题。这其中很多都是由于家长对孩子学习管乐的不正确的观念导致，认为：通过管乐考入了理想的学校就可以专攻学业而放弃管乐学习，或参加定期的管乐训练会耽误很多家庭活动、出游计划等。只有家长了解管乐，了解管乐教育的意义，才能支持学生的管乐学习，配合学校的管乐团工作。

(二) 不均衡的生源导致学生水平参差不齐

1. "特长生"成为管乐团招生的主要来源

北京市中学生管乐团的学生来源主要依靠小升初及初升高的特长生招生政策，每年的5月就是艺术特长生的招生季。自身教学水平好、知名度高的市属示范校可招收本区及跨区的艺术特长生；区属示范校只可招收本区内艺术特长生。所以，学校周边的优秀小学或中学管乐团也决定着一些学校的特长生招生优势。近两年，随着特长生政策的变化，有的学校也渐渐减少或失去了特长生招生的名额。这都成了制约"非金帆"中学管乐团发展的因素。

2. 学生的流动性影响管乐团编制

管乐团的建设避免不了学生由于升学、毕业等因素导致的流动性，而对于很多中学生"非金帆"管乐团来说，这也严重地影响了管乐团固有的声部平衡与乐团编制。特别是一些像双簧管、巴松、倍低音提琴等这些声部，经常会遇到毕业了一名学生则缺失了整个声部的状况。所以，在招生过程中科学地安排乐团编制才能使乐团平衡发展。

(三)校内管乐指挥的专业技能与艺术素质有限

1. 管乐团指挥所具备专业技能与素质欠缺

作为一名中学生管乐团的指挥,应具备基本的指挥与训练技能,系统地学习乐器法、和声学、音乐史等基础知识,并且拥有相对敏锐的听觉,深厚的艺术素养。一年一届的北京市及各区级艺术节比赛要求:上台参赛指挥必须是本校在职在编教师担任。而许多"非金帆"中学生管乐团的指导教师对于乐团指挥与排练并没有系统的学习与实践。多数是由外请专家将排好的曲目手把手地教给乐团管理教师,甚至是机械地模仿编好的指挥动作,从而应付比赛要求。对于非金帆中学管乐团,更多的日常训练还是由本校教师指导,所以本校乐团指挥对乐团训练的专业技能与素质至关重要,它直接决定了管乐团的演奏习惯、声音平衡等乐团综合素质,是管乐团健康发展的关键。

2. 管乐团指挥缺乏管理乐团责任感

脚踏实地与坚持不懈是一位"非金帆"中学生管乐团指挥对这份管乐团工作责任感的重要体现。很多"非金帆"管乐团的学校里,由于诸多原因,负责管乐团的教师只有一位,这位教师既要担当乐团指挥,又要负责乐团学生的管理。管乐团涉及的学生很多,事务性工作也极为繁杂,这种特殊的工作性质,必然会造成教师精力与关注点的分散,让很多教师感觉不知该从何下手。唯有坚定的责任感才能使管乐团教师在不断地解决问题与创新管理手段中兼顾指挥训练与学生管理两种不同工作。

(四)外请声部教师的教学水平有待提高

1. 声部教师的教学理念

声部教师的教学属于专业演奏技巧的教学。到底是应该让器乐演奏严谨规范,还是一味地拔高演奏难度;是追求培养高水平的精英团员,还是培养团员间的合奏意识、合作观念,是管乐团与声部教师面临的共同问题。只有从各个声部教师的教学理念入手才能够从根本上决定整个管乐团的发展理念。

2. 声部教师的教学水平

"非金帆"中学生管乐团的声部教师大多来自北京市的各大专业团体及院校,他们的专业演奏水平是毋庸置疑的。但是他们面对中学生,特别是"非金帆"中学管乐团中的一些演奏基础较弱、音乐素养较浅学生的教学水平是值得我们关注的。很多声部老师在上课过程中表现出不懂得学生心理发展需要、教学语言匮乏,会演奏但不会表达的现象,学生听得一头雾水,老师教的身心俱疲。

二、北京市"非金帆"中学生管乐团的发展建议及对策

(一)学校与家长齐抓共管促进乐团良性发展

1. 学校领导的支持是管乐团建设的思想保障

学校支持"非金帆"中学生管乐团的前提是学校的领导层充分了解与认识管乐及管乐教育,真正做到不以比赛成绩为目的的管乐素质教育。形成科学地、系统的管乐团管理体系与制度,从思想理念上对管乐团进行直接有效的管理。面临管乐团活动与教学活动冲突的情况,积极协调、合理安排;从财力、物力上支持乐团合理需求;为管乐团提供适合的排练场地;为管乐团指导教师提供学习、进修机会;积极宣传管乐团,为管乐团提供展示、演出的平台。总之,只有学校一切从学生出发,才能为管乐团的发展保驾护航。

2. 与管乐团学生家长建立良好的信任关系

(1)召开管乐团学生家长会,宣传管乐团。使家长可以理性地认识管乐与学校管乐团,而不是对孩子的管乐学习抱有利益性与目的性。

(2)经常与管乐团学生家长沟通与交流,随时了解学生在成长心理、文化学习与管乐学习中的情况,关心家长的感受,理解家长的顾虑,为家长提供指导与帮助。

(3)定期邀请家长观看管乐团的演出、比赛或汇报音乐会,让家长看到自己的孩子在管乐团中的成长,使家长看到孩子在管乐团中合作的快乐与成就感。

(4)请家长协助,督促学生在家的管乐练习,并保证管乐团的训练时间。

(二)改变生源现状,积蓄乐团人才

1. 招生与自主培养相结合

(1)与周边有管乐团的中小学进行管乐交流,宣传本校管乐团优势,吸引优质特长生资源。

(2)特长生招生测试中,注重学生音准、节奏等这些音乐基础素质,关注学生的合作意识。管乐演奏技巧是可以通过学习与练习逐渐提高的,但基本音乐素养则决定了管乐学习成果,直接制约管乐团业务发展。

(3)对于减少或没有特长生招生资格的学校,在校内组织乐团考核,将基本节奏感强、音准较好、音乐感觉良好的学生吸收至管乐团进行管乐培养。

2. 科学统筹管乐团声部平衡

管乐团的建设要有计划性、可持续性。这就要求管乐团的指导教师随时关注乐团成员的年级分布及声部构成。在每年招生前做好招生计划，针对稀缺声部有倾向性地招收学生。在必要时，可对个别声部稍作调整，如：在缺少中音单簧管的情况下，可调整一名演奏单簧管的学生至中音单簧管，以保证单簧管声部乃至管乐团整体的音响平衡。在"非金帆"管乐团生源并不充足的情况下，科学地统筹管乐团的声部便显得尤为重要。

(三)提高校内管乐指挥技能与素质，推动管乐团发展

1. 从管乐指挥到管乐教育者的转变

中学生管乐团的指挥不仅是一名纯粹意义上的指挥，更要是一名合格的管乐教育者。这种从管乐指挥到管乐教育者的转变，对"非金帆"中学生管乐团的指挥来说，是一种更大的挑战。传统意义上的指挥要掌握科学、系统的音乐理论，良好的听觉，精湛的指挥技巧以及丰富的排练经验。但对于管乐教育，就要求指挥在以上这些的基础上，应掌握多种管乐器的演奏方法，了解其乐器构成[1]；具备将音乐演奏技能深入浅出地传授给学生，让学生感受音乐的能力；能够有效地进行管乐训练的技巧等要求。这样就可以避免为了美化、模仿指挥动作而忽略表现音乐与管乐演奏方法等问题。所以，"非金帆"中学生管乐团的指挥教师应努力完善自我艺术修养，加强专业技术与管乐教育的学习，成为一名既善排练又会指挥的管乐教育者。

2. 对管乐团工作的无限热爱

管乐团训练经常要利用学生放学及周末的时间，这就意味着管乐团指导教师要放弃很多自己的休息时间组织训练、管理学生、与家长沟通。他面临的是全校几个年级心理发展程度不同、知识程度不同的形形色色的学生，这种组织与管理的工作量是非常大的。这是一个默默无闻的工作，需要非常强大的心理支撑与责任感、使命感，只有真心真意地为了学生，才能实实在在地做好这份工作。同时建议学校，可增设一位教师辅助管乐团学生管理工作，这样会使管乐团的训练质量事半功倍。许多优秀管乐团指导教师，辛苦建设乐团数十年，退休返聘也继续为管乐团出谋划策，他们是把中学生管乐团当成自己毕生的事业来做，是值得我们尊敬、学习的，只有这样无限的热爱才能使管乐团长足发展。

---

[1] 李天池：《四川中小学管乐教育的现状及问题》，《音乐探索》，2012年第1期。

(四)提升声部教师综合素质，稳步提高演奏水平

1. 统一声部教师的教学理念

许多声部教师以自己所教学生的考级成绩或比赛名次为傲，当然这是证明教师教学能力的有利条件。但是作为中学生管乐团的声部教师，夯实学生的演奏基础，纠正学生不正确的演奏方法，在声部课中培养学生在演奏中"合奏的耳朵"是"非金帆"中学管乐团管乐教学的重中之重。同时，建议适当地加入视唱练耳、视奏、乐理等音乐基础知识的学习，配合演奏教学，有针对性地解决合奏问题，因材施教，统一教学理念，管乐团演奏水平便得以稳步提升。

2. 声部教师需加强管乐教学方法的学习

面对"非金帆"中学生管乐团的学生，声部教师需首先了解学生的客观情况，根据学生的需求耐心地进行管乐教学。很多学校管乐团要求声部老师上课时必须持乐器进行范奏教学，相信这也是非常有效的教学方法之一。在学生难以理解、教师不好表达的情况下，学生可以通过模仿慢慢感受与理解，以达到良好的教学效果。其次，学校要对声部教师进行选拔与监管，记录考勤与教学质量，不应该出现学校对声部教学不管不问的情况。建立一支懂理念、会教学、负责任的声部教师队伍是管乐团管乐教学的保障。

三、创新北京市"非金帆"中学生管乐团发展新模式

(一)尊重教育规律，更新办团理念

艺术教育是学校实施德育与美育教育的有效途径。近年来，北京市的特长生政策也在进行诸多变化。在北京市众多管乐团中，"非金帆"中学生管乐团未来的发展方向，以及其存在的必要性与可行性，需要我们用发展的眼光在中学生管乐团建设的传统模式上创新与展望。特长生名额比例逐年递减；取消中考中因艺术节比赛获奖的加分；2014年，5所市属大学取消了特长生招生[1]，这一系列的政策变化或多或少地改变着北京市"非金帆"中学生管乐团的传统建设发展模式。面对这种形式，我们必须以尊重教育规律为前提，更新"非金帆"中学生管乐团的办团理念。

---

[1] "中国教育之声网"，2013年12月23日。

1. 艺术教育要脚踏实地，循序渐进

切不要因为比赛压力而拔苗助长，科学地选择适合乐团水平的演奏曲目，运用恰当的方法教授管乐演奏技能，才能避免出现"还不会走，便开始跑"的违背其内在规律的现象，这些定会导致管乐团发展的恶性循环。管乐团参加各种市区级乃至全国比赛，避免只追求成绩与结果，减少功利性与目的性。正视参加比赛的意义，理性培养学生参加比赛的能力，锻炼学生参加比赛的心志。在管乐团训练过程中，注重团队合作意识与艺术修养的养成，让管乐团真正成为实施校内艺术教育的园地。只有不断更新管乐团的教学理念，理性、系统地训练乐团，才能使"非金帆"中学生管乐团稳步前进。

2. 关注每一个学生，逐渐实现艺术教育的普及化

随着特长生的逐渐减少，我们应该意识到"零基础"学生的管乐教育已不再是只从小学开始，中学也将从校内培养一批喜爱管乐、具备一定音乐知识、会演奏管乐的学生，在3年至6年的中学生活中学会演奏一种管乐，能够与同伴合作，参加演出，展现自我。在学生刚刚升入初中的时候，为全校学生演出，展现乐团魅力；为家长指导、宣传管乐学习的优势与前景。通过基本音乐知识与素养的考核，成为学校乐团的一员。让学生与家长以能够加入乐团接受管乐教育为荣，使学生以能够获得在舞台上展现自己的机会为傲。既保证了乐团的建制，又推动了面向全体的艺术教育普及化。

3. 抓住教育改革的机遇，谋求发展新思路

近年来，"九年一贯制"与"学区制"等新名词渐渐出现。"九年一贯制"通常是指该校的小学和初中施行一体化的教育，小学毕业后可直升本校初中。九年一贯制学校即可着手从小学对学生进行管乐教育。小学的课业负担相对中学较小，学生也更容易对管乐学习充满兴趣与热情。学校乐团即可以实施小学与初中的管乐一体化教育，保障乐团持续稳定发展。而那些不是"九年一贯制"的学校也可利用中小学实行分片划分区管理的"学区制"制度，连动本学区内优势生源与师资，中学可带动或组织周围有管乐团的小学共同训练、表演，两校互通有无，实现管乐团的合作与共同发展。这种教育改革的方向，对学校管乐团的发展提供了一个新思路，特别是在特长生政策逐年改变的情况下，中小学的管乐教育一体化连动是为真正的管乐普及、艺术普及搭建的新生舞台。

(二)尊重学生特点，拓宽办团思路

兴趣是推动学生学习的强大力量，"非金帆"管乐团的建设也要从学生的兴趣出发，只有学生喜欢，管乐团才有存在与发展的必要性。

1. 拓展管乐团形式,建立"风格化"管乐团

现在的校内管乐团大多以室内管乐与行进管乐两大形式为主。室内管乐对学生演奏技巧、声音平衡与对作品的理解能力有着很高的要求;行进管乐表演时表现出的力量与团队协作也深受学生喜爱。我们可以将管乐团在学校的存在形式加以创新,更多的非金帆管乐团可以结合学校自身特点、学生的兴趣,创建风格与形式更为多样化的管乐团队。比如根据乐器种类划分的铜管乐队、打击乐队,根据演奏风格划分的爵士乐队、流行乐队,或者只演奏民族乐曲的管乐民族化乐队,等等。一切以学生为本,利用学生的兴趣点,激发他们对管乐学习的兴趣。

2. 管乐教育走向"第一课堂"

大多数中学的课堂教学体系中,音乐学科包含必修课、选修课以及校本课三类。我们可以将中学生管乐的学习体现在这些"第一课堂"的教学中,而不仅仅是以社团活动为载体的"第二课堂"。在"音乐与器乐"的选修课中介绍管乐的历史、发展及管乐作品欣赏;或以管乐的某一方面为专题,借助校本课程的平台,开设如"管乐指挥技法""管乐作品分析""管乐演奏形式"等多种题材的课程学习。为学生了解管乐、认识管乐开辟更多方式与途径。

3. 建立管乐兴趣小组

管乐相对键盘乐、弦乐等乐器类型,是一种较容易入门与演奏的乐器门类。针对其这种特性,学校可组织以班级或小组为单位,选择一种或一类管乐器集体学习演奏。学生依自己的喜好自由选择所学乐器,进行齐奏或重奏的分组练习。学校则可借艺术节、新年联欢等大型节日,为学生搭建展示自我的平台,宣传各班级小组管乐特色,鼓励管乐学习,并为校级管乐团输送优秀人才,自主培养优质生源。

试想尽早地让我们的社会全面提升艺术素质,具备音乐修养,绝不是靠培养几个成功的音乐家,而要靠培养一批又一批懂得欣赏音乐的观众。未来的观众,就是现在面前的中学生,如何使他们成为一名合格的观众,就是艺术教育者们面临的最严峻的问题。本文从北京市"非金帆"中学生管乐团所面临的多方面问题出发,对这一管乐群体的未来发展方向与队伍建设进行了讨论与思考。综上所述,学校、家长、管乐团教师以及管乐团学生多位一体,从学生的兴趣出发,科学系统地进行管乐团建设,才能使北京市"非金帆"中学生管乐团更为闪亮地活跃在中学艺术素质教育的长河中,为我国的艺术普及教育,提升全民艺术素养贡献不可或缺的力量。

参考文献：

[1]程义明. 管乐团合奏艺术[M]. 北京：人民音乐出版社，2010.
[2]王绍海. 中小学管乐教育的现状及发展方向[J]. 乐器学堂，2010(4).
[3]胡丘岩. "管乐热"所引发的思考[J]. 音乐生活，2008(12).
[4]李天池. 四川中小学管乐教育的现状及问题[J]. 音乐探索，2012(1).
[5]周彦冰. 对我国学校管乐合奏普及与发展的思考[J]. 黄河之声，2013(13).
[6]涂维佳. 浅谈中学管乐队的教学现状及解决方法[J]. 戏剧之家，2013(7).
[7]于海. 新中国交响管乐的回顾与展望[J]. 人民音乐，2011(3).

对北京郊区中小学合唱与指挥现状的思考

李 刚 王艳平

摘要：北京郊区中小学合唱与现状不甚理想，制约郊区合唱艺术发展的有多种因素。本文对促进北京郊区合唱艺术发展，提出了一些具体对策。

关键词：北京郊区中小学 合唱

合唱艺术作为音乐艺术的一个重要方面，有着令人着迷的艺术魅力。它依托于集体参与演唱多声部的声乐表现形式，用音乐的语言传递不同的文化内涵，用和声的美激发人的审美体验，用声部间的分工体会协作的重要。既然它如此重要，那么合唱目前的发展状况又是怎样的呢？让我们通过两个活动分析来了解一下。

活动分析 1

2016 年 3 月底，平谷区组织了中小学范围内的合唱比赛，通过现场的聆听和观看，发现多数合唱队的声音位置还是浅、轻、白，声音缺乏气息支撑，强弱、快慢的控制力不够，作品的表现力不足，指挥的艺术造诣令人嗟叹。另外还有一种现象，参赛队中至少有半数以上的学校没有自己的合唱队，比赛队伍是为了参加比赛临时组建的，有些学校甚至只排练了 3—4 个星期，合唱效果可想而知。

活动分析 2

针对合唱比赛的实际情况，2016 年 7 月份，我区组织了为期三天的"小学音乐教师合唱指挥研修班"，主讲教师是首都师范大学的李刚教授。当多位教师走到台前接受专家指导时，虽然有些教师经验丰富，但是也有一些教师的不足就暴露出来。有些教师只会规矩地打拍子，稍微做些左右手的分工，手上的拍子就乱了；有些教师不能做到通过指挥动作的大小来提醒学生强弱力度的变化；还有些教师甚至连基本的指挥手型、拍子都不正确。

作为两次活动的组织者和参与者，借助活动发现了小学音乐教师们在合唱指挥方面的不足以及区域内合唱表演艺术方面不甚理想的状态。因此，要想提高合唱的整体水平，音乐教师的合唱指挥能力至关重要。

一、合唱艺术发展的现状

中国现代的合唱艺术最早是由西方传教士引进中国的，在传教士奔走布道的同时，四部合唱为主要方式的"赞美诗"，开始逐渐走进人们的生活，并逐渐被人们所接受。历经一百多年的发展，现在，合唱这种艺术形式，已深入到各行各业当中，并深受人们的喜爱。尽管如此，由于重视程度、学生能力、专家资源以及对其了解和认识程度的不同，城乡间的合唱水平存在着很大的差异。

作为首都，北京拥有着全国最好的专家资源，拥有着全国最快的信息资源，拥有着全国最棒的场馆——国家大剧院，拥有着全国最优质的培养合唱指挥人才的高等学院，这些都是城区优于郊区的地方。正因为如此，城区有很多的优秀合唱团，他们不仅常参加国内的比赛、演出，还经常到国外比赛、交流，合唱提高的速度可谓一日千里。

再来关注一下郊区的合唱艺术。我们以20年前、后做个比较：20年前的合唱比赛中，老师们选歌都非常简单，二声部合唱曲居多，时不时还会听到齐唱歌曲，20年后的舞台上，齐唱已经销声匿迹；20年前，合唱的声音尖、白、亮，20年后音色上听起来舒服了很多；20年前合唱队员棍儿一样的从头站到尾，现在的合唱边唱边动，让作品生动了不少。唯一没变的是合唱指挥，指挥的技艺没有明显提高，多数指挥还是停留在手上规矩地按着拍子打着指挥图式，手势从头到尾没有变化。

首都的合唱艺术城乡间尚存如此大的差距，更何况全国的合唱艺术了？那么，制约郊区合唱艺术发展的因素又有哪些呢？

二、制约郊区合唱艺术发展的因素

（一）交通不便制约着合唱艺术的发展

为了提高整体的合唱水平，培训是非常有效的方式之一。市级组织的各级各类合唱指挥培训也不少，但是为了照顾全市所有区县的教师，培训地点一般都会安排在市区里，老师们参加这类活动早晨要起得很早，还要赶近三个小时的车程，晕头转向地听上几个小时的课程，中午没有地方休息，听完课再赶几个小时回家，这一天下来老师们是身心疲惫，听多少、学多少可想而知。现在，老师们一听说去市里参加活动，心里就犯怵，学习没了主动性，效率也就不会很高了。

(二)大额工作量制约着合唱艺术的发展

中小学由于体制的不同,音乐教师的工作量也存在很大差距。中学教师一周多则12节,少则四五节,而小学音乐教师一周至少16节,减掉每周一次为期半天的教研活动时间,再减掉临时性的工作,如培训、学习等,还要减掉学校分派的临时工作时间,音乐教师每天都不少于4—5节课的工作量。另外,课外活动也是风生水起。歌舞剧、校园剧、科普剧、旗舞、合唱比赛、艺术节,几乎所有与音乐有关的活动最终都会落到音乐教师的头上,老师们没有时间研究教学,多数时间都在应付一个又一个活动。合唱团的活动不能落实到常规化,每每临到合唱节的比赛季,老师们只能临时抱佛脚,这也是郊区合唱艺术发展缓慢的原因之一。

(三)对艺术教育重视不够制约着合唱艺术的发展

党和国家提出了"德、智、体、美、劳"全面发展的五字教育方针,这既是对人的素质的基本准则定位,也是人类社会教育的趋向目标。合唱是艺术教育中的一束奇葩,学生在参与演唱的过程中,可以形成音乐审美能力和表现能力;可以提高音乐修养和鉴赏水平;可以培养集体主义精神和思想道德信念;可以获得道德修养和性格情操的熏陶。在这个过程中,学生获得的是全方位的培养,是对于人的培养。

尽管如此,在一些郊区,教育仍没有摆脱掉应试这层面纱,各级教育主管部门仍在飞蛾扑火般执着于成绩的好坏,从而忽略了音乐教育在学校教育中的重要性,忽略了合唱在孩子成长过程中的意义和价值,致使合唱的发展空间不足,缺失生长的土壤,缺少阳光雨露,缺乏充足的营养。

(四)教师的专业素养不足制约着合唱艺术的发展

近几年来,北京的音乐教育发展的速度非常惊人,常常是每参加一次活动,观念、理论、方法、手段就要更新一次。面对这样的发展现状,对音乐教师的要求也越来越高。教师们不仅要具备专业化的水平,更要有一专多能的综合实力,不仅要硬件好(学历和专业),软件(综合素养)也要配套跟进。

目前在郊区,音乐学科的师资队伍只有少量更新,多数还是那些在音乐学科岗位上辛勤付出的老教师。由于他们整体的专业素养不高,造成了对作品的分析不到位,音准、音色的分辨模糊,不能准确地遵循声音的本身规律处理作品,等等。老师们对于推动合唱的发展,明显感觉能力不足,这是制约合唱艺术发展的一个重要因素。

(五)缺乏专家引领制约着合唱艺术的发展

有人说，合唱是声乐的较高级别的表现形式。它用和谐悦耳的声音征服着人的耳朵与心灵。美妙的和声、纯净统一的音色并不是每位音乐教师都能指导学生们做到的，音乐的表现、准确的指挥也不是每位教师手上能够做到的。郊区教师由于学识、能力、经验的不足，为了合唱队的发展，必须要依托于专家的引领，才能快速的提升合唱队和辅导教师的能力水平。

但是专家离普通人太遥远了，老师们缺乏与专家联系的平台，外加路途的遥远、专家的工作繁忙等诸多因素，专家引领并不容易落实，造成了合唱的发展艰难，提高缓慢。

三、促进北京郊区合唱艺术发展的对策

(一)加强培训促进合唱艺术发展

在促进合唱艺术发展的过程中，培训无疑是一种最常被大家采用的学习的方式。通过知识、理论及经验的学习和实践，帮助广大教师们快速提升合唱指挥方面的专业素养。但是在培训中要遵循两方面的原则：

1."接地气"的原则

各级各类的培训有很多，质量也是参差不齐的。有些专家有丰富的专业知识和能力，但是由于他长期给专业院校的学生讲课，长期参与高水平合唱团的辅导，他的理论更"高、大、上"一些，比较适合于有丰富的合唱排练和指挥经验的老师，而对于水平较低的郊区的老师们，能够"接地气"的培训才是他们所需要的。

例如，2016年7月份，首都师范大学李刚教授在平谷区组织的"小学音乐教师合唱指挥研修班"中就很好地遵循了这一原则。他从起拍、收拍、换气点以及指挥的预示、眼神、情感的交流，到指挥的重要性、音准、节奏、合唱的协调、声部的平衡以及音乐表现等多个方面进行了细致的讲解和示范，帮助老师们规范了合唱训练及作为指挥应具备的常识性知识，老师们的反响非常大，大家普遍认为此次活动实用、集老师们之所急需，活动开展的非常有意义，多位教师留下了自己的培训感言：

> 三天的"合唱与指挥"培训，让我如同享受了一桌丰富的美食盛宴，

对于吃货的我来说，太合我的胃口了，让我真正品尝了人间美食。原来自己也参加过这样的培训，总觉得肉（理论）太多，消化不了。这次李刚教授的大餐营养搭配合理，让我边吃边消化：首先我尝到了"预备—呼吸—点—放松（指挥动作要领）"盛宴中的第一道菜，甜而不腻；我尝到了"心到—眼到—手到（指挥的纲要）"盛宴中的极品，芳香四溢；更尝到了"省—准—美（指挥的准则）"盛宴中的佳肴，干脆爽口……最后还有一道汤菜（实践体验"钢琴—合唱队员—指挥"三者合一的完美演绎），五味俱全。当然，还有一些菜品需要慢慢消化，总之，李刚教授的这顿大餐太美味了，让我终生难忘！

——平谷区金海湖第一小学　张艳英

合唱指挥培训，首师大李刚教授讲授。一听无非跟以往的指挥培训一样，请个专家讲讲理论，大家一起唱首歌就罢了，没报能学到啥的希望。可这次我真的想错了，错在李刚教授并没有高高在上的一味地讲理论，而是手把手地指导我们指挥的手型，挥拍的动作要领，合唱队的发声训练，等等。可当走上台那一刻心里还是小紧张，手抬起那一瞬间，手指都不禁有些发抖动。李刚教授微笑着用手拍了拍我的肩膀说："别紧张，放松点。"温馨的话语打消了我一多半的紧张情绪。接下来的指挥中由一个基本拍到挥拍讲解中，教授不厌其烦地示范，看到我做得不到位，竟然像教小孩那样，扶着我的手挥起拍来，这不禁让我想起第一次拿笔写字，那时的老师也是这样耐心地手把手地教我的……宽松愉悦、紧张提升的3天时光转瞬间结束了，李刚教授的一幕幕认真的教学场景与和蔼幽默的话语还时不时地浮现于眼前。说心里话，这样的课程培训学习，意犹未尽啊！

——平谷区金海湖第一小学　张　倩

2. 实践的原则

正所谓"师傅领进门，修行在个人"。专家讲的再精彩，回去不实践，不反复的研磨，时间也会抹去头脑中所有的记忆。爱迪生经过了上千次的实践，改良了电灯丝，如果之前他只停留在理论上而不去实践，那么他就一定不会获得如此高的成就。

实践是很重要的，如果学习离开了实践，不去把这些理论应用于实际活动中，学习也就成了无源之水，无本之木。而人的认识总是在实践中产生，又为实践服务，并随着实践的发展，接受实践的检验。培训中，专家的理论是在前人与自己的实践经验基础上形成的，是专家的实践成果。当传递给老师们的时候，老师们只能作为理论储存，这些理论可能会与自己以往的实践经验产生排斥，也可能进行融合，不管结果如何，都需要在实践中总结经验、形成新知，实现理论向能力的转变，完成知识的内化过程。

(二)利用微信功能促进合唱能力提高

当今的社会已经进入网络化快速发展的时期，信息资源逐渐进入全球化，互联网将人类的文化传播带入了一个崭新的时代。在这个过程中，网络文化传播迅猛，人们几乎每天都要与网络打交道，它已经成为日常生活中不可或缺的一部分。每天早晨起来，很多人都会看看头条、读读手机报、刷刷朋友圈之类的；每天晚上忙完手头的事情，从躺在床上那一刻起，手机几乎就不在离身了，直到进入梦乡。这个时间段，大家的信息量也是非常大的。既然如此，为什么不充分发挥它的功能？

首先，对于那些愿意主动追求合唱艺术的教师，可以常发一些专家发表的美文、训练方法及技巧方面的文章，帮助老师们借鉴和提高，老师们会很乐意翻看学习的。

其次，要发挥朋友圈的作用。最近，微信圈里的群聊非常火，各种各样的群，但是有些群热火朝天，有些群则是寂寥无声。所以建群最需要做的是要提高群成员的凝聚力。作为群主，不能只发一些学习类或通知类的内容，这样的群老师们是排斥的。要想拉近老师之间的距离，要学会与老师们聊天，谈一些老师们喜欢的话题，可以是家庭方面的，可以是生活中的，也可以是玩笑类的，彼此建立融洽的群关系。有了这样的铺垫，之后可以发一些优秀合唱作品的视频，可以发一些合唱比赛专家点评的文章，也可以发表一下自己的看法，交流一下观后体会等。这种松紧适度、寓学习于生活中的方式，会慢慢地融进老师们的生活中的，学习的过程呈生活化、自然化，利于老师们接受。当老师们真正融进群体中，会愿意每天都光顾一下，看一看，不经意间帮助老师们获得提高。

(三)依托课堂教学促进合唱教学研究

谈到合唱艺术，很多人会想到课外的合唱团活动。因为我们看到的很多合唱比赛，都是依托于课外合唱活动训练出来的，很少人会联想到音乐课堂。纵观中外合唱发展的历史，许多合唱团都是本着择优录取的原则选拔合唱队员，而那些非常优秀的合唱团更是打破班级和年龄的界限组成，所以人们有这样的认知也就不足为奇了。

其实，课内也可以进行合唱的研究。目前，在我国小学阶段，学生从三年级开始正式接触合唱歌曲，在之后的几年中，基本上每册书都会有几首合唱作品。这些合唱作品的辅导和排练必须依靠广大的音乐教师在课堂上完成，作品完成情况的好与坏，直接取决于音乐教师合唱指挥能力的高低。

另外，课内的合唱带有普遍性和广泛性，每个孩子都可以参与到演唱中来，学习合唱的技巧，感受合唱的魅力，培养与人协作的能力，提高声乐的演唱能力。作为音乐教师，在课堂上开展合唱教学，就相当于抓住了每一个班级，抓住了全校的每一个学生。每个学生都可以在歌声中感受音乐带给他们的美的感受，享受作为合唱队员的幸福感，这是一种人生难得的体验。所以，如果老师们没有成立自己的合唱团，我们可以对音乐课堂进行研究，因为每个班级就相当于一个小的合唱团，老师们可以把学来的理论应用到其中，提高自身能力的同时，也可以促进合唱艺术的发展。

（四）借助专家引领推出区域合唱品牌

合唱属于一种声乐表现形式，它不仅是声部间互相配合、互相协作的集体艺术，也可以彰显一个合唱团乃至一个民族、一个国家的精神素质和精神面貌。它不求张扬个性，只求声音的融合统一。因此在训练过程中，老师们不仅要注意音准、节奏，还要注意音色及对作品的表现等诸方面。别看说起来简单，真正做起来，合唱却是一件非常不容易的事，需要老师们具有很好的听觉、扎实的理论、丰富的经验和精湛的艺术修养。目前，我们的教师多数还不具备这么好的综合能力和专业素养，完成合唱的基本演唱还可以，辅导出高水平的优秀合唱作品就很困难了。因此，为了进一步推动合唱艺术的发展，专家的引领是非常必要的。借助专家引领可以提高合唱团的整体水平；借助专家引领可以提升老师们的合唱指挥能力；借助专家引领可以培养出区域内的合唱品牌。

提到品牌，在企业中，品牌是统一化的识别标志，是价值观、信念和行为方式的体现。就如提到牛奶会想到蒙牛、伊利，提到电器会想到海尔、美的，提到男装会想到海澜之家一样，品牌是行业的龙头，是行业的标志。合唱艺术发展的过程中，在拥有了专家的引领之后，就要打造区域内的合唱品牌，借助品牌效应带动其他不知名的合唱团的成长，促进合唱事业的全面发展，这也是专家引领的目的和意义。

目前，虽然我们国家有许多优秀的合唱团，但是在中国 960 万平方公里的土地上，小学就有五六十万所，那些优秀的合唱团与这个数字相比，如同凤毛麟角。在全国范围内许多学校的合唱团才刚刚起步，还有很多的学校没有合唱团。可见，合唱艺术的发展是不均衡的，合唱艺术的发展水平也并不乐观。为了促进合唱艺术的发展，关注普通音乐教师的成长是第一要务。要尽可能地为老师们提供更好的学习资源，更有效的学习方法，才能帮助教师在音乐素养方面获得快速提升，才能更好地推动合唱艺术的普及与发展。

我国高等师范音乐院系发展忧思

李 刚

摘要： 回顾近年来的高师音乐专业发展现状，盲目学习专业音乐学院，办学理念、课程设置、专业建设片面追求专业化；大量开设表演专业，越分越细，成立若干系其实就是原来的教研室；淡化师范教育，与新课程标准和中小学基础教育严重脱节；实习、见习流于形式；合唱和乐队指挥，即兴伴奏、自弹自唱技能弱等严重不适应基础教育，导致就业艰难。这种现状已经成为严重影响高师音乐专业发展的瓶颈，几乎到了不改不行的地步。从原因上分析，理念错误、盲目跟风，缺乏教育思想，不了解教育需求，对音乐教育中教师教育的重要性认识不足是主要症结。如何树立正确理念，端正办学态度，改革师范专业培养方案，重新进行课程设置，大力降低表演专业招生规模，虚心求教于基础教育师资，与中小学密切接轨成为改变目前高师音乐专业发展现状的重要途径。

关键词： 高师音乐院系 办学理念 课程设置 改革培养方案 接轨基础教育

自从20世纪80年代开始，我国音乐教育学科开始了逐步自我构建和自我识别的进程。同时，得益于我国持续高速的经济发展和民众收入的不断提高，包括音乐艺术在内的精神文化活动日趋频繁，这些因素促使音乐专业的建设进入到快速发展的轨道之上。据统计，我国本科音乐院校截至2009年9月底的总体数量已达到409所，各类专业点共计有566个[1]，形成了本—硕—博及博士后流动站为一体的系统化的人才培养体系。

经过三十多年的发展，我国的高师音乐院系取得了可喜的成就，然而，在取得这些可喜的成绩的同时，我们也必须要清醒地看到，同三十年前相比，我们的高师音乐院系依然存在一些顽疾，甚至出现了过去并未出现过的问题。笔者试图在本文中对我国高师音乐院系的发展进行一定的剖析，以期同人

---

[1] 焦春梅：《对我国高校音乐本科专业布局与规模现状的分析》，《音乐研究》，2010年第4期。

指正。

　　三十年来，我国的高师音乐院系由最初的只有音乐教育专业的音乐系逐步发展繁荣，最终形成了包含音乐学（师范和表演）、作曲与技术理论、音乐科技、舞蹈、指挥等多学科并举的音乐学院，涉及音乐表演、音乐理论和音乐教育等多个维度。然而，在这种繁盛的景象背后，隐藏的却是植根于我国高师音乐院系之中的传统危机。

　　众所周知，我国高师音乐院系设立之初便是为了培养能够胜任于普通中小学校音乐课程的音乐教师，在这一时期，无论是课程设置的目标还是办学宗旨都是明确无疑的。然而，由于认识上的局限，且高师音乐院系的教学人员大多来自于专业音乐学院，在这种以"音乐教育"为目标的培养模式之下，却是强调音乐技能和音乐知识的音乐表演人才培养理念。这样的悖论式的怪圈一直萦绕于高师音乐院系发展的始终，成为高师音乐院系身份定位和继续发展的极大桎梏。

　　目前我国众多高师音乐院系追求专业化的发展，片面追求学科的全面，一味地仿照独立设置专业音乐学院的培养架构，且在专业划分越来越细的同时，教学大纲和课程设置却又大同小异甚至于是近乎一致。

　　高师音乐院系是不是不应该开设作曲、音乐科技、指挥等专业呢？非也。但笔者认为，厘清高师音乐院系和独立设置的专业音乐学院的身份界定是十分有必要的。在此引入"音乐教育专业学科群"的概念。笔者认为，独立设置的专业音乐学院应该是以培养未来艺术家为办学宗旨，采用少而精的教学模式，一切都是以"舞台"和"表演"为基础。而高师音乐院系则应该建构起"音乐教育专业学科群"，除了传统学科领域中的音乐教师教育专业之外，其他学科应以"音乐教育"为核心，构建起培养面向社会业余音乐团体的教学管理性人才的专业，如各类非职业乐团指挥（包括管乐团、管弦乐团、民族乐团及各种室内乐）、行进管乐编排与指导、合唱指挥、器乐表演与教育、声乐表演与教育、艺术管理、社区音乐指导等。

　　作为这一专业学科群核心的"音乐教师教育专业"便显得极为重要。经过三十多年的发展，我国音乐教师教育学科逐步厘清了学科定位，取得了学科认同。开始由学科构建思考的探索与积累进入实质性的内涵建设阶段。但是，课程设置的不合理状况依然未能够有明显改观。以音乐技能为主干而非音乐教育的课程设置理念依然大行其道。音乐教师教育专业的学生培养是否需要掌握坚实的音乐技能，当然这是毋庸置疑的，正如上海音乐学院音乐教育系主任余丹红教授所言，音乐技能是音乐教师教育的重要基石，没有过硬的技术与对音乐作品透彻的理解,就很难成为真正意义上的合格音乐教育者。① 然而,一位合格的"音乐人"毕竟只是音乐教师教育的基础,要想真正成为卓越的学校音乐教师,不仅需要丰富的课堂教学实践,还需要对包括音乐教育在内的教育规律的把握,以及具备一定的学术研究和批判能力。我国大多数高等师范音乐院校尽管经历了数次的音乐教师教育改革,发布的招生简章也是极富煽动性,然而,落实到音乐师资的培养,依然停留在"掌握音乐教育基本理论、知识与技能的音乐教师",或者更不客气的说是"掌握一定音乐知识和技能的音乐教师",坐而论道,几乎没有任何实质性的改变。学生实习流于形式,课堂教学与中小学新课标的要求相脱离。教育部公布并在全国实施的新课程标准作为基础教育音乐课程的纲领性文件得到广大中小学的高度重视,正在按部就班、有条不紊地被推进并实施。然而,高师课程设置中融入了多少新课程标准的理念、内涵和内容成为急需了解和探讨的课题。特别是目前高师毕业的硕士生、本科生基本都在为求得基础音乐教育的岗位而全力竞争,可是近年来在求职时所反馈出来的问题却是学生对基础教育规律、对新课程标准、对第二课堂活动如何开展都相对知之甚少,这种尴尬局面显得越发严重。

那么,高师音乐院系音乐教师教育专业的音乐课程设置应该如何?笔者认为,包括乐团和合唱在内的指挥技能(包括学校第二课堂社团活动的组织管理能力)以及即兴伴奏、自弹自唱技能应该是最为重要的。正如上文提到的,目前无论是学校音乐教育还是业余音乐教育,合唱和乐队,特别是行进管乐都无疑是一种有效的音乐教育手段和音乐传播手段,也因为此,掌握合唱指挥和乐队指挥技能的音乐教育人才是社会所急需的。无论是从学科发展的需要,还是从学生就业的考虑抑或是满足社会的需求,开设相关课程并将之放置于重要的教学着力点中都是十分必要的。同时,高师院系开设指挥专业、培养指挥人才的直接目标应该是适应基础教育,能够胜任中小学乐团与合唱指挥工作,同时更能上好新课标要求的音乐课程,而不是培养专业乐团与专业合唱团的指挥人才,所以高师指挥专业没有必要而且也不应该再细分成乐队指挥与合唱指挥,有的乐队指挥专业甚至还分成民族乐队指挥、管弦乐队指挥等,这种划分甚至比专业音乐学院还要细。高师指挥专业就定位为"指挥"专业,培养的学生必须既能够指导中小学学生乐队、懂得行进管乐编导又能够指导中小学学生合唱,这才是高师指挥专业人才的培养目标,这样的人才才是基础音乐教育最急需的。

---

① 余丹红:《全国高等院校音乐教育专业系列教材总序》,刊载于余丹红主编:《音乐教育手册》,上海:上海音乐学院出版社,2013年。

除此之外，学生的自弹自唱基本功和教学基本功训练也是我们必须要加以重视的。众所周知，尽管新课程改革已经实施十多年，多元化的音乐教学方式已经逐步推广，然而不可否认的是，在中小学音乐课程的教学实际中，唱歌依然是最重要也是最普遍的中小学音乐课程的教学方式。作为唱歌教学的基本功之一，自弹自唱能力显得尤为重要。从中小学音乐教学实践中尤其是小学音乐教学实践中可以获知，孩子们的音准概念并不稳固，模唱能力也有待加强，单纯地根据琴声而哼唱音乐是不切实际的，这个时候就需要考验到音乐教师的自弹自唱能力，能否在乐曲伴奏的同时，准确优美地范唱歌曲决定了音乐教学质量的高低。同时，自弹自唱不仅仅局限于自弹和自唱，在自弹自唱的同时还需要能够聆听孩子们的演唱，从中发现演唱中的问题并及时进行纠正。而包括自弹、自唱和聆听这三者的自弹自唱能力需要在高等教育阶段进行系统的训练。

而对于教学基本功训练，这也是一个老生常谈的问题了，然而时至今日，在高师音乐院系的音乐教师教育的培养过程中，该问题依然没有得到有效地解决。实习时间短，见习环节基本流于形式，或者干脆四年之内没有任何见习的现状十分突出。很多高师音乐院系的同人逐步认识到实习的重要性，然而对于见习却依然不甚重视。人类知识的传承和知识的习得从本质上讲是一种模仿—掌握—自我探究的过程。没有对于中小学音乐教学实践的观摩和反思，单纯地依靠学生的教学实习的探索和积累是一种不负责任，也是一种低效率的方式。同时，我国的师范生实习通常是只在一个教学级段进行，然而事实却是我们的毕业生可能会遍布从学前教育、小学、初中和高中的各个教学岗位。不同的年龄段有着不同的教学区分，以一种实习代替全部是不妥当的。再者，学生在第四年第一学期或第二学期（大概两个月）的实习时间过短，急需延长实习时间，提高学生的音乐教学实践能力，丰富学生的实践经验迫在眉睫。

随着经济的发展和社会的进步，我国高师音乐院系发展迅猛，然而，急速跃进的同时，带来的是内功修炼不够，对于高师音乐院系的办学宗旨定位不清，缺乏教育思想，不尊重教育规律。

综上所述，我国高师音乐院系的发展需要校正前行，压缩音乐表演专业的招生规模，着力保证"音乐教育专业学科群"的教学质量，紧密结合普通中小学校音乐课程的实际进行音乐教育专业的教学设计，只有这样，我国的高师音乐院系才能够真正地明确自身定位，进入良性发展的轨道之中。

（原载于《音乐创作》，2015年第12期）

谈中小学民乐团发展现状的影响因素

——以北京中小学民乐团为例

陈 佳

摘要： 民乐团，是中国近代发展出的一种以中国民族乐器为基础，再学习西方交响乐团的编制而成立的乐队类型。民乐团目前在内地的发展空前繁荣，每个城市、每个高校甚至每个中小学都有编制或大或小的民乐团。笔者将在本文中以北京中小学民乐团的现状为例来谈一下中小学民乐团的发展现状。

关键词： 金帆民乐团　运行机制　中小学

一、北京中小学民乐团的现状

在北京的中小学中，大多数的学校都组建了民乐团，民乐团的存在不仅推动了音乐教育的发展，而且促进了学生的兴趣培养。在北京，获得"金帆民乐团"称号是一个中小学民乐团的至高荣誉，并且每个获得"金帆民乐团"称号的学校都能获得教委一大笔的专项资金作为扶持。无疑，"金帆民乐团"项目的评比在很大程度上对于北京中小学民乐团水平起到极大的促进作用。笔者查阅了一些资料，这些获得"金帆民乐团"的学校在他们所在的区甚至北京市都属于重点学校。我们无法去判断是重点学校造就了"金帆乐团"，还是"金帆乐团"成就了重点学校。但是我们可以知道的是这两者必将是相互促进的。笔者以海淀区中关村三小（以下简称为"三小"）为例谈一下北京小学民乐团的发展概况。在三小，民乐团文化已经深深地印刻在学校的每个角落，每当放学时，学校里总是响起悠扬的乐器声。中关村三小的民乐团每周都会安排数次排练，每位乐团成员的专业水平都达到较高水平，为了保证乐团的可持续发展，每项乐器都分为大班、中班、小班，分别由中、高、低三个年龄段的学生组成，这样梯队发展的形式可以一直为乐团注入新鲜血液。三小对团员的要求也非常严格，每年都有一次民乐团入团考试，在演奏完乐队曲目和视奏考试后择优录取。北京大多数小学乐团的发展模式与其类似，之所以水平有所区别，笔者认为主要是以下几个原因。

二、造成乐团水平发展差异的原因

(一)学校管理层对民乐团发展的重视程度(外因)

笔者在北京的海淀、朝阳、西城以及丰台等小学的民乐团做过代课老师，这些学校发展情况却不尽相同。有的已经获得过"金帆民乐团"的称号，拥有专项资金支持，有庞大的规模和成熟的排练方式以及充足的后备人才储备。有的刚刚组建，各方面还处在初级阶段，规模和团员水平参差不齐，还处在团员培养阶段。还有的学校乐团如鸡肋，没有得到学校的重视，没有专门的场地和经费支持，仅靠老师的热情艰难地维持着。由此可见，一个乐团是否能够发展壮大，最基本的条件就是学校管理层的重视程度，笔者认为这是一个循环，一般在乐团取得一定成绩后会得到校方的支持，如果乐团想取得好的成绩必须要有好的老师，还要购买乐团必备的乐器，所以在乐团建立和发展的过程中需要学校的重视和扶持，只有这个循环建立起来，一个乐队才能步入正轨。由此可见，学校对民乐团的重视程度对于乐团的发展起到了至关重要的作用。

(二)民乐团的运行机制(内因)

一个民乐团的素质高低体现在许多不同的方面，其中包括团员的选拔、乐团排练的质量、人才的补充以及所获得的荣誉等。在团员的选拔上，高质量的乐团有一套科学严谨的选拔方法，他们有着类似的模式。小学的民乐团的选拔机制包括在乐理、视奏、曲目表演等方面全方位地对团员进行考察。中学的民乐团则与小学不同，重点学校有着品牌优势，所以在生源的选择上有着更多的选择，这些重点学校每年都会举行类似于"艺考"的小升初艺术特长生的招生考试，优中选优。录取的团员大部分在小学有着乐团或独奏的经历，由于有着良好的基础，往往乐团的进步较快。就乐团排练质量来看，笔者探访过数所获得过"金帆民乐团"称号的中小学乐团，例如北京市安慧里小学、北京市中关村第三小学、北京市丰台第五小学、丰台十二中等学校，他们一直保持着一周多练的排练习惯，并且会请专业的指挥及各乐器的指导老师参与排练，在排练的过程中有着严格的纪律与标准，这些都有助于提高乐团的排练效率，进而促进乐团的成长。

一个成熟的乐团若想一直保持较高的演奏水平，后备人才的梯队是其重要保证。俗话说："铁打的营盘，流水的兵"，军营不仅如此，学校亦是如此，每年都有新生入学和老生离校，笔者以中关村三小为例谈三小民乐团的后备人员的培养状况。在一年级新生入学后，校方会去每个班做调查，招募有学习民乐倾向的学生根据其想学习的乐器种类分到各个民乐小班，由专业团体或专业院校的老师进行乐器入门学习等初级阶段的教学。经过一至两年的练习，小班的学生升入中班进行简单的独奏曲等技术技巧练习。再经过一至两年的练习，中班学生升入大班并可以参与乐团考试进入乐团，小班、中班、大班每周都会保证一至两节专业课程。如此循环往复，每年都会有大量的新鲜血液涌入乐团，有如此多的后备人才，何愁无人可用。故，笔者认为一个乐团的运行机制直接决定了乐团可以到达的高度。

笔者在本文中就北京中小学民乐团的发展现状以及水平差异的外因与内因进行阐述，旨在让大家了解民乐团与学校是相互影响的，以及让大家了解在提高乐团水平时应当注意的事项。笔者希望通过本文可以献出自己的微薄之力，为乐团活动的开展起到推波助澜的作用。

（原载于《戏剧之家》，2015 年第 13 期）

关于小学音乐教师专业化发展的思考

舒 京

摘要：小学音乐教师专业化是提高艺术教育质量的必然要求。然而，小学音乐教师的专业化发展远未到达理想状态，滞后的原因很大程度上在于尚未理顺外在的音乐教师培养体制改革和内在的音乐教师发展理念革新之间的关系。鉴于小学音乐教师专业化发展的特殊性，必须贯彻落实教育部颁布的《小学教师专业标准》和《教育部关于推进学校艺术教育发展的若干意见》，进一步深化小学音乐教师教育体制改革，以培养专业化、优秀的小学音乐教师。

关键词：小学音乐教师 专业化 教师培养体制 专业标准

2012年9月，教育部颁布了《小学教师专业标准（试行）》（以下简称《专业标准》），要求小学教师将《专业标准》作为自身专业发展的基本依据，制定自我专业发展规划，大胆开展教育教学实践，不断完善自己。自此,《专业标准》与《义务教育音乐课程标准（2011年版）》形成了配套的组合拳，分别从规范小学音乐教师从业资格和引领小学音乐课程发展两个方面有力推进小学音乐教师的专业化进程。2014年，教育部又发布了《教育部关于推进学校艺术教育发展的若干意见》，其中明确提出要针对艺术师资短缺、兼职教师多、专业化教师少的现象，注意培养合格的艺术教师。然而，小学音乐教师的专业化发展远未到达理想状态，滞后的原因很大程度上在于尚未理顺外在的音乐教师培养体制改革和内在的音乐教师发展理念革新之间的关系。正是基于这一判断，我认为，创新小学音乐教师培养体制与提升小学音乐教师专业素养共同成为当前我国推进小学音乐教师专业化进程的两大任务。

一、小学音乐教师的专业化发展具有自身特殊性

"专业化"通常被用来指称一个半专业性职业不断地满足一个完全专业性职业标准的过程。这一概念界定十分适用于自古以来专业化水平相对较低的教育行业，而对于处在学校教育弱位的小学音乐教育来说，更是揭示了其艰

难的探索和发展过程。为此，我们十分关注专业化进程中的两个维度：地位的改善与实践的改进。前者从地位角度不断对制度提出优化的要求，以让教师职业获得作为专业性职业的地位。后者作为通过改善实践者的知识和能力来改进所提供服务的质量的过程，关注的是教师在展开教育行为时使用了多少专业知识技术。① 不难看出，前者的专业化依靠的是教师培养体制的健全和科学性，后者的专业化实际上等于专业发展。小学音乐教师的专业化发展需要通过教育改革、学校变革以及教师专业发展三者的协调共进来实现。而在影响小学音乐教育改革和学校变革的因素中，目前的教师培养制度很难保证小学音乐教师在学科方面获得完整、规范的专业训练是最为重要的瓶颈因素。

因此，我们提出"上行下效"的发展路径，即"上行"——通过加快音乐教师职前培养体制改革来确保自上而下的、教师队伍入口的专业性；"下效"——通过提升教师的专业素养来确保自下而上的、教师队伍发展的专业性。这一双向发展路径将有助于推进当前我国的小学音乐教育从一个半专业性职业向一个完全专业性职业转变，同时也让身处不同发展阶段的小学音乐教师明确需要共同努力的专业化发展目标。

二、"上行"路径中的教育尝试：针对小学音乐教师职前培养体制的改革

小学音乐教育的发展与改革越来越强调音乐专业的特点与艺术教育的独特性，音乐教学逐渐从单纯的唱歌教学转变为"听、唱、弹、创、编、鉴"的综合教学，这一发展变化对小学音乐教师队伍的素质提出了更高要求。纵观世界小学音乐教育发展，音乐教师培养体制的调整与革新是大多数国家的共同抉择。中国的学校基数大，小学音乐教师的专业化发展不能仅仅依靠职后继续教育来实现，因此，职前小学音乐教师培养体制的改革迫在眉睫。

（一）"综合培养"的专科体制难以满足小学音乐教师的专业化发展需要

近年来，笔者对北京市小学音乐教师队伍专业素质的现状，尤其是针对"教师获得音乐本科学历的途径"进行了调研。调研采取随机取样的办法，对北京市10个区县146所小学的音乐教师进行问卷调查，回收有效问卷404份。调研结果显示：教师通过全日制学习获得音乐本科学历的只有4%，通过高等教育自学考试取得的占30%，通过在职其他方式进修的占60%，获得其

---

① 佐藤学：《教育方法学》，日本：岩波书店，1996年，第137—139页。

他本科学历的占6%。也就是说，约占96%的小学音乐教师的本科专业知识技能，是在工作之后，通过进修学习获得的。北京尚且如此，全国可想而知。长期以来，我国的小学教师一直由中等师范学校培养和输送，培养模式以"综合培养"为主，没有音乐专业方向。部分中师毕业生走上了音乐教学或兼教音乐的岗位，但由于音乐基础薄弱，专业知识与能力不足，难以胜任音乐教学。直至世纪之交，国家开始要求小学教师的学历要逐步达到本科层次，小学教师的培养开始由"中师""大专"向"本科"院校过渡，培养模式是"综合培养""文理分科"，但专门设置小教音乐专业的院校还是很少。

（二）"综合与专长"统筹发展的教师职前培养体制改革应运而生

根据北京市小学教育专业化发展的社会需求，首都师范大学初等教育学院在"综合培养，发展专长"的培养目标下，采用了分方向培养模式。这种模式不否定综合，强调在学生培养的整个过程中体现"综合"培养的原则，并且在综合培养的基础上，又使每位学生有一个课程发展的领域，为将来成长为某一学科的骨干或学科带头人打下坚实的学科基础。首都师范大学面向北京全市招收小学教育专业音乐方向的本科生，小学音乐教师的培养真正融入高等教育体系，小学音乐教师培养专业化成为现实。首都师范大学初等教育学院关于小学音乐教师培养体制的尝试主要有以下四个方面：

1. 关注小学音乐教师职业特点，改革招生方式，把小学音乐教育专业并入艺术类招生范围，录取时提高文化课成绩所占比例。

2. 加强小学教育学科和音乐专业建设，完善小学音乐教师培养方案，科学设置教师教育课程与专业方向课程。在专业教学上，突出综合性，淡化专业性，增设与小学音乐教学相关的专业课程。

3. 重视教育实践环节，突出音乐教育的师范性，加强音乐教师基本功训练并使之规范化、序列化，提供社会实践和艺术实践机会，抓好教育实习。

4. 加强从事小学音乐教师教育的师资队伍建设，建立科学的质量评价制度，提高教育教学质量，保障培养的小学音乐教师在入职前就打下坚实的学科专业基础。

三、"下效"路径中的多元需求：从《专业标准》看小学音乐教师的专业化素养

小学音乐教师不仅是人类社会音乐文化的传承者，还是实施音乐审美教育、塑造学生人格的"灵魂工程师"，引领学生感受美、鉴赏美、表现美、创

造美。作为小学音乐教育的践行者，应该具备什么样的专业素养？新颁布的《专业标准》中提出"师德为先、学生为本、能力为重、终身学习"的基本理念，我们可以据此来审视职前职后的我国小学音乐教师急需提升的专业素养结构。

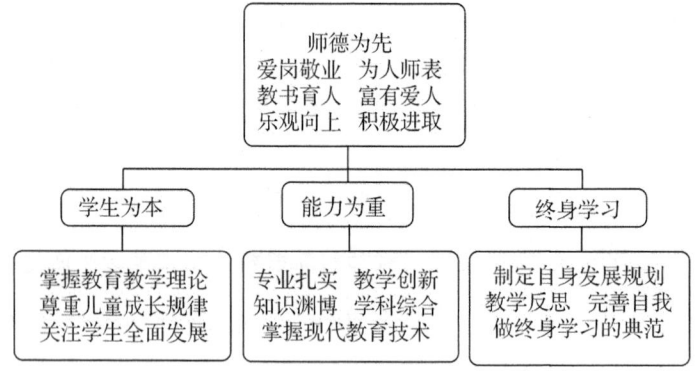

小学音乐教师应当具备的专业素养

（一）师德为先，努力提升专业道德师德是教师立身之本

教师职业具有的特殊性（培养人）和教师使命具有的特定性（塑造人），使教师专业具有突出的示范性和教育性，相对于多数职业而言，教师职业应有更高、更严格的专业道德要求：《专业标准》要求小学教师要具有职业理想，履行教师职业道德规范；关爱小学生，尊重小学生人格，富有爱心、责任心、耐心和细心；为人师表，教书育人，自尊自律，做小学生健康成长的指导者和引路人。[①] 小学教师面对的是6—12岁的儿童，这些孩子从以玩耍、游戏为主的家庭（或幼儿园）生活进入到了以学习为主的学校生活，经历了由在家庭里对父母的血缘生物依恋到在学校里对老师的道德情感依恋的转变。学校教育应通过建立亲密的师生关系，把小学生生物性的社会情感逐步提升为更高级的社会精神性情感。小学教师特别需要用目光、笑容、肤触及各种体态语言向儿童传递爱的信息，使小学生建立对学校及老师的依恋、信任关系。[②] 因此，小学音乐教师应关爱儿童，在音乐教育过程中"动之以情、晓之以理、感之于心"，激发小学生健康而丰富的情感，使之产生对艺术和人生的美好追求。

对当代教师而言，对师德的理解更应该建立在深刻认同专业道德的基础

---

① 教育部教师工作司组编：《小学教师专业标准（试行）解读》，北京：北京师范大学出版社，2013年，第133—134页。

② 朱小蔓：《中国教师新百科（小学教育卷）》，北京：中国大百科全书出版社，2002年，第201—203页。

之上。音乐教师的专业道德表现为教师对音乐教学专业（而非一般的教育情怀）的认同感、责任感及敬业奉献精神等方面。具体而言，要求小学音乐教师应该懂得音乐教育的规律，了解儿童学习音乐的心理特点，用乐观向上的心态，向学生传递教师深沉无私的爱。仅就唱歌教学而言，专业道德要求小学音乐教师不但要教会孩子们唱歌，还得教会孩子们感受音乐中的美，学会发自内心地去表演。

(二)学生为本，读懂儿童的音乐表达

以生为本的核心是理解儿童。《专业标准》要求小学教师以小学生为主体，充分调动和发挥小学生的主动性；遵循小学生身心发展特点和教育教学规律，提供适合的教育，促进小学生生动活泼学习、健康快乐成长。① 小学教师的任务就是通过自己的教育努力，让处在发展之中的有自己特殊天性的儿童得到适合的发展。对于这些 6—12 岁身心发展尚未成熟，人生观、价值观尚处于形成初期的小学生，教师需要付出更多的关注和努力。教师不仅要关心学生知识的学习情况，更应该首先把小学生作为一个人放在关注的中心。② 理解儿童是教育的基本问题。③ 对音乐的爱好和自发追求几乎是儿童的天性，也是儿童感受世界的一种基本方式。对小学生而言，音乐不仅是通向艺术殿堂的一种路径，更是日常生活中的一种表达方式。通过歌唱、舞蹈、游戏、表演等各种艺术形式，小学生将内心深处灵动的思想和情感，淋漓尽致地表达出来，或高兴、或兴奋、或悲伤、或忧郁。在音乐学习中，儿童自在地表现情绪和感情，自由地发挥想象力和创造力。小学音乐教师在教学实践中，要敏感地关注、呵护学生的情感需求，理解小学生的音乐表达，适时引导、沟通，让他们自主学习、快乐成长；音乐教师应了解小学生接受音乐的心理过程，善用音响效果，采用音乐语言与小学生直接交流，让小学生用音乐思维来思考问题，把握音乐情感的要素；教师对小学生音乐情感的引导与体验不应在完成音乐知识技能学习后进行，而应在将音乐呈现给儿童的第一瞬间，就尽量给予小学生体验和感受音乐的机会。

(三)能力为重，努力发展一专多长

小学音乐教育具有启蒙性、基础性、综合性的特点，这就要求小学音乐

---

① 教育部教师工作司组编：《小学教师专业标准（试行）解读》，北京：北京师范大学出版社，2013 年，第 133 页。
② 王智秋：《小学教育专业人才培养模式的研究与探索》，《教育研究》，2007 年第 5 期。
③ 杨九俊：《理解儿童》，《江苏教育研究》，2012 年第 3 期。

教师具有多学科的文化知识素养和综合的教学能力。小学音乐教师要能够在教学观念、艺术修养、知识结构、业务能力等方面有所提高，能够进行教学和科研，既会教学实践，又会理论研究；既熟悉教育规律，又了解教学艺术。

具体而言，小学音乐教师必须具备如下素质：

首先，教师要具备良好的专业知识技能。例如，懂得正确的发声、咬字、吐字等基本歌唱要素，拥有良好的歌唱状态和水平，这样才能指导小学生正确而快乐地演唱。又如，因为生动的钢琴演奏会使音乐课堂充满活力，精彩的钢琴伴奏能激发学生的歌唱兴趣，所以要较好地掌握钢琴演奏技能。再如，由于音乐教育是情感体验教育，所以音乐教师还要具备良好的音乐体验能力和较高的音乐鉴赏水平，这往往决定着音乐教学的水平和质量。同时，音乐教师还应具备创作、改编歌曲与乐曲，组织合唱队、乐队以及全校性的大型音乐活动的能力。

其次，教师应具有丰富的教育理论知识。例如，系统掌握教育学、心理学包括音乐教育心理学等方面的知识，把学科知识、教育理论与教育实践相结合，突出教书育人的实践能力；研究小学生，遵循小学生成长规律，提升教育教学专业化水平。[1]

最后，教师还要广泛学习与音乐相关的其他学科知识，博学多才，提高自身的综合文化素养；要掌握现代教育技术，熟练地使用计算机进行工作和学习，以适应音乐新课程教学的需要。

(四)终身学习，坚持进行教育反思已经成为每位教师的必然需求

教师专业发展不仅注重教师个体知识、态度和实践能力的提升和改进，还逐渐开始考虑教师工作环境中的学校组织文化和结构调整。《专业标准》指出："小学教师要坚持实践、反思、再实践、再反思，不断提高专业能力。具有终身学习与持续发展的意识和能力，做终身学习的典范。"[2]这里，小学音乐教师是否具有教育反思能力，被视为能否达到专业化水准的重要标志。教育反思，是小学音乐教师专业成长的必经之路。教育反思，就是教师将自己的音乐教学活动和课堂情境作为研究对象，对教学行为和教学过程进行有意识的分析与总结，认识和找到自身教学的不足，适时积累经验，坚持钻研业务，不断提高教学质量。全国著名的小学音乐特级教师任虹在总结自身独特的教

---

[1] 朱小蔓：《中国教师新百科（小学教育卷）》，北京：中国大百科全书出版社，2002年，第212—213页。

[2] 教育部教师工作司组编：《小学教师专业标准（试行)解读》，北京：北京师范大学出版社，2013年，第133—134页。

学风格如何形成时，说得最多的两个字，就是"思考"，在思考中完善，在反思中成长。小学音乐教师要学会在教育反思中，把抽象的音乐教育理论具体化，将教育理论和实践不断对接，完善提升自身的教育教学能力。

综上所述，小学音乐教师的专业化发展，绝非朝夕之功。当前我国的小学音乐教师队伍还处在专业化发展的起步阶段，迫切需要坚持不懈地推进"上行下效"的发展路径。只有将职前教育的专业培育与职后教育的专业引领紧密结合起来，才能培养高质量、专业化的小学音乐教师队伍，才能促进小学音乐教育教学质量的不断提升。

（原载于《课程·教材·教法》，2014年第34卷第12期）

童年在舞蹈的"呼吸"中成长

田培培　何晓迪

摘要： 基于儿童教育的角度，儿童舞蹈的"呼吸"如何，应达到何种质量？本文以中国舞协"第八届'小荷风采'全国少儿舞蹈展演"作为切入点，呼吸童年的味道，以期在回味与过滤中找到答案。

关键词： 童年　舞蹈

人们往往赋予童年最高级的赞美，童年的空气干净而清爽、美好而单纯。童年之所以为人类生命周期中极重要的时期，正是因为这一时期的"呼吸"质量决定着儿童未来的茁壮成长。单纯的呼吸是生命体与空气进行交换的过程，以促进机体成熟，而人类的智能亦随其所处社会、教育、家庭等环境中的"呼吸"而逐渐长成。基于儿童教育的角度，儿童舞蹈的"呼吸"如何，应达到何种质量？以中国舞协"第八届'小荷风采'全国少儿舞蹈展演"作为切入点，呼吸童年的味道，以期在回味与过滤中找到答案。

一、儿童成长与舞蹈"空气"

《法律文书大词典》将儿童界定为3周岁到14周岁的未成年人。儿童心理学研究表明，人对事物的认知以记忆为基础，记忆系统可分为内隐记忆系统和外显记忆系统。内隐记忆系统促成儿童无心的或无意识的知识获取，即潜移默化的知识渗透；外显记忆系统则侧重将知识有意识地、明确地进行给予和传输。儿童便是在外显记忆和内隐记忆双系统的储存转换过程中，逐渐对事物和概念建构出多种"形象"认识。此处采用"形象"一词，是因为儿童只有在11岁以后才能进行抽象和逻辑推理在内的智力活动，从而对事物形成抽象概念的理解；11岁以前的儿童经历从感官运动理解—符号理解—具体事件理解的认知发展过程，对一切抽象事物的理解最终均由具体形象或符号来代表。"小荷风采"参赛选手中，11岁以下的儿童占据大多数。

舞蹈艺术活动作为双重记忆系统并存的教育途径，其中，教学活动重在激活儿童的外显记忆系统，创作活动则悄然激活儿童的内隐记忆系统，二者有效促成儿童对舞蹈艺术的"形象"认知，进而某种程序性动作、某种符号标志、某演出活动事件就可能成为其童年时期所理解的舞蹈艺术的概念。因此，儿童所参与表演作品或活动、主题与内涵、服装与道具、样式与色彩、音乐与风格、情节与故事、人物与角色等诸多创作要素，都将在儿童大脑中形成根深蒂固、甚至是不可磨灭的舞蹈记忆和认知。此外，儿童舞蹈艺术与生俱来的寓教于乐、身心启迪、群体参与、放飞想象、相互协作、品质磨砺等特性，同样对儿童的认知及行为发展具有日渐月染的非凡影响。总之，儿童舞蹈艺术活动这片舞蹈"空气"与儿童成长有着辅车相依的关系(图1)。

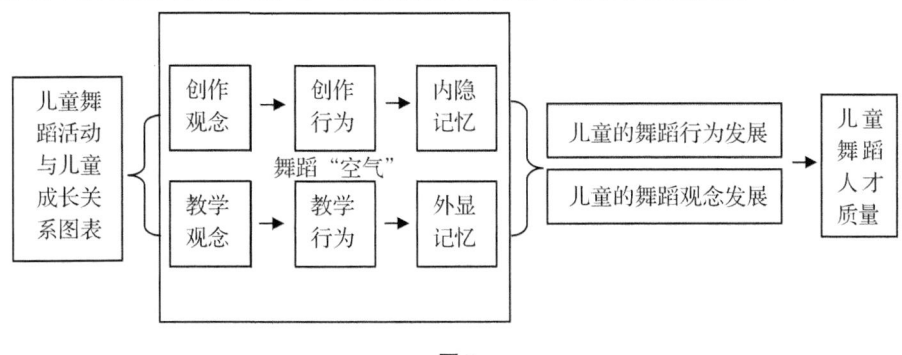

图1

出色的儿童舞蹈艺术活动无疑能让儿童呼吸到高度纯净的"空气"，助推其成长。第八届"小荷风采"全国少儿舞蹈展演活动中，既有超出年龄能力范畴的精彩绝伦的舞蹈呈现，也有滞后于年龄能力范畴的不尽如人意的舞蹈呈现，但从儿童本体出发，前者顾及艺术质量而忽略了孩子的身心需求，后者强调参与性而轻视了孩子的知识获取和感知过程。因此，儿童舞蹈艺术从业者们在开展和推进艺术活动时，应兼顾艺术品质表达及参与者本体，达成并维持二者的统一。

苏联著名教育实践家、教育理论家苏霍姆林斯基认为，教育技巧的全部奥秘就在于如何爱护儿童。通过"小荷风采"展演进行检测，看看儿童舞蹈创作是否具备呵护儿童天性、保护儿童天赋、挖掘儿童潜能的教育技巧。

毋庸置疑，不同作品创造出不同的舞蹈"空气"。剧场内频频掌声雷动，确实不乏对孩子们大有裨益的佳作。以《走向春天的下午》为代表的部分作品，其表现手段充满艺术个性和灵性，可为孩子们提供独特的艺术体验和感知环境；以《我是广东人》为代表的部分作品，具有符合该年龄段儿童身心特征的深刻思想，可在长期训练和表现中让孩子们得到民族情操的熏陶与强化；以《鸟鸟鸟》为代表的部分作品，因超凡的艺术想象力以仿生的形象讲述鸟的生存法则，孩子们可通过形象塑造体会到人类与大自然的内在关联；以《弄堂记忆》为代表的部分作品，因其独到的视觉风格美感及深厚的人文情怀而夺人眼球，孩子们可在舞蹈表现中进行地域情怀的呈现与传承……

然而作品呈现必然有美中不足。首先，有些作品的肢体表现可谓训练有素，但作品本身的内涵空洞、构造无章，孩子参与其中除能得到身体素质训练外，体会不到演绎角色所带来的想象和认知。其次，有些作品让本来活泼可爱、天真烂漫的儿童在舞蹈状态下显得呆板木讷；某些作品所塑造的形象与儿童心理发展及生活经历不符；某些作品色彩搭配混乱、画面模糊拖沓、服饰累赘或过于单一、音乐风格杂乱等；某些作品通过刻板的方式地进行"红色"思想情操的宣扬……孩子加入诸类表现中，不但无法提升艺术灵气和气质，反而形成缺乏艺术性的审美感知力。面对如此让人心存质疑与担忧的"呼吸"质量，迫切需要儿童舞蹈艺术从业者们进行换位思考：如作为一名儿童参与者，你想怎样在舞蹈中呼吸？

二、儿童舞蹈的"空气"质量标准

通过质量检测不难看出，目前中国儿童舞蹈的"空气"质量并未达到高枕无忧之境，其质量的标准应有以下三点：其一，创作出更多符合儿童身心的艺术作品；其二，促进儿童身心成长；其三，利于儿童舞蹈人才培养。就儿童舞蹈艺术创作而言，应在以下几个方面促进更为优良的舞蹈艺术"空气"环境：

1. "技"与"艺"的平衡处理。在动作语汇方面，过于强调技术技巧的展示而忽略艺术性的表达，是儿童舞蹈创作长期以来存在的问题，虽然本届展演中关于"技"与"艺"的平衡相对历届有所改观，但依然有部分作品强行加入类似于"穿民族短裙搬腿""幼儿集体行进前软翻"等与情节无关、与儿童骨骼发展相悖的技术技巧。儿童长期对"技""艺"失衡的动作语汇序列进行启动、重复、模仿的程序化学习，便会在显性记忆储存中对技术技巧与舞蹈的关系认知产生曲解。因此，合乎情理的动作语汇表达是为儿童打造健康"空气"的重中之重。在儿童舞蹈表现中，以7岁为年龄界限，7岁以下的儿童舞蹈无需用技术技巧提升精彩度，7岁以上的儿童舞蹈则应在遵循儿童生理特征的前提下，结合作品主题内涵开发或延展出特有的技术技巧，打造作品的创新点和亮点。如作品《毛毛虫》设计的"坐爬"状主题技巧动作，使虫的形象更加生动逼真，形态别具创意，极富视觉冲击力，使作品出类拔萃。

2. 舞台视听的美感传递。舞蹈艺术作为视觉与听觉的双重艺术，其综合舞台视像的展现就是艺术作品内外在信息的直接传递。儿童经历着空间敏感期、秩序敏感期、音乐绘画敏感期、审美敏感期等重要感知阶段，所以舞蹈艺术创作中所呈现的空间、色彩、形象、节奏、情绪、美感等众多舞蹈要素将直接作用于交叉敏感期的儿童，这对儿童建构舞台认知雏形的影响力不可小觑。因此，在儿童舞蹈表现中，应避免过度的浓妆艳抹、缺乏美感的服饰、夸张频闪的灯光、艺术感不足的音乐等不良因素，通过精准的、具有审美眼光的视觉与听觉呈现，保护和展示儿童群体天然的美，引导儿童在优质的"空气"中呼吸成长，培养其良好的审美习惯和意识。

3. 教化功能的自然渗透。教化功能是指某种文化、思想、行为对学生道德品质和观念的作用，与记忆系统同理，教化亦可分为内隐教化和外显教化。外显性教化的作品即通常所说的教育类作品，企图在具备艺术性的同时，有效加强对儿童的思想教育，是儿童舞蹈评审及编导较为青睐的创作类型。但过于刻意、直白、甚至牵强地将某些教育内容附加于儿童舞蹈作品中时，便会产生适得其反的效果：部分作品贴附超越儿童想力、理解力的"宏大梦想"；部分作品进行大量口号式、表象化的"××精神"生硬表达，如不恰当地运用国旗和红领巾作道具、非儿童语言和方式表现"孕妇生产"的场景等，此类表现手段并未能深入儿童和观众内心，其教化功能的目标可谓事倍功半；内隐教化的作品则通过暗示或较为含蓄的方式进行思想感化，如能运用巧妙合理的表现手段能将内涵在递进中娓娓道出，则可在艺术效果上更胜一筹，达成潜移默化的教化目的。儿童舞蹈追求教化功能乃情理之中，但应避免极端的图解式呈现，精妙地将教化性自然渗透于作品中方能事半功倍。

童年是人一生中无比美好的生命阶段，是纯净无比的理想王国。在舞蹈的呼吸中成长的"小荷"们，应拥有清透的双眸、纯净的笑容、活跃的思维、灵动的肢体……才不枉人类赋予童年"圣洁美好国度"的殊荣，更不枉舞蹈艺术教育之于人才的根本使命。期待所有儿童舞蹈艺术从业者们共同提高、维护属于儿童舞蹈的优质"空气"，让每一朵"小荷"吸收充沛的养分和阳光，在舞蹈的呼吸中茁壮成长。愿楚楚"小荷"风采奕奕，缤纷绽放！

(原载于《舞蹈》，2015年第9期)

偏好与表达：中小学生的舞蹈意愿调查

李文玥

摘要： 了解现阶段中小学生的舞蹈偏好具有重要作用与意义。2014年5月，北京师范大学艺术与传媒学院就舞蹈领域针对北京中小学生的大型问卷调查，首次以数据方式向舞蹈受众方获取了关于当下舞蹈生态现状分布的资料。数据显示出目前北京中小学生的舞蹈偏好在舞蹈种类与自我表达等方面呈现的明确指数，指出舞蹈类艺术课程的建设应将愉悦性、综合性、文化性、科学性、创造性、历史性、经典性紧密相结合。此次调查也表明，以舞蹈表达为核心，依据身体运动规律设计授课内容，相比用已有的固定模式进行授课，更具可接受性与可操作性。

关键词： 舞蹈偏好　中小学生　舞蹈表达　舞蹈教育

北京师范大学艺术与传媒学院针对北京中小学生的大型问卷调查，从多个角度提供了舞蹈存在、舞蹈推广与舞蹈本体发展等问题的可靠依据。数据中显示出学习舞种与喜欢舞种之间的错位问题，以及舞蹈教育中综合能力训练的重要性问题，指出知识维度和理解维度有待提高，加强舞蹈素养平衡发展是当下中小学刻不容缓的关键性问题。

了解现阶段社会人群尤其是中小学生的舞蹈偏好，有益于在舞体的生存环境中观察舞蹈本身[1]，对于舞蹈本体理论研究具有重要的作用与意义。理解舞蹈偏好就是理解人对舞蹈感知与认知的择取倾向。[2] 中小学生的舞蹈偏好更多是介于舞蹈感知初级层次的认知择取倾向。他们对于舞蹈种类偏好、表达意愿偏好以及从众性偏好的选择，反映出本土文化影响、社会影响以及当代教育影响下，新生代个体对于以舞蹈为主要载体的文化存在体的感知。

此次研究采用的抽样方法为整群抽样，调查方式为问卷法，样本来源为

---

[1] 资华筠，王宁：《舞蹈生态学》，北京：文化艺术出版社，2012年，第106页。
[2] 尚会鹏：《心理文化学要义——大规模文明社会比较研究的理论与方法》，北京：北京大学出版社，2013年，第33页。

北京市 12 所中小学,[①] 有效样本 2540 人/份,调查时间为 2014 年 5 月 20 至 6 月 10 日,数据处理是采用 Spss18.0 软件包分析二。

一、舞蹈种类的偏好

(一)舞蹈种类总体偏好

根据北京师范大学艺术与传媒学院 2014 年 5 月的调查显示,目前,北京中小学生对于公众认知较高的 7 种舞蹈类型中,兴趣最高的是街舞。在这些抽样调查问卷中,最喜好街舞的中小学生占据调查总数的 29%;芭蕾舞与现代舞并列第二位,各占 16%;爵士舞位居第三,占 13%;民族民间舞与中国古典舞并列,位居第四,各占 12%;戏曲舞蹈爱好者占 2%,屈居于最后一位(见图 1 所示)。

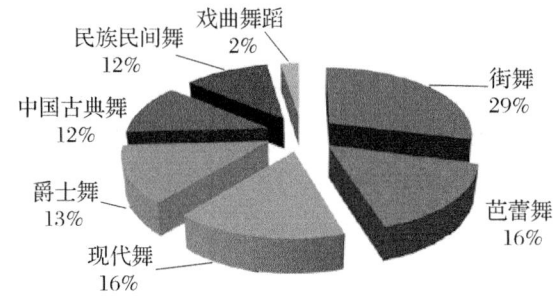

图 1 对舞蹈种类的兴趣

(二)易懂易爱的"草根"舞蹈

在以上 7 种舞蹈分类中可以看到,街舞与爵士舞同属外来流行舞种,源于美国。街舞源于 20 世纪 60 年代的美国街头文化,而爵士舞是在 1920 年与爵士乐同时出现。它们都是经过岁月重重考验的大众文化的缩影。游戏的过程让它们的技术性逐渐加强、加深。因此,宣泄、释放与游戏的属性就是街舞与爵士舞的血液,能够鼓舞人心,具有极强的感染力。近 10 年中,随着韩国文化创意产业的兴起,街舞与爵士舞成为韩国流行文化发展的主要对象之

---

① 包括北京师范大学奥林匹克花园实验小学、北京师范大学亚太实验学校、北京师范大学朝阳附属小学、北京师范大学朝阳附属中学、北京师范大学朝阳学校、北京师范大学第二附属中学、北京师范大学大兴附属小学、北京师范大学大兴附属中学、北京师范大学励耘实验学校、北京师范大学良乡附属中学、中国石油大学附属小学、北京师范大学附属实验小学。

一，也成为塑造明星占据文化市场的主要商业手段，影响了我国尤其是青少年的审美走向。因此，街舞成为中小学生舞蹈偏好调查之首，最重要的原因就是，其快速的节奏符合了青少年生理节奏的需求。针对节奏的动律性动作的理解与挖掘，以及创作者对通俗、流行性元素的把握，还有舞台、多媒体等综合艺术手段的配合，韩国流行文化业界再次激活了街舞与爵士舞的生命力，同时也走到了亚洲文化市场的前端。

在此次问卷调查中，如果把29%的街舞与13%的爵士舞合起来看，中小学生的偏好百分比已经快要接近半数，其中表现出以下问题，即以舞蹈为代表的社会流行文化影响力不容忽视。那么，如何从艺术教育实施者的角度对此进行理性认知与分析，如何合理引导、激发青少年情感由被动到主动的合理释放，避免盲从等问题的扩散，是值得研究的课题。

另外，我国的民族民间舞可以说是与街舞、爵士舞一样，源自民间的"最接地气儿"的舞蹈。然而不同的是，中国的民族民间舞是真正意义上的中国本土历史文化的留存。近几十年，由于受到国家的重视，成为中国舞蹈文化传播的"宠儿"。无论是高等艺术院校的舞蹈学科专业的树立，还是各种专业比赛、重大活动的展示，中国民族民间舞都已成为主流文化传播的舞蹈主体表现形式。因此，中小学生对于民族民间舞的认知比较深刻，更有不少舞蹈爱好者将一些看似优美、流畅的作品拷贝下来，在一些比赛、考试或者庆典活动中将其展示于众。在此次调查中，民族民间舞对于中小学生来说仅具有12%的偏好指数。这个指数在本次调查中并不见优势，这显示出本土的"草根文化"和特质还没在当下的舞蹈传播中发挥出应有的魅力与作用。研究者在民族文化创新过程中，发现了民族民间文化"回归"本土的重要性，"原汁原味"逐渐成为我国民族民间舞发展的核心问题。我们面对西方流行文化的迅速入侵，以及传统文化越来越快的流失现象几乎束手无策。此时，对于我国的民族民间文化而言，了解自身的文化历史远比文化创新更为迫切。

（三）西方舞蹈殿堂的双重洗礼

芭蕾舞是宫廷礼仪流变而形成的高雅艺术。无论是在历史上的宫廷还是现代剧场，芭蕾舞已经成为舞蹈艺术的丰碑。近10余年，欧洲与北美的绝大多数舞蹈专业院校以及综合性院校的舞蹈专业学科中，古典芭蕾与现代芭蕾已共同成为专业舞者的必修课。可见，芭蕾舞在欧美大多数国家已成为极其普遍且被广泛认可的课程。然而，在这次抽样调查中，它只有16%的偏好指数。虽然指数在总体调查中位居第二，但仍然显现出我国艺术教育基础的欠缺。

现代舞实际是艺术史上西方现代主义思潮中的一部分，是为打破古典芭蕾固定不变的手位姿态、脚位步伐等禁锢而开创的自由之舞。其以人性为出发点，经过漫长岁月的重重洗礼，推动了舞蹈艺术领域的发展，是芭蕾舞之后的重要舞蹈形式。在此次北京中小学生2540份调查问卷中，中小学生对芭蕾舞与现代舞的偏好指数同为16%，仅次于对于流行舞、街舞的喜好。由此可见，西方科学、理性的艺术发展值得我国艺术教育进行深入的了解与借鉴。

(四)本土舞蹈的"冷遇"与可发展空间

中国古典舞严格来说，不是中国古代延续下来的舞蹈，而是新中国成立之后，艺术工作者从戏曲、武术等传统文化形式中提取形成的独立舞蹈形式。中国古典舞相对于戏曲身段来说，更加侧重于对身体元素的系统性训练。这种具有张力与表现力的身体训练体系，很快成为北京舞蹈学院舞蹈建设的领军形式。中国古典舞在近几十年的建设中，审美逐渐稳定，体系逐渐成形。戏曲舞蹈被我国台湾、香港等地区保留，未经提炼且延续至今，并作为古代舞蹈的形式被广泛传承。而在中国大陆，此舞蹈形式并不多见。北京中小学生对此的了解就更加匮乏。因此，中国古典舞对于北京的中小学生来说尚有12%的偏好，而戏曲舞蹈则只有2%。反之，就我国台湾地区而言，台湾本土现代舞团"云门舞集"时常将戏曲舞蹈与现代舞紧密结合，此类经典作品包括《红楼梦》《行草》《水月》《竹梦》等，游走于世界并享誉全球。在台湾地区，"云门舞集"无人不知、无人不晓。可见，中国大陆本土文化的传播和传承在当下教育领域还是行之尚浅。

综上所述，北京中小学舞蹈类艺术课程的建设应综合多舞种各自优势，全面深入挖掘以舞蹈为代表的身体语言的艺术文化内涵，以科学的身体训练方法培养中小学生的行为礼仪与身体基本健康能力，创造以身体为媒介的群体或个体训练游戏，愉悦学生身心，开发学生创造性思维能力，并对古今中外的经典舞蹈作品要有一定鉴赏力。舞蹈这种"身体力行"的艺术必然能带动当下以北京中学生为代表的中小学生身体与心灵的健康发展。

(五)舞蹈种类与性别的偏好

从男生女生性别差异方面来看，对于芭蕾舞的偏好，女生有34%，而男生只有6%；对于性别分类鲜明的民族民间舞，男女生的偏好差异显著，女生有23.2%，男生有5.2%；对于中国古典舞，男生偏好有8.1%，女生偏好有21.3%；现代舞两性偏好指数相对接近，男生偏好有13.4%，女生偏好有26.1%；对于爵士舞，男女生的偏好更加接近，男生偏好有11.4%，女生偏好有20.2%；对于戏曲舞蹈，男生偏好有2.5%，女生偏好有3.8%；然而对于街舞，男生偏好反超至40.5%，女生偏好才到32.5%。街舞在男生中占据最大比例，也是唯一超过女生比例的舞种（见图2所示）。

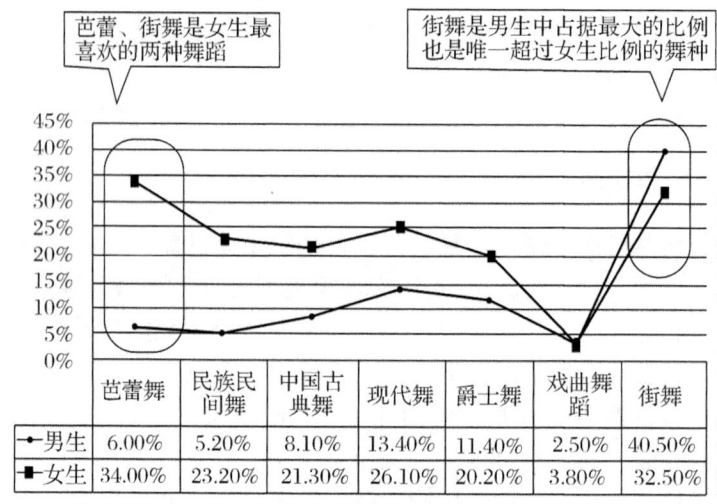

图2　男女生喜爱的舞蹈种类

对于芭蕾舞的偏好，女生有34%，男生则只有6%。为何芭蕾舞会得到女孩子的喜好？笔者以为，随着社会的日益发展，全民生活质量大幅度提高，每个女孩都成为家庭中的"公主"。而像公主一样优雅自然、仪态可人，成为女孩子的追求，而芭蕾舞中的女孩无论从姿态、气质、身材、技巧、装束，还是从审美、人物形象等方面，都满足了女孩子的需求，芭蕾舞满足了女生缺乏状态引起的主体自动平衡倾向，即形成了女生的舞蹈偏好冠军。

另外，街舞倍受男女生青睐的原因，笔者认为还是流行文化对于市场战略性的影响所致。无论是受中国内地的娱乐选秀节目《舞林争霸》《中国好舞蹈》的影响，还是受韩国2012年风靡一时的单曲《江南Style》的影响，这种文化创意产业链状商业团队的推行都足见成效。其无论是从传播形式、团队建设方面，还是从推广力度方面，都深深影响了年青一代受众。因此，此次调查显现了流行文化团队合作运营模式的优势，其他校园文化都相形见绌，而这恰恰显示了文化传播"孤军奋战"所带来的弊端。街舞激发了男生群体的潜质，让40.5%的男生找到了自信，其节奏具有强烈的生命力，加速了男生血液循环中的驱动力。在这样的节奏中，无论是男生还是女生，都很容易得到快感，并被感染。

(六)舞蹈种类的阶段性偏好

对于小学生来说,街舞、芭蕾舞位居榜首,各占29.6%和28%;民族民间舞达到19.7%,位居前列;中国古典舞达到15.5%;现代舞占14.9%;爵士舞占13%,戏曲舞蹈占3.8%。初中生偏好街舞比例上浮至41.3%,现代舞上升至21.2%,爵士舞升至18.4%,芭蕾舞下降至13.7%,中国古典舞占12.3%,民族民间舞下滑至7.2%,戏曲舞蹈仍居最末,占2.3%。高中生的街舞偏好仍高达47.4%;随着理解力的加深,现代舞被进一步接受,达到31.9%;爵士舞占20.8%;中国古典舞也上升至17.3%;民族民间舞占11.1%,芭蕾下降至10.3%,戏曲舞蹈占2.6%(如图3所示)。

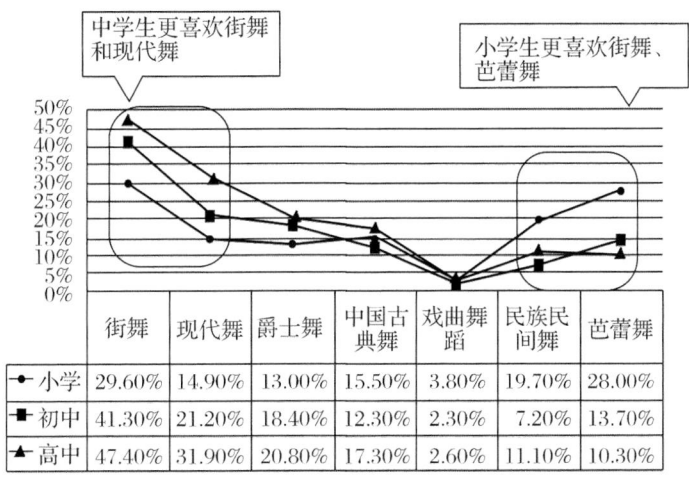

图3 小学生、初中生与高中生喜爱的舞蹈种类

在这次测试中,可以清楚看到西方外来舞种对于中小学生影响的绝对优势,以及中国本土舞种的劣势。舞蹈是文化的一种艺术载体,谈及舞蹈,很难脱离文化层面存在的问题。东西方文化的差异显而易见。西方的芭蕾舞是在千变万化的人体与外部世界的关系中归纳出一定的规律,并形成了某种方位以及身体位置模式、运动模式的建构。这些规律性奠定了芭蕾舞几百年不曾动摇的历史地位。如果没有新中国当代艺术家结合中国传统文化精髓的再创造,传统文化似乎更加容易以家族式来传播和延续。因此,就北京中小学生的舞种偏好来看,舞蹈类艺术课程的建设应将愉悦性、综合性、文化性相结合,坚持科学性与创造性。综合多舞种各自优势,全面、深度挖掘以舞蹈为代表的无声语言艺术形式的文化内涵;以舞蹈艺术数百年的科学身体训练方法,培养中小学生的行为礼仪与身体素质;创造以身体为媒介的群体或个体

训练游戏，既愉悦学生身心，又开发学生创造性思维，以舞蹈这种"身体力行"的艺术唤醒当下以北京为代表的中国大陆中小学生身体与心灵的健康发展。

二、表达意愿的偏好

（一）表达意愿总体偏好

调查显示，对于北京中小学生来说，"非常愿意"在公共场合表现自己的学生占8.8%，"比较愿意"表现自己的学生占11.2%。累计只有两成人愿意在公共场合用肢体表现自己。选择"看情况"的学生有29.3%，"偶尔愿意"表现自己的学生占15.7%，"不愿意"表现自己的学生占35%（如图4所示）。

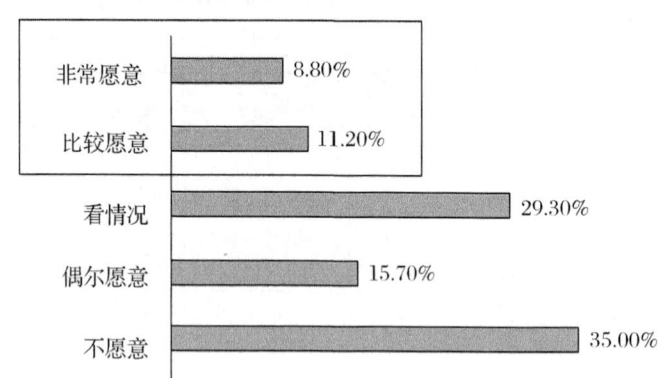

图4 在公共场合用肢体表现自己的意愿

为何只有少数学生愿意用肢体来表现自己？现实人群观念已经给我们带来了最大的难题，具体推测为：第一，害怕自己的表现会不具美感，在意别人眼中的自己，而不是真正的自己；第二，害怕被教师（或学生）否定。很多人认为，最先展示自己想法的人经常是"不成熟"的典型，很容易被否定。因此，80%的人选择不表现自己。可是他们却放弃了改变这一现象的一次次机会。其实，这样的现状恰恰需要通过训练才可以改变。

表达意愿是一种开放、自信的表现。中华民族需要自信的后代，社会需要大气、包容的人群。对于这些缺乏自信的问题，可以借鉴舞蹈治疗学中，用身体动作反映人格特质与心理状态的核心概念以及动作来释放身心，达到身体与心理的平衡状态。

(二)表达意愿与性别的偏好

对于"您是否愿意在公共场合用肢体来表现自己"这个问题来说,在"非常愿意""比较愿意""看情况""偶尔愿意""不愿意"五个答案中,有25.3%的女生选择"不愿意",有45.4%的男生选择"不愿意"。相比之下,女生显得更加开放、积极,可塑性更强;男生则相对更加固执、被动和消极。值得注意的是,女生中,11.3%"非常愿意"与14.3%"比较愿意"的正面人群指数占据了四分之一,而男生也有6.1%与8.1%的正面比例。即超过25%的女生和将近15%的男生拥有积极性与主动性,更加开放(如图5所示)。

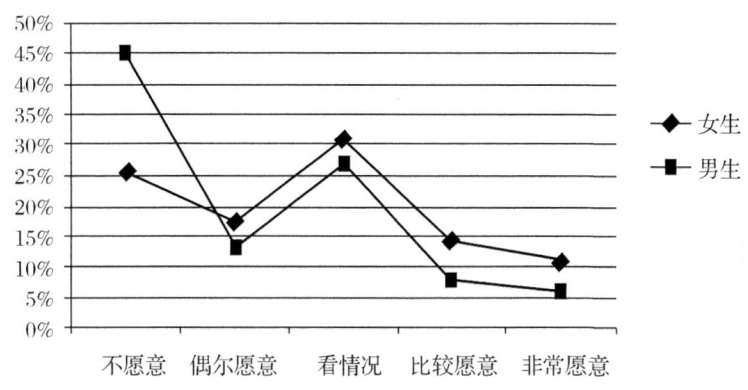

图5 男女生在公开场合表达跳舞肢体的意愿

三、表达方式的偏好

(一)表达方式总体偏好

在此次调查问卷中提到了"在学习舞蹈的过程中,'一个人跳舞'和'大家一起跳舞'这两种方式,你更喜欢哪一个?"的问题。调查显示,53%的人愿意选择"大家一起跳舞",36%的人选择"看情况",只有11%的人喜欢"一个人跳舞"。调查结果显示,喜欢大家一起跳舞的人占绝大多数(如图6所示)。

心理文化学证明,人是一个生物需要、社会需要、情感需要的动态均衡体。[①] 每一个情感功能系统健康的人,在本能上都需要与他人进行情感交流和情感交融;都需要用他人的友善宽慰来化解自己情感器官的痛苦;都需要用

---

① 尚会鹏:《心理文化学要义——大规模文明社会比较研究的理论与方法》,北京:北京大学出版社,2013年,第48页。

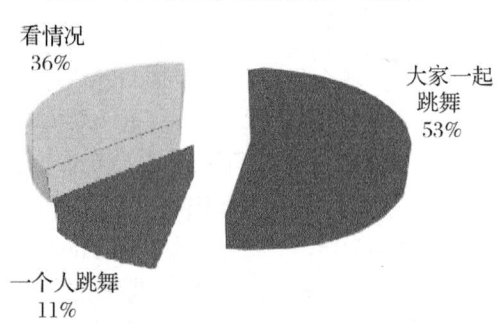

图 6　学习舞蹈中更喜欢哪种方式

他人的友善效益来增加自己情感器官的愉悦；都需要与他人在交流情感和信息的过程中减轻自己的寂寞和痛苦。① 由此看来，大多数人选择一起跳舞是正常现象。同时也可以看出，一个人跳舞是一种比较特殊的表达方式，而多数人从心理角度考虑，很少选择一个人跳舞。当然，独舞却是艺术与技术水准达到一定水平之后的艺术呈现方式。这对于"源于生活又高于生活"的艺术存在体来说是必要的存在，可对于大多数的中小学生来说，与现实生活还有些遥远。能够驾驭并且有勇气一个人舞蹈的学生只占11%。

(二)表达方式的性别偏好

此项调查中，从"大家一起跳舞"的指数来看，男女生选择的差异性并不大，有55%的女生选择了"群体跳舞"，男生也有50%的人喜欢"群体跳舞"。这充分显现出，在有人陪伴的情况下，过半的学生愿意尝试"舞蹈"这种肢体表现方式所带来的愉悦感。这实际上也折射出多数人群会隐藏自我表达欲望，而选择从众的心态。而群体跳舞的优势在于，无论是男生还是女生，都会在舞蹈中获得快乐的感觉以及协同的力量。另外，女生有将近12%的人选择"一个人跳舞"，男生却只有8%的人喜欢"一个人跳舞"。可见，18岁以下的女生要比男生更具自我表达的意愿与能力。这个比例虽然相差不多，但还会体现出一些问题(见图7)。

---

① 尚会鹏：《心理文化学要义——大规模文明社会比较研究的理论与方法》，北京：北京大学出版社，2013年，第40页。

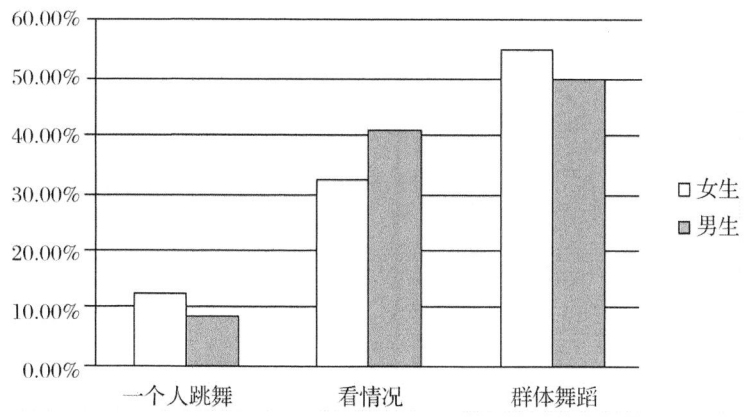

图7 舞蹈表达方式的性别偏好

(三)从众性阶段性偏好

另外,从表达方式阶段偏好方面看,对于"大家一起跳舞"的偏好指数,小学生占64.3%,初中生占33%,高中生占47%。在"看情况"方面,小学生占26.4%,初中生占52.8%,高中生占42.3%。在"自己一个人跳舞"方面,小学生占9.3%,初中生占14.2%,高中生占10.7%。可见,小学生更喜欢大家一起跳舞,初中生则更偏重于看情况(图8)。

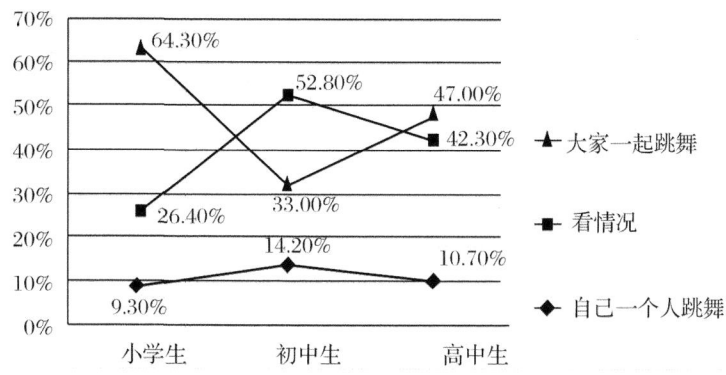

图8 不同阶段的学生从众性偏好

小学生选择较为安全的群体展现,应与群体"从众"心理理论有直接关系。因为13岁以前的小学生还不具备成熟的思想独立性,对于客观世界还没有更多的认知。因此,少数具有某些见解导向的人会影响大多数人。初中生由于青春期的干扰,很多人会选择"看情况",他们的不确定选项掩盖了真实的内心,而到了高中,这种不确定性又会减弱。

四、结　语

综上所述，此次大型问卷调查首次以数据方式从多个角度提供了舞蹈存在、舞蹈推广与舞蹈本体发展等问题的可靠依据。数据证明了目前北京中小学生对于舞蹈的偏好，具体如下：第一，对于现代舞、流行舞等西方舞种方面有所偏重。对于以古典舞、民间舞为代表的中国传统艺术乃至文化了解不足。中小学生在有限的舞蹈实践课程中，舞蹈表达的需要可能比具体的舞种训练更值得重视。第二，表达意愿偏好显示的大多数人在"是否愿意在公开场合用肢体表现自己"中持否定态度。这显示出我国青少年教育中自信、情绪释放与勇气表达方面的缺失。那么，如何从文化教育到人格教育，全方位弥补现有青少年教育的不足，是值得进一步思考与研究的问题。第三，群体或个人表现偏好方面的明确指数，折射出中小学生从众性习惯群体的客观存在，以及独立思考和综合能力训练的重要性。那么，加强舞蹈素养的平衡发展是当下中小学刻不容缓的问题。此次调查报告仅限于对北京市中小学舞蹈课程的初步了解与分析。今后，笔者会进行更具针对性的数据研究，并对问题的进一步研究提供准确的现实依据。

参考文献：

[1]威廉·蒲莱尔著，孙国华，唐钺译. 幼儿的感觉与意志[M]. 北京：北京大学出版社，2014.
[2]阿尔弗雷德·阿德勒著，韦启昌译. 儿童的人格形成及其培养[M]. 北京：北京大学出版社，2014.
[3]亚伯拉罕·马斯洛著，许金声等，译. 动机与人格[M]. 北京：中国人民大学出版社，2012.
[4]莱恩·多亚尔、伊恩·高夫著，汪淳波，张宝莹，译. 人的需要理论[M]. 北京：商务印书馆，2008.
[5]吕艺生. 舞蹈学导论[M]. 上海：上海音乐出版社，2003.
[6]资华筠，王宁. 舞蹈生态学[M]. 北京：文化艺术出版社，2012.
[7]刘青弋. 西方现代派舞蹈[M]. 北京：北京舞蹈学院，2000.
[8]金秋编著. 舞蹈[M]. 北京：中国劳动社会保障出版社，1999.
[9]李燕. 游戏与儿童发展[M]. 北京：浙江教育出版社，2008.
[10]尚会鹏. 心理文化学要义——大规模文明社会比较研究的理论与方法[M]. 北京：北京大学出版社，2013.
[11]梁漱溟. 中国文化要义[M]. 上海：上海人民出版社，2005.
[12]于伟. 现代性与教育——后现代语境中教育观的现代性研究[M]. 北京：北京师范大

学出版集团，2008.

[13]中华人民共和国教育部. 义务教育艺术课程标准(2011年版)[M]. 北京：北京师范大学出版集团，2012.

[14]中华人民共和国教育部中小学心理健康专家指导委员会编. 中小学心理健康教育指导纲要(2012年修订)[M]. 北京：北京师范大学出版集团，2013.

（原载于《学术论坛》，2015年第9期）

美术教育发展趋势的把握与美术课程构建的对策

尹少淳

摘要：情意性的加强是目前我国美术教育发展的明显的动势。面对这种情意性动势，美术课程的构建应采取的对策是知识目标的弱化与人的目标的强化；美术学科教学内容要求的降低与弹性的增强；美术学科内容组织的逻辑淡化与节奏变化。

关键词：美术教育　美术课程　趋势　对策

一、情意性的加强是一个明显的动势

随着国民经济和社会生活的进步，以及素质教育的推行，我国的美术教育也在进一步发展。所谓发展一方面指的是出现了一些新的东西，另一方面指的是一些因素趋于合理的调整。任何发展均体现为一种倾向性，因此，对美术教育的一些带有倾向性的动势的认识和把握是十分重要的，这将导致我们在一些更为具体的方面采取相应对策，适应和推动这种发展。情意性的加强是目前我国美术教育发展的一个十分明显的动势。这种情意性体现为一种暖性和活性，对应着人的情感、直觉，并与兴趣发生关联。这种动势的出现从本质上说，体现出人们对平衡的追求，实际上是平衡机制在起着调节作用。

平衡是人类生活的基本原则之一，追求平衡是人类活动的一个重要目标。作为人类活动之一的美术教育同样要追求平衡。所谓平衡指的是各种力的因素处于一种相对静止的状态。平衡的原则可以说是人类生活的基本原则之一，人们在自己的实际生活中总是对涉及平衡的各种因素加以调整，使之达到平衡状态，从而获得对外界环境和自身心理状态的一种安定感。中国古代哲学思想所推崇的"执两用中"的中庸之道，就是一种非常典型的平衡思想。只有达到平衡，事物的各种功能才能在一种最佳的状态中得以发挥。人类生活的各种因素可以归为明显的两极。人类追求平衡的努力主要体现在这两极之间所做的某种程度的调适。

在人的思想和行为方式中，讲求理智、逻辑、秩序、规范、严谨与必然的科学理性主义与推崇情绪、自由、想象、直觉、随意和偶然的浪漫表现主义构成了明显的两极。人的一切形形色色的思想和行为均未能超出这一"如来佛之掌"，只不过是倾向性与倾向的程度不同而已。人类的思想史、文化史的变化都是由各自领域内的不同学派、风格在这两极中的动态变化所衍成的。在这些变化中，平衡的机制起着十分重要的作用。如果一种思想和行为处于某种极端的状态，那么它在变化的过程中，就会出现另一种极端的状态与之平衡。就像钟摆一样，它越是向一个极端摆动，就越可能向相反的方向摆回。

目前美术教育中的这种情意性的动势的出现，正好说明美术教育已经发生了失衡的现象。也就是说，我们的美术教育以往过多地偏向了科学理性，以致正在"窒息"学生的美术学习的兴趣。由此看来，如果要使我国的美术教育更趋平衡的话，那么调整的起点就应该是科学理性，而调整的方向则应该是使其更趋浪漫表现性。既然是一种对平衡的调节，就意味着由偏趋正，而非走向另一种偏。因此，我国目前的美术教育应在不失学科知识基本完整性的前提下，更多地注意和强调美术教学的情意性。人的行为大体上可以分成两种，一种是情意行为，另一种是意志行为。所谓情意行为是指行为的目的与行为的过程基本上同一，或者说过程不被目的过分约束，这种行为给人的是轻松、愉悦和舒适。而所谓意志行为则极大地受到目的的左右，人们为了达到某种目的，必须运用自己的意志强迫自己完成一些行为，即使这是一种己所不欲的行为。所以，意志行为通常给人带来的是紧张、艰涩和痛苦，但一旦目的达到后却能给人带来比情意行为更大的愉悦。

就本性而言，人一般都喜欢情意行为。但作为人，在很多情况下又不得不进行一些意志行为。因为人毕竟是有意识、有追求、有意志的高等生物。人的一生就是由不同层次的目的以及完成这些目的的行为所构成的。毫无疑问，美术学习在一定程度上也是一种意志的行为。换句话说，要学好美术不运用自己的意志恐怕是不行的。但问题也就随之出现了：我们一般的中小学生能在多大程度上为学习美术动用自己的意志呢？在学校众多的学科中，学生对每一学科态度并不一样，这取决于外在诱因和内在兴趣的差异。在一个科学理性的社会中，中小学生的学习态度都带有明显的功利性，即他们的所学都与将来的生活、升学、谋职有直接的关系。这样，与高考有关的学科教育就显示了自己的优势。学生不管是否有兴趣，都必须用意志克制自己去努力学习，这就是学习活动的外在诱因。美术学习则无此外在诱因，因为中小学美术课对学生的升学、谋职的影响微乎其微，学生要运用强大的意志力迫使自己努力去学习美术的可能性也就不大，除非是那些天生对美术就有着极大兴趣的学生。因此，美术学科要在大多数学生的心目中保有一席之地，就应该注意使之与学生发生兴趣关系，即要激发学生学习的兴趣。这的确再一次让我们认识到情意性动势的合理性。

按九年义务教育的要求，美术教育是我国所有公民在中小学阶段所必须接受的。因此，全体性应该说是基础美术教育的基本属性。换句话说，如果只是一部分人接受这种美术教育，或者这种美术教育本身未能对绝大多数学生产生吸引力，并使之达到某种最起码的素质要求，那么，我们的基础美术教育整体上就不能算是成功的。在基础美术教育中，使全体性的实现成为可能的正是情意性。

面对美术教育这种情意性动势，我们的美术课程的构建应采取什么对策呢？著名的课程论学者泰勒提出了课程设计的基本原理，即首先确定学校教育的目标，其次选择达到这些目标的经验，再次考虑这些经验的组织，最后是课程的评价。这些原理具有普遍的意义，美术课程的构建也应从这几方面加以思考。但这里我们重点考虑的是目标、经验的选择与组织，评价方面暂不作论述。

二、知识目标的弱化与人的目标的强化

学科教育的目标包括两个层次，一是知识目标，二是人的目标，这两个目标体现为一种对立统一的关系。知识目标的实现标志着一个人所具有的相应学科知识和技能的程度，而人的目标的实现是通过所有学科教育共同"拱顶"出来的人的基本素质和能力。这其中每一个学科都能为人的基本素质和能力做出自己的独特贡献。反过来说，一个人的基本素质和能力也有助于他更有成效地把握各学科的知识和技能。因此，我们可以发现知识目标的地位十分独特，它既是一种目标，但相对人的目标而言又是一种手段。也就是说，必须在实现知识目标的过程中获得人的一般素质和能力。人的目标与知识目标相比，具有终极的意义。但目前在我们的学校教育中，普遍重视的是知识目标，而忽视人的目标。而且，由于不适当地强调知识目标的难度，以致严重地影响了学生学习的积极性，甚至影响了学生的身心健康。其实，就整个基础教育而言，恐怕人的目标是所有教育工作者更应着力考虑的。应该将人的目标与知识目标更好地结合起来，并将人的目标放在首位。

20世纪已近末端，21世纪熹微初露。人们对未来做了种种预测，同时也对人的素质和能力做了各种各样的设计。尽管人们的意见并不一致，但较为普遍的看法是，未来的社会肯定是一个变化的速率更快的社会，是一个以信

息流动、资源流动和人才流动为特征的大流动的社会。这种社会特征要求人具有更高的主动性和创造性与之相适应。所以，21世纪的人应该更为主动的人，可持续发展的人，对自己和社会高度负责的人，具有创造意识和创造能力的人。培养具有这些素质和能力的人是各个学科教育必须承担的共同责任，当然各学科所具有的目标可能更为具体。

那么，美术学科的具体目标是什么呢？现代美术学科的目标不应只是狭义的学科知识和技能的实现，而应与人的目标结合起来，在考虑本学科知识和技能的同时，考虑它对人的目标的实现所承担的责任。因此，我们可以糅合两者来设定美术的学科目标。

(1)培养美术兴趣，掌握基本的美术知识和技法，在运用美术媒体的过程中体会表现的乐趣。

(2)培养感受能力、操作能力和创造意识，发展个性，完善人格。

(3)了解人类美术遗产，扩大文化视野，培养美术鉴赏力和审美情趣。

(4)认识美术与生活的关系，提高生活质量。

我们特意将培养美术兴趣列入美术学科目标中，旨在与美术教育的情意性动势相谐，体现对平衡的追求。这不是可有可无的点缀，而的确是不可或缺的一个重要目标。试想，如果一个学生在美术学习之后不是对美术兴趣益浓，而是越来越厌恶美术，我们的美术教育能说是成功的吗？如果，学生通过基础教育阶段的美术学习，能够培养起对美术的终身兴趣，那将是美术教育的一个莫大的成功。将培养美术兴趣设定为一个目标，会使教师在自己的教学中，有意识地通过各种方式努力去实现这一目标。而且，国外的一些美术课程目标也已将培养美术兴趣列入其中。

三、美术学科教学内容要求的降低与弹性的增强

在确定了美术教学的目标之后，就是选择达到这些目标的一些学科内容。

美术学科的内容随着时代的发展已是越来越丰富，所以，对美术的学科知识我们必须慎加选择。在各个国家和地区的美术课程中，分类是不同的，大体上有这么几种方式：

(1)美术创作、美术史、美术评论和美学(美国)。

(2)表现和欣赏(日本)。

(3)美术知识、美术创作和美术与生活(中国香港)。

(4)表现、鉴赏和实践(中国台湾)。

(5)绘画、工艺和欣赏(中国大陆)。

尽管这些分类的方式不同，但所涵盖的学科知识大同小异。相同的包括绘画、印制、工艺、设计、雕塑、建筑和欣赏等，相异的有的还包括书法、摄影等。

应该说，这些学科内容的涵盖大体是不成问题的，关键是要降低其要求和难度。而且，其中一些内容的取舍也是一个值得研究的问题。比如像明暗调子素描，国内目前的初中美术教学大纲就有明确的要求，而且许多教材也体现出来。而实际上，由于知识能力、教学时间和条件的限制，学生要真正理解和掌握这一技法的可能性非常小，教学效果往往不佳。如果要保留这一内容，必须降低要求和难度，没有必要勉为其难地让学生理解明暗调子复杂的变化规律，而采取简单的明暗推移法来表现物体的体积和凹凸，学生掌握起来就可能容易得多。同样，条件色的表现也是一个难度相当大的问题，其取舍也应认真加以考虑。教学内容要求应体现出一种弹性，让学生主动地选择。我们知道，学生是具有极大差异性的群体，一种整齐划一的要求对其中的一些学生肯定是不公平的。一般而言，学生可以分为一般、较好和较差三个层次，当然，教学内容要求的制定，主要针对的是一般层次的学生。但这种教学要求对较好和较差的学生仍是不公平的，一是吃不饱，一是吃不了。所以，教学内容的要求应该具有一种弹性，尽可能地照顾各种层次的学生。这种弹性可以通过两种方式体现出来：一种仍以一般层次的学生为参照制定教学内容要求，同时降低较差学生的要求和向较好的学生提出更高一级的内容要求；另一种是根据一般学生和较差学生之间的某种程度制定教学内容要求，同时向较好的学生提出更高的要求。相对而言，后一种方法可能更值得提倡。因为它在整体上降低了教学内容的难度，能让大多数学生获得一种成就感和满足感。而且，这与当前美术教育的基本动势是一致的。

四、美术学科内容组织的逻辑淡化与节奏变化

学科内容必须加以组织，才能形成教学内容体系，以与时代发展的需要相适应，形成整体的教学活动。我们以往过于注重教学内容组织逻辑的严密性，以学科知识体系代替教学内容体系，为求整体的逻辑严密而不惜牺牲非常有价值的具体教学内容。实际上，学科的知识体系与学科教育的内容体系是不同的。学科知识体系，是一种学科知识内部的逻辑组合，它不受其他外界因素的影响和制约；而学科教育的内容体系则必须考虑时间、环境和学生等因素。美术学科的知识体系就更为特殊，在历史上学科中心盛行之时，国外的一些美术课程论学者就为之烦恼过，因为美术学科知识的逻辑性毕竟比

起科学学科知识的逻辑性要松散得多。所以，极端地考虑美术学科知识的逻辑性，于教学是弊多利少。

实际上，努力追求美术教学内容组织逻辑的严密性和完整性，其结果也往往事与愿违。因为任何课程的设计都必须考虑其具体的实施环境和条件，设计再严密再完整的课程，如果在一种分散的环境中实施，其严密性和完整性也将不复存在。美术课程所面对的正是这么一种分散的环境。美术课在小学每周为两节，在中学为每周一节，美术课之间存在着一个相当长的周期，而这个周期要进行众多的其他课程的学习以及校外和家庭的各种活动，学生的情趣和思维并没有独赐给美术。度过这一周期之后，当学生再次面对美术的时候，我们煞费苦心所设计的课程的严密性和完整性，还会存在多少呢？平心而论，我们不能一厢情愿地认为每个学生都会像专业人士一样成天思考的都是美术问题。既然再严密、再完整的美术课程在具体的教学环境中都将变得松散，那么我们苦苦地对之加以追求又有多少意义呢？与其如此，不如将更多的精力放在对具体课题的精心设计上，让学生在每一次具体的教学活动中均有所获。当然，我们并非完全排斥教学内容组织中的逻辑，而是要淡化它。其实，大的逻辑关系也是必不可少的。大的逻辑关系主要是一些前后关系，一些知识和技能的掌握，必须是建立在另一些更为基础的知识和技能基础之上的，不由此难以及彼，这种先后的逻辑关系断不可少。但这种逻辑关系与构建严密完整的学科知识逻辑关系毕竟大相径庭。

另外，在教学内容的组织中，还必须注意将与意志相关联的指导性目标和与情感相关联的表现性目标交替地安排，形成节奏变化。指导性目标与表现性目标的概念是由美国著名的美术课程论专家艾斯纳（E. W. Eisner）提出来的。指导性目标由一系列的指导性活动伴随，旨在通过练习活动发展技能。表现性目标则鼓励学生运用一定的技能实现自己的想象和表现目的。两者相辅相成，孤立地强调任一方面，都是片面的。单纯地强调指导性目标，会沦于缺乏感情，形成单调乏味的技术训练状态；而只重视表现性目标，缺乏必要的技术发展，也会妨碍表现性目标的实现，导致挫折感。这两个目标就像一个拱门的两端，只有结合在一起，才是完整的。在美术课程中，指导性目标与表现性目标应该有节奏地交替组织起来，而且这种节奏交替变化的时值间隔不宜太长。这是课程结构的一个非常值得注意的逻辑！

五、对未来美术教材的构想

课程构建的直观体现是教材，我们在对未来美术教材进行设计时，应突出下面几个特点：

1. 精选的知识内容与生动有趣的课题形式相结合

这套教材在适当注意美术教学内容大的逻辑关系的前提下，将主要精力放在对每一课题的精心设计上。从学科的基础性要求出发，选择那些对未来发展必不可少的知识和技能作为教材的基本知识点，并将它们与贴近学生生活经验、新颖活泼、生动有趣的课题形式结合起来。用形象的说法，就是要给良药裹上糖衣。生活经验告诉我们，再苦的药如果裹上糖衣，也容易为儿童所接受。这里应该注意的是，如果干巴巴只给学生知识和技能，容易让他们产生苦涩和单调之感；如果只让学生自由不羁地宣泄一通而一无所得，同样有违学科教育的目标。学生只吃苦药不行，只吃糖衣同样不行，而将苦药裹上糖衣再让学生吃方为良策。

2. 以突出学法统领教材编写

现行的美术教材，主要展示学科的知识和技能，既不体现教法，更不体现学法。教师的教法主要通过另编的教学参考书而获得。这样的教材不利于增强学生学习的主动性，与人的目标的培养背道而驰。应该根据学生美术学习的规律，在每一课的设计中，展示学生思考问题、掌握技法的过程，即通过置疑、设问的形式，通过学生自己的主动思考接近正确的答案。

要改变以往教材只重视演绎路径而忽视归纳路径的现象，要将两者结合起来，并更加重视归纳路径。演绎路径主要依靠的教材和教师提供的现成答案，不利于学生主动性的提高，而归纳路径则强调由学生通过思考，主动地获取答案。因此，教师一般不要轻易地将现成的答案告诉学生，可以向学生提供另一本参考性质的书，提供更为详细的背景资料和参考答案。这本参考性质的书为师生共用，而不必为教师单独另编一本教学参考书。这样，体现了教法与学法的一致，学生的学法实际上就是教师的教法。

3. 加强弹性以适应不同的学生

这套教材要尽量使每个学生都能获得成功感。因此，教材在整体降低要求和难度的情况下，在每一个知识和技法内容上都设定具有一定级差的目标，教师可以根据每个学生的实际水平使其达到一些最基本的目标后，再鼓励他们尽可能地通过努力向高一级的目标迈进。这样，学生在达到一些基本的目标后，就能获得一种成功感，而如果想获得更大的成功感，则必须更加努力。从而也产生了一种激励机制，刺激学生的意志发挥作用。

4. 多种媒体的教材形式

现代教育受到传媒的影响越来越大，而现代教育要最大限度地发挥作用，也必须借助于日益发达的传媒。在相当长的一段时间内，恐怕文字和图像构成的课本仍是一种基本的教材形式，但要加强信息刺激的多样性，获得特有的教学效果，也必须借助其他媒体。所以，这套教材在以课本为基本形式的同时，还可以制作相应的录像和多媒体教学软件。这些形式的教材的长处是具有空间感和动感，能展示一种事件和活动的空间维度和时间顺序，同时具有视听相结合的感官刺激性。而计算机多媒体教学软件，更是让学生通过具体的操作，主动地选择信息和获取答案，有利于主动性的培养。新的形势促进了美术教育的发展，美术教育的发展要求我们作出种种的思考和应对。目前，教学大纲的修订已在有关部门的思考范围之内，新一轮教材的修订与编写也即将开始。值此时候，笔者不揣简陋，提出自己不成熟的见解，以求引起进一步的思考，以便更深入、准确地把握相关问题，推动我国学校美术教育的改革。

（原载于《课程·教材·教法》，1999年第8期）

儿童美术教育的支点

尹少淳

摘要: 作为美术学习者的儿童有视觉型和触觉型两类。中国当代社会对美术内涵认识的拓展,美术风格以及媒介、材料、方法的多样化,已经充实和扩大了儿童美术教育的内容。美术教师应该以更加宽阔的胸怀包容美术学科发展所提供的广泛知识与技能,以适应当今儿童多样化的美术学习兴趣和需求。美术教师应该主动地、有意识地向儿童渗透社会的良性价值观。由儿童中心的美术教育取向、学科中心的美术教育取向和社会中心的美术教育取向构成的"三角形",形成了一种角力关系。在不断变化的社会环境中,互相作用,推动儿童美术教育的发展。

关键词: 儿童　美术教育

任何想对他人实施教育的人都必须考虑三个基本因素:一是学习者的本质和特征;二是每位教育者需要选择的教与学的内容;三是教育发生的特定社会的价值。[①] 如果我们承认这一观点的合理性,那么转至儿童美术教育领域,就变成了这么几个问题:作为美术学习者的儿童的身心究竟具有什么特征;应该让学生学习什么样的美术;实施儿童美术的社会环境及其价值特征如何。对这几个问题的不同回答,会导致儿童美术教育在实践上的差异。不同时代和地域对这三个问题的回答,也是造成不同时代和地域的儿童美术教育具有不同面貌的主要原因。因此,对这三个问题进行探讨有利于我们认识当下儿童美术教育的内在规律和外在面貌。

一、作为美术学习者的儿童的身心特征

在讨论这一问题的时候,首先应该确定儿童究竟指的是人生历程中的哪一阶段。心理学界和教育学界一般将儿童期确定为3岁至12岁这一年龄段,

---

[①] Michael Day, Al Hurwitz, *Children and Their Art*, CA: Wadsworth Group/ Thompson Learning, 2001.

而以4岁至9岁最为典型。但我们基于对儿童美术的理解,认为儿童美术的对象包括儿童与少年两个阶段,年龄跨度为3岁至15岁左右。所以,作为美术学习者的儿童应该指这一年龄段的人。这一年龄段的儿童分布于城乡各地,他们之间的身心特征也存在一定的差异,为了使讨论更具有针对性,还进一步对该人群加以限定。考虑到农村儿童美术教育的现实困境,我们暂时只能将作为美术学习者的儿童确定为居住在具有一定信息环境和学习条件的县城以上的儿童。尽管这一范围的儿童还是存在差异,但已经使我们的讨论具有了足够的针对性。

在身心发展方面,儿童时期是一生中最快的时期。对不同阶段儿童身心特征的描述见诸许多心理学著作,但这些描述最大的弊端就是将一种连续的、表现为差异性的发展划分成一些静态的阶段。对发展趋势的动态把握可能更有价值,既保持了发展的连续性,又与我们教育者的努力方向相一致。因此,将对儿童一般发展趋势的描述与对当代社会中儿童的身心特征结合起来思考,是一种非常明智的策略。

我们选择身体、情感、意志、观察、记忆、思维、社会行为、自我意识等几条"跑道"来观察儿童的发展趋势。这个阶段的人,从身体来看,是发育的黄金时期,到后期各项指标甚至接近于成年人;从情感来看,逐渐向热情、稳定发展,但易于冲动,情绪波动性较大;从意志来看,由外在的控制行为开始向自我控制行为发展;从观察能力来看,由主观地关注特殊细节向注重局部与整体关系的客观性发展;从记忆能力来看,是一生中记忆力最强的时期,表现为由机械记忆向意义识记发展;从思维能力来看,由形象思维向抽象思维发展,或按瑞士心理学家皮亚杰的理论,由前运算经由具体运算向形式运算发展;从社会行为来看,由家庭走向社会,越来越重视发展社会关系;从自我意识来看,自我形象越来越清晰,对自我的认识和判断力逐渐增加,在乎他人对自己的评价……理解这些发展趋势对实施儿童美术教育十分重要,但对不同阶段的儿童实施美术教育还要认识具体发展阶段的身心特征。儿童的身心虽然具有一般的发展特征,但必须结合不同的社会环境来考察和认识。在当代社会,儿童的身心与以往相比已经具有了自己的"时代"特征:第一,身体发育加速,尤其是第二性征提前,导致对异性的关注和关注异性对自己的看法;第二,网络、图书和电视等媒体的信息刺激,使得儿童的知识广度扩大、智力发展水平增强;第三,由于大多数儿童为独生子女,对他人和社会的关心度较低、意志品质较弱、动手能力较差,但计算机、网络技术能力比较突出;第四,学习的外在控制力强、压力较大,导致兴趣定向不明确。

从19世纪末发生在欧洲的儿童研究运动开始,心理学家和美术教育家们就开始研究儿童美术的发展,并提出了诸多的分期理论。这些分期理论虽然在划分的细度、时间的定位方面并不完全一致,但涂鸦期、图式期和写实期却是各种分期理论的共项。现在人们还发现,并非所有儿童都会沿着这样的路径最终走向写实。身心特征和文化因素会导致一些儿童不必然地走向写实。

美国美术教育家罗恩菲德(Viktor Lewenfeld)于1945年发表的研究成果,将儿童分为视觉型和触觉型两类。视觉型的儿童是观察者,而视觉观察的一个重要特征是忽视细节而直接观察到整体的能力。

视觉型的儿童通常从事物的表面接近事物,一般从轮廓开始,将部分的视觉印象集合成一个完整的印象。他们能分析形状的特点、物体的结构,以及这些形状和结构受到光影、色彩、气氛和距离影响时所产生的变化。他们甚至将强烈的触感也转化为视觉形式。对视觉型的儿童来说,形状和形式的复杂、变化不定的外表永远是令人兴奋和愉快的体验。而触觉型的儿童则以内部体感左右其造型特征,对生来失明者的研究表明,从未有过视觉体验的人也能够把身体的感受赋予造型的表现。触觉型的儿童利用来自肌肉感、动觉、触摸、味觉、重力感和温度觉的印象以及全部自我体验与外界建立关系,他们往往通过夸张和改变形状来表达对一些人重要与否的看法,思维也往往与具有情绪特征的细节相联系。触觉型的儿童更为主观,其主观价值决定着物体的形式和色彩。视觉型的儿童可能遵循一般的儿童美术发展规律,最终走向写实,而触觉型的儿童则可能呈现非写实的面貌。

文化也是制约儿童美术发展不可忽视的因素。在一些文化中,美术从来就未曾追求过写实,而是以表现、装饰或象征为依归,在这种文化中成长起来的儿童基本上见不到成人提供的写实"样板",因此要让他们自然地发展到以再现视网膜映像为特征的写实几无可能。

按照罗恩菲德的研究,大约47%的儿童属于典型的视觉型,32%的儿童是典型的触觉型,其余介乎于两者之间。可见,视觉型的儿童还是占多数。另外,随着图片、影视、网络和多媒体的普及,以视网膜映像为特征的写实文化对一些非写实的文化区域形成了强烈的辐射,提供了大量的写实"样板",导致这些区域的儿童开始在绘画中追求写实。所以,一些学者提供的儿童美术发展阶段理论依然具有极高的价值和普泛性。按照前面采用的描述方式,儿童在美术方面的发展趋势是:第一,由单纯的动觉满足到动、视觉协调,进而对精神意象发生兴趣;第二,由概括的图式把握,进入更为具体的表现对象。第二种趋势体现为:(1)由线到面,再到体;(2)由价值比例到客观比例;(3)由主观空间到客观空间;(4)由几何化向自然状;(5)由表现所知到再现所见。

当然，在视觉文化时代，图像的丰富性、多样性也会向儿童提供更为丰富的视觉样式，加上儿童美术教育比以往更为开放，尤其是教师个性化的引导，会导致儿童在美术方面的发展有更多的选择和可能性。

总之，美术教师应该清晰地认识当代儿童身心发展的特征及其在美术发展中的表现，从而使自己的教学更具有针对性，一方面应儿童的身心特征开展有效的教学，另一方面通过美术教学促进儿童身心的健康发展。

二、作为儿童美术教育内容的美术学科

在儿童美术教育中，老师所教的和学生所学的自然是针对美术，但美术自身是不断发展的，人们对美术内涵的认识和认同也强调单一取向的儿童美术教育在发生变化。有什么样的美术观，就有什么样的美术教育观。如果将美术等同于绘画，那么儿童美术教育的内容就可能局限于绘画；如果将新媒体艺术和装置艺术包含在美术名下，那么儿童美术的内容就可能拓展到新媒体艺术和装置艺术中去。

从历史上看，美术的内涵在不断变化，人们对美术的认识也在不断发生变化。针对儿童的美术教育最早局限于图画，实际上欧洲近代的儿童美术教育基本就是单一的图画教育，甚至是工业图画教育。如英国于1857年正式在学校开设了图画课程，其目的就在于使学生获得"准确地模仿平面图的能力、了解实用几何学的要素和直接描绘物体的能力。"[1]那时，德国、瑞士、美国开展的也是图画教学。中国近代引入西方教育体制后，开设的同样是图画（与之并列的是手工），1948年虽然更名为美术，但图画仍旧是教学内容的主体。1950年，美术课之名再次改回图画课，突出的依然是图画的优势地位。直到1979年，图画课再次更名为美术课[2]，其内涵才真正体现了当时学术界对美术的认识，即美术包括绘画、雕塑、工艺和建筑，在儿童美术教育中还加上欣赏。随着美术内涵和外延的不断变化，包括绘画、雕塑、设计、工艺、新媒体艺术、装置艺术、行为艺术以及中国的书法、篆刻等均被视为美术家族中的成员，而且反映在儿童美术教育中。

当代社会，图像和影像在传播信息、情感和价值方面扮演着越来越重要的角色，视觉文化的概念也应运而生，与此相呼应，国际上出现了视觉文化

---

[1] ［美］阿瑟·艾夫兰著，邢莉、常宁生译：《西方艺术教育史》，成都：四川人民出版社，2000年，第75页。

[2] 课程教材研究所编：《20世纪中国中小学课程标准·教学大纲汇编·音乐·美术·劳技卷》，北京：人民教育出版社，2001年。

教育的概念和实践。视觉文化的特征是：（1）视觉化。社会中信息的传达越来越多地依赖视觉媒介，人们需要具有一定的视觉素养（visualliteracy），以便通过视觉的方式表达自己的思想和情感，并通过同样的方式获得信息和知识。（2）日常生活化。美国学者莫泽夫（Mirzoelff）认为：“视觉文化即是每天的日常生活。"（everyday life is visual culture）[①]以往的视觉文化创造者是美术家、摄影师或民间艺人，而在当代社会中，每个人都是潜在的视觉文化创造者，可以用绘画、雕刻、制作和拍摄的方式将自己的视觉文化产品发送到公共领域（包括网络），这在日常生活中是轻而易举的和经常的事情。此外，我们以往要欣赏美术作品，需要到美术馆、博物馆、图书馆等特殊的文化场所，现在则可以在街头、建筑、饭店、宾馆、公园等地随意地看到美术作品，它们已经构成我们日常生活中一个不可分割的组成部分。（3）能够在一定程度上影响和改变人的价值观和生活方式。台湾学者郭祯祥、赵惠玲进一步将视觉文化定义为：“每天的日常生活，能建构并传达吾人态度、信念，以及价值观之视觉经验。"[②]这已涉及了广义的教育的内涵。广义的教育是指我们所受到的各种影响，这些影响会导致我们的观念和行为自觉不自觉地发生改变。以往的教育是通过教师、家长有意识提供的，但现在的视觉文化足以强大到无所不在地影响我们的价值观和生活方式。我们对时尚的追求和模仿，绝对不是教科书和家长所要求和教导的，而是我们在影视、网络、图片和生活中通过"观看"所形成的。可见，"观看"带来的改变性力量有多强大。按美国学者悉妮·沃克（Sydney Walker）和查皮林（Chaplin）的划分，视觉文化包括：（1）精致艺术（国内习惯称纯美术）；（2）工艺与设计；（3）表演及艺术庆典；（4）大众与电子媒体。这些内容已经或正在对中国的儿童美术教育产生不容忽视的影响，并在教学中得到了明显的体现。

儿童美术教育的内容依附于美术学科的发展，美术学科发生了变化，儿童美术教育"辄从之以移"。当然，美术本体的知识与技能真正进入教学中，还需要经过课程化的过程，选择和组织是完成课程化的两个基本途径。面对浩繁的美术内容，"选择"体现为：（1）真正有利于学生身心健康发展的知识与技能；（2）学生能够操作和学会的知识与技能；（3）与学生美术终身发展有关的基础性知识与技能。而"组织"则体现为：（1）遵循学生的认知规律和美术学习规律；（2）遵循美术学科自身的递进规律；（3）遵循学生社会认识发展的规律。经过课程化的美术知识最终由教材和讲义的形式得以呈现。

---

① 郭祯祥、赵惠玲：《视觉文化与艺术教育》，见黄壬来编：《艺术与人文教育》，台北：桂冠图书股份有限公司，2002年，第332页。

② 同上书，第345页。

综上，中国当代社会对美术内涵认识的拓展，美术风格以及媒介、材料、方法的多样化，已经充实和扩大了儿童美术教育的内容。今天，能够在儿童美术教育中可教、可学的内容已经非常广泛了，美术教师应该以更加宽阔的胸怀包容美术学科发展所提供的广泛知识与技能，以适应当今儿童多样化的美术学习兴趣和需求；反过来也以教学的方式推动未来中国美术的多样化发展。

三、作为儿童美术教育环境的社会的价值取向

改革开放以来，中国社会的价值体系在不断调整和完善，相对于改革开放之前，呈现出以主流价值为中心的多元价值并存的倾向。这一倾向具体体现为如下特征：(1)追求平等、公正、民主的普世价值；(2)崇尚正直、诚信、善良的个人品行；(3)传承和弘扬祖国优秀的民族文化，同时承认人类多元文化的价值，并以包容的态度吸取人类优秀的文化；(4)提升国民的综合素质，强调终身学习；(5)尊重个性，鼓励创造性；(6)以民为本，重视民生；(7)关注环境和社会的可持续发展。虽然，与上述社会价值相悖的现实情况也存在，但不可否认，这些特征体现了中国当代社会的主流价值和基本趋势。

美术教育是一种学科教育，即以美术学科为基础的教育门类。任何学科教育都包括学科本体和教育功能两个部分，学科本体是支撑，是教育功能生发的基础。所以，所有学科教育都会存在两个指向：其一，必须传授本学科的基本知识与技能；其二，必须发挥教育功能，使儿童在身心方面获得有利于社会和谐、个人幸福的发展。教育功能包括道德训诫、情感陶冶、观察力训练、智力促进、想象力和创造力发展、社会认知和文化认同等。

美国美术教育学者沃克提出"以重要概念出发的探索式美术教育"(designing art curriculum with big ideas)，力求将美术学习与生活议题相结合。所谓重要概念，包括自我认知、正义、人我关系、依存关系、生存、权力、人类与自然、冲突、歌颂、自由、情感、性灵等。这些重要概念都可以用来作为引导学生在美术学习与社会价值间建立广泛的联系。她认为，艺术与能包含广义文化意象的重要概念之间的关联十分密切，美术领域内容的学习和深度议题探索在同时进行时，非但不会造成抵触或相互冲突，反而会相互辉映且增加彼此的张力。对社会生活面的思考探索，在学生的美术认知学习和创作活动两者间建立了强烈的动机与意义。这些通过美术形式而进行的探索活动让学生对人与社会生活之间的关系达到新的体认，并学习去观察和欣赏反

映社会生活的文化意象与动态。① 笔者于 2010 年访问美国时，发现这一思想得到了广泛的认同和运用。

中国当代的儿童美术教育是在美术与自我(外貌、性格、情绪、喜好、健康、习惯、生日、家人、亲戚、同学、朋友、宠物、衣物、居所、偶像、自尊、关爱、责任、欣赏、批判……)，美术与社会(节日、庆典、集会、电影、电视、传媒、演出、运动会、城市、街道、建筑、公园、乡村、交通、爱情、婚姻、疾病、敬老、助残、女性问题、儿童问题、毒品、艾滋病、军事、战争、和平、生命、宗教、信仰、流行文化、传统文化、工作、饮食、商店、工厂……)，美术与自然(宇宙、太空、阳光、星辰、地球、陆地、大海、山川、江湖、峡谷、平原、草原、动物、草木、花朵、季节、昼夜、时辰、气候、降雨、刮风、下雪、冰雹、炎热、温暖、寒冷、干燥、潮湿……)的维度中展开的。对美术本体的学习常常将对这三个维度的认知和表达联系在一起。目前，中国的一些教师正以高度的热情探索在美术教学中引导学生认同中华优秀传统文化和乡土民间美术，关注生命、环境、和平、亲情、友谊，并取得了许多引人瞩目的成绩。

在这样的价值背景下，儿童美术教育不可避免地会受其影响，美术教师也应该主动地、有意识地向儿童渗透社会的良性价值观。如在儿童美术教育中关注儿童的不同需要，体现民主思想，摒弃压抑人性的教学思想和方法；尊重和保护每一个儿童的天性，容纳他们带有个性倾向的学习和创作方法，支持他们在美术表现活动中显示出来的创造力；引导儿童理解和认同祖国优秀的美术传统，学习和掌握中国传统的美术形式；同时，也鼓励他们接触人类文明中的其他美术形式，形成国际视野和多元文化观。

四、在三个支点之间维持动态平衡的关系

学习者的特征、学习的内容和社会价值构成了儿童美术教育的三个支点，似乎形成了一个稳定的三角形。但事实是，在不同的时代、不同的理念下，这个三角形并非是等边、静态的。对这三个支点的不同倚重，会导致不同的儿童美术教育取向，即儿童中心的美术教育取向、学科中心的美术教育取向和社会中心的美术教育取向。

从理论上看，三种取向应该构成一个等边三角形，但实际情况却呈现出一种动态变化，具体表现为基于教师个体的变化和基于教师群体的变化两种

---

① 周春花：《"基于议题式"美术教育探究》，首都师范大学博士学位论文，2009 年。

情况。前者指每个教师个体对美术教育及相关因素的理解不同,会在自己的教学实践中呈现出倚重社会中心、倚重美术中心,或倚重儿童中心的种种差异。后者指在社会思潮的影响下,教师群体在教学实践中所呈现出的对社会中心、美术中心或儿童中心的共同追求。如美国20世纪早期至中期的儿童美术教育受进步主义教育的影响,强调自然主义的儿童美术教育,体现为儿童中心取向,鼓励学生在美术学习中大胆自由的表现,认为教师不应以自己的趣味干涉儿童的创作。1957年以后,美国进步主义教育式微,学科中心重执牛耳,儿童美术教育开始呈现学科化倾向,为了强调学科的完整性,甚至可以忽视儿童的情感和认知水平。而在宗教气氛浓郁、意识形态控制严格的社会或发生战争、重大灾害的时期,儿童美术教育则会出现社会中心的取向,但对社会议题的过分关注往往导致教师群体忽视学科和儿童。

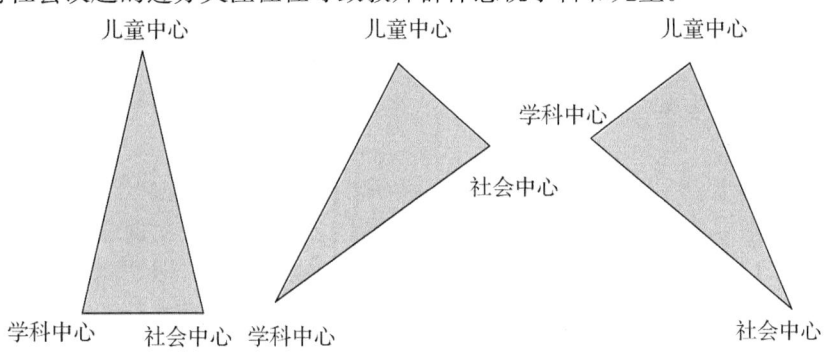

图1 强调单一取向的儿童美术教育

由儿童中心的美术教育取向、学科中心的美术教育取向和社会中心的美术教育取向构成的"三角形",形成了一种角力关系。在不断变化的社会环境中,此消彼长,推动儿童美术教育的发展,迸发出特有的活力。在通常情况下,儿童美术教育的从业者可能会有所倚重,但应该尽可能照顾到三者之间的相对平衡。同时,这三种取向也构成了我们思考和实施儿童美术教育的三大支点。不同的时代、不同地域的儿童美术教育在三种取向上的表现不尽相同,需要美术教师结合具体的内涵和特征,思考、组织和开展儿童美术教学活动。

(原载于《美术》,2011年第6期)

基础美术教育正在发生什么变化

尹少淳

摘要：我国的基础美术教育存在的主要问题有：过于强调学科本位；脱离学生的生活经验；课程的综合性和多样性不足。改革的动向是课程功能的拓展。新美术课程标准提出了五项基本理念，课程内容也具有自己的特点。在新课程标准制订完成后，教材的编写、出版和师资培训工作的紧迫性就凸显出来。

关键词：美术 教育

教育部于2001年7月颁布的《全日制义务教育美术课程标准（实验稿）》标志着我国基础美术教育新中国成立以来最大、最深刻的一次课程改革。为了促进《全日制义务教育美术课程标准（实验稿）》（以下简称《标准》）全面和有效地实施，受教育部委托，首都师范大学承办了"基础教育美术新课程骨干培训者国家级培训"，于2002年4月5日—14日和4月17日—26日分别举办了小学类和中学类的培训工作。来自全国各省、区直辖市教育学院、教研室（所）的240余名教师参加了此次培训，其后，他们将作为培训骨干开展省级培训工作，此次国家级培训可以说是点燃了《标准》转化为教学实践的星火，渐成新课程实施的燎原之势。

基础美术教育涉及国民素质的提高，涉及中国美术文化的发展，理应受到全体国民的关注，尤其应该受到美术界的重视。在一个低劣的基础美术教育之上，很难建立起辉煌的美术文化大厦。笔者曾在北京一中学以"你去过中国美术馆吗？"为题做过一次调查，结果在50多人的班级，仅1人去过。在中国，美术文化最为发达的北京尚且如此，其他地方可想而知了。我们的美术难道仅仅是圈内的事吗？如果答案是否定的，那么关心基础美术教育就成为必要。基础美术教育正在发生什么变化呢？

一、存在的问题

我国的基础美术教育经过长期发展，已有良好的基础，但仍有一些方面不适应素质教育的要求：

1. 过于强调学科本位。我们都具有自己的专业背景，并常常以内省的方式设想人人都会像我们一样热衷于美术，似乎我们在学习美术过程中感到重要的知识和技能，所有中小学生也应该掌握。其结果是从学科本位看待美术课程，过于强调专业知识和技能的学习，而漠视学生的实际情况和需求。基础美术教育不是专业美术教育，而是一种生活美术教育，它所包含的内容应该有利于学生未来生活和身心发展。

2. 脱离学生的生活经验。由于我们过多关注知识与技能，因此往往将学生的学习局限在学科的范围内。学生仿佛在学科的"真空"中，单调而乏味地学习美术，与他们已有的生活经验似无关系。此次课程改革推崇的建构主义学习观，认为学习不是简单的接受，而是积极的建构，学生对知识的内化是在他们已有经验的基础上进行的。学生的经验是建构知识的一种积极因素，任何学习都不应忽视学生经验。

3. 课程的综合性和多样性不足。正因为我们将视野局限于学科，而没有从学生的全面发展考虑课程问题，所以课程内容显得单一，难以与其他学科课程和社会生活发生关联，形成教育合力，促进学生发展，同时也使美术课程学习本身有单调之感。基础美术教育既要关注美术本体，更要关注教育功能，因此美术课程要努力与其他学科内容和广泛的社会生活发生联系，增加自身的综合性和多样性，并以此增加美术课程的魅力。

二、改革的动向

1. 课程功能的拓展

美术课程的改革，要实现由单一功能向多种功能的拓展。以往的美术课程比较偏重于知识与技能的传授，这次课程改革则要既重视美术知识与技能的传授，又重视学生对学习过程与方法的体验和认识，重视对学生情感态度和价值观的培养。

美术课程建立在美术学科基础之上，美术课程的教育功能，也是在美术知识与技能的学习过程中生发的，否定美术知识与技能的学习，无异于取消美术课程，其教育功能也无从谈起。当然，美术课程要向学生提供什么样的知识与技能是值得思考和研究的问题，在这一过程中，我们不能忽略一个事实，即美术课程的学习者大多将不是从事美术职业的普通社会公民。所以，课程改革必须降低美术知识和技能的难度和要求。

未来社会是个学习化社会，学会学习是一个人生存的基本技能，所以课程改革要让学生体验美术学习独特而富有魅力的过程，理解和掌握基本的美术学习方法，为学生可持续发展提供基础。

2. 对美术课程改革的简单描述

在美术学科中，选择对学生发展有用的、感兴趣的、能够学会的知识与技能，并将它们与学生的生活经验相联系，增强愉快学习、自主学习、探究学习、合作学习、综合学习，努力形成学生的基本美术素养，让他们学会学习，并形成有益于社会和个人的情感态度和价值观。

三、新美术课程标准的主要特点与精神

新美术课程标准有很多变化，但"建议性"是最突出的变化，这与以往美术教学大纲的"指令性"完全不同。所谓"指令性"体现为，在文本中规定具体知识点，涉及必须学及何时学等问题。而新课程标准的"建议性"则不规定具体知识点，而是提出若干导向性的标准，并提供一些具体学习活动建议供教师选择。这种"建议性"的课程标准的优点是能给予教师以自主性，提高他们教学的主动性和创造性，适应不同地方的教育发展水平。同时，采取"建议性"的内容标准，也是与现今大多数国家和地区的美术课程标准相一致的。

"美术课程具有人文性质，是学校进行美育的主要途径，是九年义务教育阶段学生必修的艺术课程，在实施素质教育的过程中具有不可替代的作用"。这是新美术课程标准关于美术课程性质的一段表述，其中最值得注意的是将美术课程定性为"人文性质"。

众所周知，人文科学和自然科学关注的对象是不同的。如果说自然科学更关心物，人文科学则更关心人。所谓人文性涉及人的生存意义、尊严、价值、道德、文化传统，知、情、意、人格都是其中的内涵。人文性更多地是由哲学、宗教、历史、文学、艺术等人文学科所体现出来的。美术作为重要的人文学科，凝聚着浓郁的人文精神。人的理想、愿望、情感、意志、价值、道德、尊严、个性、教养、生存状态、智慧、美、爱、自由等人文特征都内蕴于不同时代、不同国度的艺术家所创造的美术作品中。明确美术课程的人文性质，将引导学生关注美术知识、技能与人的情感、价值观、个性、生存状态等的关系，引导学生关心人类的文化现象。

新美术课程标准还提出了五项基本理念：

1. 使学生形成基本的美术素养。基本的美术素养包括：对美术的内容和现象有基本了解；对美术的创作方法与过程有基本了解；对美术在社会中的价值和作用基本了解。基本的美术素养不仅指对基本的美术知识与技能的掌

握,更重要的是应该具备基本的艺术态度。这些态度包括:有敏锐的视觉意识,对视觉现象和美术作品能做出积极的(或许还应该是独特的)反应;能自觉而大胆地运用美术的媒材和方法表达自己的观念和情感,追求艺术化生存;能不断追求更高的审美品位,同时保持自己独特的审美趣味。

2. 激发学生学习美术的兴趣。外在诱因或内在兴趣是某种行为发生的前提。在基础教育阶段,学习美术的外在诱因(升学等)微乎其微,因此唯有致力于激发学生的内在兴趣,学习活动才可能有效地发生。兴趣是学习美术的基本之一,所以新课程标准主张充分发挥美术教学特有的魅力,使课程内容适应不同学生的情意和认识特征,使课程内容的呈现方式和教学方式活泼多样,并强调美术与学生生活的联系。

3. 在广泛的文化情境中认识美术。任何美术作品都是在一定的文化情境中创造出来的。所谓文化情境,是指一件美术作品被创作出来时所依托的文化环境、条件及其特征。注重文化情景有两个方面的作用,一是在特定的文化情境中帮助学生更好地理解美术作品的含义,二是帮助学生通过美术作品更好地理解一定社会的文化特征。这两方面的作用体现为一种相互依存的关系。要让学生在广泛的文化情境中,认识美术的特征、美术表现的多样性以及美术对生活的独特贡献。

4. 培养创新精神和解决问题的能力。创新是一个民族或者国家的灵魂,源源不绝的创新能力是一个民族或国家生存与发展的基础。在知识经济时代,公民的创新意识显得尤其重要。在培养创新人才的任务中,美术教育尤其责无旁贷。因为美术课程被公认为是对创造力的培养最具成效的课程之一。在美术教育中培养学生的创新意识,首先应注意保护学生独特的个性,并给予学生发挥个性的空间。美术课程要努力设计一些具体的程序和方法来培养学生的创新意识和创造能力。

5. 为促进学生发展而进行评价。评价的目的在于帮助学生学会自我反思和自我评价,激发学生学习美术的兴趣,促进学生的发展,而不是为了甄别和选拔。因此,评价标准要体现多维性和多级性,以适应不同学生的个性和能力。

新美术课程标准将九年义务教育作一体化思考,分成四个学段,即第一段(1—2年级)、第二学段(3—4年级)、第三学段(5—6年级)和第四学段(7—9年级),并分别提出了不同的阶段目标。

原美术教学大纲按学科门类将美术课程内容分成绘画、欣赏和工艺三大课业。新课程标准则根据美术学习活动方式将课程内容分成"造型·表现""设计·应用""欣赏·评述"和"综合·探索"四个学习领域。美术学习活动方式依其特点,大致可分为外化(创作)和内化(欣赏)两类。尽管创作和欣赏都涉及外化和内化两类活动特征,但创作更倾向于外化,欣赏更偏重于内化。由于美术学习具有实践性和操作性的特点,因此创作活动占有相当大的比重。为了便于学习,也考虑到在现代生活中设计所发挥的作用越来越大,新课程标准将创作活动再具体分为"造型·表现"和"设计·应用"两个学习领域。

"造型、表现"是美术学习的基础,其活动方式更强调自由表现,大胆创造,外化自己的情感和认识。"设计·应用"学习领域的活动方式既强调形成创意,又注意活动的功能目的。以外化行为为主是上述两个学习领域的相同点,而区别则是一个更注重自由性,一个更注重功能性。

"欣赏·评述"这一学习领域更注重通过感受、欣赏和表达等活动方式,内化知识,形成审美心理结构和审美能力。综合性学习是世界教育发展的一个新特点,也是本次基础教育课程改革需要突破的一个难点。为此新课程标准特别设置了"综合·探索"这一全新的学习领域。"综合·探索"学习领域提供了上述美术学习领域之间、美术与其他学科、美术与现实社会等方面相综合的活动,旨在发展学生的综合实践能力和探究发现能力。

四、教材和师资问题

教育部决定从2001年秋季开始开展基础教育新课程实验推广工作,计划用5年左右的时间,在全国范围内实行基础教育的新课程体系。因此,在新课程标准制定完成后,教材的编写、出版和师资培训工作的紧迫性就凸显出来。

1. 教材编写与出版

新美术课程标准倡导一种新的教材观。新美术课程标准中指出:"教材既不是知识体系的浓缩与再现,也不是学生被动接受的对象和内容,而是引导学生认知发展、生活学习、人格构建的一种范例,是教师与学生沟通的桥梁。"因此,新美术教材应该具有开放性和趣味性,并展示学习过程和提供学习方法。

教育部对教材的编写出版要求得很高,采取了严格的申报审批制度。教材的编写与出版者必须提交相关的申报材料,包括教材编写的指导思想、教材特色、中外教材比较、若干样张、教材编写班子以及主编的资历、出版社的财力等内容。人民教育出版社、人民美术出版社和湖南出版集团已成为首批获得教材编写资格的出版社,由它们分别出版的3套美术教科书在某种程度上体现了新课程标准的精神,受到实验区教师的肯定。

2. 师资培训

课程改革的成败取决于广大教师对课程改革的理解和支持，因此围绕新课程进行的教师培训就显得十分重要。教师的培训分地区、分阶段、滚动式地逐步展开，依据"先培训，后上岗；不培训，不上岗"的原则，教师在实施新课程前都必须接受培训，在 2005 年秋季中小学开学之前，基本完成对中小学各起始年级实施新课程的中小学教师进行上岗培训的任务。

（原载于《美术观察》，2002 年第 6 期）

新视野下的小学美术教育探论

宋晓亮

摘要： 通过在知名儿童教育脑开发机构从职的实践感悟，结合使用一些较新的教育和教育心理学理念，从人本、全面发展、全脑开发、多元智能等理论视角对小学美术教育的学科特点、作用，与全面发展和儿童智力开发的关系等层面展开富有理论创新意义的阐述。

关键词： 小学美术教育　全面发展　智力　创造力

小学美术教育，特别在文化艺术资源较为匮乏的农村地区，于提高人的审美情趣、完善人的素质方面起着独特的辅推作用。儿时的教育，一生中影响持续而深远。为提高人口素质，增强国民现代素养，为和谐文明社会培养合格公民，小学美术教育有其应有的、不可替代的地位。从人全面与可持续发展角度看，小学美术教育对儿童智力开发、个性发展与创造品质的激发与养成等具有重要影响及意义。此外在儿童全面发展过程中，它也起到重要的作用。

一、新视角下的小学美术教育学科特点

首先，小学美术是一门"技术"学科。它有来自悠久历史累积的经验和技巧，具有自己规律性的独特而多样的法门与规则，有自成体系的学科基础与渊源。总之，其充实的"技术"性限定了其技巧性，使其具有丰满的"肉体"。

一门技术建立之后都有自己具有继承性和延展性的发展，美术学科同样如此。从古老的原始社会简单图形和勾画开始，它就有了显而易见的技术化取向。原始壁画中，可以看到某个地区、种族、文化的特殊风格。考古上也通过这些风格来判断这是哪个种族、时期、文化的遗址。可见绘画技术在奠基初期各地区就有了自己约定俗成的东西——各自的绘画准则与技巧，是承载了当地民族文化特色和相应技巧的某种美术风格。某美术风格形成后，在一定时空内具有相对稳定性，保证了其可传承性。由于这种可传承性，因此

它可以具有星火传递的性质。这种传承、风格的相对稳定是靠什么来做到的，那就是古老而朴素的美术教育。从绘画形成风格之始，原始的美术教育就已经产生，并不断发挥着作用。"技术性"既让美术教育便于继承和传播，也让其成为具有根基的"实在"学科，为技巧的改进、风格的衍化创造了基础。在相对稳定的同时，美术教育也伴随着绘画技巧在原来基础上的创新与演进不断变化发展，并会衍生出不同特色的分支，使绘画风格和美术技巧纵向发展的同时在横面上不断拓展，形成庞大而繁复的体系。

小学美术教育受美术教育法则的约束，继承了美术教育自身发展历史中所形成的规律，有相对稳定的一面，也有不断扩充、发展的一面。它既要教授学生最基本的先人长期累积的美术知识与绘画技巧，使得学生具有美术的基本思维与绘画的基础。这体现了"技术"的相对稳定性的一面。因为是相对稳定的，所以它的可教授的有效效果才可以清楚地显现。另外，它还要不断创新与发展，适应时代发展要求，因此不可能是一成不变的。它必须顺应人们的新要求，时代的新趋势，改良或加入新元素，以求不落伍于时代。

其次，小学美术教育还是一个提高审美情趣，引领人观感走向，提高人综合素质的"灵魂"学科。通过对美术的学习，鉴赏的了解，对美术作品创造过程艰辛的体味和成功喜悦的享受。学生对美的认识加深了，审美的情趣提高了，综合素质也相应得到了提升。小学美术教育让学生的美育层次也得到了相应提高，使其能识别趣味的优劣，脱离低级趣味，对高雅的艺术产生一定情感，可见它不是单单教授小学生怎样进行简单绘画的课程。要把课程内容综合化、丰富化，使其具备它本所应有的且被我们精心设计的美育功能。

小学是人生基础阶段，所受教育及其周边环境的熏陶对成年后的精神领域影响极大。这些影响包括人格健全、价值观的合理性、世界观、审美情趣等各方面。农村物质、文化生活相对匮乏，家长的文化素养和经济水平较低。如学校不能充分对学生展开审美情趣的培养，提高趣味层次，摒弃低端情趣，那学生在学校之外基本上没有接受此类熏陶的可能。农村既缺少这方面资源，多数家长也缺乏意识。在国民素质尚低的今天，提高国民素质和觉悟已成为我国持续发展、全面提升内涵所必须面对又亟待解决的问题。而广大农村，又由于人口基数大、分散、文化素质不高、物质文化资源匮乏等成为提高人口素质的重点。要全面提高人口素质，美育是重要的方式和手段。通过农村遍布各处的小学进行一定质量的美术教育来渗透美育功效是提高农村人口素质一个重要且可行的切入点。小学美术教育的"灵魂"学科特点也将凸显得更加清晰。

再次，小学美术教育是一个为生活点缀色彩，让人感受生活丰富性，体味创造乐趣的"营养"学科。

孩子们的生活本应该是，且定然是丰富多彩的。"应该"是人心所向、是理想、是祝愿，但客观环境并不一定是定然。之所以追求"定然"，是因为为了孩子们，我们一定要创造，去努力实现这种美好、多彩的生活与学习环境。孩子们天性是烂漫的，但较重的课业负担和各种显性、隐性竞争，使他们较早陷入枯燥的繁忙中。

小学美术教育则在这单调中飘溢着独特色彩，孩子们通过这个较为轻松的课程不但学会了绘画技巧，而且学会了欣赏和创造美。且这个课十分注重手脑结合，在构建作品、进行鉴赏时，有一个手、脑、视觉共同的协调参与。一幅作品的完成，视觉需仔细观察，手需合理运动，思维需积极构思。一幅"美"的创造，绝对是建立在理论之上的一次真实而积极的实践体验。

小学生们通过该课程，不但学会发现美、鉴赏美，而且通过实践创造美，有激发儿童创造性，促进创造精神发展之作用。使其学校生活获得了文化课之外的乐趣，并提高了自己的动手能力、实践力和综合素质。因此说这门课程具有为学生们提供营养的特色。

最后，小学美术教育是一个处在主流与边缘之间，是学校进行学习调节的"调谐"学科。

小学美术没有主科那样的地位和受重视程度，不会被放在学校课程中的主要位置。它是一个向边缘靠拢但还没有完全边缘化的学科，大部分学校还要开这门课程，并保证一定的课时量，孩子们还真实地能从这门课里感受到一些乐趣。绝大多数学校安排这门课程的动机中，除了上级教育主管部门和课程标准的要求外，往往还有如下诉求——那就是孩子们如果一直上较为好费脑力的主科会产生很强的倦怠心理，影响学习效率和主动性。在主科中间穿插一些像美术、音乐这样的"副科"，让孩子们寓教于乐的放松一下紧张的神经，不但不会影响主科学习，还会减弱学生对主科的厌倦，重新凝聚精力，保证主科的学习效果。可见小学美术教育在谐调主科学习中发挥着一定的促进作用。因而它具有"调谐"特点。

二、人的全面发展与小学美术教育

小学美术教育在培养儿童全面发展上具有不可替代的确切功用。其不但丰富了课程建设，合理了课程结构，而且是培养全面发展人才的重要课程。小学这影响人生思维模式和发展走向的重要起点和基础阶段的教育，如今人们越来越重视其全面发展性。而在提高人的审美情趣和综合素质中，音、美这些传统上的副科发挥着直接而显著的作用。美术教育是促进人全面发展的重要手段，作为艺术课程，其技巧性、操作性与审美性不但有利于培养学生的动手能力和多样情趣，而且让学生在疲惫的文化课间隙有了一个另类学习的放松精神的空间，并在这个相对欢愉的学习过程中掌握了一门技巧，陶冶了情操，充分体现了寓教于乐和全面发展的应有之义。

首先，小学美术教育提高了人的审美情趣，培养并增强了人的艺术欣赏水平，促进了人志趣的高雅化。小学阶段的美术教育，我们追求的目标是帮助学生树立正确的审美意识，为艺术鉴赏能力打下初步基础，以后在此基础上可以追求更高的目标。但基础是从小学阶段来打下的，如果本阶段美术教育效果不好，导致受教育者的基础没打好，那对他延伸的负面影响可能是一生。尽管有的人可能会有补救的机会，但大多数人将难以得到补救。所以我们必须高度重视小学美术教育。

其次，它使人获得了基本的绘画能力，既让人消遣娱乐、打发时光时有了高尚的娱乐工具，也让人在帮助解决实际问题时有了一项实用的技能。于生活和社会都有裨益。人在闲暇无聊时，有一项高雅、有意义的消遣工具，生活就会丰富而充实。穷极无聊时一旦缺少正当的消遣方式，容易循着人性阴暗面寻求一些低级趣味，甚至走上堕落、犯罪道路。而绘画技巧的掌握，确实是有实用作用的。你可以通过自己的画笔，描绘下需要记录事物的概貌。碰到社会不良人员时，甚至可以通过自己的记忆素描出犯罪分子的基本容貌。小学美术教育的实用技能作用不容否认。

再次，它在养成合理人格，完善人性，历练个性方面有独特作用。琴棋书画，自古便是修身养性的四大手段，被归为"画"的美术教育名列其中。古人的精辟总结不是文雕言饰，从现代心理学和教育学视角来看美术教育也的确能起到这样的熏陶功用。在美术技巧的学习中，在审美情趣的培养中，精神得到升华，人性得到完善，人格中的不良成分得到修正，人的个性得到了历练。并且也会因为自己对"美"的艺术的喜好不同，形成个人独特而健康的旨趣。在学生个性发展上的作用体现于美术教育具有一定的自由发挥空间，它能激发自我认知和产生对它物观察的独特视角。对小学生来说，它还有生成自我张力，锻炼独立建构能力，独立观察力和想象力的作用。可以说它不但有利于儿童健康个性的发展，而且在锻炼孩子生存能力方面有独特作用。这些领域小学美术教育都会在其中发挥着意想不到的巧妙功用。

此外，它能开发智力，具有培养人的观察力、色彩搭配力、构图能力、空间直觉、思维建构和创造力的作用。加德纳的多元智力理论告诉我们美术教育能够助于儿童的智力发展，开发右脑，促进左右脑协调发展。国外的科学验证也证实了两者间不可阻隔的联系，尽管具体机制还难以详细描述，但两者的关联性是不容怀疑的。我们必须确信创造性是可以培养的，而我们未来要获得创造性的人才，必须从小通过一些措施来培养。而针对本年龄段儿童的小学美术教育，由于有着独特的发挥空间，积极地思考意向，视觉、触觉的协调配合，手脑并用的合作创作，色彩斑斓的美学冲击，一片空白中构建蓝图的合理布局与积极的创作欲望，因此明显的具有培养儿童创造性的作用。当人们不是描摹、模仿时，而是构思属于自己的作品时，在没有蓝本作参照的白卷上创作新的作品，这不是在培养创新能力吗？

最后，小学美术教育具有培养耐心、手脑协作、综合实践能力的作用。作画如赋诗是需要耐心的。没有克制、忍耐、坚持，你很难会意、静心地构思一幅美妙的、令他人和自己赏心悦目的图画。只有具有耐心与细心品质，你才会构思出美妙的作品，这让你耐心与细心的品质得到培养。一些科学观察发现，能耐心作画的小学生在文化课考试时不容易犯粗心的毛病——美术教育培养的良好品质在其他学科的实践中得到了迁移和使用。作画是需要手脑协作的，是在理论与技巧的基础上多实践才会出效果的。只有动手做出真实作品才有说服力，此过程中你必须大脑构思与手的恰当运作协调好，才会产生令人满意的作品。这个过程充分的锻炼了手脑合作，并综合地锻炼了人的实践能力，让学生敢于动手和实践，培养了学生不怕挫折的勇气和信心。

小学美术教育的真正目的不是要把学生培养成职业的画手，而在于培养素质全面、精神健康、积极向上的合格公民。综上所述，小学美术教育的确在很多领域都正面促进了人的发展，它不只传授绘画技巧，而且促进了儿童各方面全面发展。这既涉及其直接的作用，也涉及包裹美育作用等在内的间接衍生作用。

三、小学美术教育促进儿童智力开发

儿童的智力开发与发展，并不是单纯的经验性积累，学几个公式、会做点题、背个知识点就开发智力了？智力开发是一项复杂而带有很强隐性特征的工作，不是简单经验积累模式。随着现代心理学、教育学、生理学的发展，对人体的生理机制运作和精神与思维的生成的认识要比以前深刻了，对智力的认识也大大向前推移。

智力是人在认识事物和思辨过程中各种能力参与的综合化产物，是人类认识和改造世界以适合自身生存与发展需要的心理结构。具有培养观察力、记忆力、思维能力、想象力和创造力功能的美术教育的确是智力开发的重要工具。

  首先，它能开发右脑，促进左右脑协调的全脑发展，从而助于儿童的智力发展。视觉方法在很多教育发达国家都作为儿童智力开发的重要工具，并且从多元智力开发的角度来看，美术教育所着力描述的本来就是多元智能中的八大组成部分之一，所以美术教育行进的本身就是在开发接受者的智力。从开发智力的角度来看，小学美术教育提高了学生的视觉和知觉水平。每一个人的视觉眼光和欣赏视角是不同的，而且美术教育中所观察的物和事也不尽相同。学生由于每个人的切入角度不同，所以观察的情景感不尽相同，而且为了画的生动和传神，学生必须找到那些能生动传神的视角，并得成功的将要凸显之处表现出来。这些一要靠敏锐的观察力，二要靠空间分析力，三要靠良好的概括把握能力。这些能力在空间几何的学习中有着直接的作用，可见美术教育所锻炼的能力在多元智能迁移上有不可否认的贡献。小学美术教育还能锻炼学生的记忆力、建构表现力和训练学生思维的缜密性等这些智力的重要组成部分。绘画练习中有时候让学生描绘一个曾经看到的事物，这时候的绘画主要看你的记忆力如何，回忆中记忆力也在锻炼着。而且有时回忆一个刚才瞬间呈现的物体，能锻炼一个人的"瞬间抓相"能力，这是世界记忆与快速阅读大师们最常使用的记忆和阅读方法。就是像拍照片一样把所看到的东西抓拍下来，迅速存入大脑，形成印象，这样就能记住繁复的东西或快速阅读。仅仅有好的记忆力是不够的，要完成好作品还得把回忆的景物能够合理地构建表现出来，这又锻炼了建构能力和表达能力。最后，还要考验你思维的缜密程度。只有你缜密地进行思维，合理布局，才能合理构建与表达。没有缜密的思维是难以推导数学公式的，没有缜密的思维也是难以在自己的作文中首尾一致论证结合自圆其说的。同样，没有缜密的思维是难以构好图谱的。所以美术教育还会锻炼人缜密的思维，特别在思维习惯快速形成、尚待完善的小学阶段。而且这种思维在迁移后对其他学科学习有很大裨益，这不又是一个小学美术教育对人智力发展的贡献吗？美术教育由于本身的特点，会锻炼人的观察力，加强人的色彩搭配意识。而构图能力、空间直觉，也是绘画中所必须运用的人的重要功能，这些能力存在高下的区别，也可以通过锻炼得到提高。

  美术教育是提高学生这些方面能力的较好方法。绘画是需要思维构建的，在大脑谐调绘画布局，构思画面安排时，思维建构能力就得到了锻炼。而这些能力的提高产生合力后，每项能力都会在全面的提高儿童智力水平上产生作用。

  至此我们知道小学美术教育对人智力的发展的影响是多方位的，而且也是不容置疑的。因此我们必须大力研究并改进小学美术教育课程，利用新理念和科学方法，为其能更好地促进智力发展并与其他学科形成良性互动关系而继续努力。

参考文献：

[1]陈洁. 创新美术课堂，促进学生发展[J]. 教育科研论坛，2009(7).

[2]金花. 试析小学生在美术中的素质培养[J]. 中国科教创新导刊，2008(24).

[3]李家峰. 创新教育在小学美术教学中的运用[J]. 四川文理学院学报(教育教学研究专辑)，2008(18).

[4]陈卫和. 小学美术新课程教学论[M]. 北京：高等教育出版社，2003.

（原载于《网络财富》，2010年第3期）

小学书法教育现状分析及解决办法

田 臻

摘要：书法教育是素质教育的重要组成部分，是德育、智育、体育、美育的有机组合。小学阶段是培养学生正确书写和使用规范字的重要时期，因此书法教育将在其中扮演极其重要的角色。只有正确认识小学书法教育与小学生学习、使用规范字的现状，才能对其中存在的问题提出切实可行的问题解决方案。

关键词：书法　小学教育　规范字

书法艺术是中华民族优秀的传统文化之一，它不仅具备东方文化的独特魅力，而且折射出中华民族的精神气质、哲学思想和伦理道德。为贯彻《国家中长期教育改革和发展规划纲要（2010—2020年）》精神，全面实施素质教育，继承与弘扬中华民族优秀传统文化，教育部提出了关于中小学开展书法教育的意见，要求各地方教育局充分认识书法教育的重要意义。笔者以小学书法教学和小学生使用规范字的现状为立足点，通过调研分析，说明书法教育对小学生规范字的书写和运用具有至关重要的作用，并提出问题的解决方案。

一、小学书法教学的现状

有学者对书法教学进行了调研，并指出：首先，电脑的普及对书法教学产生了较大的冲击。学生依赖电脑打字，是导致写字教学效果不佳的一个直接原因。其次，一些学校对书法教学的态度不积极，对写字课不够重视。虽然根据教育部门的要求，学校每周开设一节写字课，但写字课常常被其他课程占用，有的学校干脆把写字课并入语文课。基于以上调查，笔者以"书法""小学教育"为关键词查阅了中国学术期刊网2001年以来的文章，共搜索到发表在核心期刊的以"书法"和"小学教育"为关键词的文章共36篇。当下书法教育对小学生健康发展的积极影响有目共睹。谢贵民（2011）等人运用观察法和调查法对自2002年起开设书法课程的练市小学进行了研究。研究表明，书法学习在德育、智育、美育以及体育方面都有着显著的效果。在德育方面，73%的学生和65%的教师肯定了书法教育对学生爱国主义情感和民族自尊心的积极作用；在智育方面，9%的学生和96%的教师认为书法教育对提高学生的观察、模仿能力有一定的作用；在美育方面，76%的学生认为长时间的书法学习有助于形成正确的审美观；在体育方面，98%的教师和70%的学生认为练字对静心养神、健进身心健康具有一定作用。

二、小学生学习、使用规范字的现状

小学生对汉字的掌握处于一个学习积累的阶段，这是对汉字规范化学习的至关重要的阶段，但是书法教学没有得到教师、家长和学生的足够重视。目前，小学生规范字的学习一般通过语文教师讲解课文中的生字词进行。由于课堂时间有限，语文教师的讲述重点不在汉字的书写和用法方面，导致小学生对规范字书写的内涵理解不足；再加上网络时代给了小学生更多接触网络文字的机会，很多看似美观的打印体、艺术字，甚至网络上的"签名体"等都影响了小学生对规范字的书写。

笔者以"书法""小学教育""规范字"等为关键词在中国学术期刊网进行了搜索。2001年以来的文章以"规范字"和"小学教育"为关键词的共2篇；以"书法"和"规范字"为关键词的共9篇。可见，国内在这方面的研究还不是很充分，尤其是在书法、规范字使用与小学教育的相互作用方面鲜有涉及。这也说明书法教学对小学生规范字使用的影响并没有得到社会的普遍重视。

1. 小学规范用字教育现状

王洪锋（2010）在《试论中小学写字教学》一文中指出：现今中小学的规范字教育存在不足之处，主要体现在对写字课程认识不到位、对中小学生规范字书写的要求落实不到位、教师在教学中的示范作用不到位等方面。其中，教师的示范作用对学生对于规范字的掌握情况有着深远的影响。然而，有78%的学生反映教师的板书不够工整。班锦（2007）在调查中也发现，69%的教师认为自己的字写得一般。由此可见，小学规范用字教育的现状不容乐观。

2. 小学生错别字的特点分析与成因

唐春红（2009）运用对比分析法、定量统计和定性分析相结合的方法对当今小学生错别字的成因进行了分析，该研究共收集了2216名小学生书写的2772个错别字。其中错字占38.7%，别字占60.9%。其中音同或音近的别字和笔画错误的错字最多。而根据田明星（2008）对小学三年级学生这一特定群体用字情况的研究，同音替代字和音近替代字是学生在作文中最常出现的别字类型。造成这一现象的原因主要有：学生学习心理和行为习惯的因素，教师重视程度、教学方法和教学理念的因素，社会环境因素、教材因素以及汉字本身的特点等。

三、解决办法与影响

1. 高度重视小学书法教育，全方位提升书法意识

首先，小学书法教育水平的提升与学生良好写字习惯的养成是一项相对困难的工作，学生、家长应积极配合，与教师通力协作，这样才能让学生形成良好的书写习惯。学校要高度重视小学生的书法教育，从最基本的书法理论知识抓起，使其形成良好的书法习惯，根据不同学生的个性特点，因材施教，激发学生的书法学习兴趣。为了提升小学书法教育教学水平，教师可以从以下几个方面开展书法教学：

第一，要严格规范小学生在书法学习中的写字姿势，使其从点滴做起，熟练掌握书法技巧。从专业角度出发，书法中的每一个字在基本笔画方面都包括起笔、运笔、收笔三个环节。在实际教学过程中，教师不仅要使学生正确认识书法的基本笔画，还应教会学生如何完成笔画的起笔、运笔与收笔，让学生能在脑海中形成美感、动感以及节奏感。教师要根据汉字的书写规律进行归纳总结，大多数具有相同偏旁的汉字在书写方面自有其特点和规律，教师应该教授学生书写规律，使其做到触类旁通。汉字结构具有变化多样的特点，但始终围绕着重心稳定、视觉美观、穿插避让以及布白均匀等规律。教师要指导学生围绕以上规律对汉字结构进行科学分析与记忆，然后结合汉字结构，有效培养学生的书法情趣与审美能力。

第二，教师要起到榜样作用。在平时板书的时候，教师要展示出端正的汉字，从而使学生在潜移默化中受到熏陶。

第三，书法的兴趣培养。小学生对于他们喜爱的事物，学习时间会相应延长，最终的学习效果也会得到显著提升。

第四，根据学生书法学习的实际情况因材施教，可以确保学生找到各自的兴趣方向，进行有效的练习。

2. 构建小学书法教学体系

小学生书法教学和规范字的使用都是当下的热点教育问题。首先，教师通过分析小学生规范字书写和应用能力不高的原因，充分了解学生的心理动态和对书法教学的情感体验，探索学生书法学习的内部心理变化过程，关注学生的情感和态度，真正将学生作为教育活动的主体，为使学生获得更高质

量的教育产品和服务而有所作为。其次，小学规范字教学系统不完善，是导致学生规范字书写和应用能力不高的因素之一，教育行政部门应结合本地区小学书法教育的实际情况，对书法教育的课程安排、教学管理、教师任职条件及资源配置等进行合理规划，并努力形成一套以书法为教学手段的规范字教学方案，选取容量适当、难易适度、体系合理、符合中小学书法课程特点与教学规律的优质教材，逐步形成书法教育的长效机制，明确教学基本要求，完善现有的规范字教学系统，从而提高学生规范字的书写和应用能力。

3. 加大小学书法教师的培训力度

地方各级教育行政部门应有计划、有步骤地安排书法教师的培养和培训，逐步提高教师书法教育教学能力和水平。为了达到加强小学书法教育、提高教育效果的目的，班锦（2007）与蔡育坤（2006）针对当下小学书法教育存在的问题，提出了培养专业书法教师、引导教师与家长正确认识小学书法教育以及确立小学书法教育的课程地位等对策。学校教师应努为提高自己的书写技能和书法欣赏水平，制定相应的激励机制和考核机制。首先，学校教研培训部门要加大对书法教学的培训力度，加强书法教学研究，从而形成良好的书法教育研究氛围，促进小学书法教师书法素养与教学能力的提升，强化教师的书法技能培训。小学教师要认识到抓好书法教育的重要性，对书法教育给予重视。学校应强调以赛代训，积极开展小学教师的书法竞赛和书法展示活动，提升教师的书法水平。其次，学校要促进教师书法培训工作的贯彻落实，制定科学的培训考核体制与相应的激励机制，将教师书法教学纳入岗位责任书考核评价，使教师练习写字实现制度化、常态化。学校要营造良好的书法教育环境，定期举办教师学生书法作品展览会，并给予优胜者一定奖励，建立书法教育进步档案，为教师与学生的书法学习提供保障。

此外，在条件允许的情况下，可以聘请当地青少年校外活动中心、少年宫、文化艺术团体的书法专业教师，根据中小学书法教学要求指导学生学习书法，鼓励社会各界为学校开展书法教育活动提供支持。班锦（2007）提出，要提高人们对书法教育的重视程度，加强对传统文化的生态保护。通过书法教学的方式，不仅能提高学生规范字的书写和应用能力，还能提升学生对传统文化的兴趣，促进书法的普及。通过切实可行的教学实践，培养学生对书法艺术的兴趣，提高其书写和运用规范字的能力，增强学校对书法教学的重视程度，为家长对孩子规范字学习做出指导。

中国书法鲜明地体现了中国文化的精神，书法艺术是民族文化的载体。要了解中国民族文化、懂得中国传统文化，中国书法是一条有效的途径。通过对书法的全面了解和学习，学生可以更深刻地了解中国优秀的传统文化，心中升起对祖国的热爱和自豪。所以，书法教育的过程也是对学生进行爱国主义教育的过程，是对中国优秀传统文化的传承过程。小学书法教育对传承书法艺术、开发学生智力、陶冶学生性格情操、促进学生身心发展等，都具有重要的现实意义和深远的历史意义。

参考文献：

[1]国家中长期教育改革和发展规划纲要（2010—2020 年）.http：//www.gov.cn/jrzg/z010－07/29/coneent_1667143.htm.

[2]谢贵民．新课程改革背景下的小学书法教育——湖州市练市小学的个案调查与研究[D]．华东师范大学硕士学位论文，2001.

[3]蔡育坤．书法教育在素质教育中的实践研究[D]．四川师范大学硕士学位论文，2006.

[4]班锦．教育功能视角下的小学书法教育研究[D]．西南大学硕士学位论文，2007.

[5]王洪锋．试论中小学写字教学[D]．东北师范大学硕士学位论文，2010.

[6]田明星．三年级学生用字情况的研究[D]．首都师范大学硕士学位论文，2008.

（原载于《美术教育研究》，2016 年第 6 期）

美国中学艺术教育改革的特点及启示

胡继渊　沈正元　王炳章

摘要：美国中学艺术教育改革主要特点有：在艺术教育目标上突出时代性，在艺术教育内容上突出广泛性，在艺术教育方法上突出主体性，在艺术教育设施上突出配套性，在艺术教育的师资上突出专业性。美国中学艺术教育改革给予我们许多启示。

关键词：美国　中学艺术教育　改革

美国中学教育已基本实现普及化。中学主要有四年、六年一贯制和三三制三种。在各种学制形式的中学教育中，艺术教育的地位均得到了确立，并作为义务教育的重要内容全面普及，使每个中学生都享有艺术教育的权利和义务。美国中学艺术教育改革主要有以下特征：

一、在艺术教育目标上突出时代性

美国把中学艺术教育的目标重点定位在开发学生潜能，提高学生艺术综合素质，主动适应现代社会的要求上。美国中学艺术教育目标的时代性主要表现在五个方面：

一是注重综合化，即注重加强学生对艺术作品的理解、欣赏与评判能力的艺术综合素质培养，它包括对艺术作品形式美感的理解并描述其意义；对艺术作品的评判能力和特征理解能力；运用视觉艺术、音乐、舞蹈、戏剧制作等形式展示作品意义的能力等。

二是注重全员化，即所有的中学都实施艺术，所有的学生都要接受艺术教育。学校明确规定，每个公立和私立的初等和中等学校的课程都包括平衡的、全面的和序列化的艺术教学方案；所有的高中都要求学生毕业前至少修满1学分的艺术课程，艺术课程确定为音乐、视觉艺术、戏剧和舞蹈；所有的高等院校的新生录取标准将至少要求1学分的艺术成绩。

三是注重个性化。美国哈佛大学著名发展心理学家霍华德·加德纳指出，

"艺术是一种深度个人化的领域,学生在这个领域中将进入自己和他人的感情世界"。因此,艺术教育要注重开发每一个学生的艺术潜能,把他们引进感情世界,促进其个性特长发展。美国还要求各中学通过艺术教育,使学习其他课程有困难的学生获得成功,增强成就感,从而激发学习动机。

四是注重终身化。强调把艺术教育作为终身学习的基础。通过艺术教育,使学生熟练运用各种艺术技能,形成终身参与艺术活动的悟性和美感意识。

五是陶冶化。强调艺术教育在激励人类精神,净化人类生态环境方面的作用,要求充分发挥其陶冶功能,培养学生关心他人,主动与他人合作,与他人一起创新,关心环境等现代社会的道德品质。

二、在艺术教育内容上突出广泛性

美国中学艺术教育的内容十分广泛。

(1)课程内容非常丰富,有音乐、美术、舞台艺术、艺术理论、工艺制作及商业艺术等。在每一项目中又包括许多小的项目,如音乐课包括基础课程、表演课程和器乐课程等;工艺制作包括陶瓷制作、雕塑、丝网印刷和首饰制作等。学生可以根据自己的兴趣、爱好选择项目。

(2)艺术教育内容既有现代艺术基础知识,如电视艺术、电脑绘画,也有传统艺术,如爵士乐、民族音乐等,使现代艺术和传统艺术有机结合起来。

(3)加强艺术作品欣赏,倡导增加艺术作品的分析和创作时期文化和历史背景的介绍,使学生认识他们所处社区内外的本文化和其他文化的遗产,了解有代表性的世界各国艺术文化和实践,从而使艺术教育真正成为学生领悟文化传统及历史背景,参与多样化和全球化社会生活的独特途径。

三、在艺术教育方法上突出主体性

美国中学艺术教育中,十分重视学生的主体意识。他们认为,艺术教师不仅是传递者,更应是艺术教育的引导者、组织者和管理者,而学生是艺术学习的主体。在这种思想的指导下,美国中学艺术课堂教学都很重视发挥学生的学习主动性,把学习艺术的主动权交给学生,鼓励学生大胆质疑,积极探索,自我发展和提高。如在美国十分流行的曼哈顿维尔音乐课程方案,就是创设师生角色及相应活动的环境,学生以扮演音乐家角色参与整个音乐过程,而教师克制自己的权威心态,只做学生的向导和引路人,激励学生自主参与,促进学生音乐素养的发展。美国最近提出的"艺术推进"课程方案风靡一时,已被许多学校采用。这个课程方案提出了两种艺术教育改革的方法。第一种方法称为"领域专题"。教师根据感知、创作和思考三种能力培养的目标，为每一种艺术形式设计出一整套领域专题，然后交给学生去探索试验。如"构图"这个领域专题，目的是帮助学生注意形状的安排和彼此之间的关系是如何影响艺术作品效果的。在教学时，教师引导学生去探索，在实践中掌握构图的思考方法，并分析这种思考方法对于他们自己的作品和著名艺术大师的作品的影响。第二种方法称为"过程作品集（艺术夹）"。收集学生艺术学习进展过程中的所有作品，包括原始素描、中间草稿、自己和别人的评论稿以及最后作品，教师与学生一起进行定性的评估，评估的内容有投入程度、技术技巧、想象力、评论能力等方面，使学生在评估中得到发展。这两种方法的共性是充分发挥学生在艺术教育中的主体作用。

四、在艺术教育设施上突出配套性

美国各中学实施艺术教育的设施器材是十分充足的，并按要求形成配套化和系列化，达到了现代化水平。早在1974年，美国就制定了《学校音乐方案》，对各级各类中学实施音乐教育的条件和装备定出了详细的标准要求。该标准对中学的音乐图书馆、音乐资料库、排练厅、练习室、音乐欣赏厅的面积、装备设施的要求，到对钢琴等、乐器的质量和数量都一一作出规定。

五、在艺术教育的师资上突出专业性

美国教育界权威人士认为，艺术教育需要由精通运用艺术思维的教师艺术专家担任。因此，美国中学的艺术教育一般均有一定艺术专长并懂得艺术教育的人担任。在美国高等院校各种艺术专业的学士学位授予中，艺术专业的占半数以上，美国对艺术教师的能力和知识结构的要求有这几方面：

1. 具有较广博的社会科学、自然科学、行为科学知识；
2. 具有较好的语文文字表达能力；
3. 具有较强的艺术专业特长和艺术教育技能；
4. 具有较深的艺术教育理论造诣，能充分运用"艺术思维方式"等。

我们通过对美国中学艺术教育改革特征的分析得到很大的启示：

启示一：必须进一步强化艺术教育在中学教育中的地位。美国20世纪60年代在中学教育中强调"新三艺"（即数学、自然科学和外国语）；到布什政府确定英语、数学、自然科学、历史和地理5门核心课程；1993年克林顿政府宣布了《2000年目标：美国教育法》，并于1994年3月立法通过。这项以跨世纪和"世级"水平为目标的宏伟教育计划，首次将艺术（含音乐、视觉艺术、戏剧和舞蹈）与外语增列为基础教育核心学科。

启示二：必须进一步使学校艺术教育步入"依法治教"的轨道。美国十分重视教育法规建设。80年代末、90年代初,布什政府和克林顿政府前后不到两年,接连发布了指导全美教育改革的法规性文件——《美国2000年:教育战略》和《2000目标:美国教育法》,这充分表明了美国朝野急于通过法规来促进全美教育改革,迎接新世纪国际竞争挑战的态度。美国对艺术教育法规建设也是十分重视的,他们面对21世纪的要求,制定了一系列的具有操作性的艺术教育法规文件。例如,新的音乐教育的国家标准,可以说是美国对21世纪中小学音乐教育的一种展望。新的音乐课程国家标准分为幼儿园—4年级、3—8年级和9—12年级三个年龄段,每个年段安排有创造和表演、感知与分析、文化和历史背景的理解三个方面的学习内容。

改革开放后,我国对学校艺术教育法规建设也十分重视。1989年11月,原国家教委颁发了新中国成立以来第一个普通学校教育的法规性文件《全国学校艺术教育总体规划》(1989—2000年)。目前,又在着手制定2001—2010年的全国学校艺术教育总体规划,这说明我国学校艺术教育法规建设正在深入发展。但是我国学校艺术教育的法规建设仍不太完善,缺乏系列性、配套性和地方性。我们要通过研究美国学校艺术教育的法规建设来拓展我们的视野,使我们在国际大背景中审视我国学校艺术教育法规建设,使之更加健全和完善。

启示三:必须进一步加大中学艺术教育改革的力度。美国中学艺术教育改革浪潮风起云涌,深入艺术教育中的各个方面。他们在教育目标上,定位在"培养有责任的创新公民"上;在教育内容上,既面向本国,又面向世界;既面向传统,又面向现在。教学方法上,强调学生参与,注重个别化教学。这些改革经验是值得我们借鉴的。随着素质教育的深入推进,我国中学艺术教育改革虽然得到了一定发展,但在总体上说来,还不能适应素质教育发展的要求,中学艺术教育在促进学生全面发展中所具有的其他学科不能替代的作用还远远没有发挥。表现在教育目标偏离素质教育的要求;教学内容游离素质教育大环境,缺乏时代性和地方性;教育方法单一刻板、"成人化"和"专业化",没有很好地发挥学生学习艺术的主动性和积极性,我们必须针对这些问题,加快中学艺术教育的改革,赶上世界教育改革的步伐。

启示四:必须进一步加快艺术教育队伍的建设。美国人普遍认为,艺术教育改革的成败,教师是关键。没有一支高质量的艺术教师队伍,艺术教育质量就不能提高。美国虽然艺术教师素质普遍较高,但他们认为,为了适应知识经济时代的到来,必须在进一步提高中学艺术教师素质上下功夫。他们在加强艺术教师教育的同时,还通过大学研究生院、艺术教师培训中心、举办艺术讲座等多种形式,加强艺术教师的在职培训,提高教师的从业能力。他们这种做法是值得我们借鉴的,我们必须把全面提高艺术教师素质作为加快我国艺术教育改革的一项迫在眉睫的任务。

参考文献：

[1]王桂主编. 当代外国教育[M]. 北京：人民教育出版社，1995.
[2]陈玉琨等主编. 90年代美国的基础教育[M]. 桂林：广西师范大学出版社，1998.
[3]刘沛编著. 美国音乐教育概况[M]. 上海：上海教育出版社，1998.

（原载于《外国中学教育》，2000年第5期）

艺术教育与熏陶*

[加]霍华德·卡纳泰拉(Howard Cannatella)
王琼瑶译

摘要：本文将探讨艺术教育中反智主义的兴起以及如何削弱反智主义对艺术教育的影响。笔者认为艺术教育本质上是一个教化行为，只有通过教化，艺术教育才能得到更好的保护。因此本文将对艺术教育中教化行为的意义作出阐释，包括影响教化行为持续性和特殊性的因素。

关键词：教化教育　艺术设计　自我理解

引　言

笔者希望此文能够引发读者思考，为什么艺术教育的部分创新型智慧力量会面临日益严重的消失危机。笔者将会对此进行浅析，同时提出可应对的措施。本文主要关注点在于，在如今反智教育盛行的文化困境中，哪些力量会面临被削弱甚至消失的危险。比如，最近兴起的盛行于教育实践中的反智主义对教育有好处，但它对艺术教育中智慧型思考的影响却不明显。而笔者认为，艺术教育中智慧行为的缺失将对教育产生消极影响。因此，本文将探讨艺术教育中反智主义的发展趋势，以及反智主义不能应用于艺术教育的原因。要解决这个问题，需要将艺术教育视为重要的智慧创新实践，这些实践必须引发教化行为中的辩证思维或者必须服从于在道德、学术和文化层面上难以存续的思维方式。艺术教育的可持续性依赖于教化行为，而这一事实很容易被决定这部分教育投资资金的政府机构以及相关部门所忽视。

笔者认为，如果教育机智力量的主要关注点在于运作事项，那么教化行为就很容易被忽视、被掩盖甚至被遗忘。和反智主义不同的是，智慧主义可能使人产生挫败感，对此的合理解释是智慧主义引发教化行为。如果艺术教育看起来不那么令人沮丧，则它可能与真实和有价值的艺术创作背道而驰。

---

* 原文出自 Howard Cannatella, "Art Education and Bildung", *Journal of Visual Are Practice*, 2004, 3(1), pp. 61-74.

汉斯·格奥尔格·伽达默尔（Hans Georg Gadamer）认为教化主要指：每一个由自然存在上升至精神存在的人，都会在本民族的语言、习惯以及制度中发现既存的物质，而这种物质必须由他自己创造。①

因此，教化行为并非产生于机械的知识建构、学习行为或者学习过程，而是产生于对生活经历的培养，以获得更有深度的思想和品质，并通过积累而处于不断发展的状态。"所以一本语法书的教化内容只是一种工具，而不是最终目的。"消化它仅能提高一个人的语言能力。② 与之相反，伽达默尔（Gadamer）认为教化行为是高级的，内在的，且有创造性和历史性。行为人能在保持自身特殊性的同时，以一种更普遍，非自私的态度发表观点。教化行为本身带有均衡感和距离感，以及强烈的个人反省和异化克服感。③ 它包括：体验生活的信仰和精神，体验辩证思维和不安局面，体验自己和他人的生命本质，以及体验由此自然形成的思想和疑虑。《教育哲学与理论》和《教育哲学》两本期刊最近发行了特别版本，探讨了教化行为对于教育的价值。

在这个拥有太多"模仿和仿真"以及被赫伯特·马尔库塞（Herbert Marcuse）④称为"垄断控制"⑤的世界，艺术教育需要将陈旧实践置入教学中。纵观教育，你可能观察到的第一个现象就是，艺术教育体制似乎更关注于向学生灌输专家治国论，而不是关注那些有利于培养人文主义、辩证思维和行为的教育模式，且这种教育模式从智慧层面上诠释了这个还不习惯肤浅的世界。更诱人的教育环境是，其管理监护职能的双手会改变和削弱艺术教育的能力——探索生活，维护艺术教育表现和幻想的能力。在大多数情况下，教化行为都被战略性思维所取代，这种思维削弱艺术教育的重要性且操控着艺术教育的进程。如今，教化行为作为艺术教育的保护者还显得不够严厉。但我们应该记住，艺术生活并不会与官僚作风朝同一方向发展，因为它的特点在于能够感知和体会世界。

如果市场力量在推动教育体制，⑥那么教育在此过程中将处于哪一层次呢？我们应该自问这个问题，因为通过市场力量，我们只能观察到一个二维

---

① Hans Georg Gadamer, *Truth and Method*, (trans. J. Weinsheimer and D. Marshall), London, Sheed & Ward, 1989, p. 14.

② Ibid., p. 11.

③ Ibid., pp. 15-17.

④ Herbert Marcuse, *Technology, War and Fascism: Collected Papers of Herbert Marcuse* (ed. D. Kellner), vol. 1, London: Routledge, 1998.

⑤ Jean Baudrillard, *Simulacra and Simulation* (trans. S. Glaser), Chicago: University of Michigan Press, 1994.

⑥ Hogan Pádriag, "Europe and the World of Learning: Orthodoxy and Aspiration in the Wake of Modernity", *Journal of Philosophy of Education*, 32: 3(1998).

世界。与此相反的回答是，与人文情怀有关的智力倾注应该被给予更高的教育地位。这并不是赞同迂腐或精英主义，而是帮助学生以一种更有意义的方式去诠释世界。事实上，我们生活在一个全球化、政局不稳、社会异化、贫困以及不断受环境威胁的世界。那么艺术教育应该如何回应呢？如果我们对于管理会计学的重要性还有疑虑，那么这些问题可以盖过这一疑虑了。那么，在教育方面我们做到主次分明了吗？

因此，艺术教育必须以更具创新的方式重申其重要性。如果艺术教育不经过培养，不与外界事物联系，或者不通过教化使其保持连续包容性，那么艺术教育的影响力将变弱，得不到人们的认可。正如我所谈到，艺术教育的丰富本质从根本上依赖于教化。

一

笔者认为有责任在文章开篇谈谈沉默的负面影响。沉默可能对思维有害，甚至对生活有害。沉默的人无法辨别自己是清醒还是沉睡。对于沉默的人，我们可以认为其没有更多话可说，不会产生疑问，也不会产生怀疑。沉默似乎与任何形式的激进批评、心灵和身体的伟大以及一个人的感受和存在的本质都没有关联。此外，任何故意阻碍智力发展的制度化的沉默也使沉默本身陷于更大的危机，导致不可避免的、有缺陷的政治和道德后果。自治是一个自我约束的概念，人们通过自治来洞察对自身信仰与经历的认知。否认自治则会推翻任何关于人们可以负责任地作出理智选择的假设。因此，假设在你不必自己解决某件事（别人已经帮你解决）的情况下，沉默替代了所有重新经历、重新审视人类繁荣既定情形的机会，那么这个沉默能有多好，在多大程度上有利于教育对合理怀疑的适当处理？当然，艺术教育对沉默的这种需求可能源于官僚主义，因为官僚主义可以有力地将自身的神秘感灌输于教学。

这种沉默往往会使生命脱离某些方面的存在，从而产生特权。阿拉斯代尔·麦金泰尔（Alasdair MacIntyre）表示，如果没有开放的公共讨论，社会正义的概念将被削弱，而权利将由统治精英、政党、金融和商业利益以及新闻和电视媒体建立。[①] 很多人认为沉默是对艺术本质的诅咒。如伊曼努尔·列维纳斯（Emmanuel Levinas）提到的那样，艺术层面的问题在于：

艺术家必须说话，如果他拒绝说除了作品本身的任何事，那么关于

---

① Alasdair MacIntyre, "Alasdair MacIntyre on Education: In Dialogue with Joseph Dunne", *Journal of Philosophy of Education*, 36: 1(2002), pp. 16-70.

沉默不能产生思考的评论就成真了。所以我们有权利知道艺术家是否真正了解以及诠释了他的作品。①

当然，我们认为学生不应错过每一个机会，要去检验，质疑，解释和挑战跟人类工作相关的设想。在一个被斯坦利·卡维尔（Stanley Cavell）称为"行为和交流的整个过程都存在问题"的世界里②，如果要讨论卡维尔（Cavell）的文章《我们一定得心口相一吗》（must we mean what we say）、《我们的无能为力与我们被赋予的意义不同》（our inability not to mean what we are given to mean），就必须承认艺术教育的合法性，③ 他的文章就是很好的例子。

柏拉图认为正义社会必须存在公众演说。因为公众演说允许世人进行争论，即使这些争论与表象世界有冲突。在柏拉图看来，和现在的情况一样，不少希腊人很容易感到满足。他认为，诡辩、花言巧语、贪欲、战争和政治力量可能充满诱惑，但这种诱惑是危险的。在《斐德罗篇》中，柏拉图提出，如果把一个人"与最能促进他发展的环境隔绝"，结果是否会令人满意。④ 他在暗示，一个好人是不能用金钱换来的，也不会是无知或者会轻易受骗的。如果真如柏拉图所说，教育和诗学智慧力量有关，那么人类怎么能靠沉默来完成教育行为呢？我们需要用持续的公开表达、艺术对话和诠释来丰富思想，在这一点上笔者和柏拉图观点一致。⑤ 但是，关于渴望表达在人类的正常发展过程中是否为教育的本质需要，还有待证实。

在这个充满紧张局势的现代社会，历史似乎要求我们花更多时间来思考和讨论竞争目标之外的事情。

公开讨论能让我们看到更多关于自己理解力、正义感的局限性，而这些不能从文字上获得。吉姆·麦肯齐（Jim Mackenzie）⑥能够很容易地阅读和写文章，但他却不会公开讨论。的确，能从文森特·梵高的作品《十二朵向日葵》中看到一个装有向日葵的花瓶是很容易的。梵高这幅作品的某些方面是我们不能诠释的，除非能找到一种方法，将这幅画与自己的存在感联系起来。因此，为了避免教育的狭隘理解，我们需要讨论，需要一个可以自由发表教

---

① Emmanuel Levinas, "Reality and its Shadow", in *The Continental Aesthetics Reader* (ed. C. Cazeaux), London: Routledge, 2000, p. 117.

② Stanley Cavell, *Must We Mean What We Say*? Cambridge, Cambridge University Press, 1976, p. 201.

③ Ibid., p. 117.

④ Plato, "Phaedrus", in *Plato, Complete works* (ed. J. Cooper), Indianapolis: Hackett Publishing Company, 1997, p. 518.

⑤ Ibid., pp. 525-526.

⑥ Jim Mackenzie, "The Idea of Literacy in the Journal of Philosophy of Education", *Journal of Philosophy of Education*, 34: 3(2000), p. 219.

育观点的平台。研讨会和专题报告就能为我们提供这样的平台,让我们表达观点,提高自己的推理和创新能力。这些平台向我们提供不一样的,重视交流和冒险的经历,这些经历对于鼓励讨论人类讨论学习以及超出标准之外的学习成果是非常必要的,且有助于责任感和接受能力的培养。在这样一个提供教育交流的平台,宾汉(Bingham)和西多尔金(Sidorkin)认为"教育学能从美学倾注和平等权利分享的争论中获益",[1] 其中包含一种道德关系,即在自己和他人之间通过自由和移动寻求改变。因此,不全面性,排斥和无兴趣对任何人没有好处,除了那些意欲通过庸俗的社会状态寻求控制的人。以上所述沉默方式将使我们无法安然入睡,且封闭思想。以上所探讨的内容,或许能够帮助我们初步了解艺术中的沉默以及它对于艺术教育实践的危害。

二

是否拥有一幅与小型学校或医院等价的画就意味着拥有典型的独特时尚品位呢?这是一个极端,另一个极端则是马库塞(Marcuse)所说的,艺术教育的问题源于不能注意到艺术内容如何与被压制的"官本位意识"[2]相融合。狄奥多·阿多诺(Theodor Adorno)也评论称:"现代艺术家倍受称赞的表演以及他们的自我表现欲就是他们把自己当作商品的体现。"[3]我可能有点怀疑过度,但是,艺术和这些形式有关联吗?或者说,艺术需要和他们有关吗?如果没有,那么艺术如何体现传统的价值?此外,如果艺术教育重点关注于学术绘画,它是否只代表过去呢?达米恩·赫斯特(Damien Hurst)的作品如《生者对死者无动于衷》能让我们对此有所思考吗?如果说现代艺术是一种实践,符合现代化理想和放荡不羁世界中的思想意识形态以及情感中的花言巧语,那么承认艺术代表过去的说法是否与此相背离呢?艺术是否失去了梵高所说的"值得用生命一搏"的价值呢?如果人们更看重金钱,那么艺术对于人类的文化思想又能起到什么作用呢?或者该如何看待把艺术当作个人兴趣和品位的想法呢?这些问题对于艺术教育来说都是不容小觑的。因为艺术教育需要正视这些问题,消除存在的弱势影响,以及启发学生思考。然而,如果学生把所有时间用来绘画,学习乐器或者雕刻,那么艺术教育是不可能解决这些问题的。所以,艺术生需要进行改变,以满足教育的发展要求。我想告诉读者,正如弗

---

[1] Charles Bingham and Alexander Sidorkin, "Aesthetics and the Paradox of Educational Relation", *Journal of Philosophy of Education*, 35: 1(2001), pp. 22-27.

[2] Marcuse, op. cit., p. 202.

[3] T. Adorno, *Minima Moralia*, London, Verso, 2002, p. 215.

里德里希·席勒(Friedrich Schiller)①所说,艺术的教育太重要,不能只被看作个人的发展。所以我们仍需要教育来艺术性地体现我们生活在一个"毫无意义的宇宙"。②如果艺术教育逃避当前世界所面临的挑战,摆出无政府主义的姿态,那么它将会和整个社会脱离。

阿尔福雷德·怀特里德(Alfred Whitehead)③认为艺术是"伟大的拒绝"。艺术教育通过探索生活中的矛盾、谎言、异常、堕落以及否定,能够对知识的获取、社会正义以及文化理解产生很大的影响。从某种意义上说,艺术似乎的确是明智反对,沉重的负担以及过度的道德。"伟大的拒绝"这一说法似乎和弗里德里希·尼采(Friedrich Nietzsche)的重要思想"拥有艺术是为了避免死于真理"④不谋而合。奇怪的是,这一说法的内涵表现在它经常忽视外界事物,体现为自私、不确定、天真、单纯、梦幻、悲剧、情色以及强迫性。尼采认为现实中的真理是虚伪的,不可逾越的,而且真理和艺术比起来是非理智的谎言,这与他所认可的极端真理之概念形成鲜明对比。他还认为,和生活比起来,现实中的真理是被任意绑定在一起的,它像一股暴戾的黑暗力量,阻止一切妨碍其统治地位的事物,并最终导致文化的衰落。而人类却盲目地认为真理能带来安全感。尼采坚持认为真理和美学体验相斥,接触文化才是人类繁荣的开端⑤,因为文化能够减少我们对真理的渴望,同时对真理保持少许尊重。如果认为创作跟外界事物毫无联系,那么就艺术本身来说,我并不想对其进行鼓吹。但是,似乎艺术教育并不是主流的教育思想,也不符合"伟大的拒绝"的核心思想。如果这是当前艺术教育的缺陷,那么我们这些艺术老师是否错误地相信了仅关注商业化世界的教育学呢?

教育界普遍认为,艺术教育学应该达到这样的目标,即教师能够知道学生在怎样学习以及他们怎样帮助自己学习。目前有很多教材也声称能够达到这个目标。但我并不知道这一目标如何能在艺术层面上体现出"伟大的拒绝"。单看学习过程,机械的教学如果不经过艺术教学实践历史诠释的指导,就不能对学习起到积极作用。现在,很多学生都具备最基本的技能,比如绘制时

---

① Friedrich Schiller, On the Aesthetic Education of Man (ed. and trans. E. Wilkinson and L. Willoughby), Oxford: Clarendon Press, 1982.

② Cavell, op. cit., p. 115.

③ Marcuse, op. cit., p. 202.

④ Friedrich Nietzsche, The Will To Power (trans. and ed. W. Kaufmann), London, Weidenfeld and Nicolson, 1968, p. 435.

⑤ Friedrich Nietzsche, The Complete Works of Friedrich Nietzsche, Vol. 11: Unpublished Writings from the period of Unfashionable Observations (trans. R. Gray), California: Stanford University Press, 1995, p. 97.

间线，制作网状图或者上网等等。但从教育层面看，以下两类学生谁更令人满意呢：一类学生能在教师的指引和鼓励下，解决基于生活中互相对立，与现实有抵触的问题；另一类学生陶醉于自己的艺术学习，而教师具有关于"学生如何学习"的教学实践，并由此对学生的基本情况有一定了解，从而制订教学计划进行课堂教学。如果艺术创作和抗争有关①，那么从教育层面来看，就需要重新审视这一问题：怎样完成艺术教育中优秀的教学实践。艺术教育通常包括合理的模糊体验，这些体验有时被反对，但它们属于一种更独特的思维，其特点是原始，形而上学，不确定性，无限性以及奇特性。这种思维能够帮助我们看见和思考那些平时不易被察觉的东西，能让我们发现，反对，扰乱，以及恢复生活中的重要方面。艺术教育的很多相关性都体现在前句的前提中，而绝非对图纸作业——进行表象解释。

我们可以进一步设想，猜测艺术教育必须包括，如果如伊曼努尔·康德（Immanuel Kant）所说，艺术需要批判，公正无私，感知器官的自然运用，对纯粹数学推理的拒绝，以及"促进道德思维敏感性"②的内省知识和联系道德与理性的思维意识。在康德的影响下，艾瑞斯·梅铎（Iris Murdoch）认为"艺术确实能预言般地提出或者呈现事物，比如时代思潮运动"③。对梅铎而言，最好的艺术"源于追求真理的想象和质疑"④。就以上所讨论的观点，勒维纳斯（Levinas）⑤有不一样的视角，他认为艺术为了介入一段未公开的事实而变得模糊，而艺术家必须对此有清楚的判断，从而克服模糊的出现。如果真如伽达默尔（Gadamer）⑥所称，艺术随其传统而不断发展，作为有知识、有经验的艺术生，在欣赏艺术作品时，就能反驳黑格尔（Hegel）认为艺术死了的观点。在此基础上，机械的教育法就会与艺术教育和教化矛盾。

三

艺术教育本身有排斥外界的倾向。那么我们先从外界进行分析，思考艺术教育应该传达但很难传达给我们的东西。克莱门特·格林伯格（Clement

---

① Marcuse, ibid., p. 204.
② Immanuel Kant, *The Critique of Judgement* (trans. J. C. Meredith), Oxford: Clarendon Press, 1992, p. 39.
③ Iris Murdoch, *Metaphysics as a Guide to Morals*, London, Penguin Books, 1992, p. 4.
④ Ibid., p. 26.
⑤ Levinas, op. cit.
⑥ Hans Georg Gadamer, *The Relevance of the Beautiful and Other Essays* (Ed. R. Bernasconi), Cambridge: Cambridge University Press, 1995.

Greenberg)①就当前艺术实践给出了强有力的评论,他认为现代艺术的吸引点在于艺术本身,这点可在保罗·克利(Paul Klee)的文章中找到例证。艺术家必须关心绘画、绘图和制作,必须关心他们创作所利用的材料,有关形式、线条的相互交流,以及和绘画品相关的任何可表达物。艺术教师往往认为,学生必须学会发现自己,他们强调自我理解的心理方法以及自我剖析的重要性。艺术教育与外界互相排斥时,前者的确有相当大的优势,但这样做也有缺陷,即过分强调个性化表达。如果关注于个人利益,我们会不会如汉纳·阿伦特(Hanna Arendt)②所预测,成为"异化世界"的一员,更加看重自身利益,不因贪图虚荣而自省?如果艺术教育本身不随外界变化,其结果也只是"半知半解"③。如果艺术教育过分强调自我满足和非理性控制,那么按照以上对艺术教育概念的解释,亚里士多德(Aristotle)的"好法官"④就很可能被推翻。

相应地,卡维尔(Cavell)⑤也提到,任何远离特定传统、习惯和方法的艺术,都会让观赏者对作品的价值和真实性产生怀疑。在欣赏这些艺术作品时,观赏者也会因为看不见传统性而产生疏远感和无归属感。但是卡维尔(Cavell)也质疑过这一观点。文森特·梵高(Vincent van Gogh)的观点可以作为考量对象,他认可绘画中传统性的价值,但他同时也想摆脱传统的影响。梵高在给他弟弟提奥的信中提到自己的作品《吃土豆的人》:

> 告诉塞雷,如果我作品中的人物是正确的,那我会很失望;告诉他我不想创造学术正确……告诉他我非常渴望学会创造叛乱,偏差,改造以及改变现实,以使他们成为更真实的朴实真理。⑥

在某种程度上,梵高试图通过绘画来揭示人道主义的真理。艺术教育并不违背事物的逻辑顺序以及方法论,但是我们应该承认艺术教育并不像科学教育那样难以掌握。艺术教育中仍然部分存在自由的方法,这个方法能促进

---

① Clement Greenberg, "Modernist Painting", in *Modern Art and Modernism*: *A Critical Anthology*(ed. F. Frascina and C. Harrison), London: Harper & Row Publishers, 1982.

② Hannah Arendt, *The Human Condition*, Chicago: University of Chicago Press, 1998, pp. 254-263.

③ Adorno, ibid., p. 29.

④ Aristiotle, *Nicomachean Ethics* (trans. Terence Irwin, Indianapolis: Hackett Publishing Company, 1985.)

⑤ Gavell, op. cit., p. 211.

⑥ David Sweetman, *The Love of Many Things*: *A life of Vincent van Gogh*, London: Scoptre, 1991, p. 190.

生命意识中更广、更强大的实践，以此克服某些扎根内心的自由限制，改变人们认为艺术教育落后的看法，让他们相信艺术教育是一种新的生活方式。艺术教育应该包含智慧化。与学生相比，教师更应该具备特定思维能力以践行包含智力博弈的艺术教育。

艺术具有亚里士多德在《尼各马克伦理学》中所谈到的技艺优点，比如：写作、表演、绘画、制作等。当然，艺术在其他方面也有优点。尽管自主的内省是艺术教育优点的主要原因，但也意味着这种自省会被质疑，尤其被勒维纳斯(Levinas)的作品《整体与无限》[1]中把人类和生命联系在一起的第三人所质疑。这一点的重要意义在于，我们比以往更加清楚，我们生活在一个充满战争，充满不幸的世界（想想科拜伦校园枪击案、巴尔格谋杀案、"9·11"恐怖袭击事件以及第三世界很多国家连年不断的饥荒）。饥饿、仇恨、贫困、贪婪、残酷、虚荣、无知、懒惰和疾病似乎也很常见。大卫·赫伯特·劳伦斯(D. H Lawrence)说这个世界疯狂追求物质享受，正变得越来越不可思议。而教育为我们呈现了一个更好的世界，乐维亚(Lovlie)和斯坦迪什(Standish)在作品中谈到这个世界与教化的关系：如果教育成为工业化文化的产物，人性成为廉价的政治措辞，自由需要附着于商业广告[2]，那么可以说我们生活在"半文化"世界。他们还认为，这之后自学的自主性就失效了，仅剩文化的无限重复。法国人类学家马克·奥热(Marc Auge)认为，我们生存的环境已经成为"非场所"和聚乙烯空间的重要成分，其人性表现为廉价的消费主义、逃避主义以及病态存在。他说："人类命运体就隐藏在'无场所'和孤独里。"[3]阿多诺(Adorno)也对此感到不满，他认为城区高速公路丝毫不能体现路过的痕迹："好像从来没有人真正欣赏过沿途风景。"[4]

我们是否经常问自己：这样的现状好吗？是否现实已经变成以消费主义为主的表象世界[5]？我们生活的世界里，书本的重要性被手机、汽车、随身听、电子游戏以及商品状态对象所超越，文化也随之改变。但是和书本比起来，这些物质的真正价值在哪里呢？书是否能让你获益更多？或者说，汽车、电子游戏或智能玩具能对一个人的精神、道德以及审美培养起多大作用呢？

---

[1] Emmanuel Levinas, *Totality and Infinity, An Essay On Exteriority* (trans. A. Lingis), Pittsburgh: Duquesne University Press, 1969.

[2] Lars Lovlie and Paul Standish, "Bildung and the idea of a liberal education", in *Journal of Philosophy of Education*, 36: 3(2002), pp. 317-318.

[3] Marc Augé, Non-Places: *Introduction to an Anthropology of Supermodernity* (trans. J. Howe), London: Verso, 2000, p. 120.

[4] Adorno, ibid., p. 48.

[5] Adorno, ibid., p. 15.

我的结论是：很多人以拥有的东西来定义自己，如果是这样，那我们的文化是否变成了无知便是福，以及无知就是政治正确？我们正处在便捷的时代，不用出门就可以学习、吃饭、穿衣、运动、娱乐以及工作。这样科技化的反社会时代也提醒我们，在消费主义盛行的世界，很难想象存在生机勃勃的社会。卡维尔（Cavell）认为我们"生活在一个充满宣传、广告、意识形态、心理战争、大规模项目的世界，在这个世界，文字失去了与来源或物质的联系。我们也生活在唱片文化时期，音乐被用来辅助睡眠，激发浪漫，沐浴消遣，或分散注意力"①。所有这些反映出一个问题：艺术教育应该以什么角色出现，它该接受什么，拒绝什么，该反对什么，又该争论什么？是否太多的画室教学阻碍了学生从艺术角度对以上问题的思考和处理呢？有时，绘画、写作、表演以及制作对作者本人来说可能太感觉化，而对其他人来说太疏远。那么画室教学能保持自己的思维模式吗？学生的思维是否会因作品而受限制，从而失去展示更强能力的机会呢？

如今，人类已经掌握动物克隆技术，那么距离掌握人类克隆技术还会很遥远吗？我们能种植转基因食品，能解读人体基因序列，还能制造大规模杀伤武器，这些都如阿伦特（Arendt）所预测，人类的能力是无限的，一旦科学发展壮大，就没有必要限制人类的能力。而且教育质量下降推动货币思维的事实似乎忽略了一点，即教育质量下降可能比其他任何让人类陷入虚无世界的事物都更加"客观且真实"②。然而，为什么在更容易放弃智慧斗争、文化渗入、个人存在而循规蹈矩、不用思考的时候，沉思和推理被视为自私的行为。所以问题在于，目光短缺的我们是否已经对大自然或者科技赋予我们的东西感到麻木？我们是否已经无法辨认好坏，也根本不在乎？最坏的事例可能是：你打算采用一篇特定的新闻评论，只把它当休闲文章阅读，从不查阅评论相关的原文章，最后像在热线广播里那样作出直觉性判断，也从不对该评论提出质疑③。

我们有时很容易忽视，至少我们表面上不会认为大众文化的冲击形象、狗哨政治、媒体宣传、花言巧语有任何不妥。如鲍德里亚（Baudrillard）所说，我们疯狂于花边新闻，以致所有现实存在的事物变成幻影，嫉妒和贪婪正以指数增长。阿多诺（Adorno）写道，在如今这个世界，不追逐点什么好像就不正常。这个世界没有了真正的距离，失去了批判的方向，也没有了想要改变

---

① Cavell, op. cit., pp. 201-202.
② Arendt, op. cit, p. 57.
③ Martha Nussbaum, *Cultivationg Humanity*, Cambridge, MA: Harvard University Press, 1998, p. 19.

并坚持信仰的欲望；取而代之的是道德败坏，人与人之间的趋同，复杂性以及对自己要求的降低。人类似乎没有了辩证思维，在这个商业化的全能世界，唯一能让我们找到最后一点平静的地方就是山顶，不过珠穆朗玛峰山脚下的垃圾可能会推翻这一理论。爬到山顶是为了发现其他登山者在这之前也来过，并且现在正在山顶享用聚丙烯材料包装的便携午餐。这让我想到，如果没有其他事物的配合，能有多少艺术作品呢？因此，如果艺术教育拒绝与外界沟通、融合，也就失去艺术教育的意义了。

四

在教化中，能提高学生文化介入的因素被认为是智慧的快乐，即"文本被看作语言范例而非信息团体"。① 据说，威廉·布莱克（William Blake）这位才华横溢的诗人对教化了解颇多，彼得·阿克罗伊德（Peter Ackroyd）曾说布莱克有"超乎寻常的想象力"。② 的确，布莱克能把那些看起来毫无关联的事物联系在一起，并让它们发挥出惊人的力量。布莱克（Blake）曾在笔记本里写道："我希望自己能无所不知"。③ 他的很多诗作也能让人感受到教化的重要性。比如，他在《地狱的箴言》写道："最崇高的行为就是把别人置于你的前面。"④布莱克很喜欢阅读，在他人生中的困难时期，阅读使他能够放松，调整自己，并重拾对艺术创作的狂爱。罗兰·巴特（Roland Barthes）也有类似经历。通常，一个人阅读层次越深，也能收获更多的爱和欢乐。对于巴特来说，阅读是一种快乐，这种快乐不仅是幸福的核心力量，还能带来亢奋情绪。他认为，阅读的真正本质在于能够强迫读者找到文章的关键信息，并对它进行解析。巴特认为，阅读能让我们学会理解文字的意义和效果，这些文字在我们脑海闪过、停留、聚集，启发思考，让我们聆听，让我们兴奋，让我们专注阅读，过程如此惬意和放松。他还说："我喜欢语言，因为它能诱惑我并带给我刻骨铭心的享受。"⑤路德维希·维特根斯坦（Ludwig Wittgenstein）说，一个新单

---

① Michael Oakeshott, *Rationalism in Politics and Other Essays*, London: Methuen, 1984, p. 313.
② Peter Ackroyd, *Blake*, London: Minerva, 1996, p. 24.
③ Ibid., p. 48.
④ Williarm Blake, *William Blake. The Complete Poems*, London: Penguin, 1977, p. 182.
⑤ Roland Barthes, *The Pleasure of the Text* (trans. R. Miller), New York: Hill and Wang, 1975, p. 38.

词,就如同"一段谈话中新生的种子"。① 那么我们是否身处一个机械性的教育世界,失去了这般经历呢?威斯坦·休·奥登(W. H. Auden)在谈到阿伦特(Arendt)的著作《人的境况》时写道:"经常有这种事,我看到一本书,以为这本书是特意为我而写。"伽达默尔(Gadamer)提道:"我们必须意识到任何艺术作品都只在我们欣赏、诠释之后才开始说话。"②对于加斯东·巴什拉(Gaston Bachelard)来说,教化能让人感受到内心深处的存在。③ 因此,我认为我们需要重新采取以教育为中心的教化。

如果艺术教育带给人们的只是这样一些概念,比如:"我要健康生活!新年到了,是时候开始健康生活了,为了在新的一年里强身健体,我要遵循健康的生活方式,减掉多余脂肪。咨询师也帮忙出主意,建议我们制订一个四周的饮食计划,去名人瘦身榜投票,分享自己的瘦身经验,狂吃健康的零食,等等",那么艺术教育做了什么呢?对此,我们可以用"伏尔泰咖啡效应的一场闹剧"来解释。但本文的主要观点是,在这个日益机械化、"时间就是金钱"的世界,利用咖啡帮助创作的伏尔泰式做法是不可能存在的。所以,现在的教育看似是可以没有氛围和亲密性的。

因此,我们看到了在任性和残忍、自然和非自然、迷信和迷惑中摇摆不定的时代精神;只有通过控制邪恶力量才能使其保持更好的状态。④

总　结

笔者认为,缺乏质疑和推理的艺术教育不能达到教化的目的。其中自我反省是重点,我们需要时常进行自我反省,以避免因过度自信而陷入非真实的幻想世界。

我们应该明白,智慧主义能开启研究领域的大门,减少我们陷入偏执、幻想以及狭隘思维的可能性。本文认为,智慧型探究能从多方面促进创新。要想展现强大的洞察力、出类拔萃、缜密的思维、解答疑虑以及扩大视野,需要的不仅仅是劳动、空洞的言辞、冷漠、脱离或者沉默。此外,艺术教育应该不仅仅是对本性的一种中和文化(a neutralized culture of being)的接受,或者一个为教育学思想提供讲解的平台。

---

① Ludwig Wittgenstein, *Culture and Value* (trans. P. Winch), Chicago: University of Chicago Press, 1980, p. 2.

② Gadamer, op. cit., 1995, p. 48.

③ Gaston Bachelard, *The Poetics of Reverie: Childhood, Language and the Cosmos* (trans. Daniel Russell), Boston: Beacon Press, 1971.

④ Schiller, op. cit., p. 29.

笔者在此向读者介绍三个有价值的学术思想。大卫·休谟（David Hume）①在1740写道，艺术需要对想象力施以暴力。阿多诺（Adorno）②说，任何一件艺术作品都是未遂的犯罪。勒维纳斯（Levinas）认为，艺术家讲述了不可言喻的事物。一件艺术作品延伸并超越了人们对事物的普遍认知，并以合适的方式诠释那些被忽略甚至被忽视的事物③。如果以上理论成立，我们是否愿意走进这个领域呢？由于这些理论比较深奥，但并不虚伪，它们能激发读者进行自我反省，而这种反省正是智慧主义所带来的结果，他们不再忽视对作品的欣赏，也不再强迫自己进行批判性思考。思考是否如西蒙娜·韦伊（Simone Weil）④在对彼得（Peter Winch）的评论中所说，是为了证明某个想法？她认为，做出努力太辛苦，所以某种程度上可以把思考看作身体最原始的舞蹈⑤，以便能在第一时间产生感知。韦伊（Weil）在其作品中强调避开，即放弃即时满足感去做一些不会带来即时快感的事情，同时"用脑越多，越能发现事物的本源"。⑥ 能够舒展并释放大脑的是那些反抗压迫的力量，这些力量能帮助远离即时快感、游戏、自我能力宣扬、休闲活动以及自我良心谴责，其中良心谴责通常伪装成真实生活的本质，被称为"社会巫术"。⑦ 那么，偏狭的教育和现代资本主义真的有益吗？我们可能希望艺术教育在独立思维和表演创新能力上保持平衡，以避免野蛮、醒目的拜物主义生活方式。教育及其优点可以看作是很难被利用的工具，因为人们宁愿使用其改编版。可见我们更倾向于简便的解决方法，认为排版更精良、色彩更丰富以及纸质平滑的改编书籍能让我们获得与原版阅读一样的价值。毫无疑问，我们应该竭尽全力避免走入这样的误区，我们应该相信并接受富有教化意义的高级教育实践。

参考文献：

Ackroyd, P. (1996) *Blake*, London：Minerva.
Adorno, T. (2002) *Minima Moralia*, London：Verso.
Arendt, H. (1998) *The Human Condition*, Chicago：University of Chicago Press.
Aristotle. (1985) *Nicomachean Ethics* (trans. Irwin, T.), Indianapolis：Hackett Publishing

---

① David Hume, Of The standarcl of Taste and Other Essays ced. J. W. Lenz), New york：Bobbs-Merrill, 1965.
② Adorno, op. cit.
③ Levinas, op. cit., p. 117.
④ Simone Weil, *Lectures on philosophy* (trans. Hugh Price), Cambridge：Cambridge University press, 1997, p. 13.
⑤ Ibid., p. 13.
⑥ Ibid., p. 59.
⑦ Adorno, op. cit., p. 216.

Company.

Augé, M. (2000) *Non-Places: Introduction to an Anthropology of Supermodernity* (trans. Howe, J.), London: Verso.

Bachelard, G. (1971) *The Poetics of Reverie: Childhood, Language and the Cosmos* (trans. Russell, D.), Boston: Beacon Press.

Barthes, R. (1975) *The Pleasure of the Text* (trans. Miller, R.), New York: Hill and Wang.

Baudrillard, J. (1994) *Simulacra and Simulation* (trans. Glaser, S.), Chicago: University of Michigan Press.

Bingham, C. and Sidorkin, A. (2001) "Aesthetics and the Paradox of Educational Relation", *Journal of Philosophy of Education*, 35: 1.

Blake, W. (1977) *William Blake: The Complete Poems*, London: Penguin.

Cavell, S. (1976) *Must We Mean What We Say?*, Cambridge: Cambridge University Press.

Gadamer, H. G. (1989) *Truth and Method* (trans. Weinsheimer, J. and Marshall, D.), London: Sheed & Ward.

Gadamer, H. G. (1995) *The Relevance Of The Beautiful and Other Essays* (ed. Bernasconi, R.), Cambridge: Cambridge University Press.

Gannatella, H., "Art education and *Bildung*", *Journal of Visual Art Practice* 3: 1, pp. 61-74, doi: lo.1386/jvap.3n.61/0.

Greenberg, C. (1982) "Modernist Painting", in *Modern Art and Modernism: A Critical Anthology* (eds. Frascina, F. and Harrison, C.), London: Harper & Row Publishers.

Hume, D. (1965) *Of The Standard of Tast and Other Essays* (ed. Lenz, J. W.), New York: Bobbs-Merrilh.

Kant, I. (1992) *The Critique of Judgement* (trans. Meredith, J. C.), Oxford: Clarendon Press.

Levinas, E. (1969) *Totality and Infinity, An Essay On Exteriority* (trans. Lingis, A.), Pittsburgh: Duquesne University Press.

Levinas, E. (2000) "Reality and its Shadow", in *The Continental Aesthetics Reader* (ed. Cazeaux, C.), London: Routledge.

Lovlie, L. and Standish, P. (2002) "Bildung and the idea of a liberal education", *Journal of Philosophy of Education*, 36: 3.

MacIntyre, A. (2002) "Alasdair MacIntyre on Education: In Dialogue with Joseph Dunne", *Journal of Philosophy of Education*, 36: 1.

Mackenzie, J. (2000) "The Idea of Literacy in the Journal of Philosophy of Education", *Journal of Philosophy of Education*, 34: 3.

Marcuse, H. (1998) *TechnoJogy, War and Fascism: CoJJected Papers of Herbet Marcuse* (ed. Kellner, D.), voh 1, London: Routledge.

Murdoch, I. (1992) *Metaphysics as a Guide to Morals*, London: Penguin Books.

Nietzsche, F. (1968) *The Will To Power* (trans. and ed. Kaufmann, W.), London: Weidenfeld and Nicolson.

Nietzsche, F. (1995) *The Complete Works of Friedrich Nietzsche, Vol. II: Unpublished Writings from the period of Unfashionable Observations* (trans. Gray, R.), California: Stanford University Press.

Nussbaum, M. (1998) *Cultivating Humanity*, Cambridge, MA: Harvard University Press.

Oakeshott, M. (1984) *Rationalism in Politics and Other Essays*, London: Methuen.

Pádriag, H. (1998) "Europe and the World of Learning: Orthodoxy and Aspiration in the Wake of Modernity", *Journal of Philosophy of Education*, 32: 3.

Plato. (1997) "Phaedrus", in *Plato, Complete Works* (ed. Cooper, J.), Indianapolis: Hackett Publishing Company.

Schiller, F. (1982) *On the Aesthetic Education of Man* (eds. and trans. Wilkinson, E. and Willoughby, L.), Oxford: Clarendon Press.

Sweetman, D. (1991) *The Love of Many Things: A life of Vincent van Gogh*, London: Sceptre.

Weil, S. (1997) *Lectures on Philosophy* (trans. Price, H.), Cambridge: Cambridge University Press.

Wittgenstein, L. (1980) *Culture and Value* (trans. Winch, P.), Chicago: University of Chicago Press.

西澳大利亚州工艺美术负责人对"K12"视觉艺术课纳入教育体系的呼吁[*]

杰弗里·威廉·拉米斯　[澳]茱莉亚·伊丽莎白·莫里斯
[澳]格莱姆·洛克
王冠娅译

摘要：本文旨在记录1967—1987年，西澳大利亚州（简称：西澳）视觉艺术教育在管理、政策、课程以及职业化发展过程中所经历的重大变化。本文采用叙事性研究方法，对1967—1987年为西澳视觉艺术教育发展做出重大贡献的倡议者进行17次访谈，最终得出关于初级视觉艺术教师教育的集合性论述。本文重点强调了西澳工艺美术负责人的职能演变，以及小学视觉艺术专业教师的出现。此外，本文还探究了阿普尔克罗斯高中成功开展中级视觉艺术教师专业培训，培养全科小学教师向专业美术教师转变，以及实行幼儿园至7年级工艺美术教学新大纲等问题。文章还探讨了1987年西澳教育部工艺美术分部解散一事。

关键词：西澳大利亚州　工艺美术　视觉艺术

一、引言

随着澳大利亚艺术类课程框架文件（澳大利亚课程评估与报告管理局，2014）的发布，越来越多的人开始关注视觉艺术的地位，其中包括小学视觉艺术专业教师的职能。首先，本文探讨了西澳小学视觉艺术专业教师的职能演变，以及他们在1967—1978年对中级视觉艺术教师培训项目的支持。其次，本文研究了幼儿园到7年级工艺美术教学大纲的发表，以及1987年解散西澳教育部工艺美术分部事件。最后，本文历史性地记录了西澳两任工艺美术负责人的技术性工作，以及他们对中小学视觉艺术教学的影响。

---

[*] 原文出自 Geoffrey William Lummis, Julia Elizabeth Morris, Graeme Lock ，"The Western Australian Art and Crafts Superintendents' advocacy for years k-12 Visual Arts in education", *History of Education Review*, 2016, 45(1), pp. 115-130.

20世纪70至80年代,在西澳小学视觉艺术教师共同努力下,幼儿园至7年级工艺美术教学得到推广,中学视觉艺术也得到支持和发展。小学视觉艺术教师培训项目之所以能成功开展,主要在于当时工艺美术负责人雷·桑普森(Ray Sampson)的核心领导。工艺美术部门曾投入大量资金进行专业化培训或邀请西澳最具成就的中级咨询教师进行指导,培养全科小学教师向视觉艺术专业教师转变(莫森逊,1972)。负责人进行的专业化培训也促进了小学视觉艺术的长期设立。桑普森的成功可以追溯到1938—1971年工艺美术学科负责人乔纳森(乔克)·坎贝尔(Jonathan/Jock Campbell)所做的杰出贡献。

27年前,负责人的离任对西澳教育界造成严重损失,这种影响在近几年开始显现。原本欣欣向荣的教师专业化发展,也因为工艺美术分部的解散而开始走下坡路。如今,美术研究员〔艾尔特(Alter)等,2009;迪纳姆(Dinham),2007;拉米斯(Lummis)等,2014;莫里斯和拉米斯(Morris and Lummis),2014〕认为由于许多极富经验的老教师已经退休,无法给予专业化发展更多支持,所以初级视觉艺术所面临的情况十分严峻。与此同时,有极少数人大学毕业后会从事小学美术教学〔迪纳姆,2007;莱蒙和加维斯(Lemon and Garvis),2013;莫里斯和拉米斯,2014〕;尤其是与之前的师范学院和高级教育学院相比,国家对这些学校都有巨大的资金投入支持其发展专业化教育〔尼尔(Neal),1979〕。除此之外,国家测评计划也有很大压力,国家对于"返璞归真"哲学的辩论以及学校校长老师的注意力都集中在学生的读写、算术能力上〔澳大利亚小学校长协会(Australian Primary Principals' Association),2007年〕。从国家层面上讲,澳大利亚课程被诟病缺乏对五大艺术科目强有力的指导,并且相比其他科目,视觉艺术也并没有得到足够重视〔弗兰奇里(Francini),2010;奥图尔(O'Toole),2009;斯特朗(Strong),2012〕。

直到20世纪80年代,"美术"和"工艺"两个学科才分离开来,分别由不同的中级教师进行专门授课。美术老师负责"传统美术"(例如:绘画、版画、绘图),工艺老师负责制陶、藤艺编织、皮革制品等其他材料工业艺术品制作。本文所涉及的关于美术(视觉艺术)和工艺的概念正出于此。西澳工艺美术分部会选择最有经验的中级教师成为咨询老师,专门负责指导全科小学教师参加由桑普森领导的视觉艺术教师专业培养计划。

二、研究方法

本文的第一作者在2014年进行17次访谈(每次约60分钟),分析汇总后得出关于小学视觉艺术教师教育的集合性论述。受访者均为经验丰富的西澳教育界人士，其中包括：视觉艺术教师（小学、中学以及高校教师）、课程编写与顾问、视觉艺术倡议者和教育部相关人员。这些教育界人士在1967—1987年都曾活跃于视觉艺术领域，其中有一些20世纪50年代就进入了该领域。根据《关于人类伦理行为研究的国家声明》（NHMRC，全国卫生与医学研究委员会，2007）中的规定，受访者的身份不便在本文中透露。研究人员认为，珀斯专业教师这份特殊的记忆是因为在西澳有一群著名的视觉艺术教育家。

通过半结构化提问，受访者会讲述自己的个人经历。所有受访者的音频将会被录制并转录为文字，经过比对后制成1967—1987年叙事集合。各个组织的参与者都非常期待，因为访谈会从多角度分析这些事件。另外，年龄较大的教育者会对一些历史性事件持有主观或片面的看法，访谈也会减轻这些方面的潜在限制。包含若干主题的17份文字记录会被逐一确认并重新整理，研究人员会为每个主题/事件作简介，最终为那段历史性的时期整理出一份叙事性合集[柯兰迪宁和康奈利（Clandinin and Connelly），2000]。重新整理的访谈记录，尤其是在分析西澳工艺美术中的影响因素以及更为广泛的教育社会学时，也会从文学角度进行分析[奥利伦肖和克雷斯韦尔（Ollerenshaw and Creswell），2002]。由于访谈材料编写整理过程中有研究人员参与其中，此次研究采用了阐释主义范式，因为研究人员会从主观理解视觉艺术教育，解释受访者的个人经历。

三、乔克·坎贝尔：工艺美术课题组，绘图项目负责人（1938—1971）

20世纪70年代，呼声高涨的小学视觉艺术教师培训计划在西澳出现，一个非常重要的原因在于乔克·坎贝尔做了大量基础工作，组织了一个咨询小组帮助中小学教师。除此之外，坎贝尔还在阿普尔克罗斯高中创立中学视觉艺术教师培训项目，该项目不仅提高了视觉艺术的地位，也促进了视觉艺术进阶项目的发展。

坎贝尔早年就读于米德兰技术学校（the Midland Junction Technical School），该学校是米德兰的工业园，与西澳重型铁路机械制造有一些合作。坎贝尔教学法与其他国际案例一致："在工业绘图运动中……，绘图是为了……利用（工业）优势。"[爱弗兰（Efland），1990]。这一运动与克拉克的理论形成呼应：工业要利用好艺术，比如图纸设计[苏西（Soucy），1990]。之前的一名咨询老师曾透露：1940年，坎贝尔将关于美术教师资格证以及美术教师学位的美术教师课程引进珀斯技术学院。这些技术类课程最终演变为西澳大利亚技术学院（WAIT，现科廷大学）的"艺术教学准学士学位"课程。坎贝尔对准学位的影响有一部分是由于教育部长 T. L. 罗伯逊博士（Dr T. L. Robertson）的领导，使西澳技术学院的教学资源流向中小学素质教育（尼尔，1979）。20 世纪 60 和 70 年代，西澳技术学院的建立对澳大利亚的进一步发展所起到的作用是独一无二的（尼尔，1979）。受到坎贝尔的艺术课程培训的老师长期占据西澳中学视觉艺术教师培训项目的主要岗位，这种情况一直持续到 90 年代他们退休。

一位前大学艺术教育者把坎贝尔描绘成一个果断决策的精明艺术教育谈判家。他战略性地将"美术"与"工艺"进行分离，使得"中学的新教学楼里，美术和工艺分别有独立的教室，也有各自不同的授课教师"。他还保证，"课程表里两门课都是相应的教学时间。我记得那些房间里还配有浸泡藤条的水槽，对了，还有烧炉"。一些成功的手工艺教师，包括坎贝尔的继任者桑普森，继续扩大对西澳职前教育的影响。在坎贝尔的任期内，许多中学视觉艺术课都体现在小学教育中，"在手工艺品（男生）和刺绣（女生）的时间分配上，明显可以看出对手工技能的重视"。在坎贝尔的早期职业生涯中，这些课程显著改善了工艺美术的地位，这反映在不同负责人的薪酬结构上。学术性的解释是：

> 据菲利普斯回忆，1938 年 4 月 26 日，坎贝尔被任命为绘图项目负责人时，当时的工资为每年 480 英镑，比音乐体育负责人少 80 英镑。他公然挑战不平等，最终获得了平等的报酬。当然，女性的工资仍然是不平等的。

坎贝尔被称为独裁有力的管理者，这是与当时的阶级等级一脉相承，但是：

> 他在更广泛的管理工作中取得良好的社会效果。珀斯皇家展览馆（坎贝尔馆）就是一个例子。他显然不认同洛温费尔德的方式，但赞成马里昂·理查德森的观点，以及她对儿童艺术的更加有条理的结构化教育方法（洛温费尔德认为成人不应该干涉儿童的艺术创作，而理查德森的观点是让学生通过明确的任务指示进行艺术制作）。

对于提高视觉艺术地位，坎贝尔所做的贡献是相当大的。坎贝尔是国际艺术教育学会（InSEA，International Society for Education through Art）的创始者之一，该组织建立于二战之后，位于英国布里斯托尔（坎贝尔，1958；里德，1958；斯蒂尔斯，2005）。国际社会艺术教育组织旨在通过艺术使让公众了解相关文化，确保艺术免遭另一场战争的破坏(斯蒂尔斯，2005)。一位教育工作者还指出，坎贝尔也开始参加"星期六早上在珀斯技术学院(1947—1950)的课(初中艺术课)"，使自己增加对艺术的兴趣。除此之外，作为西澳美术馆的董事会主席的坎贝尔还在负责一个新美术馆的建造计划，最终该美术馆在他逝后第二年，即1979年开业。这种关系表明坎贝尔在艺术教育历史上的价值，呼应了里德关于艺术的社会文化功能的观点(斯蒂尔斯，2005)。里德是一位英国的艺术教育家，他写了关于美学的哲学和历史(斯蒂尔斯，2005)。他的哲学思想是，艺术可以改变一个文化的集体心理，从而反映并复兴该文化本身(斯蒂尔斯，2005)。他在美术画廊的工作促进了今天珀斯地区视觉艺术教育的强有力发展。

艺术画廊案例并不是坎贝尔唯一的成功。1984年之前，虽然视觉艺术没有得到大学的公认(拉米斯，1986)，但其艺术价值在1968年阿普尔克罗斯高中开展的专业艺术课程中得到认可，这一年也是该校成立的第十年(莫森逊，1972)。该艺术课程支援了艺术纳入教育体系的运动，与珀斯现代音乐学院课程一道，推动了西澳艺术得到专业声望的团体的正式承认(莫森逊，1972；尼尔，1979)。坎贝尔参考了国际通行的方法，"艺术纳入教育体系运动……是个人解放的(新)修辞(艾弗兰，1990)"。坎贝尔的继任者雷·桑普森曾在20世纪60年代早期任阿普尔克罗斯高中工艺美术学科负责人。他充分意识到了工艺美术的成功；包括专业化的工艺美术教室，促进了那些本身就是艺术家并且还担任过咨询教师的中学教师采用工作室为中心的教学法(莫森逊，1972)。与此同时，教育的其他方面也在发生着变化：例如，向成绩证书过渡将会为非大学生提供更为宽泛的职前教育课程(塔利，2002)。然而，"委员会(发展成绩证书)……说明，教师不能只通过课程开发和教学方法来满足学生的需求(塔利，2002)"。因此，视觉艺术课程将面向所有年级的学生，但视觉艺术仍然不能作为入学考试(桑普森会解决该问题)。视觉艺术专业的学生只能通过团体组织认可其出色的表达和学术能力来取得成功。阿普尔克罗斯高中的成功和桑普森的一直以来的支持使20世纪70年代中期又出现了两所视觉艺术专业中学和一期小学视觉艺术教师培训项目，这些都旨在支持坎贝尔早期专业教师培养项目，从而提高视觉艺术在西澳的地位。

一些西澳视觉艺术教育工作者也对大卫·莫森逊博士的重要工作表示赞赏，大卫·莫森逊随后出任中学教育负责人，并倡导天才教育，帮助视觉艺术获得广泛认可。坎贝尔需要莫森逊宣传阿普尔克罗斯高中的项目。在阿普尔克罗斯提案(1967)生效之时，坎贝尔希望他的一位艺术顾问教师能为项目

招募有潜力的学生:

> 有了这个想法之后,他们就希望有人能够去阿普尔克罗斯高中维护艺术学院的日常运转,坎贝尔就找到我说,"你愿意做吗?"我说,"好。"他说,"你要做的就是能尽可能去周围所有的小学找感兴趣的学生谈一谈我们的7年培养项目。"我没有权利选择学生。学生必须自己说他们感兴趣。

四、桑普森与小学视觉艺术教师培训项目

坎贝尔退休后,雷·桑普森在1971年年底成了新的工艺美术学科负责人。之前许多同事印象中,桑普森曾加入澳大利亚皇家空军预备役(Royal Australian Air Force Reserve),有非常强的管理背景。桑普森有在艺术院校改革艺术课程的经验,也曾参与到中高等教育的教师改革当中。一位前视觉艺术讲师这样说:

> 作为艺术设计方面的领导者,珀斯技术学院在1969年进行改革,桑普森计划重新建设学院,因为之前我们流失的教师和课程已经被引进到西澳大利亚理工学院了。这种状况已经持续了好几年。因此,雷不得不重组学校,才不会有更多的流失。

桑普森在西澳的学校中建立了视觉艺术教育网络,并经过坎贝尔的指导,走上了新的岗位了。他很清楚要维护工艺美术,尤其要通过引进视觉艺术教师来提高小学的教学质量,建立起优质的中学课程项目。小学专家项目是一种创新,因为教育部门一直以来有严格的政策,以避免中学前教育专业化发展(密星汉,1958)。虽然很多桑普森之前的同事都去了西澳大利亚技术学院等技术类院校,或者西澳大利亚继续教育学院等一些师范类院校,但桑普森依旧与他们保持着良好的联系。这要归功于桑普森在教师培训方面的工作,后来这项工作由艺术学科负责人和珀斯技术学院艺术校长共同开展(密星汉,1958)。一位顾问老师回忆说:

> 雷与乔克个性不同。乔克平易近人,如果下属做得好,他会不吝赞扬,但也能直言不讳指出不足。雷却不同,他想更专业,他与下属保持

距离，在学校引入一种新的艺术教育风格，因为当时高中里正流行很多关于多样化工作室的新想法。艺术课程改变历史的时刻到来了。雷在中学提出"链式教学法"，而在小学提出"载体项目"系统，使艺术上得以进入大学（载体项目在西澳与"链式教学法"等效，其中包括一系列的艺术课程，常常从绘图课开始，以艺术展览作为结尾。）

从历史上看，中学生会因为珀斯限制性选课感到焦虑，因为当时的珀斯只是一座大学城（即西澳只建立了这一所大学）。许多想成为视觉艺术教师的学生也会经历这种焦虑，他们正在上中学视觉艺术11年级或者在学习独立研究课，所以他们可以在12年级学一些数学和自然科学，满足父母认为重点大学要必修的要求。在西澳，许多才华横溢的年轻人被迫放弃对视觉艺术的热爱，面对父母与社会贬低视觉和感官才智价值的现实。一位教育家回忆起父母对他学习视觉艺术的看法：

> 我得到了西澳大利亚英联邦奖学金，我的父母都欣喜若狂，我却告诉他们我想去艺术院校——珀斯技术学院，他们的回答简单粗暴，"不行，你不能去。你要上大学。"我在另一个科目获得全州第二名，所以他们决定要我去读这个专业。我心想，"天哪！这是我最不想做的事！"他们说，如果我不去上大学，就得去师范学院，学校会给我奖学金（免学费），但就是不能去珀斯技术学院，他们决不允许这样的事发生。于是我去了克莱蒙特师范学院，参加了那里的小学教育课程，包括一些艺术课。之后我就转学到了珀斯技术学院学习视觉艺术。

对于许多受访者来说，他们都有这样的经历。父母为子女重新规划，让他们远离视觉艺术，进入西澳的正规大学拿到学位。艺术不能称作一门学科，因为它被视为是一种娱乐和逃避现实的方式，而不是学术精英的追求（福斯特尔，1987；麦凯伦，1993）。然而，有些人拿到艺术学位进入视觉艺术教育领域；而另一些人被迫学习工程项目，放弃了专业的视觉艺术教育职业生涯。应邀参加阿普尔克罗斯高中视觉艺术项目的小学生越来越少，因为他们的父母看不到与视觉艺术相关的职业生涯道路。

桑普森也分享了他耻辱的烙印，他经常被称为"手工老师"，这种对知识分子的蔑称可以追溯到柏拉图时代，当时手工技能在高等知识分子中是被边缘化的（艾弗兰，1990；亨利等，1988；库森尼克，1990；拉米斯，2001；欧尔班，1958）。视觉艺术这门课程需要学校进行评估，不得计入入学考试，不能作为西澳大利亚大学录取学生的依据(德特曼，1969；尼尔，1979)。因此，不受重视的视觉艺术对既富创造力又有学术精神的学生来说进退两难，并且这种情况还渗透到了小学的视觉艺术课程。尽管20世纪60年代，坎贝尔在大都市和农村地区都为小学教师提供了关于工艺美术的咨询服务，但情况依然不容乐观。坎贝尔之前的同事称，当时咨询的主要途径是"很多教你如何制作的技法，工艺美术部门(20世纪60年代)有一堆制作技巧，他们就把这些教给乡下的学校"。甚至在推广工艺美术为小学课程的过程中，工艺美术还是往往被视为可有可无的繁忙工作，与其他学科相比，也就是一个"侍女"而已(艾斯纳，1978)。

负责人桑普森在坎贝尔成功的基础上，坚持在星期六的早晨为阿普尔克罗斯的高中生开设专业艺术讲习班，邀请技术和继续教育学院的艺术家前来授课。这些学生会定期将自己的作品送去参加由西澳出资、在社团和大型的中小学校际的展览。坎贝尔和桑普森之前与技术教育部门的关系仍然存在。阿普尔克罗斯高中的成功表明了视觉艺术作为一门课程的价值，以及对于校长来说所具有的潜在公共关系，尽管还要再花几年时间才能看到视觉艺术成长为一个严谨的学术课题(拉米斯，1986)。重要的是，阿普尔克罗斯高中的成功提高了视觉艺术的地位，但对于桑普森来说，它战略性地得到公众的认可，并成功纳入小学教育。被认为是在视觉艺术方面有天赋的孩子们现在可以名正言顺地进入西澳精英中学学习视觉艺术课程(尼尔，1971)。

在桑普森的领导下，西澳的视觉艺术教育实践发展很快。20世纪70年代，一些有利的改革也促进了西澳视觉艺术的发展：例如，在1973年，澳大利亚联邦教育部长金·比兹利接到关于几所学校的重要报告，仅次于惠特拉姆工党政府的教育重点(塔利，2002)。该报告强调教育公平的必要性(塔利，2002)，并成为视觉艺术教育在学校扩大发展的基础。桑普森从中看到机遇，希望充分整合从幼儿园到7年级的专业视觉艺术课，以此支持年8—12年级的视觉艺术课程以及将视觉艺术纳入大学课程的目标。学校视觉艺术课程的价值日益增加，关于其在课程中地位的讨论越来越多，尤其得到了西澳艺术教育协会的支持，该组织是汇集西澳视觉艺术教育者的专业组织。

桑普森进行时间最久的一项创新是他想创立一个拥有良好教育和教学资源的小学视觉艺术专业培训项目。政策是支持桑普森的：例如，国家发布报告《教育与艺术》(麦金农，1977)支持他的事业。这份报告是一个学校委员会和澳大利亚理事会的联合研究，认为艺术的目标是："入门、参与、信心与努力、最终达到卓越(麦金农，1977)"。麦金农的报告重申了每个澳大利亚儿童经历有意义艺术体验的价值，联邦和州教育当局要负起责任，聘用合格的美术教学人员、驻地艺术家、采用合适的艺术设施、艺术表演和展览的机会（麦金农，1977），确保儿童经历这些艺术体验。虽然桑普森已经发起了小学视觉艺术教师培养计划，但积极的政策还是增强了艺术项目的发展势头。机不可失，桑普森看到了可以扩大项目的政治信号。

20世纪70年代后期，继英国和美国之后，西澳开始整合国际上关于艺术教育大众文化的思想（鲍顿，1989；多恩，1972）。这些思想的发展可能源自1978年国际社会艺术教育组织在阿德莱德召开的那次会议（鲍顿，1989）。会后不久，西澳艺术教育协会也在珀斯举行会议（拉米斯，1986）。在这些会议中，艾略特·艾斯纳（美国）和布莱恩·艾莉森（英国）发表了重要演讲，两人都主张艺术课程中应该包括理论内涵，在艺术课程中，其或许是对视觉艺术和视觉文化的回应。前西澳艺术教育协会成员回忆了珀斯会议（1978年8月）以及其他倡议：我们与桑普森在工作上相处十分愉快。他非常支持那些西澳艺术教育协会的项目，当我们听过艾略特、布莱恩·艾莉森，以及之后的阿尔·赫尔维茨和劳拉·查普曼对今后几年走势的演讲后，雷百分之百确信自己的决定。在西澳讲师中，他看到了拥有该领域领军人物的优势。

1984年，经过西澳艺术教育协会的大量的努力，工艺美术部门发布了修订后的中学教学大纲，该大纲被中学教育委员会接纳，见证了"高等入学考试艺术科目"成为一个大学的入学科目。西澳艺术教育协会曾大力宣传，使艺术成为一个高等教育学科，反映了那个时代许多澳大利亚专业协会的激进风格（福斯特尔，1987）。同时，一个小学视觉艺术教师团队正在开发新的幼儿园至7年级的工艺美术课程大纲。桑普森直接或间接地促成了西澳视觉艺术教育史上这一重要成果。

桑普森早期将盖伊·哈伯德和玛丽·劳斯（美国）的"链式教学法"用于工艺美术的课程设计；然而，1978年8月与艾斯纳的相会催生出了新的幼儿园到7年级工艺美术教学大纲，该大纲的基础是链式教学法和课程性美术教育(DBAE, Discipline-Based-Art Education)运动综合而成的。"DBAE"类似于链式教学法，有一定的先后顺序；但它还在艺术创作的过程中有艺术评论、美学、艺术史和文化多样性等课程（拉米斯，1986）。非常重要的一点是，"DBAE"受到了艾斯纳的支持，同样表示支持的还有许多艺术教育协会成员（包括一些有经验的西澳小学视觉艺术专家）。桑普森最后一个重要项目就是让他最好的小学视觉艺术专家协助写出并试行幼儿园至7年级工艺美术课程教学大纲（于1987年发布）。教学大纲包括三个目标：具体化的艺术学习（重点是使用元素和标准化的"语言"进行艺术设计）；一般性的艺术创作（重点是利用一些工作室技术增强自身表达和操作技能）；以及艺术理解（深入研究大量艺术评论文本)(教育部课程组,1989)。教学大纲建议将基于一系列课程的视觉艺术项目称为"载体项目"(拉米斯,1986):例如,教师希望他/她的学生制作一个日本鱼风筝,首先要用墨汁画出风筝的骨架。在这个过程中,教师将会讲解一些有关飞行器的历史文化和日本的传统美学。载体项目的最后阶段将是放飞风筝并对学习旅程进行展览和反思。"载体项目"采用了链式教学法,同时也吸收了"DBAE"广泛的课程目标。

五、小学视觉艺术教师及其专业化发展

在新大纲发布之前,校长和父母已经逐步认识到了小学视觉艺术专业课程的公共关系价值:例如,20世纪70年代中期,许多学校已经开始鼓励高质量的社团视觉艺术展。购物中心和地方政府也抓住机遇参与其中:例如,几年来,超过20所学校参与了城市弗里曼特尔城儿童艺术展(大约在80年代)。然而,视觉艺术的大众化推广是小学视觉艺术专业课程长期发展的结果。

在20世纪70年代中期,对视觉艺术感兴趣的小学全科教师和早期职业生涯是视觉艺术的教师应邀参与视觉艺术专业发展座谈会,地点在北珀斯小学,被称为工艺美术分部的"橄榄街"工作室。一位视觉艺术专家讲解了她作为小学视觉艺术专科教师以及在橄榄街的工作模式:

> 我的工作是两周一轮换,四天在一所学校,四天在另一所学校,两周在学校工作10天。这种方式挺好的,当然也要到工艺美术分部去,周五就要到橄榄街值班。每个周五我们都要请假,说起来还挺惊人的——一年有30—40周都是这样。

桑普森有一支经过培训精心挑选的咨询教师队伍,这些经验丰富的咨询教师能够一天(六小时)开展专业化的工作坊工作。桑普森项目的丰富经验不仅可以用于绘图、绘画和设计,还能用于手工艺,包括风筝制作、摄影、纺织品、热弯玻璃和制陶。许多以工作室的经验都在小学得到应用,但他的部分策略是激发个人的自我效能和内在动机,走艺术家教师之路。许多咨询人员都会展示他们的个人作品,并且作为一种教学手段,保持自身成功的工作室实践。一位前任专家解释了这一过程:

> 我们采用作坊的形式,可以用到我们所学到的东西。这就是自我发展。我们将想法转化成黏土和其他你想做的媒介物。但有时,我们总是

在进行风筝制作，因为雷是风筝大师。

而另一些老师在 20 世纪 70 年代，每个星期五都要穿过整个城市来到这里。就像下面这位所回忆的：

> 我申请成为一名艺术专业教师。我们去北珀斯的橄榄街进行培训。当时我在西南部教书。我们一行三人要前往珀斯与雷·桑普森和许多其他教师一起培训，时间为一年——近 40 个星期。我们每个星期五都去，我们报名参加了所有的培训项目。

桑普森的研讨会的一个最大的特点是，强调绘图是任何观察或设计的核心。作为视觉探究工具的绘图，其核心价值反映了杜威的工具主义思想和自我表现思想（艾弗兰，1990）。桑普森的做法在一定程度上"反映了科学管理（向前发展）的极度形式主义……（艾弗兰，1990）"。小学的专业教师也解释了这种方法如何使艺术刺激并发展儿童的视觉思维。绘图是贯穿各级别视觉艺术教育的基石。一位视觉艺术教育者解释了如何教授绘图：

> 绘图是一切的核心，但并不是在教你如何绘制，而是告诉你如何进行调查。今天的绘画已经坠落悬崖，成为一种探究手段。我仅仅是把绘图作为一个结构化的概念，就像通过学徒制成为一名艺术家一样，绘图已经消退为一个概念。即你作为一个初学者入门，学习一些基础技能，然后不断加强、巩固自身能力，最后身怀技艺离开，能够进行自我指导。这个概念很大程度上来自学徒模式，而内容却专注于绘图。

坎贝尔和他在米德兰和珀斯技术学校的培训项目明显对他和桑普森建立学徒模式产生了影响。采访的初级视觉艺术教师都将绘图当作自己整个基础学习年的中心课程。然而，他们也表示自己参加了一系列注重材料技术的工艺课程，以及与设计过程一体化的视觉探究（绘画）课程。

经过橄榄街的高强度培训，许多初级视觉艺术教师能够烧小型瓦斯炉，操作印刷机，使用纸浆纸、不同种类的胶、油漆、油墨、染料，介绍各种年代的纺织品和丝绸布料，也会制作并放飞各式各样的风筝。艺术设计的要素和原则是通用的，视觉艺术课程正是建立在一系列吻合时代发展的学习活动中，最终制造出有意义的艺术品。桑普森的预算中，会给每位初级视觉艺术教师配备印刷机、油漆刷、割草刀、用于安装展架的直角尺和各种其他材料，包括一套供孩子们评论的艺术复制品。桑普森的专业化发展，是将视觉艺术发展成为一门学科，通过规范化的作业进行问责（艾弗兰，1990）。此外，持续的咨询活动也对教师开放，教师可以借到便携式瓦斯炉烧制黏土制品。初级教师培养项目成功的另一个主要因素是工艺美术分部支持广泛的专业化发展，后续咨询活动的进行，以及越来越多大学的支持。

工艺美术分部与西澳工艺委员会、一些纺织家和工艺师有很深厚的渊源。桑普森弃商从教，之前的同事称，他早年最喜欢做的事就是当一名工艺师。当时西澳教育部有两辆大篷车，学校可以请求支援艺术家驻场计划。初级视觉艺术老师可以以纺织家、版画家或制陶艺术家的身份在学校和范围更广的社区与儿童进行互动。桑普森早年工艺教师的经历使越来越向传统美术发展的艺术运动得到些许平衡。正如几位同事指出的，桑普森的管理风格建立的条件是，资历和经验要与实践相关，要有指导他人进行文化再生产的特定技巧，并且公众还要认可工艺和美术两门学科。然而，20世纪80年代初，西澳的政治和工业环境都阻碍了桑普森的培养战略。

六、初级艺术教师项目曾培养不授课的全科教师

桑普森建立起了一个辅导周期，从幼儿园到12年级都贯穿着视觉艺术课程。他在技术领域、教师职前培训，以及工艺美术中级领导工作中积累了丰富的经验，使他清楚地明白一个有意义的学徒课程需要什么来获得长期收益。初级专业教师培养项目的目的在于，通过大学式的辅导，培养全科教师教授视觉艺术（从幼儿园至7年级）；但是，20世纪80年代初，西澳教育部政策调整，辅导培训体系坍塌，全科老师将培训时间用来做其他工作。一位之前在桑普森初级视觉艺术教师培训的老师介绍了培训的模式以及初级课程失去指导后的情况：

> 20世纪70年代末，我作为一名艺术专业老师重新来到这里，教室老师会一直待在教室和培训的老师在一起。指导也很多，如果需要的话，你可以整合视觉艺术项目的所有课程，或者跟老师一起工作，这种形式非常好。但是到了80年代初期，西澳大利亚教育局长戴夫·莫森逊调整了政策，初级培训课程只能给全科老师提供准备时间，或者"DOTT（Duties Other Than Teaching）"时间，即这段时间内除了教课，其他事情都可以做。

前任校长曾表示，不许教课这件事是对西澳大利亚州的公立学校教师联盟

的政治妥协。这是小学全科教师普遍面临的情况,但它却是桑普森培训战略的终结。另一位授课老师这样说:

> 由于专业教师们的原因,授课教师很高兴有不许教学的时间……当然,专业培养计划最初的想法是,我们会在学校教这些教师如何教工艺美术,但实际上最后并不是这样的。

七、工艺美术分部解散(1987)与专业化发展丧失

1987年,皮尔斯报告称,西澳教育厅(当时的教育部)在行政管理上有超支现象,并希望学校加强自身行政管理(皮尔斯,1987)。该报告所期望的结果是提高学校灵活性,以满足学校社区在社会和技术上的需求(皮尔斯,1987)。随后,工艺美术分部解散,表演艺术服务中心成立①,负责管理舞蹈、戏剧、媒体艺术、音乐和视觉艺术。艺术地位的下降并不只在西澳出现,正如莱莫莱斯和谢尔曼(1990)所言,20世纪80年代,在英国、法国和北美洲都受到"返璞归真"理念影响,视觉艺术在学校的地位也在下降,"艺术项目的数目被削减,对美术教师的需求量也岌岌可危"。西澳工艺美术分部的解散导致学校咨询视觉艺术课程的减少,因为不再有学科负责人,也不再需要一个专门负责宣传工艺美术的顾问团队了。为保住饭碗一些负责人和其他高级教育管理者,只有有限的视觉艺术知识,却要实施短期的政策。当时的校长这样说:

> 这份报告是为了建设更好学校!这份引起"大爆炸"的报告见证了校长职位的巨大错位,他们本来喜欢中央集权化管理模式,但现在这份报告使人事结构中出现大面积空洞,因为没有培训,也没有战略性计划来处理这种变化。教师和校长仍在寻找以前的学科领导。然而,小学校长可能会发现,新的地区负责人竟会是之前的数学学科负责人,他可一点都不了解学校。

哈维(1987)预计到了这种错位:"这份报告代表着一个分水岭……学校教

---

① 1995年,重新任命了一位负责人,他负责宣传视觉艺术,尽管这一任命归属于艺术学习领域(包括舞蹈、戏剧、媒体艺术、音乐和视觉艺术)。2014年,一名高级教育学者指出,"在整个(教育)部门里,全州与艺术相关的头衔只有一个人的如此含混不明。"

职工不能因法令而成为管理者……我们需要谨慎选择,以帮助(学校)……如果无法这样做……将会使……教育系统及其重要的人事结构处于危险之中。"

亚特和柯林斯(2010)也讲到了这个巨大的变化:

在20世纪80年代末,社会各界高度关注澳大利亚的经济前景,分管教育、培训以及就业的联邦部长约翰·道金斯对国家施压,建设一项全国共有的课程。1988年,他获得澳大利亚教育委员会(AEC——代表所有州的教育部部长)的认同,实地考察全国各地的课程有哪些共性。

坎贝尔和桑普森具有决定性权威的时代结束了。桑普森离开工艺美术界,成为一名计算机顾问。在联邦这个层级,道金斯发表加强澳大利亚的学校建设的报告(1988),进一步减少艺术在中学课程中的地位(鲍顿,1989),减少工艺美术分部造成的损失。亚特和柯林斯(2010)指出:"(到)1991年,国家通过了八项声明,分别是关于……数学、英语、技术、科学、艺术、健康、英语以外的其他语言(LOTE),以及社会和环境研究(SOSE)。"艺术将被分为五个自领域,它们分别是:舞蹈、戏剧、媒体艺术、音乐和视觉艺术。

然而在1989年,安德里奇发表报告(尽管麦克高不建议视觉艺术作为大学入学科目)坚持将视觉艺术作为高校入学考试科目之一,特别是在人文和社会科学专业(安德里奇,1989)。此外,该报告还建议大学的入学考试采取更为灵活的考试方式,而不影响视觉艺术在西澳大利亚课程中的地位(安德里奇,1989)。

对于坎贝尔和桑普森时代经历过职前培训和专业教师培训的老师来说,这些改革与20世纪80年代后期削弱以国家为基础的专业化发展有显著不同。许多受过坎贝尔和桑普森完整培训的视觉艺术的老师,组成了前尼德兰兹中等师范学院(70年代初)视觉艺术教师职前培训指导老师人员,教学楼现在为西澳大利亚大学拥有。尼德兰兹中等教师培训项目搬到了西澳大利亚大学高级教育学院的蒙特洛丽校区,现为埃迪斯科文大学(建于1991年)。西澳新的大学(科廷科大学和艾迪斯科文大学)提供视觉艺术学位,讲师均曾在坎贝尔和(或)桑普森手下工作。

在橄榄街工作的初级视觉艺术教师一年当中接受了不同的工作室约200个小时培训,除此之外,如果需要的话,还要再加上咨询老师额外的补课。相比之下,今天教育学士(小学)的课程经常会把视觉艺术课教成替换课或只教部分单元(与其他艺术学科相比),结果造成职前教师的视觉艺术经验越来越少。(拉米斯等,2014;莫里斯和拉米斯,2014)。一位大学讲师这样说:

  2014年，我们会告诉学生，我们会帮你入门，帮你了解这个领域，告诉你哪里可以找到专业协会，但请记住，在职培训、在职教育到时候都是帮不了你们的。

另一位大学讲师指出：

  今天所发生的事情与我在70年代中期经历相去甚远。2014年，我们读教育学本科(小学)每周需要有12个小时学习所有教育学领域的课程，与此相比，每周需要花大约29小时就可以拿到教学文凭(小学)，这似乎是不可思议的，因为之前如果只花这点时间甚至再长一点的时间只能做职前教师。

  此外，在西澳大利亚师范类学校、西澳大利亚技术学院或技术类学校，许多在20世纪70年代参与桑普森计划的教师参加了丰富多彩的视觉艺术选修课。一位视觉艺术研究员强调，失去当时丰富的工作室经验，不仅是初、中级视觉艺术教师的损失，也是视觉艺术在册学生的损失：

  2014年，我碰巧找到了20世纪70年代中级教师项目的课程大纲，我惊奇地看到，当时那些培训中学教师的时间比我们现在培养艺术家的时间还要多。澳大利亚西部的大学中，这样的师生接触时间曾经巨幅下降，尤其是在学生自我提升时，并不容易获得艺术经验。

八、结　论

  本文展示了17次访谈的整合记录，访谈对象包括视觉艺术教育家、课程编写与顾问、视觉艺术倡导者和教育部门人员。受访者的回忆相互关联，都与现存的西澳乃至世界教育发展史和教育政策史文献相关。根据受访者的描述，初级视觉艺术专业教师计划有巨大的价值。他们认为，由于视觉艺术教师丰富的经验和知识，可以为小学源源不断提供高质量的教学。初级视觉艺术专业的课程持续产生了高质量的工作。从20世纪80年代中期，当时的教育部工艺美术分部召集最好的初级视觉艺术专业教师编写并试行这份全面的西澳大利亚幼儿园至7年级工艺美术教学新大纲，这个大纲仍然对推行澳大利亚新课程具有重要价值。尽管1987年工艺美术分部解散，由初级视觉艺专业教师开展的小学展览仍继续进行。中学视觉艺术展将继续向各界筹集资金，邀请特别来宾出席开放式展览，促进高端文化活动开展。

工艺美术分部解散十几年来，那些发端于橄榄街工作室的工艺美术技能仍在西澳大利亚州小学中沿用。重要的是，一些专业教师转行进入天主教独立部门，另一些做了咨询老师，也有的在大学做职前教师培训。

20世纪90年代，工艺美术分部解散很久之后，对坎贝尔-桑普森的倡议的集体记忆仍在西澳各界广为流传。然而，到了21世纪初，许多受过桑普森培训的视觉艺术专业教师已经退休了，现在的职前教师教育并没有保持20世纪70年代到80年代末的水平。新一代的全科教师在视觉艺术职前教师培训中很少能接触到视觉艺术的内容（莫里斯和拉米斯，2014）。这种视觉艺术新式教育法不再像坎贝尔等教学权威那样，对某项课题的讲解涵盖所有兴趣点，也不再有必需的指导战略，以及能将视觉艺术从幼儿园推广到12年级的特殊资源了。

参考文献：

Alter, F., Hayes, T. and O'Hara, R. (2009), "Creative arts teaching and practice: critical reflection of primary school teachers in Australia", *Internatiatzal Journal of Educataion arid The Arts*, Vol. 10 No. 9, pp. 1-21.

Andrich, D. (1989), *Upper Secondary Certificatian and Tertiary Entrarance*, Ministry of Education, Perth.

Australian Curriculum Assessment and Reporting Authority (2014), "File Australian curriculum: tile arts", ACARA, Sydney, available at: www.australiancurriculum.edu.au/TheArts/Rationale-Aims (accessed September 19, 2014).

Australian Primary Principals' Association (2007), "Draft charter on primary schooling", Australian Primary Principals' Association, Stirling, available at www.appa.asn.au (accessed August 20, 2013).

Bougtlton, D. (1989), "File changing face of Australian art education: new horizons or sub-colonial politics?", *Studies in Art Education*. Vol. 30 No. 4, pp. 197-211.

Campbell, J. A. (1958), "Art and international understanding", in Smith, B. (Ed.), *Education Through Art in Austraaa*, Melbourne University Press, Melbourne, pp. 54-56.

Clandinin, D. J. and Connelly, F. M. (2000), *Narrative Irlquiry: Experience in Story in Qualitative Research*, Josse3. Bass, San Francisco, CA.

Dettrnan, H. W. (1969), *Secondary Education in Western Austraha*, Education Department, Perth.

Dinlkam, J. (2007), "Delivering primary Visual Arts education: where rhetoric meets reality", *Australian Art Education*, Vol. 30 No. 1, pp. 16-30.

Dora, C. (1972), "Art education: tile silent seventies?", *Art Education*. Vol. 25 No. 1, pp. 22-28.

Efland, A. (1990), *A History of Art Education: Intellectual arid Social Currents in Teacldng tile Visual Arts*, Teachers College Press, New York, NY.

Eisner, E. (1978), "Tile impoverished mind", *Educational Leadership*, Vol. 35 No. 1, pp. 615-623.

Foster, L. (1987), *Australian Education: A Sociologbic al Perspective*, 2nd ed., Prentice-Hall, Sydney.

Francini, A. (2010), "Respottse to ACARA initial advice paper on tile national curriculum for tile arts", *Australian Art Educalion*, Vol. 33 No. 1, pp. 8-14.

Harvey, MJ. (1987), "Some implications of tile 'better schools' report for school management in Western Australia", *Austrahan fourrzal of Teacher Education*. Vol. 12 No. 1, pp. 1-13.

Henry, M., Knigllt, J., Lingard, R. and Taylor, S. (1988), *Understanding Schooling: An Intorductory Sociology of Australian Educalion*. Routledge, North Ryde.

Korzenik. D. (1990), "A developmental history of art education", in Soucy, D. and Stankiewicz, MA. (Eds), *Eraming the Past: Essays on Art Education*, The National Art Education Association, Reston, VA, pp. 201-212.

Lemerise, S. and Sherman, L. (1990), "Cultural factors in art education history: a study of English and French Quebec, 1940 — 1980", in Soucy, D. and Stankiewicz, M. A. (Eds), *Framing tile Past. Essays on Art Education*, The National Art Education Association, Reston, VA, pp. 183-200.

Lemon, N. and Garvis, S. (2013), "What is tile role of tile arts in a primary school?: an investigation of perceptions of pre-service teachers in Australia", *Australian Jourrzal of Teacher Education*. Vol. 38 No. 9, pp. 1-9.

Lummis, G. W. (1986), "An epistemological justification for polysensory education", masters dissertation, University of Western Australia, Perth.

Lummis, G. W. (2001), "Aesthetic solidarity and ethical holism: towards an ecopedagogy in Western Australia", PhDthesis, Murdoch University, Perth.

Lummis, G. W., Morris, J. and Paolino, A. (2014), "An investigation of Western Australian pre-service primary teachers' experiences and self-efficacy in the arts", *Austrahan Journal of Tencher Education*, Vol. 39 No. 5, pp. 50-64.

McKinnon, K (1977), "Education and the arts: a joint study of the schools commission and the Australia council", National report, Australian Schools Commission, Canberra.

McLaren, P. (1993), *Schoohig as a Ritual Performance: Towards a Political Economy of Educational Symbols and Gestures*, 2nd ed., Roufledge, London.

Ministry of Education Curriculmn Branch (1989), *Arts and Crafts Syllabus K-7*, Ministry of Education Curriculmn Branch, Perth.

Missingham, H. (1958), "Art education in New South Wales, Western Australia and Queensland", in Smith, B. (Ed.), *Education Through Art in Australia*, Melbottme University Press, Melbourne, pp. 57-60.

Morris, J. E. and Lummis, G. W. (2014), "Investigating the personal experiences and self-efflcacy of Western Australian primary pre-service teachers in the Visual Arts", *Australian Art Education*, Vol. 36 No. 1, pp. 26-47.

Mossenson, D. (1972), *State Education in Western Australia*, UWA Press, Perth.

Neal, W. D. (1979), "Review and prospect", Education in Western Australia, University of Western Australia, Perth.

NHMRC (2007), "National statement on ethical conduct in human research", NHMRC, Canberra, available at: www. nhmrc. gov. au/guidelines-publications/e72 (accessed May 5, 2015).

Ollerenslmw, J. A. and Creswell, J. (2002), "Narrative research: a comparison of two re-storying data analysis approaches", *Oualitative Inquiry*, Vol. 8 No. 3, pp. 329-347.

Orban, D. (1958), "Creativeness in visual art", in Smith, B. (Ed.), *Education Through Art in Australa*, Melbourne University Press, Melbourne, pp. 9—15.

O'Toole, J. (2009), "Arts lost in the blackboard jungle of a national curriculum", *The Age*, January 12, p. 9.

Pearce, R. (1987), "Betler schools in Western Australia: a progxamme for improvement", Ministry of Education, Perth.

Read, H. (1958), "Introduction", in Smith, B. (Ed.), *Education Through Art in Australia*. Melbourne University Press, Melbourne, pp. 1-8.

Soucy, D. (1990), "A history of art education histories", in Soucy, D. and Stankiewicz, M. A. (Eds), *Framing the Past. Essays on Art Education*, The National Art Education Association, Reston, pp. 3-13.

Steers, J. (2005), "Chapter 8: InSEA: past, present and future", in Romans, M. (Ed.), *Histories of Art and Design Education: Collected Essays*, Intellect Publishing, Bristol, pp. 129-144.

Strong, M. (2012), "AEA response to the draft Australian Cttrriculmn: the Arts: foundation to Year 10", Melbourne.

Tully, K. (2002), "State secondary education in Western Australia 1912—1972", *Education Research and Perspectives*, Vol. 29 No. 2, pp. 1-141.

Yates, L. and Collins, C. (2010), "The absence of knowledge in Australian cttrriculmn reforms", *Eufobean Journal of Education*. Vol. 45 No. 1, pp. 89-102.

比较视角：澳大利亚、越南、中国的儿童早期艺术教育[*]

[澳]芭芭拉·佩茜泰莉　　[越]范氏麦志　　陈志超

孙晓彤译

摘要： 儿童早期艺术教育在不同国家有着不同的发展方式。这篇文章分析了三个国家发展儿童早期视觉艺术教育的不同形式。为进行跨文化分析，本文将讨论以下四个关键点：社会中的艺术背景，艺术教育在各国的地位，儿童早期艺术教育的现状（包括艺术教育在老师、画家、儿童方面的准备），以及艺术和教育的社会文化支持体系。

关键词： 儿童早期教育　艺术教育

相对而言，儿童艺术教育是一个尚未探索的领域。至今为止，大多数研究仅仅关注儿童在绘画方面的发展。现在这个状况正在改变，很多研究者开始对儿童艺术教育进行范围更广、更多样化的主题研究。在这样的努力下，人们对影响儿童早期艺术教育的哲学、心理、社会和文化因素有了更深层次的理解。一些研究开始涉足这个鲜为人知的领域，研究重点是儿童在视觉艺术方面的认知发展与引导他们学习和取得成就的众多成人之间的关系。(Bresler, 1992; Chia, Matthews & O'Shea, 1995; Eisner, 1987; Gardner, 1989; Gardner & Davis, 1993; Kindler & Darras, 1995; Matthews, 1994; Piscitelli, 1997; Wright, 1997)。一些重要的观点从跨文化研究中得出，这些研究讨论分析了不同国家艺术教育实践的显著不同。

成人对儿童在视觉艺术方面的学习和成就影响颇深，尤其是老师、父母、其他人（比如艺术管理者、政策制定者、政治家和资助机构）直接影响到儿童早期接受艺术教育的途径和质量。最近对儿童艺术学习的研究从传统的心理驱动儿童发展模式转变为更广泛的研究主题——分析课堂内外的各种因素(Bresler, 1992; Gardner, 1989)。如今，研究者在研究和讨论儿童在视觉艺术方面的教育、

---

[*] 原文出自 Barbara Piscitelli, Pham Thi Mai Chi. Young Children's Art Education in Australia, Vietnam and China: A Comparative Perspective. *Asia Pacific Journal of Education*, 1999, 19(1): 21-30.

学习和成就时，会考虑一系列因素（比如，互动环境、课程内容、课堂气氛、文化背景、社会价值和发展模式）（Eisner，1984）。

  本文正是在这个广泛的框架下写成的。过去五年，一些儿童在两个国际文化外交项目中通过绘画交流自己对世界和环境的看法，本文的研究正是基于这五年产生在这一过程中的各种数据。这两个国际文化外交项目依托于多个组织（包括大学、政府部门、非政府组织和私人企业），涉及澳大利亚、越南、中国三个国家中来自学校和儿童中心的孩子、家长和老师。协同来自三个国家艺术和教育协会的同事，项目成员收集儿童的艺术作品在各个国家进行展示。除此之外，学者和研究者参观交流国家的典型项目，传播三个国家儿童早期艺术教育的目标和发展方向。这场关于艺术教育的交流已经被阐明，并让我们开始了解三个国家中影响儿童早期艺术教育的社会、文化、教育因素以及它们产生的具体影响。

  这个项目团队进行了两次儿童艺术交流，在五个国家办了多场展览会，展出了四百多幅绘画作品。这些作品由越南、中国和澳大利亚的儿童完成，他们的年龄在十二个月到八岁之间。两个国际项目的第一场是"澳大利亚—越南儿童艺术交流会"，1993年举行，包括两场大型儿童作品展览。整个展览项目的主题是"我们的世界"，包括在河内美术博物馆进行的澳大利亚儿童作品展和在布里斯班市政厅美术馆和博物馆进行的越南儿童作品展。在昆士兰艺术委员会的支持下，两个国家儿童的全部作品在昆士兰州进行了为期六个月的巡回展览。另外，此次交流涉及的越南儿童受邀参加了美国和加拿大大学美术馆的展览会。这些展览引起了广泛的社会关注，吸引了两万五千多名游客和众多媒体。

  从1995年到1996年，中国湖北的孩子和澳大利亚昆士兰州的孩子进行了类似的艺术交流。澳大利亚—中国儿童艺术交流项目（主题是"同一片阳光下"），包括三场大型展览和一场区域/国家巡回展览，吸引了七万五千多名游客到博物馆、画廊和当地展览中心参观。配合"同一片阳光下"展览，一系列公共讲座和学术研讨会在中国和澳大利亚举行，讨论儿童艺术以及当前儿童早期艺术教育的问题和重点。

  大众对这些儿童艺术交流会的兴趣使专家和公众提出许多问题——关于这三个国家儿童艺术教育的不同风格和技术特点。本文通过对澳大利亚、越南和中国儿童早期艺术教育现状的概述来表现其中一些问题。为进行比较，本文将对以下四个关键点进行讨论：社会中的艺术背景，艺术教育在各国的地位，儿童早期艺术教育的现状（包括艺术教育在老师、画家、儿童方面的准备），以及艺术和教育的社会文化支持体系。

一、澳大利亚的儿童早期艺术教育

　　历史上,澳大利亚的艺术主要受欧洲艺术的影响。然而,土著艺术、区域影响(尤其是亚洲和环太平洋地区艺术的发展)如今越来越引人注意。澳大利亚以博物馆为基础的艺术收藏反映了强烈的以欧洲为中心的倾向——男性艺术家占有很高的比例。曾有很多评论家关注澳大利亚艺术中的男性主导地位和以欧洲为中心的本质,现在关注的重点越来越转移到公共收藏和澳大利亚艺术史中本土的、种族的、女性的艺术(Turner,1983)。儿童的绘画作品在艺术领域通常不被视为艺术作品,尽管这一观点当前正在不断变化。一些公共画廊收集了儿童艺术作品,还有一个著名的作品集("弗朗西斯·德勒姆儿童艺术作品收藏集")收集了一万多幅澳大利亚和其他国家的儿童艺术作品,现藏于澳洲国立美术馆。

　　自20世纪30年代起,儿童艺术和儿童艺术教育就已引起澳大利亚专家的关注。他们做出了巨大的努力来提高艺术教育的地位。学术性杂志中常有提升艺术在学校课程中地位的观点(Jalongo,1990;Kindler,1992;Piscitelli,1990;Wright,1989)。目前,在澳大利亚的托儿所和学前教育中,视觉艺术还没有成为孩子的固定课程。20世纪90年代早期,澳大利亚制定了一系列规定来促进小学和初中艺术教育的发展,但至今还没有完全实施(Curriculum Corporation,1994)。

　　澳大利亚的儿童很小的时候——最小12个月就可以在托儿所、幼儿园和学前班接触到一系列高质量、无毒的艺术材料。这些儿童早期的绘画作品可以让老师了解他们对不同媒介、工具的使用等多个方面的特点和兴趣,以及他们动手能力的发展(见图1)。

　　很多人(包括父母和老师)把孩子的艺术作品视为反映他们对自己、家庭和社会看法的镜头。对艺术教育的经济支持在不同课程中差别很大,但大多数学前班、幼儿园和托儿所都有适中或充足的资金来提供一系列具有多样性的艺术资源。当孩子开始上小学,这种资金配额会大幅下降。

　　澳大利亚的幼儿教师会不同程度地接受与儿童艺术相关的职前教育,却很少会接受在职教育。不同的职前教育课程花费在艺术教育上的时间长短差别很大。一些幼儿教师只接受9个小时系统的艺术教育,而另一些会接受39个小时集中于视觉艺术的讲座教育和工作室实践。幼儿教师的培训课程可能包括以下几个主题:儿童艺术发展的哲学与理论、早期艺术教育的课程设计、向儿童教授艺术的技巧,以及儿童学习艺术的社会文化背景。

图1 "第一幅画"
梅根·康威尔(Megan Cornwell),12个月
(这个年幼的孩子是在老师的帮助下完成这幅作品的,老师把画刷蘸上颜料并给予言语和非言语上的帮助。)

大多数澳大利亚的幼儿教师在教孩子的时候会把课程的重点放在工作室进行的亲手实践活动,比如素描、油画、拼贴画和雕塑。通常来说,澳大利亚的大多数学龄前儿童都能接触到多种多样的艺术材料,并被期许可以独立地使用它们。儿童接受的大部分艺术教育都没有固定的教学框架,直到他们正式开始上学。在小学,儿童接受的艺术教育大不相同。尽管有规定,小学生在学校每周必须接受一个小时的艺术教育,但实际上课时间和教学质量却与规定有着较大出入——学生很少能接触到艺术,或只能断断续续地接受艺术教育。儿童在接受义务教育之前和接受义务教育期间很少有机会接触到艺术鉴赏或有与美学相关的经历——他们大部分的艺术经历都是在教室或画室里进行的亲手实践活动。

澳大利亚的小学很少有专门的艺术老师。大部分澳大利亚儿童的艺术课程是由其他任课老师教授的,这些老师通常对艺术教育没有足够的了解,也没有能力教好艺术。在有专门的艺术老师的学校,一些有着最好的教学条件——周详的课程计划和丰富的画室资源,而另一些只能挣扎在各方面条件都缺乏的状况里。由专门的艺术老师教授的儿童说这些老师使他们对艺术有了更进一步的了解(O'Donnell,1996)(见图2和图3)。

在不同的儿童早期艺术教育课程中,接受教育的儿童年龄不同,老师与学生的互动也大有不同。澳大利亚的大部分儿童课程都在小型、专门的课程中心进行,课程容量一般在100人以下。老师和助教一起向儿童教授课程,

图 2 "雨林会重建,犀鸟会有家"
亚历山大·格兰杰(Alexander Grainger),8 岁

图 3 "侵犯和战争"
欧文·海德(Owen Head),8 岁
(这名儿童和他的同学与一位专业的艺术老师在三周的艺术课上进行讨论和研究,最终用这幅画传达了他们对未来的理解。)

通常是在小型的像家庭一样的环境中进行,孩子们在那里玩积木、画画、看书、互相玩耍。通常,婴儿、幼童、学龄前儿童的老师在他们的艺术课程中很少有一个固定的教学框架,他们把重点放在每个学生的创造力、自我指导

能力和自我控制能力。很多，但不是全部幼儿教师认为"过程比结果更重要"，而且他们通常把视觉艺术课程的重点放在儿童对一系列材料的使用和对艺术活动的探索，而不是对艺术理论与实践的学习。然后，还有一小部分幼儿教师表明他们的艺术课程是有目标和任务的，他们能制定出兼顾学生自主创造和艺术知识的课程（见图 4 至图 7）。

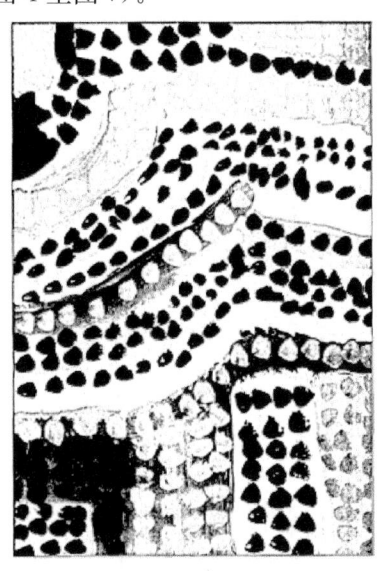

图 4　"点图"
阿尼卡·特纳（Anika Turner），4 岁

图 5　"登上去往靴子岛的游轮"
里安·斯凯奇（Rhian Sketcher），5 岁

图6 "我的家庭"
弗雷德里克·伯杰(Frederick Berger),7岁

图7 "我"
琳达·潘(Linda Phan),5岁

总之,艺术教育在澳大利亚儿童的课程中似乎是一个动态的存在。学龄前儿童的老师和父母通常十分重视儿童创造力的发展,并把艺术看作对儿童全面发展的展示。从小学起,艺术的地位开始下降,因为识字课和算术课开始出现

并成为每周的固定课程,尽管最近一些小学也开始聘任专门的艺术老师。从国家课程标准实施的不完善、对艺术资金支持的匮乏和专业培训的缺乏来看,在澳大利亚的社会中还没有出现有关艺术的重要性或艺术教育的地位的共识。

二、越南的儿童早期艺术教育

越南的艺术历史和澳大利亚的艺术历史分属两个非常不同的模式。民间艺术在越南艺术中长期占据主导地位,主要包括木版画、纺织品和陶器。在20世纪早期,法国殖民者在越南建立起一所美术学校来提供正式的艺术教育并传播欧洲的现代主义观点。这种西方观点的输入影响了越南内部艺术的发展,并对这个国家视觉美学的整体发展产生了深远影响。除此之外,越南艺术教育的各个方面都受到这个美术学校及其哲学观点的影响。因此,随着时间的推移,许多艺术家和老师开始把现代艺术中的一些观点纳入传统艺术和儿童课程之中(Nguyen,1993)。

越南的国家课程标准改革在全国范围内的幼儿园和学校实施,本文把在幼儿园(3岁到6岁)实施的国家标准作为讨论重点。越南的儿童在幼儿园的三年里会正式接受近乎一百个小时的艺术教育,这种时间分配是统一课程标准的一部分,在全国范围内的幼儿园实施。在这一标准下,儿童在艺术教育课程中主要有三种活动形式——绘画、塑形和剪贴。当越南的儿童升入小学,学习的重点从艺术转为识字和算术。

越南教育与培训部为关注和指导幼儿园儿童的艺术教育设立了三个关键目标:

- 为3岁到6岁儿童的审美和对艺术的理解打下初步基础;
- 培养儿童对美的热爱和创造美的能力;
- 通过培养集中力、听力、创造力、想象力、观察力和分析能力的活动来促进儿童的全面发展,并为初级教育做准备。

越南教育与培训部认为,好的老师应该有能力系统地教授至少三年的儿童艺术教育。在越南,3岁到4岁的孩子被期许从艺术教育中获得多方面的益处,并能够完成一些特定的任务。比如,他们能表达自己的感受和情绪,提高观察能力,分辨形状和颜色,描述简单常见的物体,使用面团和黏土塑形并为他们的作品命名,分辨并使用红色、蓝色、黄色、黑色和白色,以及养成良好的习惯——听从老师的指导、观察自己的作品等(见图8)。

经过幼儿园三年的艺术教育,儿童在艺术方面的表现发生变化——水平更加高超和精致。到他们进入小学时,他们在视觉艺术方面的知识储备和表

图8 "妈妈照顾孩子"
方(Phuong)，4岁

现会比三四岁的时候进步很多。课程文件中提及了儿童在升入小学之前需要达成的特定目标，它们是：了解使用不同颜色、形状和排列方式的本质以及产生的不同结果，能够通过语言和作品表达感受和想法，能够在完成艺术作品的过程中描述形状、线条、技巧和组合的特点，能够使用并分辨红色、蓝色、黄色、绿色、橙色、棕色、紫色、黑色和白色，能够学会简单的装饰知识并使用它们，能够在团队合作的时候与他人沟通并交流彼此的想法，能够集体完成一个艺术作品，以及能够培养良好的习惯——比如做好准备、达成目标、完成任务。越南的儿童在幼儿园就学会怎样实现自己的想法，他们所接受的艺术教育把儿童创造性想法的表达和系统的艺术课程放在同等重要的位置(见图9和图10)。

通过三种主要的艺术活动(绘画、剪贴和塑形)，儿童应该从中学到一些艺术理念，学会使用视觉感官，以及获得与视觉艺术所用材料和技巧相关的一手信息。在越南的儿童早期艺术教育中，视觉艺术的原则、结构和技巧与儿童的想象力、创造力和自我表达能力达成了一种巧妙的平衡，这表明固定的教学框架和儿童的自由发挥都是越南儿童早期艺术教育哲学理论的中心。

图9 "何叔叔的墓碑"
阮玉华(Nguyen Ngoc Hoa), 5岁

图10 "猫妈妈和她的孩子"
丁光天(Dinh Quang Tien), 5岁

尽管这些看似困难的目标会对老师的能力形成挑战,但是越南的幼儿教师培训课程会花费大量的时间和精力来使他们成为有能力、博学的儿童艺术教师。

大型幼儿园有大约350名儿童入学时,一些课程会聘任画家或者老师来指导儿童的艺术学习,但情况也并不总是这样。如果这些画家或老师被聘用,他们会在专门的工作室工作,上课时会有平常陪伴孩子参加专业课程的固定老师和助教协助他们进行教学。儿童从这些专业的老师那里直接接受艺术指导。在幼儿园的日常教学中,儿童们接受较为随意的视觉艺术教育,在这些课上他们可以练习一些新学到的技巧。一些全才的幼儿教师在完成幼儿园的教学课程后会去教授更为专业的艺术课程,百分之四十的课程内容是对艺术技巧的学习(包括视觉艺术和表演艺术)。如果老师精于视觉艺术教育,那这些儿童在幼儿园的日常活动中也会继续这种艺术学习。

因为小学的基础教育课程中并没有把艺术作为一门重点课程,许多越南父母会让孩子参加各种由俱乐部、组织或国家儿童文化宫主办的课外班,孩子们在这些遍及全国的场所接受绘画培训。一个班级通常由一位画家管理,而这位画家还要服从于领导整个艺术部门的艺术主管。在这些班级里上课的孩子经常拿自己的艺术作品去参加国内和国际的比赛,一些还会在区域性或国际性的儿童艺术竞赛中获奖(见图11和图12)。

图11 "月亮节"
阮清东(Nguyen Thanh Tung),6岁

越南是一个贫穷的国家,在过去的几十年里,越南的多个方面都处于落后的地位。自从开放政策实施以来,越南人民可以获得更多的物质,但儿童在大部分艺术课程上需要的标准配件——蜡笔、毡头笔、纸、黏土、橡皮泥等仍有不足。只有那些表现出高超技巧和能力的孩子才有机会学习绘画,而且年纪大多已经超过了儿童早期这一年龄段。

总之,越南政府通过幼儿园系统的教育课程表现了其对儿童早期艺术教育的重视。然而,越南教育与培训部的目标对全国范围内的孩子来说还远没

图12 "好好学习"
楚阮琼英(Chu Nguyen Quynh Anh)，8岁

有达成。由于严重的资金问题和高质量幼儿教师的缺乏，只有一小部分越南儿童可以实现官方的课程目标。对大部分儿童来说，城市里的孩子比偏远地区的孩子拥有更为有利的条件。目前，偏远地区幼儿园的儿童艺术教育状况"比不上"城市里的状况。

三、中国的儿童早期艺术教育

任何有关中国艺术历史和艺术教育的观点都会关注两个关键因素：一个是中国深厚的美术传统和中国文化中的书法艺术，另一个是外界对中国艺术技巧的影响之少（这种影响相对近期才出现）。在中国，视觉艺术的重点通常在于高超的技术水平，尤其是在中国的传统绘画艺术中。

在儿童早期艺术教育中，中国的教育者遵循一系列特定的目标，这些目标有助于进行系统的儿童艺术教育。在中国有一套与艺术教育相关的国家课程标准来指导老师制订一周的课程活动计划。在全国范围内，艺术教育的实践方式各有千秋，但课程内容都主要包括三个方面——绘画、手工艺和艺术鉴赏。在这一框架下，幼儿园的孩子(3岁到6岁)在课程中会逐步接触到越来越复杂的艺术问题。加德纳(1989：220—221)在他对中国艺术教育的评价中表明：

> ……中国的艺术教育氛围与美国的有很大差异。首先，在中国对艺术教育的重要性达成了一种广泛的共识，并希望逐步把主要的艺术形式传授给全部儿童……人们通常认为艺术教育可以帮助孩子变成更好的城市公民，帮助他们在一些专业的竞赛中获得奖项。或许正因为此，成人会希望儿童尽快在艺术上取得进步——从学龄前就开始学习音乐或国画……总而言之，艺术教育十分重要，并且应该尽早开始，社会中对如何进行艺术教育有一种共识，艺术教育的目标应该是尽快把儿童培养成像成人一样的艺术大师。

为了达成这一目标，老师们把教育重点放在将儿童培养成艺术家。艺术课程通常由专业的老师来教授，学校聘用专业的艺术老师来给幼儿园的众多儿童上课。一位评论家认为，中国幼儿园的艺术教育是一门"学习课程"而不是"一种玩乐"(Li, personal communication, 1996)。中国的儿童会接受固定的艺术教育，这些艺术教育课程由当地的教育部门负责监管评估。中国的儿童在幼儿园期间会接受250到400个小时的艺术教育。根据国家教育部门的指导方针，老师们会提供两种艺术教育课程：一种是定向的、有固定目标的课程，另一种是"自由发挥"式的课程——儿童在这样的课堂里发挥他们的创造力和表达自己的想法。由于种种原因，许多老师取消了"自由发挥"的部分，因此许多儿童每周在幼儿园接受两次定向的指导性艺术课程(Li, personal communication, 1996)。

中国幼儿教师的职前培训会把大量的时间和精力放在对各种艺术技巧的学习上。中国的幼儿教师在接受培训时既要提升自身的艺术水平，也要提高向儿童教授艺术的能力。一些艺术家会被聘任来帮助接受职前教育的幼儿教师掌握各种技巧。当这些人成为真正的老师并确定自己的教学重点时，他们不仅会遵循固定的国家课程标准，还会沿用那些艺术家导师在教授他们时使用的教学技巧。因此，适合成人的教学技巧通常也适用于儿童。

由于这种高质量的教育体系，中国儿童在艺术方面取得了惊人的成就。许多评论家都对中国儿童的艺术成就做出过评价(Gardner, 1989; Piscitelli, 1996, 1997; Wright, 1995, 1997)。中国儿童在3岁的时候就能表现出高超的视觉艺术技巧，这从一个小女孩的画作"春天来了"中就可见一斑(见图13)。

图 13 "春天来了"
邓曼(Deng Man), 3 岁

儿童在选取创作主题和进行艺术创作的时候都会遵从老师的意见,有时候会直接对一幅画进行临摹(见图 14)。

图 14 "我是小小升旗手"
袁爱爱(Yuan Aiai), 5 岁

老师的指导在艺术课程中占有重要地位，但是儿童也有机会表达自己的艺术想法。儿童每个月至少有一次机会可以自己决定上课内容，他们的作品也能表现出自主选题和艺术技巧的平衡。（见图15到图17）。

图15 "欢迎全世界的妇女来到北京妇女大会"
赵熙(Zhao Xi)，6岁

图16 "雨中快乐的花"
胡悦(Hu Yue)，7岁

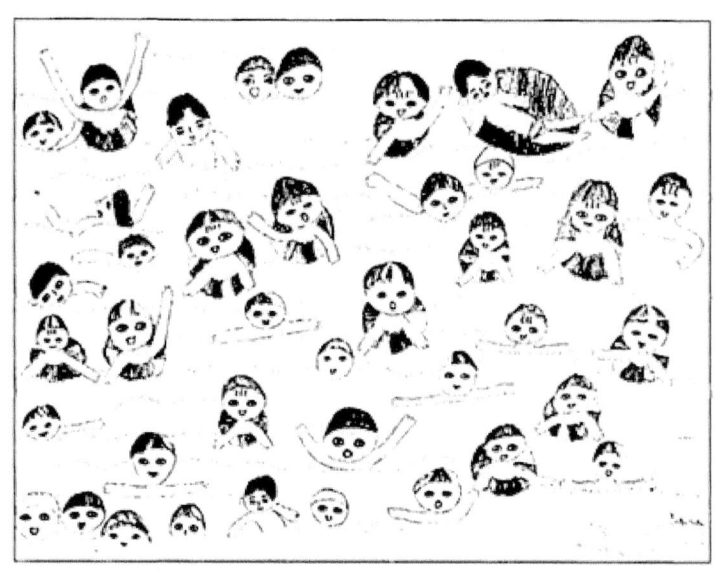

图17 "游泳的人"
祝怡（Zhu Yi），5岁

儿童艺术教育的物质和资源是有限的。许多教师培训课程注重对儿童艺术和手工艺材料的回收利用。对许多老师来说，资源的缺乏限制了儿童的艺术实践和探索活动。很多艺术课程过于注重艺术技巧的传授，一些评论家认为这会阻碍儿童创造力的发展（Zhu, personal communication, 1997）。中国儿童早期艺术教育的相关评论指出，老师在艺术课程中给予了过多的指导，并且用评判成人作品的标准来评判儿童的艺术作品，少有对儿童自我创造力的支持。

在中国，儿童的地位非常重要。由于计划生育政策的实施，许多儿童都是独生子女，他们是家庭的中心，享受着父母和祖父母的关爱。这种现象被称为"四二一家庭模式"——祖父母辈（四位）和父母（两位）把注意力全部放在唯一的孩子身上。在很小的时候，孩子就被寄予希望能够拥有一项才能。中国对艺术和教育的社会文化支持体系也较为完善。为了激发儿童对艺术的兴趣，中国社会中有很多儿童艺术竞赛和展览。

四、结 论

儿童早期艺术教育的发展方式在澳大利亚、越南、中国三个国家差别很大，主要原因是文化观念的不同。在这三个国家，儿童艺术学习的过程不同，学习的结果也不同。在中国和越南，儿童早期艺术教育受固定的国家课程标准指导,这些标准随着时间的推移而不断演变,反映着国家对艺术教育的重视。在澳大利亚,儿童早期艺术教育没有标准的发展方向,老师有很大的空间来决定艺术教育课程的内容。这种区别主要是由社会背景和文化观念的不同引起的,不同国家对儿童艺术学习的方式有着不同的观点。在这三个国家,政策制定者和课程规划者的决定反映了各自国家对艺术学习的态度。

但是,三个国家在儿童早期艺术教育上也有一些相似之处。每个国家的社会背景塑造并引导着儿童的学习。三个国家都支持儿童通过学习艺术来适应文化,并明确希望儿童通过他们的艺术经历成为文化的一部分。在中国,艺术学习的过程是有规范的,包含一系列固定课程来教授儿童艺术技巧,比如对传统书法绘画的学习。在越南,儿童通过对民间艺术的学习和艺术鉴赏活动来接触到相关的艺术技巧。在澳大利亚,这个适应文化和艺术学习的过程没有固定的规范,通常是兼收并蓄、不拘一格的。的确,澳大利亚的儿童艺术教育反映了其多元的社会文化。

在对三个国家儿童早期艺术教育状况的分析中也显露出一些问题。初步研究表明,社会价值观塑造并引导儿童在艺术学习方面的成就和经历。但是,这些儿童早期的经历是否能伴随他们终生?多少儿童在童年过后还能保留学到的艺术知识?从小学开始,三个国家都减少了花费在艺术教育上的时间,这种对艺术的废弃很有可能导致前期艺术学习成果的消失殆尽。

除了儿童的艺术学习之外,还有一个问题值得思考——在接下来的十年里,三个国家的教育目标将会如何改变?三个国家中,每个国家的课程规划都在不断变动,这种变动是随着政策制定者如何看待艺术在儿童早期教育中的重要性而产生的。这些不断变化的因素也会对各个国家的其他课程产生影响,因此,我们应该从本文的分析中学到怎样做出明智的决定来使儿童适应本国和国际社会的文化并成为其中的一部分。通过对儿童早期艺术教育中跨文化哲学、政策和实践的研究,我们可以得出一些结论,这些结论可以兼顾艺术教育,实现以学科为基础和以学生为中心。

参考文献:

Bresler, L. (1992) Visual art in primary grades: A portrait and analysis. *Early Childhood Research Quarterly*, 7, 397-414.

Chia, J., Matthews, J. & O'Shea, P. (1995) A window on an art classroom. *INSEA News*, 2(1), 4-7.

Curriculum Corporation (1994) *A Statement on the Arts for Australian Schools*. Carlton, Victoria: Curriculum Corporation.

Eisner, E. (1984) Cross-cultural research in arts education: Problems, issues and prospects. In R. Ott & A. Hurwitz (Eds.), *Art in Education: An International Perspective*. University Park: The Pennsylvania State University Press.

——(1987) The role of discipline based art education in American schools. *Art Education*, September.

Gardner, H. (1989) *To Open Minds: Chinese Clues to the Dilemma of Contemporary Education*. New York: Basic Books.

Gardner, H. & Davis, J. (1993) The arts and early childhood development: A cognitive developmental portrait of the young child as artist. In B. Spodek (Ed.), *Handbook of Research on the Education of Young Children*. New York: Macmillan.

Jalongo, M. R. (1990) The child's right to the expressive arts: Nurturing the imagination as well as the intellect. *Childhood Education*, Summer.

Kindler, A. (1992) Worship of creativity and artistic development of young children. *Canadian Society for Education through Art*, 23(2), 12-16.

Kindler, A. & Darras, B. (1995) Young children's understanding of nature and modes of acquisition of drawing skills: A cross-cultural study. *Journal of Multicultural and Cross-Cultural Research in Art Education*.

Matthews, J. (1994) Deep structures in children's art: Development and culture. *Visual Arts Research*, 29-50.

Nguyen, Q. (1993) Avenues of painting in Vietnam. In C. Turner (Ed.), *Tradition and Change: Contemporary Art in Asia and the Pacific*. Brisbane: University of Queensland Press.

O'Donnell, M. (1996) You can let your mind run free when you've got art teachers: Young children's perceptions of art education. Unpublished Master of Education Thesis: Queensland University of Technology.

Piscitelli, B. (1990) Building a strong art program for young children. *Links*, 4, 4-7.

—— (1996) *Together under One Sun*. Brisbane: QUT.

—— (1997) Culture, curriculum and young children's art: Directions for further research. *Journal of Cognitive Education*, 6 (1), 27-37.

Tran, T. T. & Pham, T. S. (Eds.) (1994) *Curriculum of Care and Education for Kindergarten Children ages 3-4, 4-5, and 5-6*. Hanoi: NXB Giao Duc.

Turner, C. (Ed.) (1993) *Tradition and Change: Contemporary Art of Asia and the Pacific*. Brisbane: University of Queensland Press.

Wright, S. (1989) We've got it backwards: It's too late by age eight. *Australian Art Education*, 13(1), 6-10.

—— (1995) Cultural influences on young children's artistry: What can China and Australia learn from one another? *Australian Journal of Early Childhood*, 20 (3), 39-45.

(1997) The arts and schooling: An analysis of cultural influences. *Journal of Cognitive Education*, 6(1), 53-64.

Xu, H. (1993) Modern Chinese art. In C. Turner (Ed.), *Tradition and Change: Contemporary Art in Asia and the Pacific*. Brisbane: University of Queensland Press.

英国艺术教育的近期发展：除了为人所见的事物外，代际间并无变化*

[英]贝丝·威廉姆森（Beth Williamson）**
高尊 译

摘要： 当代学校内部和外部的变化，以及自主艺术学校数量的持续增加，呼吁我们对于那些另类的艺术教育模式进行认真评估。在承认自主艺术学校中更为广阔的全球化趋势，及其所产生的大背景的同时，本文认为，在英国近代艺术教育史的框架中，尤其是在自 1960 年所谓的"科德斯特里姆改革"（Coldstream reforms）以来的这段时间内，人们可以更有效地理解在英国出现的这种趋势。这些其他类型的艺术教育模式通常声称要扩展艺术教学法的外延，在艺术教育、实践和学科性方面都要有所扩充。为了实现这一目标，这些教育模式采取了实验性、激进的手段。在此，正如蒂埃里（Thierry de Duve）所说，"教育学本身变为了一种策略"。然而，尽管此类教育模式刚刚出现，富于活力，但它们想要解决的问题并无太大的新意。从艺术史的角度来看，与这些进展的目标相比，它们通常没有那么大的创新性，也不像它们对于以前教学实践和模式的回应那样，彻底与过去决裂。因此，本文志在重新组织这些教育模式，在更为宽阔的艺术史叙述背景下对它们进行阐释。同时，鉴于这些模式代表了"后科德斯特里姆"（post-Coldstream）时期，英国艺术教育界最近的教育改革，本文也会对它们进行评估。

关键词： 艺术教育　教学法

近些年来，大量的艺术事件、展览和出版物不仅吸引了人们对于非主流

---

* 原文出自 Beth Williamson. Recent developments in british art education:"nothing changes from generation to generation except the thing seen". *Visual Culture in Britain*，2013，14(3)，pp. 356-378.

** 贝丝·威廉姆森是伦敦的一名研究者和授课者，现在是泰特美术馆"教育艺术学校"研究项目的博士后研究员。在 2011 年和 2012 年，她在约克大学为研究生讲授 1960 年后的英国艺术教育史。2012 年，她也担任了人文研究委员会"转变中的艺术家著作"项目的首席研究员。她的研究领域涉及当代英国教育史和艺术教学法，对这两个领域在 1950 年后的发展尤为在行。威廉森正在写一本关于艺术理论家安东·艾伦茨威格的专著，并由阿什盖特出版社出版。

艺术教育模式的兴趣，也吸引了人们对于艺术教育史的关注。在一些学术会议和研讨会上，人们已经提出要对这些课题展开研究。这种尝试是非常有价值的。例如，在2010年，伦敦大学学院（UCL）召开了为期两天的学术会议。该会议的主题为"艺术学校：发明、抨击和极端的可能性"（Art Schools：Inventiong Invective and Radional Possibilities）。这次会议的召开恰逢艺术家拿俄米·沙拉曼（Naomi Salaman）的名为"回首生命之屋"的展览。① 同样是在2010年，在海沃美术馆名为"非学校化社会"的会议上，该美术馆举行了一系列谈话和讨论活动。会议的名字取自伊里奇的同名著作。② 此后，位于考文垂的"兰切斯特美术馆计划"（LGP）于同年主办了为期两天的研讨会——"要做什么？考文垂的回响"。会议邀请与会人员分析以往艺术教育留下的遗产，以供今天的艺术教育学习借鉴。2011年夏天，名为"对于艺术学校的反思"的会议，是泰特美术馆进行的"受过艺术学校教育"研究项目的一部分，让来自英国和其他欧洲国家的艺术家和艺术史学家齐聚一堂，就过往和当代的艺术教育分享看法。③ 同时，非主流艺术学校的出现也变得越来越常见。其中一个例子是海沃美术馆2012年开展的"完全开放式学校"（Wide open School）的课程学习项目。其中所涉及的课程由来自40个国家，超过100名艺术家领衔开讲，并且向所有人开放。④ 可以将这次大规模的尝试视作是许多规模较小，但在价值上毫不逊色的倡议的对照。本文也将要对这些倡议进行探讨。

针对个体机构的案例研究的出版物的数量并不多，但广受欢迎。例如，丽莎·堤克纳的《1968年的荷恩赛艺术学院：艺术学校的革命》（2008），以及查尔斯·萨玛瑞兹·史密斯的《艺术家群体：伦敦皇家艺术学院的起源》（2012），后者主要探讨早期的艺术发展状况。⑤ 史蒂文·亨利·莫道夫于2009年出版了《艺术学校》（有关21世纪的议题）一书。他在书中对近期的艺术教育情况进展进行了调查，其范围覆盖各个大洲、不同历史时期和各种非主流的艺术教学模式。那些非主流的艺术教学模式有时以自由学校（free schools）的形式出现，在全球范围内不断涌现。自由学校，艺术学校不受已经

---

① "Art Schools: Invention, Invective and Radical Possibilities", 11-12 June 2010, UCL Art Museum, University College London. "Looking Back at the Life Room", 27 January-11 June 2010, Strang Print Room, UCL.

② "Deschooling Society", 29-30 April 2010, Hayward Gallery, London. Ivan Illich, *Deschooling Society*.

③ "Reflections on the Art School", 8 July 2011, Tate Britain, London. This day conference was run under the auspices of Tate's four-year research project "Art School Educated: Curriculum Development andInstitutional Change in UK Art Schools 1960-2010", funded by the Leverhulme Trust.

④ "Wide Open School", 11 June-11 July 2012, Hayward Gallery, London.

⑤ Tickner, Hornsey 1968 and Saumarez Smith, *The Company of Artists*.

成型的正规艺术教育的约束,而正规的艺术教育通常带有行政和官僚性质。但它们通常是暂时性的,有时没有固定的办学地点。同时,这些学校的出现经常是艺术家回应当代艺术环境的一种手段。在英国,莫道夫的汇编吸引了艺术专业学生和教师的大量关注,同时也赢得了包括格拉斯哥开放式艺术学院、爱丁堡自由学院在内的英国艺术学校的关注。这本汇编塑造了当代艺术教育的形态,也预示了其未来的发展方向。"21号部门"是由学生主导的计划,于2010年发源于英国皇家艺术学院,是非主流艺术教育模式的另一重要案例。

然而,对艺术教育来说,创新性与实验性的方式并不稀奇。至少从1960年开始英国艺术教育领域已经出现了大量的典型例子——要么具有创新性,要么具有实验性,或者二者兼而有之。这些早期的艺术教育模式中就包括了威廉·约翰斯通(1897—1981)所提出的"基础课程"的这种新理念。当时,约翰斯通担任中央工艺艺术学院院长(1947—1960)。与约翰斯通同一时期出现的理念还包括哈里·都柏朗提出的创新型教学法(1915—1986)。尤其是在利兹艺术学院(1955—1964)和遍及英国的寒暑假学校任教期间,都柏朗提出的新型教学法最有代表性。与此同时,维克多·帕斯莫尔(1908—1998)和理查德·汉密尔顿(1922—2011)在纽卡斯尔国王学院任教期间(1954—1961)开辟了新的教学法领域。当时,纽卡斯尔国王学院还是杜伦大学的一部分。这些激进的艺术教学方法很快就有了效仿者:艺术理论学家安东·艾仁兹维格在伦敦大学金史密斯学院(1964—1966)开展了"艺术教师证书"(ATC)课程;罗伊·阿斯科特(Roy Ascott)在伦敦伊灵艺术学院教授"基础课程"(1961—1963);彼得·卡地亚在伦敦圣马丁斯艺术学院开展"锁上的房间"这一项目(1968—1969);与此同时,考文垂艺术与设计学院艺术与语言系开设了"艺术理论"课程(1968—1972)。① 我们也不能忘记评论家赫伯特·里德(Herbert Read)(1893—1968)在1960年前后所做的贡献。在此期间,里德一直从事教学法方向的写作工作。在所有的这些例子中,或许,在当代学术界,哈里·都柏朗和安东·艾仁兹维格的学说在很大程度上遭到了忽视。因此,在接下来的文章中,他们将成为我们在教育艺术史中的首要关注点。

本文意欲对过去和当代艺术教育模式进行调查,探寻两者是否可以以一种新的并列方式结合在一起,以更好地认识不同时期的艺术教育模式。人们是否可以在历史背景下有效地思考这些当代的进展,或者,与过往相比,这

---

① 关于艾仁兹维格在金密斯学院教学的更多信息,参见 Williamson, "Paint and Pedagogy" and "Anton Ehrenzweig". For more on Kardia's teaching, see Westley, Le Grice and Kardia, From Floor to Sky.

些当代进展是否太过创新、太过离题,以致历史背景几乎变得毫无意义。正如下面将要呈现的案例研究所显示的那样,这两个时期的艺术教育模式的确存在差异。20世纪的艺术教学法倾向于对自身的关注,通常由艾伦茨威格和都柏朗这样标新立异的教师对个别艺术家进行艺术训练。他们关注艺术家的作者身份及其个体实践。到了21世纪,这种对个体的关注发生了转移,而自由学校就是这种转移的标志。现在,艺术家群体或团体通常与教师建立一种共同协作的关系,从而得到艺术训练。在这种关系中,艺术训练的重点越来越集中在共同创作和带有公共影响力的社会性参与实践上。在这种模式中,艺术家不再是实践者,而是促进者。① 在某种意义上,这体现了艺术教学法领域的巨大变革。然而,这些近期的创新究竟是与之前的模式有本质性的不同,还是仅仅是对于这样一个历史悠久、正在受到来自内部挑战的学科的最新回应? 身为艺术家和作家的安·劳特尔巴赫于2009年发表了《为人所见的事物:为了当下,追忆艺术教育》一文。她在文章中引用了格特鲁德·斯泰因(Gertrude Stein)(1874—1946)的一段话:

> 一个时代与另一个时代的唯一不同之处在于人们看到的东西不同,而人能看到什么取决于每个人的做事方式。这让我们在看待事物方面存在很大的差异,也让试图对其进行描述的人成为了它的一部分。这个不同之处形成了创作,即让人迷惑,又将自身展现在世人面前,它就是它自身。它看上去就如同其本身的样子,这让为人所见的东西成为了人们看见的东西。除了人们看到的事物外,代际间并没有任何改变发生,而正是这些事物形成了创作。②

斯泰因的这些看法形成于她在1926年所写的一篇文章——《创作就是阐释》。她想表达的意思并没有在一开始就清晰地显现出来,但诸如布鲁斯·巴斯奥夫这样的评论者对其含义作了阐释:"她的重点……并非在个体要素上,因为这些要素并不会改变;而是在于这些要素间的关系——这种关系会产生

---

① 在坎伯威尔艺术学院的一次演讲中,概述了这种模式从20世纪的个体实践者到21世纪的团体促进者的转变。Derek Yates, "Future Design Pedagogies" delivered during a "Presentation Day" for the Expanded Designer 15 October 2012. Yates' talk linked closely with his work for ALT/SHIFT. ALT/SHIFT, "Alt/Shift Examining the Future Form of Education for Design".

② Gertrude Stein, "Composition as Explanation", cited in Lauterbach, "The Thing Seen", 85. First published as Gertrude Stein, Composition as Explanation, London: Hogarth Press, 1926; republished in Gertrude Stein Writings and Lectures 1911-1945, 21-30.

变化。"① 当时，斯泰因正在写有关创作的文章，但就像劳特巴赫所说的那样，如果我们把"看到的事物"（the thing seen）的定义最大化，那么斯泰因的论断就与其他任何事情一样，能够充分适用于艺术教育的模式。② 用斯泰因的话来说，自由学校也许可以理解为由长久不变的要素所组成的新的创作产物。与此同时，艺术专业的学生和教师以新的方式对自身进行重新组合。同时，劳特巴赫敏锐地观察到，"你不能为新事物情制订计划，因为从其定义来看，新事物的到来并不满足促使其产生的条件"。③ 在全球范围内，当电子邮箱中经常充斥着自由学校的招生通知时，有关这些学校的本质是什么的问题就值得一问。这些非主流艺术教育模式的不断扩张呼吁我们对其进行严格的评估。在承认自由学校内更为广阔的全球化趋势及其产生的大背景的同时，也许自由学校的扩张并没有让历史学家以足够严肃的态度来审视此类倡议。但事实上，这类倡议值得人们严肃对待。然而，在自由学校一个接一个出现的背景下，获取必要的距离、保持批判的态度、合理地找出这种在艺术教育领域新出现的形式的根本动机是非常困难的。因此，本文引入了历史的观点，以此来获得这种恰当的距离、保持批判的态度。通过研究历史中那些创新性和实验性的教学法案例，尤其是那些当今已经在艺术史领域遭到忽视的教学法，我们有可能对过去和现在的创新性教学和学习方法形成新的认识。同时，在《创作就是阐释》一文中，斯泰因论述的核心处所体现的矛盾为我们提供了有用的框架，覆盖了差异和重复（同一性）："除了创作外，一切都毫无差别，而由于创作是不同的，并且永远会存在差异，一切又不是同一的。"④

  本文将首先分析赫伯特·里德具有影响力的想法。1943 年，他的著作《通过艺术的教育》问世。在书中，写道："这本书本身就是对急需的教育改革的宣言。"⑤ 里德具有深刻见地的想法和在艺术教育领域的勤耕不辍，让其成为了人们心中检验其他教学改革人士的试金石，这其中就包括了都柏朗。这些人的教学法实验相当激进，改变了 20 世纪中叶英国艺术教育的面貌。接下来，本文的关注点将转向 20 世纪 60 年代的科尔德斯特里姆改革。科尔德斯特里姆改革将艺术学校授予的以就业为导向、技能为基础的"国家设计高级文凭"（NDD）转变为等效的艺术设计文凭（Dip. AD）。正是在这样的背景下，我们才需要对都柏朗和艾伦茨威格等人提出的倡议进行思考。都柏朗于 1963 年在柏

---

① Bassoff, "Gertrude Stein's 'Composition as Explanation'", 76.
② Lauterbach, "The Thing Seen", 86.
③ Ibid., 87.
④ Stein, "Composition as Explanation", 23-24.
⑤ Read, *Education through Art*, viii.

亚姆肖冬季写生学校(winter life-drawing school at Byam Shaw)。开设课程，这称得上是案例研究的代表之一，因为都柏朗的举动没有完全回避已有的写生传统，而是"迎难而上"，为了同时代的人，赋予传统以新的生机。与此同时，艾伦茨威格认为自己的教学是实验性的。1964 至 1966 年，他在金史密斯学院教授的"艺术教师文凭"(ATC)课程尤为如此。因此，他需要考虑其教学法的有效性。艾伦茨威格的看法和反思是非常有用的资料来源，对于当今研究历史上的教学实验具有很大的参考价值。最后，本文将会把焦点转移到近期的教学创新上，并将注意力转向近期非主流的艺术教育模式，尤其关注英国皇家艺术学院的"21号部门"项目。同时，考虑到上文说提到的关于"保持距离和批判性态度"的警言，本文将会在已有的历史背景下对这些模式进行观察，同时突出两者之间的差异和同一性。

一、赫尔伯特·里德在英国的艺术教育宣言

20世纪中叶的几十年间，里德是英国在艺术教育领域最具影响力的思想家之一。1934 年，他在《艺术和工业：工业设计的若干原则》一书中说明了艺术和工业之间的关系。里德当时认为这个问题并非要机器生产符合手工艺品的美学标准，而是为了新的生产方式想出新的美学标准。换句话说，作为任何解决艺术和工业之间现存分歧的实际方法的基础，我们需要的就是拥有清楚的认识，不仅要认识到现代生产的流程，也要认识到艺术的本质。①

里德的书中有一章名为《工业化时代的艺术教育》，充满了趣味性。在这一章中，里德从两个角度看待这个问题。首先，里德思考了"在美学欣赏方面，消费者的教育"问题。其次，他思考了"在美学设计方面，生产者的教育"问题。② 里德呼吁进行美育，志在"造就'完人'，而并非在某一方面的专家"。③ 此外，里德认为，专业艺术学校应该受到限制，同时大部分的艺术指导应该通过技术学校(Fachschulen)的体系提供给学生，或者将这种指导置于工业体系之内。④ 在这一篇章中，里德不仅仅寻求解决艺术与工业之间的分歧问题，还要解决他认为的艺术教育和艺术实践之间彼此分离的问题。里德在思考后认为，给予学生的教育应更符合学生的时下情况，这样也能让学生养成新的审美情趣。里德关于艺术和教学的理念不断发展；这一点在接下来的

① Read, *Art and Industry*, 7.
② Ibid., 163. Original italicization.
③ Ibid., 167.
④ Ibid., 170.

众多出版物中得到了印证。在《艺术下的教育》(1943)、《教育促进和平》(1950)和《机器人的救赎》(1966)这三本书中，里德就艺术教育提出了一系列的提议，把艺术和创造力作为艺术教育的核心。里德"为了新的生产方式想出新的美学准则"的提议在本质上体现了早期包豪斯建筑学派的特征。20世纪中叶，人们可以强烈地感受到包豪斯建筑学派(1919—1933)及其教师在英国艺术教育领域的影响力。在魏玛、德绍和柏林，尤其是在格罗皮罗斯(1883—1969)在魏玛(1919—1925)作为学派领导者的时期，包豪斯建筑学派提出了开创性的教学观点和实践。约翰·伊登(Johannes Itten)(1888—1967)在20世纪20年代开设的基础班课程重点强调学生对于材料的使用和理解。正式的练习之外，其他更为自由的活动起到了调节的作用。这些活动通过自然研究和新形式的写生，志在培养学生对于周围环境的感性知觉。

里德认为，包豪斯建筑学派代表了"在美学教育领域的所有的实验中，最伟大的一个"。① 然而，即便是格罗皮厄斯所提出的观点也可以在早期的艺术创作模式中发现其根源。正如历史学家马塞尔·弗兰西斯科所提到的，格罗皮厄斯效仿了中世纪的石匠行会。在那里，"数不胜数的相关艺术家、建筑师、雕塑家以及手艺人聚集在一起，尽管他们的技艺水平各不相同。他们志趣相投，拥有相同的想法，尊重这种想法的一致性，并从中受到启发。他们了解这种共同想法的含义，也谦逊地懂得在接受共同任务时，如何让自己独立的作品成为集体作品的一部分"。② 这段引述表明，纵观当前的艺术教育史，新的教育模式不断重复出现，并将持续下去。这些新的教育模式通常是富有活力的，有时只是短暂地出现，同时总是相信自身在形式和方法上都具有创新性。

1934年，里德将包豪斯建筑学派称为"拥有工厂全部生产能力的学派，是工业体系的缩影"。③ 1945年，在第二版的《艺术与工业》中，里德进行了进一步的阐述。他不仅指出了一个世纪前，社会评论家约翰·拉斯金(1819—1900)在艺术、教育和德行方面的观点，还对未来做出了预测。在设计师诺伯特·达顿(Norbert Dutton)的《建设工艺设计学校的方案》(1943)中，里德看到了未来艺术教育新的前进方向，以及让当代艺术家接受植于工业内部的美育的可能性：这是英国包豪斯建筑学派的另一个称呼，为艺术教育的新模式提供了新的教学标准。④ 同年，达顿将自己的想法发表成文，剑桥学者 F.R. 利

---

① Read, *Art and Industry*, 165.
② Franciscono, *Walter Gropius*, 36.
③ Read, *Art and Industry*, 170.
④ Dutton, *Plan for a School of Technological Design*.

维斯（1895—1978）发表了《教育和大学："英语学校"概述》(1943)，并为一所英语学校而非艺术学校提出了新的教学模式。但是，这篇文章中也有着一些迹象，暗示着20世纪50和60年代的教育者企图实施的教育改革。① 李维斯开始了自己称之为人文教育的教育模式，认为：

> 我们在进行布置时应该注意到，我们既不是要培养学者，也不是要培养学术"明星"（抱负极高的人）——在学术测试中表现突出的学生；而是要能够进行自主思考的学生；他们在接受培养后，能够在自主思考已经成为必备条件的环境下进行工作；他们要有足够的学识和经验，能够自力更生，有持续工作的定力、长时间进行调查的持久力。②

面对当时大学越来越提倡专业化的情形，利维斯在1943年出版的文章中呼吁进行通才教育和跨学科教育（他提出的理想教学模式）。这至少在某种程度上在教育理论学家亚历山大·米克尔约翰（1872—1964）的《实验性大学》(1932)一书中有所体现。③ 在接下来的几十年中，相似的观点成为了英国美术教育的核心。这并不是要论证利维斯的思想和著作对于艺术教育领域有任何直接的影响。相反，这是为了说明这些观点体现了20世纪中叶的时代精神（Zeitgeist）和地区精神（Ortgeist）。

二、艺术设计文凭和科德斯特里姆委员会

1959年，英国教育部批准成立了国家艺术教育指导委员会（NACAE），即科德斯特里姆委员会［因其主席威廉·科德斯特里姆先生(1908—1987)而得名］。该委员会制订了艺术设计文凭计划。为此，其在1960年、1962年和1964年相继呈交了该计划的有关报告。④ 尽管科德斯特里姆委员会提交的建议提升了艺术学校的地位，但是它同时呼吁中央管理机构对艺术学校课程进

---

① 关于对艺术学院这些想法相似的艺术史教学的分析，参见 Williamson, "Art History in the Art School".
② Leavis, *Education and the University*, 59-60.
③ 关于利维斯的教育思想的分析，参见 Moran, "F. R. Leavis, English and the University".
④ Ministry of Education, *First Report of the National Advisory Council on Art Education*; Ministry of Education, *Vocational Courses in Colleges and Schools of Art*; Department of Education and Science, *Post-Diploma Studies in Art and Design* For a discussion of the Coldstream and Summerson Councils and where they figure in developments in art education more broadly, see Thompson, "Art Education".

行监督和确认。萨默森委员会(The Summerson Council)的主席为约翰·萨莫森先生(1904—1992)。该委员会准备将科德斯特里姆委员会的建议变为现实,派遣团队到英国大多数艺术学校进行课程的确认,并设计同等水平的课程。大多数的课程监督发生在 1962 年 2 月和 1963 年 3 月。在总共申请官方承认的 87 所学校(和 201 个课程)中,29 所学校(和 61 个课程)最终获得通过。① 1960 年科德斯特里姆报告出台后,国家设计高等学历(NDD)逐渐为艺术设计文凭(DipAD)所取代。② 艺术家罗伯特·麦得利(1905—1994)是萨莫森团队中的一员。他留下的一段记述指出了当时在艺术学校实行艺术史教育的重要性:

> 科德斯特里姆委员会提议废除老式的考试制度,并以新的教育体系来取代旧体系,一举破解了原有体系过于碎片化的难题,顿时让个体艺术学校获得了更多的自主权和责任。在外部顾问的监督下,这些艺术学校可以制定自己的课程和考试制度。这将艺术学校美术的地位提升到了其他大学的水平。艺术学校的学生会接受艺术史的教育,也会进行人文学科的学习,以达到一定的学术水平。③

提升艺术学校地位,以及赋予其自主权这两个目标本身就是相当卓越的结合。1968 年爆发了遍及整个欧洲的学生起义运动。此后,在伦敦,尤其是在弘赛艺术学院(Hornsey College of Art)内,科德斯特里姆和萨莫森委员会在科德斯特里姆的领导下,加入到了起义的队伍当中,重新审视三级艺术教育制度,并于 1970 年发表了联合报告。④ 科德斯特里姆委员会明确表示,"艺术设计文凭"的学生应该花费 15% 的时间进行艺术史以及辅助性课程的学习。同时,这些课程应占学生最终总评成绩的 20%。提出这个想法的原因之一在于,该委员会希望与以往的国家设计高等文凭相比,现在的课程可以更具学术性,同时让学生获得同等学力认证。

乔恩·汤普森之后发现,科德斯特里姆委员会所提出方案的远见性在于:

---

① Tickner, Hornsey 1968, 19. Here Tickner refers to Appendix B of MacDonald, *History and Philosophy of Art Education*, 385-387. See also MacDonald, *Century of Art and Design Education*, 207-210.

② NDD 逐步遭到淘汰,第一个 DipAD 在 1963 年被授予,最后一个在 1967 年被授予,参见 Tickner, *Hornsey 1968*, 106.

③ Medley, *Drawn from the Life*, 221.

④ NACAE and NCDAD, *Joint Report of the NACAE and the NCDAD*. For a recent account of student unrest at Hornsey, see Tickner, *Hornsey* 1968. For a contemporary account, see Students and Staff of Hornsey College of Art, *The Hornsey Affair*.

为了能够控制少数独立的专科学校，该委员会提供了合理而稳定的体制框架，但并没有设置通识课程。这种模式超越了一般的教学框架，教授一些艺术史，并在项目中加入智能培养的部分。在"补充性学习"旗号下，让艺术学校获得自主权，而学校要做的就是充分实施这些自助设计的课程。大部分课程将包括在工作室进行的实践学习；学习的具体形式将由教师在当场决定。学生的艺术创作环境将尽可能地模仿学校外的艺术家和设计师的工作环境。①

汤普森将科德斯特里姆委员会的方案称为"具有无政府主义的倾向性"。或许正是因为这一特征让其建议在艺术教育领域实施如此彻底、如此赋予创造性的改革。然而，正如保罗·伍德所言，"尽管艺术和设计文凭中体现了包豪斯建筑学派和其他现代主义思想，但像文明价值观这样的深层次传统美术观念依然占据上风"。② 在当时伍德的评述中，传统和创新的理念共同存在于单一的艺术教育模式中，通过艺术和设计文凭项目得以体现。

像这样在艺术教育方式上的重大改革引起了一系列的反响，教师努力为学生提供他们今后所需的艺术教育。教师相信，一旦学生离开学校，这种艺术教育在继续培养他们成为艺术家方面有最好的效果。例如，由都柏朗和艾伦茨威格等教师开发的个别课程具有极端性。这些课程的出现回应了艺术教育改革的主要推动力。尽管如此，这些回应所体现的激进主义很少是为了自身。相反，战后的英国在教育，尤其是艺术教育领域出现了新的动力。这种势头是为了找到创造性的方法，可能让教学法进一步发展，也能让由这些教学法支撑的学科取得进步。在这里，教学法本身成为了人们关注的焦点，而教师也将新的、具有实验性的教学策略引入其教学工作中。

三、哈瑞·都柏朗的教学法

　　本文的目的不是对战后英国的每一个创新性或实验性艺术学校、课程或教师进行研究。然而，哈瑞·都柏朗标新立异的教学是一个十分重要的例子，需要我们进行重点研究。可以说，把都柏朗的教学和相关思考作为重要的案例研究，并将其教学思想拆解开来，对其中某些遍及英国的艺术教学策略进行分析，非常适宜讨论本文涉及的主题。都柏朗的大部分理念源自赫尔伯特·里德，尤其是后者的《艺术下的教育》。同时，都柏朗崇尚直觉式的创作

---

① Thompson, "Art Education", 219-220.
② Wood, "Between God and the Saucepan", 179-180.

过程。这一点在其教学和著作中显而易见。20世纪的教学法重视个体、激发艺术家的灵感。而这种依靠直觉的工作方式正是当时教育界的显著特征之一。都柏朗对于直觉的理解与其对儿童艺术和禅宗的兴趣交织在一起。德国哲学家奥根·海瑞格(Eugen Herrigel)的《射箭艺术中的禅宗》(Zen in the Art of Archery)是都柏朗的重要参考书目。佛教哲学家铃木大拙(Daisetz Teitaro Suzuki)在1953年该书英译本引言中提到,"如果一个人真正希望成为艺术大师的话,仅有艺术技法的知识是不够的。他必须超越技法,让其艺术变为'朴实的艺术',在无意识间成长起来"。① 朝着"朴实的艺术"而努力是都柏朗教学和创作的核心方式。

都柏朗很少将其思想记录下来。但少见的是,他为1959年举办的"发展过程"展览书写了名录。其文字体现了他对未来的预测:艺术课程将会"变得越来越关注通过更为具有解析性和科学性的方法,来处理色彩构成、空间结构和自然风光;同时,在补充性课程中,对于直觉的追求将会变得更为自由,也更为重要"。② 三年前,即1956年,名为"艺术和手工艺中的青少年表达"的会议在约克郡的布雷顿霍尔培训学院举行。③ 会上的中心争论点在于如何在艺术创作中获得分析性和直觉性方式的平衡点。该会议让来自中学和艺术学校的艺术教师齐聚一堂,共同商讨青少年和后青少年时期艺术教育的状况。教师们的观点涉及范围很广。④ 例如,教师维罗妮卡·扎贝尔(Veronica Zabel)的观点很有想象力。她讲述了一些关于创造力的神秘本质的看法,并提到,"在最终的分析中,从文字中获取并保留下来的人类精神碎片才是最为重要的"。⑤ 她强烈反对在学生身上强加的艺术技法和各种规范,尤其对像都柏朗这样,在新兴基础设计领域从事教学工作的人持批判态度。⑥

莫里斯·德·萨尔斯马里斯(Maurice de Sausmarez)认同学生应同时具有学习知识和发挥直觉的能力。他的这个观点建立在艺术家兼教师的马里恩·理查德斯(Marion Richardson)(1892—1946)的观点之上。在儿童教育工作中,理查德斯将艺术教师的关注点从已经完成的作品身上转移到从事作品创作的

---

① Daisetz Teitaro Suzuki, "Foreword", in Herrigel, *Zen in the Art of Archery*, 5. I am grateful to Marti Hall, York University, for first bringing this connection to my attention in the summer of 2011.
② Thubron in *The Developing Process*, 4.
③ Bretton Hall Training College, "Adolescent Expression in Art and Craft", Report on the Easter Training Conference held at Bretton Hall Training College, West Bretton, 1956, National Arts Education Archive, BR/PL/904.
④ 关于主要的辩论的简要说明,参见 Yeomans, "Basic Design", 195-210.
⑤ Zabel, in Bretton Hall Training College, "Adolescent Expression", 6.
⑥ Ibid., 26.

个体身上。这种思想的关键转变让人们开始重新思考人类从事艺术创作所需的能力。同时，正如萨尔斯马里斯于 1956 年所发现的那样，"当今的艺术理论领域，人们对智商有着不加掩饰的反对。这是因为人们随意地将意识分裂成直觉和知识两个部分，好像这两者之间相互排斥，而非不可分割。没有人可以测算出在艺术创作中直觉和知识所占的比例到底是多少。"①

在 1956 年的布雷顿森林会议上，都柏朗的报告中提到，艺术教育应该更加重视以下 5 个方面：

1. 加强学生的专业化程度和前期准备，为应对今后在职业中遇到的困难打下基础。

2. 去除任何思想中的败絮，因为它让艺术家陷入"浪漫的孤寂"状态，不能自拔。

3. 在知识培训中更多地融入现代技术研究的内容。

4. 画家应该成为这些进展中的关键角色。画家自己的作品应该延展到建筑、工业设计、展览项目、室内装饰等领域。

5. 我相信，在这个高度科学化的世界中，艺术家所扮演的角色会越来越重要。②

这 5 个艺术教育原则没有像人们预期的那样，充分显示都柏朗对于直觉性艺术创作的坚持，也并不能有力地反驳扎贝尔的批评。尽管如此，都柏朗还是清楚地将这个艺术教育的实验归纳为"这是对知识和实践的追求，其结果凸显了直觉的重要性"。③ 因此，艺术创作中的知识和直觉两个方面相辅相成。面对众多已经形成的艺术教学模式，都柏朗像德·萨尔斯马里斯一样，在承认一些已有教学方式依然存在价值的同时，给了直觉和知识能力同等的地位，让实地教学有了新的自由。或许，这种在框架内的自由是最吸引都柏朗的地方。

除了在艺术学校从事教育的角色以外，都柏朗还在英国各地的暑期学校任教。1954—1956 年，他在斯卡伯勒暑期学校任教。当时学校的校长是约翰·伍德(John Wood)。之后，1954—1968 年，都柏朗为教育部门组建了超过 50 门实验性的课程。④ 1963 年年初，都柏朗作为负责人，为伦敦拜厄姆肖学校的"艺术基金会"组织了为期 10 天的寒假学校。大约 70 名画家和学生参加了由都柏朗和其亲密无间的同事莫里斯·德·萨尔斯马里斯(当时已经开始讲授此类课程)、休伯特·达尔伍德(Hubert Dalwood)(1924—1976)和特丽·福斯特

---

① de Sausmarez, in Bretton Hall Training College, "Adolescent Expression", 20.
② Thubron, in Bretton Hall Training College, "Adolescent Expression", 18.
③ Ibid., 19.
④ *Harry Thubron*, n. p.

(Terry Frost)(1915—2003)所组织的课程。① 安东·艾仁兹维格也加入了教师队伍当中。画家兼电影制作人约翰·琼斯(1926—2010)为"艺术基金会"拍摄了有关课程的电影,并在挑选过后,在电影中加入了一些都柏朗的评论。之后琼斯又把劳丽·摩根(Laurie Morgan)和鲍比·韦林斯(Bobbie Wellins)的即兴爵士乐作为电影配音加到了电影中。最终成型的影片有 30 分钟,名为《人体艺术绘画》(Drawing with the Figure)(1963),捕捉到了一些这种实验性教育方式给绘画教学带来的新自由。影片并没有舍弃人物的外形,但艺术家和模特之间静态和彼此对视无言的关系因动作的介入而遭到干扰。

这与像科德斯特里姆等具象画家所采用的方式有很大的区别。作为画家和评论家,阿德里安·斯托克斯(Adrian Stokes)(1902—1972)对科德斯特里姆与模特之间的关系做了如下评论:"她是分离的事物:她代表了一种重复出现的稳定性;艺术家本人刻意与艺术家的身份保持一定的距离,深刻地考虑了自己的整体性在单调的环境中的存在状况。"②相反,都柏朗希望"让空间完全浸在裸露当中",转移画室的活力,让学生不得不以新的方式参与到"屁股颤抖"的模式当中。③

他的目的是完全摧毁过去习惯性的实践活动,让预先能想到的解决方法完全无效,鼓励学生进行更具创造力的艺术创作。琼斯认为,"身着衣服和完全裸露的人具有相似性……这让人看上去更加裸露,让模特更加裸露。我认为这是个好事情,因为你完全无法忽视他们的存在。突然间,你发现自己置身于一群穿着衣服的人中间,旁边却站着一个裸露的人。这真是太有吸引力了。"④都柏朗构建了一个新奇和革新性的培养方案。但不管都柏朗在执行这些步骤时有多么随意,他确实对这些课程起了引领作用,同时学生也受到鼓励,发展他们自身的艺术实践。都柏朗并没有完全回避传统的写生方式,他教授

---

① de Sausmarez, Letter from Maurice de Sausmarez to Harry Thubron enclosing text of proposed experimental painting and drawing course at Byam Shaw, London, 1962, National Arts Education Archive, BHDSPL00348, Yorkshire Sculpture Park, West Bretton.

② Stokes, "Coldstream and the Sitter", 187.

③ Harry Thubron in John Jones, dir. *Drawing with the Figure*, 30 min., 16 mm., VHS copy, HT/FV/5, National Arts Education Archive. 休布伦对本课程运动人物的关注与包豪斯学派老师奥斯卡·施莱默(Oskar Schlemmer)所提出的类似问题产生了共鸣,施莱默的教学大纲和教学时间表反映了对移动模式以及舞蹈和编舞艺术研究的持续投入。然而,由于施莱默从 1928 年和 1929 年之间的教学笔记直到 1971 年才出版英文,并于两年前才首次出现在德国出版物上,因此,休布伦不太可能直接参考了这些笔记。

④ Thubron, "Recording of Harry Thubron discussing *Drawing with the Figure*", National Arts Education Archive, BHHTTP00003, 1963. Independent researcher Julian Satterthwaite kindly supplied me with a typed transcript of this recording.

写生课并将课程的原有模式打乱，为学生创造新的紧张感和可能性。之后，都柏朗发现："以往静态写生课的传统模式并没有什么错。关键是你能带给这些课程什么。但是，如果学生一周中的大部分时间都在上这种课程的话，那么这种方式对于学生而言是远远不够的。我认为自己理念的意义在于，真正能让人们为所画的人物赋予一些东西。"①所以高质量的写生课程对于都柏朗来说一直都非常重要。都柏朗接下来说道：

> 当时，你可以看到大量学校所实施的教育模式都已经困在了角落中，停滞不前。人们也成了这种模式的奴隶，无一幸免。所以我们建立了这种模式的"对立面"。我想要的就是这种"土耳其浴"的氛围，男男女女混在一起，而非只有男性。这样做可以让学校实施足够多的教育模式，并使这些模式充分地浸透到人们的心中，也可以让你更敏感地察觉到自己与一个裸露的人紧挨着，与许多裸体者坐在一起，而不是站在远处，仅仅审视一个人物。②

学生有时也在没有模型，面对不同材料的情况下进行艺术创作：

> 在某一段时期，我们在没有模型的情况下进行艺术创作。学生通过一系列符号的集合能够在不知不觉中完成画作。这在人物绘画方面也同样适用。所以，我们进一步研究了通过这种方式得到的画作。在写生课上，我们使用炭笔和铅笔，但在其他课上用 3 英寸或 6 英寸的画笔和液体涂料，或者将纸张撕碎，组成拼接画。大而粗的颜料痕迹将会突显人物。这是个发现的过程，但有着不同的节奏。③

琼斯在拍摄学校活动时遇到了很多困难，尤其是记录学校混乱无序、毫无计划性的氛围。他评论道"在一些情况下，例如像剪羊毛或烤蛋糕这样的活动是由逻辑顺序的；由开始、接下来的步骤和结尾（蛋糕或剪过毛的羔羊）构

---

① Thubron, "Recording of Harry Thubron discussing *Drawing with the Figure*", National Arts Education Archive, BHHTTP00003, 1963. 自主研究员 Julian Satterthwaite 很友好地提供给了我一份该记录的抄本。

② Ibid.

③ Art Foundation, "Leaflet to accompany film Drawing with the Figure", National Arts Education Archive, HT/PL/90, 1963. 这本小册子认为文本出自伯纳德 C·博钦格（Bernard C. Bertschinger）之手。博钦格是位收藏家，还是当代艺术的佼佼者，后来是艺术家安置小组的主席。然而，很明显，这份小册子中的文字包含了休布伦的，而非博钦格的言论。

成。但每堂绘画课的进程却非如此，课程中涉及的活动并没有这样的自然顺序"。① 但这种混乱是有必要的，因为"这种理念就是要以极端的方式，改变传统的人物绘画方法，然后观察效果……这里有一种隐含的希望，即改革后的方法能比传统方法有更好的效果，而事实也正是如此。"②

该片的影响超越了艺术，延伸到了科学领域。它为写生注入生命，也激发了在动物实验室中进行绘画创作的新方式。H. V·怀特（H. V. Wyatt）于1967年对"奔跑、跳跃和站立不动游戏"的评述解释了这部电影是如何激发了更具生命力的绘画方法。他写道，"动物学研究活着的生物，并不是死亡统计学的分支"。③ 画死去的动物并不是他们研究的一部分。相反，这个游戏将活着的青蛙带到实验室中，而学生则不得不迅速开始绘画，在20分钟内尽量画出更多的作品。怀特提到，通过进行此类的绘画训练，学生的绘画水平在质量和数量两个方面都有了提高。怀特发现，画死去的动物，"学生通常画得很慢，在绘画过程中很是痛苦，也取得不了什么进步"。④ 在教学实验室中使用活着的动物，可以让人们所期待的活力注入最终的画作中，让作品富于生命力。这种生命力也推动了当代艺术教育的许多新进展。

四、安东·艾伦茨威格教学法中的秩序和混乱

与都柏朗的教学法类似，安东·艾伦茨威格的教学法也没有在学术写作中得到充分的体现。⑤ 艾伦茨威格是20世纪50和60年代美学领域的重要人物。他的研究方向处于艺术史的知识领域和精神分析的临床领域之间。然而，无论他将自己方法的理论性程度提得多高，他的关注点始终在同一个方面，即艺术作品是体验的产物。艾伦茨威格不仅仅对观者的体验感兴趣，也对艺术家在创作过程中的体验感兴趣。他的关注点也不仅限于视觉艺术，也将音乐研究纳入其思考的范围。艾伦茨威格也进行了深入的研究。他在基础层面上审视艺术体验，并研究最为基本的人类天性。

艾伦茨威格出生在奥地利，并在那里接受了律师培训，但一生挚爱的却是艺术。这意味着他也要接受艺术、人类学和纺织工艺的培训。有一段时期值得尤为注意：他曾在著名的Werkstätte（维也纳制造工厂）度过了一段时间，

---

① Jones, "Making the Film", 24. For archival copy of Accent 6, National Arts Education Archive, EA/BK/7, 1964.

② Ibid.

③ Wyatt, "Running, Jumping and Standing-still Game", 239.

④ Ibid.

⑤ 很快这一点在Williamson, *Between Art Practice and Psychoanalysis* 中得到处理。

他在那里培养了对纺织和染料的兴趣。① 为了逃离希特勒以及纳粹德国对奥地利的吞并，艾伦茨威格于1938年离开维也纳，前往英格兰。1940年，在英国讲德语的平民数以千计，而艾伦茨威格也成了其中的一员。当时英国政府把他们当成敌人，于是把他们遣送到了世界各地的拘留所中。② 与艾伦茨威格一同遭到拘留的人中，有一个名为路德维格·赫施费鲁德-麦克(Ludwig Hirschfeld-Mack)(1893—1965)的艺术家兼教师。他以前曾是包豪斯建筑学派的一员。③ 赫施费鲁德-麦克曾经师从保罗·克利(1879—1940)，教授过艾伦茨威格绘画课程。后来，艾伦茨威格在其1956年的文章《掌握创造性的焦虑》中对当时的情景做了详细的描述。④ 1942年，33岁的艾伦茨威格获释，并返回伦敦。她的这次返回是其人生中的重大转折点。当时第二次世界大战刚结束不久，艾伦茨威格定居伦敦，开始了写生以及心理学和艺术学习的新阶段。这让她形成了对于创造力的看法；正是在那段时间，精神分析的思想在临床，以及艺术和文化这样更为宽广的领域开始不断发展。这种情况在伦敦显得尤为突出。同一时期，艾伦茨威格在艺术学校教授绘画；这让她能够将自己的想法与艺术创作的实际问题紧密地结合在一起。⑤

艾伦茨威格曾在伦敦金史密斯学院(1964—1966)任教，为培养艺术家做出了贡献。虽然这可能是艾伦茨威格最为人所知的教育成就，但她在更早的时候就已经对艺术教育领域产生了兴趣——1948至1964年，她曾在中央艺术和手工艺学院任教。⑥ 从1948年起，直至去世，艾伦茨威格对于亲身体验艺术创作和艺术欣赏的深刻思考致使她在伦敦内外的不同艺术学校任教。正如其私人信件显示的那样，在那个时期的大部分时间内，比起学术性，她更愿意在每天的工作中做一些技术性的研究。1963年，艾伦茨威格给宫布利希(E. H. Gombrich)写了一封信，解释了为什么她"拒绝了美国的正教授和英国的高级学术研究员的职位"，"我要如何解释……混合染料对我的意义就如同

---

① Anton Ehrenzweig, Partial copy of curriculum vitae, TGA 201010, c. 1958.
② 英国政府将被认定为敌人的外国人运往位于马恩岛、加拿大和澳大利亚的拘留营。这个时期艾伦茨威格的信件揭示了他的经历。Anton Ehrenzweig, Personal correspondence with parents, fiancée and Australian Jewish Welfare Society 1941/42, TGA 201010, 1941/2.
③ 关于赫施费鲁德-麦克在包豪斯学派中的地位，参见 Wick, *Teaching at the Bauhaus*.
④ Ehrenzweig, "Mastering of Creative Anxiety", 33-52. Ehrenzweig places Hirchfeld-Mack at the Dessau Bauhaus. 克莱(Klee)是包豪斯派艺术家和教师，她以1925年出版的教学手册闻名。她在这本重要的书提出了自己的教学方法。该书于1953年首次翻译成英文。
⑤ Ehrenzweig, Partial copy of curriculum vitae, TGA 201010, c. 1958.
⑥ 同上。艾伦茨威格的简历显示她在1948年入中央学校。学校章程表明，她一直待到1964年。当时他可能离开了金史密斯学院(Goldsmiths)。

磨镜片对于斯宾诺莎的意义一样——一种获得知识独立的方式。"①艾伦茨威格离开中央艺术与手工艺学院之后曾在雷文斯艺术学院短暂任教,之后还在肯特郡的布罗姆利教过书。1964年,她在金史密斯学院取得教席职位;那时艾伦茨威格的声誉已经建立起来。② 艾伦茨威格和托尼·柯林志(Tony Collinge)共同开发的"艺术教师文凭"(ATC)课程与之前的同类课程有很大的不同。在艾伦茨威格的领导下,工作室几乎成了分析性研究的场所,反映了她的理念,即"教师的人物与精神理论学家的人物相似。两者都必须解开隐藏着的无意识想象;都必须要处理反对揭示无意识性的阻力。"③在这样的背景下,学生受到鼓励去探寻内心世界,并以非常个人的方式使用他们自身的无意识材料。在这样一个精神分析的场所,人们要如何理解艾伦茨威格的角色呢?她自己这样说道:

> 分析学家和艺术教师的工作通常是互补的。分析需要解决更为严重的神经性和精神性焦虑。这种焦虑保护病人的自我意识,对抗无差别化的自我意识功能;也防止病人放弃他的坚持。一旦移开了初始的障碍,教师就能为学生提供思维训练的机会,帮助教师虚弱但僵硬的自我意识功能变得灵活而有活力。④

ATC课程所使用的教学方法是不固定的,同时其实验性的本质有时并无秩序可言。之前上过这个课程的学生大卫·巴顿(David Barton)在回忆中说道:

> 在画室中,安东(艾伦茨威格)在非常大的程度上扮演了一个不安分也不知疲倦的精神象征;她是平静的扰乱者。她经常不接受学生为自己设定的简单目标,有时则指出学生作品中令人不安的部分,因为他们的作品没有展现出企图心,并且很容易就能预测其最终效果。艾伦茨威格鼓励学生选择绘制更为刺激的作品,尽管这意味着"危险"。⑤

---

① Anton Ehrenzweig, Copy-letter from Anton Ehrenzweig to Ernst Gombrich dated 23 June 1963, TGA 201010, 1963.

② Williamson, "Paint and Pedagogy", 237-248. For an extended study of Ehrenzweig's work, see Williamson, "Anton Ehrenzweig".

③ Ehrenzweig, "Mastering of Creative Anxiety", 51.

④ Ibid., 49. This notion of "mental gymnastics" is borrowed from Arnold Schönberg's *Theory of Harmony*, an influential text for Ehrenzweig. This was originally published in German as Harmonielehre in 1911.

⑤ David Barton (ATC student 1964-1965) in an e-mail to the author 29 September 2008.

艾伦茨威格的《视觉教育》(1965)是一本重要的散文集。在书的引言部分，艺术家兼教育家乔治·凯布斯(Gyorgy Kepes)写道：

  我们当今生活的无形感体现在三个显著的方面。第一，我们的环境是混乱的。这导致了生活条件的不足、人力和物质资源的浪费，以及空气、水和土壤的污染。第二，我们的社会是混乱的——缺乏共同的思想、共同的情感以及共同的目标。第三，我们的内心是混乱的——个体不能与自己和谐相处，不能接受一个人的整体自我，也不能让身体、情感和思想友善地存在于一处。[1]

"正是人内在的混乱引发了艾伦茨威格的兴趣。在《视觉艺术》一书中，她主要为学生的创造性想象力感到担忧："通常学生一旦不得不接受规划和控制，即便这种规划和控制是少量的，他们也会立刻失去新的想象力自由。"[2]艾伦茨威格的目的是帮助学生保留想象力的自由，并通过"将原有的教学流程打碎使其成为暂时存在的不同阶段，而并非直接针对最终的特定效果或将正常的单向注意力分散开来。在人物写生过程中，你可以对模特和学生的绘画方式进行干预"的方式来实现。[3] 接下来，她在文中描述了一个都柏朗教学手段的例子：都柏朗让学生接触多个移动的写生对象（事情发生在利兹艺术学院）并记录下了学生最终富有活力、品质出色的画作。在金史密斯艺术学院开设ATC课程期间，艾伦茨威格做了如下实验：她干预学生的绘画方式，但并不替换新的绘画模型。她让学生们对同一静态模型进行多次绘画，但每次要选取不同的关注点。

对于艾伦茨威格而言，教学实践的重点在于为学生创造一个环境，让学生能够自由地进行实验，并开始意识到下意识思维在他们创作构成中的重要性。通过这样的方式，学生能够感到自己足够安全，可以冒险、犯错以及为他们接下来的艺术创作寻找一个未经安排的方式，无须担心这种方式最终可能将他们引向何处。考虑到每个学生的的需求以及所发生事件的影响，课程一直在不断改变。这种回应式的教育方法鼓励学生跟上思想的潮流。在自发性享有特权，而已有惯例遭到否定的环境中，有计划的训练和学习已非必要。

艾伦茨威格在1965年发表的报告《建立艺术教育理论》中指出，需要让学

---

[1] Kepes, *Education of Vision*, ii.
[2] Ehrenzweig, "Conscious Planning", 28.
[3] Ibid., 48.

生意识到那些可能阻碍或释放他们创造性想象力的事情。① 她认为，教师有了这种认识后，就能在今后教导学生时更好地理解相似的问题。艾伦茨威格和柯林志在此之前已经对该课程进行了有效的规划。他们将课程的目的定为研究性训练，并没有想要达到特定的结果：

> 我们努力解决受训者自身在创造性方面遇到的困难，而受训者也会逐渐软化他在创作，以及指导学生创作时所用的僵化方式。受训者会自然而然地将其大部分精力用于自我探索；他将会使用相似的实验，并在教学实践中掌握教学技巧，而不是依赖那些可以教授的教学训练。②

在20世纪中叶，正是对于自身、空间和思想的开放态度，让艾伦茨威格带着几乎像传教士一样的热情，不断前行，将自由学校延续至今。

五、21世纪的艺术学校

2009年，史蒂文·亨利·莫道夫的文集《艺术学校(21世纪的命题)》在经过编辑后出版。在书的引言部分，作者大胆地对了一系列自由学校的影响，或者自主学校的历史做了自己的论断。虽然这样的描述非常生动，但在本质上其内容是模糊不清的。作者在开头部分提出了一些关于创新和继承的想法：

> 没有一所学校是没有理念的。每个学校都体现了一种传承，所谓创新也只是脱胎于传承的创新。我所说的传承和创新是教条、让手活跃起来的技术、贡献知识的思想的传播和转化。而贡献知识的思想赋予了自我以个性，对一个团体、一个网络、许多团体和许多网络都有提升的作用。③

莫道夫的观点与安·劳特尔巴赫或是格特鲁德·斯泰因的观点并无太大的差异。或许，与一开始人们的想法相比，莫道夫关于自由学校和非主流的艺术教育模式的观点与前人的认识更为贴近。真正发生改变的是：以前学校核心课程中激进或实验性的课程转向了主流教学法之外的非主流艺术教育模式。正如安德烈·菲利普斯(Andrea Phillips)对当代教育情况所发表的言论那

---

① Ehrenzweig, *Towards a Theory of Art Education*.
② Ibid., 2.
③ Madoff, *Art School*, ix.

样，在主要的教育场所中，即学校、研究所和大学中，"学习被视作工具化和规范化的过程"。① 正是在这样的背景下，教学和学习的新形式对"一种共享、改进的参与空间的道德标准"做出了回应。②

在劳特尔巴赫早期的文章中，她采纳了斯泰因"看到的事物"的概念，将其作为理解当下艺术学校的实用概念。在1926年那场让人难以理解的讲座中，斯泰因分析了构图中的个体要素，以及它们之间的相互关系。正如巴斯奥夫指出的那样，"所涉及的东西……是将原来的结构分散到新的结构当中；新的结构依然使用原有的要素，但发挥了旧要素的新功能"。③ 对于教学和学习的新结构而言，这意味着个体要素，即学生、教师、材料、理念工程构成了新结构的基石。发生改变的是，这些要素要如何在相互间进行联系，如何与最终成型的新结构进行联系。通过这样的方式，人们就有可能理解艺术学校，清楚地认识到这类学校一直存在的需求就是要挑战主流的教育方式。无论那些挑战是否来自学生或是教师，它们通常仍然与主流教育模式联系在一起，或者至少将主流教学方式理解为阻碍自身模式发展的事物。

在克雷芒汀·德历斯（Clémentine Deliss）的文章中，她对"未来研究院"（Future Academy）的案例进行了研究。"未来研究院"这个项目于2002年末在爱丁堡成立。"未来研究院"在过去的30年间一直是由伯特（Bert）和霍利·戴维斯（Holly Davis）创办的《四海为家》（Dwelling Portably）杂志的追随者。"戴维斯的小型指南并不承认楼房和船只是人们生活的最佳场所，而是帮助人们更新知识，告诉人们有关吃饭、睡觉、物品循环利用、储存、隐藏以及以最低的要求构建其他的生活模式的最佳地点。"④ 从伦敦、爱丁堡、格拉斯哥到德里和班加罗尔，随着来自世界各个地方的参与者聚集在一起，"未来研究所"本着调查艺术学校在全球范围内转变的目的，展开了协作性、实验性的活动，在各个地方奔走。

安东·维铎克勒（Anton Vidokle）的文章呈现了"联合国广场"，（Unitednationsplaza）即像学校一样的展览。该展览起初打算在2006年的第六届双年展上举行。但是，当它在柏林举行时，该展览真的成了一间临时的学校。在此之后，该展览来到纽约，在纽约新博物馆继续举行。那次的展览名为"夜间学校"。对于维铎克勒而言，真正重要的就是让公众参与进来，因为他们具有举足轻重的作用。通过将学校与展览结合到一起，他希望"也许一个新的、极

---

① Phillips, "Educational Aesthetics", 85.
② Ibid.
③ Bassoff, "Gertrude Stein's 'Composition as Explanation'", 77.
④ Deliss, "Roaming, Prelusive, Permeable", 119.

度开放的学校可以成为当代艺术展览的替代品,并通过创造和教育新的公众的方式来恢复艺术的中介机构功能"。① 通过对这个项目的反思,维铎克勒认为其他项目,同样"成为了文化知识传播的证据,而这种知识正是传统上由艺术学校和展览所提供的,但不必完全按照传统的方式进行。这些传播模式之间的界限,像许多其他的界限一样,正在变得越来越容易穿越,比你想象的要更容易重新塑造"。②

这种倡议同莫道夫书中提到的许多其他倡议一样,通常声称要将教学法向更为广阔的艺术教育、实践和学科性的定义转变。同时,为了做到这一点,人们要采用实验性和极端的手段。③ 这些倡议都有一个共同点,即通过协作性的学习方式,推动学生在团队背景下的共同创作。在这里,正如提耶希·德·杜弗(Thierry de Duve)建议的那样,"教学法本身变成了一种策略"。④ 然而,尽管这些项目具有活力和能量,他们寻求解决的问题却少有新意。从艺术史的角度而言,这些进展通常都没有它们所期盼的那样具有创新性,也没有比早期的教学实践和模式更进一步,与过去完全断绝关系。莫道夫开始写《艺术学校》时考虑到了继承的问题。在接下来的行文过程中,他在全书中引入了9个历史案例研究,将过去和当代的例子交错在一起,但是未能充分地将两者联系在一起。在书的结尾处,莫道夫的行文紧紧围绕转变的艺术学校——这种新鲜的、活力的、创造性的、自由的事物,并在对这本书的结尾表达了自己的愿望,希望艺术学校能在当代释放变革性力量:艺术学校的"良性工厂"(benign factory)正处于重新塑造的过程中,在无形中受到更大现实世界力量的压迫,从而认识到已经改变的领域并重新想象一个更加具有社会复杂性的"例外状态",参与到社区的动态变化当中,即便自身成为了暂时的存在也无所畏惧,最终意识到"自由"的真正意义。⑤

对于斯泰因而言,在艺术教育对自身进行重新塑造或改造的过程中,无论是自由学校的形式或是实验性的课程,它们的问题仍是:新出现的状况不能为人们所完全理解。直到后来:"它们的某种影响力,及其多种影响力已经能与同时代的教育方式匹敌。只不过人们必须一直记住,这种相似性并不明显,直到像我所说的,作品的时代感太过明显,让人一下就认出它是过去的

---

① Vidokle, "From Exhibition to School", 195.
② Ibid., 200.
③ Hunter, Elzenbaumer and Franz, eds, *Department* 21, 1. Extracts reprinted in *Department* 21, "Department 21: A student-led experiment in interdisciplinary learning", 37-41.
④ Du Duve, "An Ethics", 23.
⑤ Madoff, "States of Exception", 284.

事物，同时也让这个时代的艺术作品成为了经典。"①因此，对于这种重要性的理解，即对艺术教育领域的转变和重塑的理解在之后开始出现。而这与西格蒙德·弗洛伊德的"回顾性追溯"（Nachträglichkeit）或是延时动作在某种程度上有相似之处。② 这种"事后性"（弗洛伊德的叫法）呈现出对过去的某种理解，以及它和现在的联系。当许多艺术学校和课程把学习中的历史和理论部分切除的时候，想要看到学生如何能提升对于自身历史的理解就会变得困难。而历史可能对学生自身的学习和实践有潜在的影响。这并不是说学生要最为重视历史，而是说对于历史的认识可以为学生提供有用的参照或是背景，为当下的学习提供助益。

六、第21号部门

在莫道夫的著作出版后，出现了许多替代性的教学法，其中非常重要的例子就是"第21号部门"（Department 21）。它是一个实验性的跨学科工作区，于2010年1月至2月期间在伦敦皇家艺术学院成立。在与学院院长保罗·汤普森（Paul Thompson）商谈后，这个学生主导的倡议开始变为现实。院长同意在学院内为这个项目提供暂时的空间。

学院移走了一个系，并将另一个系迁移过来。两个系中间的空地成了这个项目的临时用地。"第21号部门"将学院的土地据为己有，来探索教育的替代性模式，并试图创造出新的概念性和社会化的空间。我们想要创造一个有挑战性、包容的、极端的并具有创造性的空间，可能让皇家艺术学院朝着新教育模式的方向前进。③

通过创建一个学生可以自由创作的跨学科环境，"第21号部门"让学生能够开始与学院就教学法传统展开对话，并将这种对话维持下去。传统的教学法通过现存的部门结构一直存在着。④ 然而，尽管"第21号部门"声称要采取激进的手段，但它的建立得到了院长的通力合作，没有超过学院为学生提供的空间和资源的限制。虽然这样并没有减弱这个项目的固有价值，但这确实表现出了对于现存部门结构的务实性，而非敌对性的回应。或许，与其参与者的想象相比，这样的做法并没有那么激进。然而，正如皇家艺术学院的教

---

① Stein, "Composition as Explanation", in *Writings and Lectures*, 24-25.
② Bassoff, "Gertrude Stein's 'Composition as Explanation'", 78. Freud's first discussion of Nachträglich can be found in Freud and Breuer, *Studies on Hysteria*.
③ Hunter, Elzenbaumer and Franz, eds, *Department 21*, 1.
④ Hunter, Elzenbaumer and Franz, eds, *Department 21*, 1.

师大卫·布莱米(David Blamey)在当时发现的那样,"值得赞扬的是,他们并非一走了之,而是将其视为他们的工作,试图改变这种内向型的教育发展模式"。① "第 21 号部门"的集体性和半自主化的性质抵制外界所强加的障碍,建立了一个更为不着边际的空间。在那里,真正的跨学科实践可以以几乎是自发的方式发展;在这个空间中,任何时间内碰巧出现的人或物,无论是什么,你只需简单地对其进行回应便可。

如何进入"第 21 号部门"的问题很快成为了一个重要的话题。刚成立的学生组织公开发表了其想法,即建立一个由学生主导的空间,并尽可能地涉及更多的学生、教师和部门主任,以此让这个空间尽可能广泛地吸纳潜在参与者。皇家艺术学院教师黛比·库克(Debbie Cook)想,"是不是有这样一种风险,即完全由学生主导的'第 21 号部门'仅仅有利于最擅长表达的学生呢?我们是否要对此保持谨慎的态度呢?"②在这种情况下,有关发言权、途径和中介的问题都可以部分归结为信心的问题。反过来,信心的获得与采取正确的工具和语言来发表看法有关。正如切尔西艺术学院教师莫·索普(Mo Throp)在其他地方已经讲过的那样,"我认为创造这样一种环境,即讨论本身变成了焦点,学生组织能够体现宽容和慷慨的环境,完全取决于教师的教学技能"。③索普对于如何促进易于进行的讨论产生了忧虑,这不是没有道理的。但是布莱米并未对"第 21 号部门"产生过度的担心:"在教学和学习更加具有合作性的环境中,专家和学者的权利力度遭到了废除。这似乎会产生相反的效应:所有学生都找到了更有力的话语权。我会对话语权和自然领导力受到压迫的情况持更为谨慎的态度。"④也许正是"第 21 号部门"核心处的欢乐气氛保证了每个学生都能够获得使用空间和设施的平等权利,并让每个学生在讨论中都有平等的发言权。作家伊凡·伊里奇(Ivan Illich)评论道,"为欢乐的工作氛围所创造的环境是结构性的布置,它让前所未有的权利得到公平分配成为可能……工具的'愉快'结构(convivial Structure)是完全公正(既是分配性的,又是参与性的)存在的必要保证。"⑤

最近,参与性试验,尤其是由学生主导的倡议得到了强调。这表明,以往艺术教学的构成正在发生巨大的转变。对于以往的艺术教育而言,源自主流教育范围内的创新由强势的教师开展和领导,而都柏朗就是其中一例。然

---

① "Conversation between David Blamey and Debbie Cook", in Hunter, Elzenbaumer and Franz, eds, Department 21, 106.
② Ibid., 107.
③ Interview with Mo Throp in Rowles, 11 *Course Leaders*, 110.
④ Ibid., 107.
⑤ Illich, Tools for *Conviviality*, 13. Emphasis in original.

而，过去和当代的教学法也有相同的地方。都柏朗写生实验中的布景设置就是很好的例子：教师、学生和模特的角色和地位相互交织在一起，比起独立的代理人，更像是在画室中相互合作的同伴。在《人体绘画》一书中，协作性的方式以及平等参与创作进程的协作观念在几个方面得到了凸显。首先，当学生在画室地板上绘画之时，模特在他们中间走来走去。通过这样的方式，模特将他们的"痕迹"直接留在纸张和学生的作品上。其次，电影的结尾展现了这样一幕：都柏朗不愿意将一个学生的作品与另一个学生的作品进行比较，也非常犹豫，不知要不要给学生的作品一些评价。在这里，"临界"的标准是同等的；课程参与者（学生、模特和教师）的地位也是同等的。与此同时，影片本身也体现了实验背后的理念，并鼓励继续就有关问题进行辩论。

"第21号部门"分享性和参与性的本质能够得以维持，不仅仅是通过集体协作（大量来自皇家艺术学院的学生和教师参与进来），也有赖于讨论范围的不断拓宽。这个项目通过官方网站和自己出版的书籍将其他的评论者也邀请到讨论之中。① 这两个面向公众的资源有另一个功能：促进像这样的讨论继续进行下去；这样的讨论已经超越了物质性的画室本身。

七、结 论

也许对于当代艺术教育的替代性模式的功能、目的和效果作出确定性结论还为时尚早。这里的历史性观点至少表明了一些事情：早期教学法和已有艺术教育模式；后者为激进的新式教学法所不断否定。21世纪教学法的关注点可能已经从个体实践者向协作性共同创作的模式转变，但它们在很多方面都与20世纪的教育模式有相同之处。20世纪60年代，莫里斯·德·萨尔斯马里斯的"基础设计"教学法将关注点放在培养艺术家内在的好奇态度上，并呼吁允许学生在情感、知识和直觉方面都能得到发展的艺术教育。② 在不久的将来，替代性的教学模式可能以主流文化和教育政治学的抵抗者身份出现。尽管如此，这种替代性的教育模式促进了主流艺术教育之外的新自由，让学生能够发展出莫里斯·德·萨尔斯马里斯志在培养的求知欲。1961年，莫里斯·德·萨尔斯马里斯希望"也许所有的教育模式最终都会以新的艺术研究院的形式存在；它极为适合教导和表达时代的意识"。③ 教学和学习的新构成形式可能会不可挽回地改变艺术教育的面貌，但可以肯定的是，它们都有一个

---

① Department 21 website, http：//www.department21.net/（accessed 22 January 2013）.
② De Sausmarez, *Basic Design*.
③ De Sausmarez *et al*., "Visual Grammar of Form", 5.

共同的目标，即"非常适合教导和表达时代的意识"。它们能否实现这一目标，若干年后才能见分晓。

八、致　谢

　　本文涉及的研究是泰特美术馆"教育艺术学校"研究项目的一部分。该项目由利弗休姆基金会赞助。作者想要感谢乔恩·凯恩斯（Jon Cairns）、伊莲娜·克利帕（Elena Crippa）、奈杰尔·卢埃林（Nigel Llewellyn）以及一名匿名读者，感谢他们对于本文早期版本做出的有益反馈。本文中提及的所有安东·艾伦兹威格的论文都来自泰特档案馆和安东·艾伦兹威格的遗物；所有哈里·都柏朗的论文都来位于约克郡雕塑公园的国家艺术教育档案馆和哈里·都柏朗的遗物；所有莫里斯·德·萨尔斯马里斯的论文都来自位于约克郡雕塑公园的国家艺术教育档案馆和莫里斯·德·萨尔斯马里斯的遗物。作者在此表示由衷的敬意。

参考文献：

ALT /SHIFT, "Alt/Shift Examining the Future Form of Education for Design and the Creative Industries". http：//aitshiftualcom/.

Bassoff, Bruce, "Gertrude Stein's 'Composition as Explanation'", *Twentieth Century Literature*, Gertrude Stein Issue, 24, no. 2 (2978)：76-80.

Deliss, C16mentine, "Roaming, Prelusive, Permeable", in Madoff, *Art School*, 117-140.

Department 21, "Department 21：A Student-Led Experiment in Interdisciplinary Learning", *Networks* 11 (2010)：37-41；http：//www.department21.，net/.

Department of Education and Science, *Post-Diploma Studies in Art and Design：Third Report of the National Advisory Council on Art Education* (Third Coldstream Report), London：HMSO, 1964.

The Developing Process：Work in Progress towards a New Foundation of Art Teaching as Developed at the Department of Fine Art, King's College, Durham University, Newcastle Upon Tyne, and at Leeds College of Art (with contributions by Victor Pasmore, Harry Thubron, Richard Hamilton, Tom Hudson and others), Newcastle upon Tyne：Durham University, King's College, 1959.

Du Duve, Thierry, "An Ethics：Putting Aesthetic Transmission in its Proper Place in the Art World", in Madoff, Art School, 15-24.

Dutton, Norbert, *Plan for a School of Technological Design*, London：Norbert Dutton, 1943.

Ehrenzweig, Anton, "The Mastering of Creative Anxiety", in *Art and Artist*, by Ruth Armer et al., 33-52. Berkeley and Los Angeles：University of California Press, 1956.

Ehrenzweig, Anton, *Towards a Theory of Art Education: Report of an Experimental Course for Art Teachers and University of London Goldsmiths College*, 1964-1965, London: Goldsmiths College, 1965.

Ehrenzweig, Anton, "Conscious Plarnning and Unconscious Scanning", in Kepes, *Education of Vision*, 27-49.

Ehrenzweig, Anton, *The Hidden Order of Art*, London: Phoenix Press, 2000 [1967].

Franciscono, Marcel, *Walter Gropius and the Creation of the Bauhaus in Weimar: The Ideals and Artistic Theories of its Founding Years*, Urban, Chicago and London, England: University of Illinois Press, 1971.

Freud, Sigmund and Josef Breuer, *The Standard Edition of the Complete Psychological Works of Sigmund Freud*, Vol. 2, Studies on Hysteria [1895], trans. James Strachey, London: Vintage, 2001.

Harry Thubron: Collages and Constructions 1972-1984, exhibition catalogue, London: Austin/Desmond Fine Art, 23 March-27 April 2007.

Herrigel, Eugen, *Zen in the Art of Archery: Training the Mind and Body to Become One* [1948]. Trans. R. F. C. Hull [1953], London: Penguin, 1988.

Hunter, Polly, Bianca Elzenbaumer and Fabio Franz, eds., *Department 21*, London: Department 21, 2010.

Illich, Ivan, *Deschooling Society*, New York: Harper & Row, 1971.

Illich, Ivan, *Tools for Conviviality*, London: Marion Boyars, 2009 [1973].

Jones, John, dir., *Drawing with the Figure*, London: Art Foundation, 1963.

Jones, John, "Making the fihn, *Drawing with the Figure*", Accent: The Journal of the Students of Leeds College of Art 6 (1964): 22-27.

Kepes, Gyorgy, ed., *Education of Vision*, London: Studio Vista, 1965.

Lauterbach, Ann, "The Thing Seen: Reimagining Arts Education for Now", in Madoff, Art School, 85-97.

Leavis, F. R., *Education and the University: A Sketch for an "English School"*, London: Chatto & Windus, 1948 [1943].

MacDonald, Stuart, *A History and Philosophy of Art Education*, London: Faber, 1970.

MacDonald, Stuart, *A Century of Art and Design Education: From Arts and Crafts to Conceptual Art*, Cambridge: Lutterworth Press, 2005.

Madoff, Steven Henry, ed., *Art School (Propositions for the 21st Century)*, Cambridge, MA, and London: MIT Press, 2009.

Madoff, Steven Henry, "states of Exception", in Madoff, Art School, 271-284.

Medley, Roberts, *Drawn from the Life: A Memoir*, London and Boston., MA: Faber, 1983.

Ministry of Education, *First Report of the National Advisory Council on Art Education* (First Coldstream Report), London: HMSO, 1960.

Ministry of Education, *Vocational Courses in Colleges and Schools of Art: Second Report of the National Advisory Council on Art Education* (Second Coldstream Report), London: HMSO, 1962.

Moran, Joe, "F. R. Leavis, English and the University", *English* 51 (2002): 1-13.

NACAE and NCADA, *Joint Report of the NACAE and the NCADA: The Structure of Art and Design Education in the Further Education Sector*, London: HMSO, 1970.

Phillips, Andrea, "Educational Aesthetics", in *Curating and the Educational Turn*, ed. Paul O'Neill and Mick Wilson, 83-96. London and Amsterdam: Open Editions/de Appel, 2010.

Read, Herbert, *Art and Industry*, London: Faber, 1934.

Read, Herbert, *Education for Peace*, London: Routledge & Kegan Paul 1950.

Read, Herbert, *Education through Art*, 3rd edn., London: Faber, 1956 [1943].

Read, Herbert, *The Redemption of the Robot: My Encounter with Education through Art*, London: Faber, 1970 [1966].

Rowles, Sarah, 11 *Course Leaders: 20 Questions*, London: Q-Art London, 2011.

De Sausmarez, Maurice, *Basic Design: The Dynamics of Visual Form*, 2nd revd edn, London: A & C Black, 2001 [1964].

De Sausmarez, Maurice, William Turnbull, Richard Hamilton and Robert Brazil, "A Visual Grammar of Form", *Motif* 8 (1961): 3-29.

Saumarez Smith, Charles, *The Company of Artists: The Origins of the Royal Academy of Art*, London: Modern Art Press, 2012.

Schlemmer, Oskar, *Man: Teaching Notes from the Bauhaus*, ed. Hehno Kunchling, trans. Janet Seliganent, London: Lund Humphries, 1971.

Stein, Gertrude *Writings and Lectures* 1911-1945, ed. Patricia Meyerowitz, London: Peter Owen, 1967.

Stokes, Adrian, "Coldstream and the Sitter" [1962] in *The Critical Writings of Adrian Stokes*, Vol. 3, ed. Lawrence Gowing, 185-188. London: Thames & Hudson, 1978.

Students and Staff of Hornsey College of Art, *The Hornsey Affair*, Harmondsworth: Penguin, 1969.

Thompson, Jon, "Art Education: from Coldstream to QAA", Critical *Quarterly* 47, nos 1—2 (2005): 215-225.

Thompson, Jon, *The Collected Writings of Jon Thompson*, Manchester: Ridinghouse, 2011.

Tickner, Lisa, *Hornsey 1968: The Art School Revolution*, London: Frances Lincoln, 2008.

Vidokle, Anton, "From Exhibition to School: Unitednationasplaza", in Madoff, *Art School*, 189-200.

Westley, Hester R., Malcolm Le Grice and Peter Kardia, *From Floor to Sky: The Experience of the Art School Studio*, London: A. &C. Black, 2010.

Wick Rainer K. , *Teaching at the Bauhaus*, Ostfildern-Ruit: HatjeCantz, 2000.

Williamson, Beth. "Anton Ehrenzweig: Between Psychoanalysis and Art Practice", PhD thesis, University of Essex, 2009.

Williamson, Beth, "Paint and Pedagogy: Anton Ehrenzweig and the Aesthetics ed Art Education", *International Journal of Art and Design Education* 28, no. 3 (2009): 237-248.

Williamson, Beth, "Art History in the Art School: The Critical Historians ed Camberwell", *The Journal of Art Historiography* 5 (2011). http: // arthistoriography. wordpress. com/number-5-december-2011 /.

Williamson, Beth, *Between Art Practice and Psychoanalysis mid-20th Century: Anton Ehrenzweig's Sphere of Influence*, Farnham and Burlington, VT: Ashgate, forthcoing.

Wood, Paul, "Between God and the Saucepan: Some Aspects ed Art Education in England from the Mid-Nineteenth Century until Today", in *The History of British Art* 1870 *Now*, ed. David Bindman, 165-187. London: Tate Publishing, 2008.

Wyatt, H. V. , "The Running, Jumping and Standing-still Game", *Journal of Biological Education* 1, no. 3 (1967): 239-242.

Yeomans, Richard, "Basic Design and the Pedagogy ed Richard Hamilton", in *Histories of Art and Design Education*: Collected Essays, ed. Mervyn Romans, 195-210. Bristol: Intellect Books, 2005.

跟上时代：艺术教育中科技和标准的演变*

[美]瑞安·巴顿　梅拉妮·巴芬顿**
贺红艳译

摘要：本文论述了视觉艺术中的科技标准。实际上，这些标准充当着政策和准则的角色，指导着教师的教学内容。本文通过分析美国最新修订的《国家视觉艺术标准》(National Visual Arts Standards)、美国《21世纪技能地图》(the 21st Century Skills)、美国《预备艺术教师培养标准》(National Art Education Association (NAEA) Standards for Art Teacher Preparation)、美国《视觉艺术教育者职业标准》(NAEA Professional Standards for Visual Arts Educators)以及26所高校的艺术教育项目中的科技课程情况，发现这些标准将科技定位为教学工具和艺术创作手段。虽然媒体艺术从视觉艺术中独立成为一门新的艺术学科，一套新的数字艺术标准也随之制定，但是本文认为，媒体艺术仍然是视觉艺术这棵"大树"的分支，视觉艺术教育者是处理新数字媒体艺术标准和艺术制作的最佳人选。最后，本文就该如何调整艺术师范课程以更好地适应当代的艺术实践、当前教育科技的使用以及科技社会，为高校艺术师范专业提出几点建议。

关键词：艺术教育　媒体艺术　标准　技术

各阶段教育和艺术教育对现代科学技术的需求日益增加。2014年，随着美国针对"K-12"①学生的新《国家核心艺术标准》(National Coalition for Core Arts Standards)的颁布，如何使这些标准适用于当代视觉艺术实践、当今科技社会以及预备艺术教师的培训中，这是当前需要思考的重要问题。另外，

---

* 原文出自 Ryan M. Patton & Melanie L. Buffington, Keeping up with our students: The evolution of technology and standards in art education, Arts Education Policy Review, 2016, 117 (3), pp. 159-167.

** 瑞安·巴顿 (Ryan M. Patton)，弗吉尼亚联邦大学艺术教育系副教授，美国弗吉尼亚州里士满市。梅拉妮·巴芬顿 (Melanie L. Buffinton)，弗吉尼亚联邦大学艺术教育系副教授，美国弗吉尼亚州里士满市。

① "K-12"是美国基础教育的简称。"K"表示"Kindergarten(幼儿园)"，"12"表示"12th grade(12年级)"，"K-12"即从幼儿园到12年级，也就是大学前的教育。

在科学技术日新月异的情况下，艺术教育政策、艺术教育标准、艺术教育实践、预备教师培养以及艺术课堂要符合学生和艺术创作者的实际情况。要达到这一点，培养学生使用现代科技进行艺术创作是一条可行之路。但是，本文认为，通过审视新颁布的美国《国家核心艺术标准》，人为地将媒体艺术与视觉艺术分离并不符合现代艺术创作实践。

本文简要评述了数字技术在"K-12"学生艺术教育和预备艺术教师培养中的使用现状，重点研究了美国与视觉艺术相关的几套标准和高校艺术师范专业对于预备教师的培养方案。首先本文分别分析1994年版《国家核心艺术标准》和2014年版《国家核心艺术标准》中关于科技在艺术教育中的相关规定，然后通过研究26所高校公布在网上的艺术师范专业学生培养方案，了解到高校艺术师范专业中必修科技课程的设置情况，以及对预备艺术教师的媒体艺术能力和教育技术能力的培养情况。最后，本文建议，高校培养的艺术教师要使学生达到2014年美国颁布的《国家视觉艺术和媒体艺术标准》，具备21世纪技能并且能将这些技能应用于未来的教学中。

一、艺术教育中的科技应用历史

早在20世纪60年代，艺术教育者们就曾讨论电子媒体（现在被称为数字媒体）在艺术教育中应用的可能性（拉尼尔，1966）。到了20世纪80年代，随着笔记本电脑在学校的日渐普及，这些讨论变得更加细致深入。琳达·埃廷格（1988）在全面研究计算机在艺术课堂中应用目的、应用方式以及应用条件等问题后，提出了四个议题：(1)艺术学科的传统性；(2)计算机的工具性；(3)人机交互；(4)艺术课程设计。这四大议题仍是目前艺术教育界的研究热点。埃廷格对计算机在艺术教育中的发展前景十分乐观，但同时她也预测未来借助计算机或直接以计算机进行艺术创作会遭到来自艺术教师和学生的强烈阻力。虽然自1988年埃廷格的介绍以来，美国互联网、技术硬件及软件的使用已经发生翻天覆地的变化，但是埃廷格当时所预测的阻力依然存在。例如，2005年，卢莉莉以一组艺术师范专业学生为研究样本，研究发现样本学生对数字媒体这种艺术形式和对以计算机为艺术创作平台均持否定态度，认为以传统工具和材料进行艺术创作会使得作品更具艺术价值，因为使用传统工具能够让创作者对作品有更细微的把控（卢莉莉，2005）。

关于科学技术在"K-12"教育和艺术师范教育中应用的研究数量众多，但是科技在教育中的应用标准研究却相对较少。甚至在2010年美国《21世纪艺术能力地图》颁布前，"K-12"视觉艺术教育标准中没有一条强调科技可以被用作艺术创作手段和教学工具。

这就导致了一个疑问，如果教育的最终任务是为了培养积极活跃的劳动力（爱富兰，1990；斯普林，2013），那为何艺术教育中科技的相关标准政策要与该教育任务背道而驰？从 1994 年以来，艺术教育标准对科学技术是如何规定的？本文下一节将对"K-12"艺术教育标准进一步研究，了解艺术教育标准中科技是如何被认识的。

二、艺术标准研制背景

随着 20 世纪 90 年代到 21 世纪网络在美国校园的普及，掀起了一股为各学科制定标准的热潮。一系列的法律和标准相继出台，其中涉及视觉艺术教育的国家级文件有四个：美国《国家视觉艺术标准》（National Visual Arts Standards）、美国《21 世纪艺术技能地图》（the 21st Century Skills）、美国《预备艺术教师培养标准》（NAEA Standards for Art Teacher Preparation）以及美国《视觉艺术教育者职业标准》（NAEA Professional Standards for Visual Arts Educators）。每套艺术标准的适用目标明确，有助于推动艺术教育各个方面的发展。本文将探讨科技在实施这些艺术标准中的作用和价值。艺术教育者应深入理解和掌握这些标准，借此优化教学实践。此外，上述四个标准实际上充当了艺术政策的角色，为"K-12"教育、预备艺术教师培训以及视觉艺术教育者的职业活动提供指导。本文将分为两大部分，分别评述两类标准：一类是"K-12"的艺术教育标准；另一类则是预备艺术教师培养标准。任每一部分中，我们还将分析这些标准如何科技实施情况。

三、"K-12"艺术标准概况

（一）美国国家视觉艺术标准

1994 年，美国首个《国家视觉艺术标准》（以下简称《标准》）由美国国家艺术教育委员会（National Arts Education Associations）编写而成，制定国家艺术标准的想法是革命性的（国家视觉艺术标准编写组，1994）。虽然该《标准》是自愿非强制的，但这是一次在全美范围内实行统一课程标准的首次成功尝试。该《标准》清晰明确地列出，从幼儿园到 12 年级，各年级学生对于视觉艺术所必须知道的以及能够完成的内容。《标准》还制定了一系列课程目标，艺术教师在教学过程中应考虑这些目标，并且通过各种教学方式达到目标。美国许多州在制定州级艺术教育指导方针时都会参照该《标准》,到 2015 年为止,美国已经有 49 个州和哥伦比亚特区实施该《标准》(艺术教育合作组织,2015)。

在制定 1994 年这些标准的大纲前,在一条名为"关于适当技术的标准中",作者指出由于无法使用某些技术,所以并没有解释一些特定技术。该《标准》认为,科技的使用能够"吸引并鼓励学生投入艺术活动中","如果利用得当,还能扩大艺术的影响力,吸引更多的学习者"(国家视觉艺术标准编写组,1994:10)。标准制定者认为,科技不仅有助于艺术创作和艺术教育,而且是艺术创作工具,若合理利用能从整体上促进艺术学习和艺术发展。然而,从当今科技的角度来分析 1994 年的这些标准,只有一条高年级"成就标准"提到了科技在艺术课堂的应用。该"成就标准"主要强调跨学科联系,其中涉及科技的内容是:"学生应比较分析视觉艺术与其他艺术学科在传统材料、科技、媒体工具和创作过程的异同点"(1994:29)。结合 1994 年互联网尚未普及的背景,《标准》中提及科学技术次数有限就不足为奇了。

(二) 21 世纪技能合作组织

2002 年,美国联邦教育部支持成立了"21 世纪技能合作组织"(Partnership for 21st Century Skills,简称 P21)。除了美国教育委员会教师协会(National Education Association teachers' union),该组织成员还包括商业公司,如苹果(Apple)、微软(Microsoft)、戴尔(Dell)、SAP 公司和思科(Cisco),科学技术在学校的应用将给这些公司创造极大的经济效益。此外,培生(Pearson)、有线电视入课堂(Cable in the Classroom)和美国大学理事会(College Board)教育企业也是该组织成员(p21,2013)。该合作组织成立两年后,起草了它的第一份重要报告——《通向 21 世纪学习:21 世纪技能政策制定者指南》(P21,2007)。该项报告于 2004 年发布,2007 年修订更新,为各州教育政策制定者提供建议,力图创造良好的学习环境,使学生掌握 21 世纪所需的技能,尤其是科技相关技能。正如爱富兰(1990)所说,让企业参与学校教育的趋势早已有之。早在 1870 年,由于艺术课程培养的劳动力具备制造行业所需的技能,在制造业的推动下,马塞诸塞州在全州范围内推行艺术教育。所以,现在让商业公司参与 21 世纪技能发展只是延续了之前的教育政策趋势。

2010 年,"P21"与众多艺术教育者共同发布了另一份重要文件——《美国 21 世纪艺术技能地图》,且获得美国国家艺术教育委员会认可。"P21"认为,学生必须掌握的 21 世纪艺术技能包括:批判性思维和问题解决能力,沟通和合作能力,创新性和创新能力,获取信息能力,使用媒体能力,信息、交流、技术素养，灵活应变和适应能力，积极主动和自我管理能力，社交和跨文化能力，社会生产能力和问责制，以及有关艺术家的领导能力和责任意识(P21, 2010)。通过使21世纪技术技能与视觉艺术标准保持一致，许多艺术教育者所说的联系，即视觉艺术与创造性和创新能力，以及视觉艺术与批判性思维和问题解决能力这两大重要技能的联系得到验证，而《21世纪艺术技能地图》的发布正式确认了联系的存在。需要特别提到的是科技公司在P21中的影响力，这些公司以技术出售和培养学生使用科技学习等方式，在所有学科科目中统一实施本公司技术标准，从而大大获利。当我们赞许P21以条文的形式强调视觉艺术对必要生活技能的形成的重要性时，且在强调科学技术在视觉艺术中的多种应用方式的同时，作为具有批判精神的艺术教育者需要质疑的是，在技能标准制定过程中，该如何考虑这些标准给上述科技公司提供盈利这个问题呢？

(三)国家艺术标准的修订(2014)

2009年，布什政府任期结束，奥巴马上任，为适应奥巴马政府"竞争卓越"计划(Race to the Top)推行的新教育政策，美国州立教育部艺术教育理事会(State Education Agency Directors of Arts Education)讨论重新制定国家艺术标准(NCCAS, 2010)。鉴于P21已经开始这项工作，这项工作与科技联系紧密，2010年美国国家艺术教育委员会以及舞蹈、戏剧、音乐教育联合会共同决定，委托美国大学理事会对1994年美国《国家视觉艺术标准》与2010年《21世纪艺术技能地图》进行对比分析。美国大学理事会通过对比发现，1994年的《标准》不符合《21世纪艺术技能地图》所提出的科技技能要求，并指出与科技相关的教育标准应该定期修改，与时俱进，以适应时代发展需求。这一分析结果在预料之中。

2014年，美国修订颁布了《国家核心艺术标准》，为舞蹈、媒体艺术、音乐、戏剧和视觉艺术这五种艺术学科制定了共同的"锚定标准"(anchor standards)。《国家艺术核心标准》的项目主管菲利普·谢泼德(Phillip Shepherd)说，美国《国家核心艺术标准》以《国家视觉艺术标准》为基础，结合《共同核心课程标准》和《21世纪技能地图》中的观点和语言，编写而成。《国家核心艺术标准》虽然是着重于视觉艺术，但是与其他学科领域和全美围绕教育改革的对话息息相关(谢泼德，个人通信，2013年5月13日)。

四、预备艺术教师培养标准与视觉艺术教育者职业标准

(一)预备艺术教师培养标准

2009年,美国国家艺术教育委员会修订颁布了新《预备艺术教师培养标准》(NAEA,2009a)(以下简称《培养标准》)。该《培养标准》于1970年首次颁布,此后美国国家艺术教育委员定期对其进行修改,以反映教育政策、教育预期和课堂情景的变化。例如,1999年的《培养标准》就参考了《2000年目标:美国教育法案》(the Goals 2000 Act)和1994年的《国家视觉艺术标准》。该《培养标准》从教学内容和教学法出发,对预备教师课程设置、艺术教育学院教学、学院对预备教师的培养方式等多个角度提出要求。为培养出高水平的艺术教师,该《培养标准》还与美国两大教师评估机构进行合作:美国国家艺术设计学院协会(National Association of Schools of Art and Design)和美国国家教师教育评估委员会(National Council for the Accreditation of Teacher Education)。通过分析2009年美国《预备艺术教师培养标准》,本文发现七条标准中仅一条涉及科学技术在艺术教育学院教学中的应用。

> 艺术教育学院在教学中应使用当前已广泛使用的或新兴技术。培养预备艺术教师的教职工及学院应具备以下条件:
> • 理解且掌握电脑技术,具备将其作为研究工具的能力,在指导下能够使用其他媒体技术;
> • 配有多种艺术媒体技术设备。
>
> (标准五,2009:2)

在整套《培养标准》中,科技在预备教师培养中应用仅在上述标准五提及,而非贯穿整套标准。从标准五可看出,《培养标准》注重的是学院教师给未来的艺术教师做技术教学示范,这也反映出学界依然重视师范专业中的示范教学。

(二)美国视觉艺术教育者职业标准

2009年,美国国家艺术教育委员会在颁布《预备艺术教师培养标准》的同时,还针对已经成为艺术教师的从业者颁布了另一套标准——美国《视觉艺术教育者职业标准》(2009b)。《视觉艺术教育者职业标准》共包含13条标准,规

定了作为一名优秀艺术教师在教学各方面应具备的素养和能力。但是，这13条标准中，仅标准六对艺术教师使用科学技术提出了要求。

视觉艺术教育者应运用现代科技提高教学质量。具体标准如下：
- 课程内容包括新艺术形式和媒体艺术；
- 利用现代和新兴科技教学；
- 使用新媒介记录或展示学生艺术作品。

（标准六，2009：2）

同样，在《视觉艺术教育者职业标准》中，除了标准六，其他标准中均未提及现代技术在艺术教育的运用。

虽然如此，《预备艺术教师培养标准》和《视觉艺术教育者职业标准》两套标准仍体现出了科技在艺术教育中的转变，这些标准确认了科技已经成为艺术媒介、教学工具和记录展示学生作品的手段。2009年颁布的这两套标准并未言明某一确切的技术，但规定了在职艺术教师和预备艺术教师应在教学中以多种方式使用数字媒体，而在1994年《国家视觉艺术标准》中没有类似规定。在这种规定下，许多大学要求艺术教育专业学生参加科学技术类相关课程。本文下节将把目光转向预备艺术教师课程结构，分析各高校的艺术师范专业学生培养方案。

五、科学技术与艺术教师培养方案

为了培养出能力合格的教师，各高校的艺术教师培养方案通常都会与各州或国家实施的教师标准接轨。接下来本文的研究重心将转向艺术师范培养方案中的必修科技课程。为了更好地了解培养方案中科技课程的内容，从众多经过资格认定的高校艺术师范培养方案中选出26个艺术教师培养方案，以代表美国国家艺术教育委员会所划分的四个地区，随后从网络获取了各方案的课程描述，其中有21个培养方案中包含科技课程，并对此进行仔细分析。从课程名称和专业名称来看，有三个专业提供科技课程：艺术系(5)，艺术师范系或艺术师范专业(13)，以及教育系(3)。课程内容中艺术创作和科技教学各占的比重与提供该课程的专业密切相关：艺术系提供的科技课程内容主要是数字艺术创作；而教育系的课程内容以如何利用现代科技进行课堂教学为主；艺术教育系则把这两者相结合，只是对两者的侧重各不相同。通过分析课程描述，显然这些培养项目在科技课程内容上并不完全一致，每个大学的课程都偏向于科技的某个方面，然而这恰恰是学术自由本质的体现。使预备教师符合每一条培养标准，掌握在"K-12"教育中需要教授的每一种数字艺术形式，这也是不太可能的。但正是在这些标准之中，科技作为艺术教师需具备的技能和知识的价值被认可，但是科技又该以怎样的角色融入"K-12"艺术新标准中？本文下一节将讨论更新的"K-12"国家标准是如何支持，且最终把数字创作的重心从视觉艺术转向媒体艺术这一新艺术种类。

将各方案课程描述分别与1994年版及2014年版美国《国家核心艺术标准》进行对照后，发现2014年《核心标准》中最大的变化就是把媒体艺术从视觉艺术、音乐、舞蹈以及戏剧中分离出来，成为一门独立的艺术学科（NCCAS，2012）。《核心标准》中的这次更新不仅反映了世界科技的日新月异，更体现了越来越多的视觉艺术者利用数字媒体来计划、复制、创作以及传播自己的作品，并对作品进行归类。目前，视觉艺术者正进行程序化生成图像、快速成型雕塑和互联网艺术等创作，这在二十年前是闻所未闻的。如果没有多种多样的数字媒体，这些艺术创作也无法实现。

制定新的国家艺术标准时，可供参考的媒体艺术标准并不多。核心艺术标准联盟官网上仅有华盛顿州、密歇根州、明尼苏达州和洛杉矶学区的媒体艺术标准。贝凯特和布伦南（2008）对明尼苏达州媒体艺术标准的研究发现，该州艺术教师对媒体艺术教育知之甚少。研究建议，在职艺术教师应取得一门"附加"媒体艺术证书，而预备艺术教师应必修媒体艺术课程。

然而，对艺术教师培养方案的分析发现，所有科技课程都未明确包含媒体艺术标准中所要求的媒体创作活动。目前大多数的艺术教育项目仅开设一门科技相关课程，无法满足广泛的媒体艺术创作要求。例如，《核心标准》中"联系"（Connecting）标准要求学生了解并创作媒体艺术作品，但只有一门科技课程把该标准明确写入课程描述中。

六、视觉艺术教师培养的建议

艺术教育者应积极讨论如何应对从视觉艺术中分离出来的媒体艺术，并且找到视觉艺术和媒体艺术两者间的共同点。在这种情况下，需要调整大学的学位结构，艺术教育发展和教学结构也要随之调整变化。科技在之前课堂教学中的运用实行的是"下渗"模式。预备艺术教师在大学课堂中学习如何使用各种软件和技术，他们走上教师岗位后，又把这些技术应用于"K-12"的艺术课堂中。大学课堂的技术学习以老师为主导，这些预备教师正式从业后也在自己的"K-12"课堂延续了这种教学模式。这也导致了"K-12"学校中的技术和数字艺术水平仍停留在预备教师的课程内容上，未能与目前的科技世界紧密联系。另外，既然数字技术的使用无法完全脱离传统的艺术材料，为什么要分离出两套标准呢？卡伦·基弗·博伊德博士评论说，"将媒体从视觉艺术中独立出来成为一门新的艺术学科，就好像把泥塑、绘画以及其他类似的艺术形式从视觉艺术中拆分出来一样让人感到奇怪"（个人通信，2013年9月22日）。艺术家（还包括艺术师范专业学生和"K-12"学生）通常把科技和传统实物材料相结合。虽然艺术作品是实物，但是艺术创意却来自数字材料，反之亦然。鉴于这种情况，本文认为，媒体艺术应被视为视觉艺术这棵"大树"下的一个分支，媒体艺术标准应由视觉艺术教育者来制定，当然，保持音乐、戏剧和舞蹈艺术学科间的联系十分重要，所以制定标准时也要考虑到跨学科联系。

正如贝凯特和布伦南（2008）提出的媒体艺术是视觉艺术的一部分，本文建议艺术教师培养项目需要重新考虑视觉艺术中科技课程的设置，加大科技相关课程投入，以丰富媒体艺术课程内容。在2012年美国核心艺术标准联盟媒体艺术意见书中，联盟委员会列出了在中学阶段建议开设的十二门媒体艺术课程，包括：媒体艺术入门、理论、数字成像、交互设计、交互游戏设计、网页设计、运动图像、动画、数码音效设计、虚拟设计、多媒体设计以及跨媒体设计。这些课程对培养一名全面的数字媒体艺术者十分重要。由于以上课程中涉及的技能属于摄影、绘画和平面设计等传统视觉艺术，所以本文认为视觉艺术教师应承担主要的媒体艺术教学任务。

尽管有一些媒体艺术形式（声音、交互、运动）超出了传统视觉艺术范畴，但在美国核心艺术标准联盟列出的十二门媒体艺术课程中，除了音效设计课程，这些课程中最重要的美学元素还是以视觉为主。美国大学理事会在研究艺术学科如何培养"21世纪技能"中的获取信息能力和运用媒体能力时发现，按照目前所有的艺术标准，只有视觉艺术课程能同时培养这两项技能（美国大学理事会，2010）。因此，我们应该积极发挥科技的作用，继续把媒体艺术纳入视觉艺术领域中。这也能帮助艺术教育领域保持最新状态，跟上当代视觉艺术家的步伐。艺术博物馆已经开始将数字媒体艺术作品纳入视觉艺术和设计的展览与收藏中（安东内利，2012；罗森堡，2011）。

根据《美国新闻与世界报道》（2016），一些大学为迎合现代艺术趋势专门开设了数字媒体艺术专业。但是，媒体艺术作品作为视觉艺术和设计类被博物馆收藏时，绝大部分高等教育、娱乐产业、教师教育业和"K-12"学校却还迟迟未涉足这一艺术领域。华莱士基金会（Wallace Foundation）在2013年的一份报告指出，"K-12"学生主要在课外兴趣空间中学习如何进行媒体艺术创作（佩普勒，2013）。佩普勒发现，在这些非正式学习社区中，学生获得的数字艺术技能与从学校课堂学到的类似，但是缺乏教师的专业指导。因此，为了提高视觉艺术在21世纪和未来的重要性，艺术教育应掌握刚刚兴起的第五次媒体艺术浪潮的主导权，通过政策文件、标准制定以及预备艺术教师培养等一系列措施表明实施艺术教育才是支持媒体艺术持续发展的最佳途径。

七、艺术教育中科技应用现状

从学前教育到高等教育，艺术教育者们以各种不同的方式使用现代科技。许多大学艺术教育者对预备教师课程以及"K-12"课堂中的数字媒体技术使用情况进行了广泛研究（巴芬顿，2008；卡斯特罗，2012；钟宽盛，2007；科尔曼，2004；弗里德曼，1997；加尔布雷思，1997；吉尔，2009；约翰逊，基林，库珀，2013；基弗-博伊德，2010，2012；孔杜，贝恩，2006；米勒，威廉斯，2013；巴顿，2013；希恩，2005；斯托克洛克，2007；塞凯伊，塞凯伊，2005；泰勒，卡彭特，2007），给艺术教师的科技教学提供了指导。另一种做法是由在职艺术教师上传学生作品，这也为其他艺术教师提供更多的教学资源（安德里克，麦吉，2008；福维艾斯塔，2013；约翰逊，2010；菲利普斯，2016）。小学阶段学生利用媒体技术制作的作品多为动画和视频（基施纳，2013），而高中艺术教育则偏重平面设计或其他高级媒体艺术课程（代贝洛，2010；奥利韦，2013）。

由于无法实地调查各艺术课堂情况，本研究不得不通过艺术教育学术研究资料和艺术教师发布在网上的学生作品，借以了解现代科技在课堂中的使用情况。研究发现，学生的艺术作品，如网上发布的动画、视频等媒体艺术作品只是少数个例，绝大部分学生作品还是使用传统方式创作。这也与1999年（伯顿，2001）和2006年（罗兰，2010）的两项调查结果一致，艺术教师和学生利用现代科技搜索研究艺术家和艺术作品，而非以此为工具直接进行艺术创作。随着计算机在艺术教育、预备教师培养课程中的地位变得愈加重要，研究者们越来越关注预备艺术教师科技能力的培养，以及他们走向教师岗位后是否还能够保持这种能力（罗兰，2010）。教师培训、技术设施和艺术实践仍然是关于艺术课堂科技应用的三大议题（德拉克鲁兹，2004）。

对视觉艺术教育者来说，以下两个问题迫在眉睫。第一，由于媒体艺术相关知识和资源的缺乏，"K-12"学生缺乏学习媒体艺术制作的条件，无法达到前文所提的21世纪技能的要求。第二，由于"K-12"学校对艺术教育等"非重要"课程的资金投入持续减少（布赖恩特，2011），视觉艺术教师缺乏媒体艺术课程的教学能力，与现代艺术实践脱节，最终导致将媒体艺术从视觉艺术领域中分离成为一门独立的艺术学科。

这种情况下，视觉艺术教师需要参加进修，学习数字媒体艺术技能，不断更新完善绘画、雕塑和陶瓷及其他媒介艺术教学知识体系，使得艺术教育始终与21世纪的这个世界接轨（崔，皮罗，2009）。除了使用媒体技术，美国核心艺术标准联盟在建议开设的12门媒体艺术课程中明确指出，这些课堂都应该包含创作、研究、评估以及批评这四个过程。这12门课程的描述中（2012），其中11门中都写道：

> 媒体艺术课程内容设计和制作为主要课程内容……常见的课堂讨论话题有：媒体艺术作品的美学含义、欣赏以及分析，还包括创作背景、文化和历史因素等。
>
> （2012：11—12）

"K-12"视觉艺术教师应透彻理解上述内容，并认识到艺术作品创作、研究以及反馈是一门高质量的艺术课程所必不可少的。让学生亲身参与到数字媒体艺术创作的实践中是21世纪"K-12"课程设置的重要部分，但是把媒体艺术从数字媒体出现之前的艺术形式中分离出来的做法否定了数字时代之前所形成的艺术技能对媒体艺术发展的价值。

为了便于艺术教师教学，本文根据美国核心艺术标准联盟的课程划分提供了一组媒体艺术作品，适用于"K-12"学校艺术教育环境（见《附录》）。每个类别中包含尽可能多元化的艺术作品。比如，动画类别的作品包括手绘动画、计算机动画、定格动画、3D动画、程序动画以及机造影片。艺术教师培养项目也应将数字媒体制作纳入课程方案中。

八、结　论

在教育领域实行改革是一个缓慢而艰难的过程。然而，现在艺术教育者们必须做出决定：是选择21世纪迅猛发展的媒体艺术，还是继续削减学校预算。大学预备教师教育应进行科技课程改革以达到媒体艺术要求，为预备艺术教师增设数字媒体艺术必选课程和教育科技课程。对于在职艺术教师，大学可以为其提供短期的职业发展课程，着重培训教育科技、数字媒体艺术形式及课堂应用。促进加强各高校艺术教育专业老师之间的学术交流，就艺术师范学生在数字媒体艺术和教育科技课程内容达成共识。除此之外，大学之间关于数字制作和教育技术课程的交流也有助于厘清艺术师范学生需具备的数字制作能力和教学技巧,推动预备艺术教师培养课程的发展。

各州议会越来越忽视学位课程中的学分问题是在视觉艺术教育课程中增设媒体课程的主要障碍之一。一般情况下分成视觉艺术和媒体艺术两个学位,但是这样就造成视觉艺术教育专业学生没有机会学习数字艺术技能,成为"K-12"视觉艺术教师后也无法给学生提供全面的视觉艺术和创作模式的指导,最终使学生遭受损失。为了避免这种情况,笔者建议通过立法,增加本科艺术师范专业的学分(大于120),以培养高水平的艺术教师。

致 谢

卡伦·基弗·博伊德博士审阅本文并提出宝贵建议,在此我们深表谢意。

参考文献:

Andrlik, H., & McGee, T.(2016). *The teaching palette*. Retrieved from http://theteachingpalette.com/.

Antonelli, P.(2012, November 29). Video games: 14 inthe collection, for starters, *The Museum of Modern Art*. Retrieved from http://www.moma.org/explore/insideout/2012/ll/29/video-games-14-in-the-collection-for-starters/.

Arts Education Partnership.(2015). *State of the states* 2015, Retrieved from http://www.aep-arts.org/wp-content/uploads/State-of-the-States-2015.pdf.

Bequette, J. W., & Brennan, C.(2008). Advancing media arts education in visual arts classrooms: Addressing policy ambiguities and gaps in art teacher preparation, *Studies in Art Education*, 49(4), 328-342.

Bryant, J.(2011, October 13). *Starving America's pubIic schools: How budget cuts and policy mandates are hurting our nation's students*, Cambridge, MA: Opportunity to Learn Campaign.

Buffington, M. L.(2008), What is Web 2.0 and how can it fur-ther art education? *Art Education*, 61(3), 36-41.

Burton, D.(2001). How do we teach? Results of a national survey of instruction in secondary art education, *Studies in Art Education*, 42(2), 131-145.

Castro, J. C.(2012). Learning and teaching art through social media, *Studies in Art Education*, 53(2), 152-169.

Choi, H., & Piro, J. M.(2009). Expanding arts education in a digital age. *Arts Education Policy Review*, 110(3), 27-34.

Chung, S. K.(2007). Art education technology: Digital storytelling. *Art Education*, 60(2), 17-22.

Culman, A. (2004). Net. art and Net. pedagogy: Introducing Internet art to the digital art curriculum. *Studies in Art Education*, 46(1), 61-73.

College Board. (2011). *Arts education standards and 21st century skills: An analysis of the National Standards for Arts Education* (1994) *as compared to the 21st century skills map for the arts*. Retrieved from http://nccas.wikispaces.com/file/view/NCCAS%20P21%20Report pdf.

DeBello, M. (2010, October 24). *Haines City IB Visual Arts* Retrieved from https://sites.google.com/site/hainescityibvi sualarts/.

Delacruz, E. (2004). Teachers' working conditions and the unmet promise of technulogy. *Studies in Art Education*, 46(1), 6-19.

Efland, A. (1990). *A history of art education: Intellectual and social currents in teaching the visual arts*. New York, NY: Teachers College Press.

Ettinger, L. F. (1988). Art education and computing: Building a perspective. *Studies in Art Education*, 30(1), 53-62.

Fuglestad, T. (2016). *Dryden art*. Retrieved from http://dryde nart weebly com/fugle-blog html.

Freedman, K. (1997). Visual art/virtual art: Teaching technology for meaning. *Art Education*, 50(4), 6-12.

Galbraith, L (1997) Enhancing art teacher education with new technologies: Research possibilities and practices. *Art Education*, 50(5), 14-19.

Gill, D. V. (2009). Usefulness of video game experience for students learning and creating digital 3—D. *Visual Arts Research*, 35(2), 109-121.

Johnson, L. (2016). *Art room online* Retrieved from http://artroomonline corn/.

Johnson, M. H., Kieling, L. W., & Cooper, S. L. (2013) East coast/west coast art project: A constructivist and technological approach to middle level and higher education collaboration. *Art Education*, 66(4), 22-27.

Keife Boyd, K. (2012). Envisioning a future techno—infused eco-pedagogy. In E. Zimmerman (Ed.), *NAEA advocacy white papers*, *Section 2-How high quality arts education can prepare students for the future* (pp. 9-12) Reston, VA: The National Art Education Association.

Keife Boyd, K. (2010). Masquerading the immateriality of materiality. In R. W. Sweeny (Ed.), *Inter/sections/Inter/ actions: Art Education in a Digital Visual Culture* (pp 170-181). Reston, VA: The National Art Education Association.

Kirschner, L. (2013, March 14). Arlington Heights art teacher wins regional award. *Chicago Tribune* Retrieved from http://artides chicagotribune.com/2013-03-14/news/ct-tl-arling ton-heights-d25-tricia-fuglestad-natio-20130311_1_art-teacher_nea-award-art-education.

Kundu, R., & Bain, C (2006). Webquests: Utilizing technology in a constructivist manner to facilitate meaningful preservice learning. *Art Education*, 59(2), 6-11.

Lanier, V. (1966). Newer media and teaching art. *Art Education*, 19(4), 4-8.

Lu, L. F. (2005). Pre-service art teacher negative attitudes and perceptions of computer-generated art imagery: Recom- mendations for pre- service art education program. *Visual Arts Research*, 31(1), 89-102.

Miller, W., & Williams, R. M. (2013). Preservice teachers and blogs: An invitation to extend reflection and conversation. *Art Education*, 66(3), 47-52.

National Art Education Association. (2009a). *Stundards for art teacher preparation*. Retrieved from http: //wwwarteduca torsorg/store/q _ TEACHER _ STANDARDS _ WEB _ B. pdf.

National Art Education Association. (2009b). *Professional standards for visual arts educators* Retrieved from http: //wwwarteducatorsorg/store/l0 _ NAEA _ Art _ Ed _ Stds _ B. pdf.

National Coalition for Core Arts Standards. (2010). *National arts standards 2.0 working time line*. Retrieved from http:// www. dipity. com/National/National-Arts-Standards-2-0- Wo rking-Time-Line/? eid-3uCFDXgflXA.

National Coalition for Core Arts Standards. (2012). *The inclusion of media arts in next generation arts standards*. Retrieved from http: //www. mediaartseducationorg/wp-con tent/uploads/2014/05/NCCAS _ Media Arts 5-19-14pdf.

National Coalition for Core Arts Standards. (2014). *Visual arts standards*. Retrieved from http: //www. nationalartsstandards. org/.

National Visual Arts Standards Task Force. (1994). *National standards in visual arts*. Reston, VA: National Art Education Association.

Oliveri, A. B. (2013). *Artwitholiveri: art lover, art maker, art teacher*. Retrieved from http: //artwitholiveri. wordpress. com/.

Partnership for 21st Century Skills. (2007). *The road to the 21st century: A policymaker's guide to 21st century skills*. Retrieved from https: //web. archive org/web/20130117111652/http: // p21. org/tools-and-resources/publications/925.

Partnership for 21st Century Skills. (2010). *21st century skills map for the arts*. Retrieved from http: //wwwarteducators org/research/21 st - cent ury-skills- arts-map.

Partnership for 21st Century Skills. (2013). *Our history*. Retrieved from http: // www. p21. org/about-us/our-history.

Patton, R. M. (2013). Games as an artistic medium: Investigating complexity thinking in game-based art pedagogy. *Studies in Art Education*, 55(1), 35-50.

Peppler, K. (2013). *New opportunities for interest-driven arts learning in a digital age*. New York, NY: Wallace Foundation Retrieved from http: //www. wallac efoundation. org/ knowledge-center/arts-education/key-research/Pages/New- Opportunities- fo-Interest - Driven- Arts-Learning-in-a-Digital-Age. aspx.

Phillips, L. (2016). *Ms. Phillips artroom blog*. Retrieved from http://phillipsartroom wordpress.com/.

Roland, C (2010). Preparing art teachers to teach in a new digital landscape. *Art Education*, 63(1), 17-24.

Rosenberg, K. (2011, July 28) MoMA's "Talk to Me" focuses on interface. *The New York Times*. Retrieved from http://wwwnytimescom/2011/07/29/arts/design/momas-talk-to-me-focuses-on-interface-review html.

Shin, R (2005) A metacognitive art criticism module accessed by high school students using an interactive CD-ROM, the Internet, and virtual chatting. *Visual Arts Research*, 30(1), 63-75.

Spring, J. (2013). *American education* (16th ed.). New York, NY: McGraw-Hill.

Stokrocki, M. (2007). Art education avatars in cyberspace: Research in compute-based technology and visual arts education. In L. Bresler (Ed.), *International Handbook for Research in Arts Education*, Part II (pp. 1361-1379). Dordrecht, The Netherlands: Springer.

Szekely, G., & Szekely, I. (2005). *Video art for the classroom*. Reston, VA: National Art Education Association.

Taylor, P. G., & Carpenter, B. S. (2007). Hypermediated art criticism. *The Journal of Aesthetic Education*, 41(3), 1-24.

U.S. News and World Report. (2016). Best time-based media and new media programs. *U.S. News Best Graduate Schools*. Retrieved from http://grad-schoolsusnews rankingsandre-views.com/best-graduate-schools/top-fine-arts-schools/time-based- media-rankings? int=a69f09&int=a06908.

附录：

根据美国《国家核心艺术标准联盟》（2012）对媒体课程的描述，为"K-12"艺术教师推荐以下艺术作品供参考。

游戏类

- Broken Rules—*And YetitMoves* (2009)
- Jason Rohrer—*Passage* (2007)
- Bogtjan Cadež—*Line Rider* (2006)
- Susana Ruiz—*Darfur is Dying* (2006)
- Giant Sparrow —*he Unfinished Swan* (2012)
- thatgamecompany—*Journey* (2012)

多媒体类

- Margot Lovejoy —*Turns* (2002)

- David Rokeby—*Very Nervous System*（1986-1990）
- Ann Hamilton—*VERSE*（2011）
- Daniel Rozin—*Wooden Mirrors*（1999）

交互类
- Cory Arcangel—*Pizza Party*（2004）
- Katherine Moriwaki and Jonah Brucker-Cohen—*Umbrellas*（2004）
- Rafael Lozano-Hemmer—Tape Recorders（2011）
- *Camille Utterback and Romy Achituv*—Text Rain（1999）

虚拟类
- *Rebecca Allen*—Bush Soul（#3）（1999）
- *Eduardo Kac*—Genesis（1999）
- *Graffiti Research Lab*—L.A.S.E.R. Tag（2007-2008）
- *S.W.A.M.P. with Tiago Rorke*—Tardigotchi（2010）

跨媒体类
- Blast Theory—*"Can You See Me Now"*?（2001-2005）
- Golan Levin with Lawrence Hayhurst, Steven Bend ers and Fannie White—*Double-Taker*（Snout）（2008）
- Jody Hudson-Powell, Luke Powell, Joel Gethin Lewis, and Jean-Gabriel Becker—*Hungry Hungry Eat Head*（2009）
- Nicole Stenger—*Angels*（1989 1992）
- Chris Woebken and Natalie Jeremijeuko—*Bat Bill—board*（2008）

网页设计类
- Ben Benjamin—*Superbad*（1997）
- Jason Santa Maria—*The Amanda Project*（2009）
- Chris Milk—*The Wilderness Downtown*（2010）
- Ubermorgen—*Clickistan*（2010）
- Ursula Endlicher—*The old Internet: On Networks*（2009-present）
- LeaVerou—*Animatable*（2011）

数字成像类
- EbOY—*Berlin*（2002）
- Mariko Mori—*Pureland*（1998）
- David Hockney—*iPad drawings*（2008-present）
- Inez van Lamsweerde—*Me Kissing Vinoodh*（*Passionately*）（1999）

视频/电影类
- Eija Liisa Ahtila—*Me/We, Okay, and Gray*（1993）
- Nam June Paik—*Magnet TV*（1965）
- Sadie Benning—*Girl Power*（1992）
- Paul Pfeiffer—*The Long Count*（*The Rumble in the Jungle*）（2001）
- Oliver Herring—*Spitting Food Dye*（2004）
- BillViola—*The Greeting*（1995）
- Tony Oursler—*Judy*（1993）

动画类
- Alex Chan—*The French Democracy*（2005）
- JohnLasseter—*LuxoJr.*（1986）
- Michel Gondry—*Fell in Love with a Girl*（2002）
- JuliaPott—*TheEvent*（2012）
- Kennedy—Marshal Company—*Persepolis*（2007）
- Casey Reas and Tal Rosner—*Chronograph*（2011）

音频设计类
- Bluebrain—*Listen to the Light*（2011）
- Alyce Santoro—*Sonic Fabric*（2003 present）
- Girl Talk—*All Day*（2010）
- Yuri Suzuki—*Tip Tap*（2008）
- Tod Machover—*Music Toys*（2002 2003）

后　记

　　本书是对北京中小学艺术教育活动实践、创新、改革、发展的思考文集，希望全景式地描绘北京中小学艺术教育的图景，阐释其中的成功因素、模式、特点、方法、途径，提出促进中小学艺术教育未来发展的有益建议。

　　艺术教育是体验式教育，也是实践式教育，只有浸润于艺术中，才能欣赏美、创造美，提高审美情趣、丰富艺术底蕴、提升创造力。北京金帆团是以学生为主体的艺术团体，旨在激发学生的艺术兴趣，发挥学生的艺术才能，以体验式、实践式教育陶冶美的情操、培育美的情感、塑造美的灵魂。从书中，我们可以看出，北京金帆团从诞生、成长，到逐渐发展壮大，背后的艰辛故事是多么感人。从1987年成立第一个金帆团起，迄今已有30多年。30多年的时光荏苒，但是金帆团追求美好理想的航行从未抛锚。今天，金帆团已经遍布全市11个区的92所学校，并发展到113个团。在各级领导的关怀与支持下，它已经成为体现北京中小学生的精神风貌、审美素养的高水平的艺术团体，体现北京市中小学生艺术教育校外活动质量的窗口。而金帆团今日的成就与辉煌都是老师的心血、学生的汗水铸就的。金帆团也是北京中小学艺术教育改革、创新的结果，学生在艺术实践、社团活动中进行隐性学习，而学生的这种学习更具有主动性、积极性。大批学生在金帆团里，认知与情感得以均衡发展，实现了艺术梦；在后来成长中，又实现了人生梦。金帆的航行是驶向美与艺术的航行，是驶向成功的彼岸的航行。

　　校外艺术活动是校内艺术教育的补充，校内的艺术教育是学校艺术教育的主要阵地。究竟如何才可以提升艺术教育的质量？这是众多艺术教师思考的问题。对教师而言，我们既要"向内自省"，又要"向外观看"；既要"向高瞭望"，又要"向下俯瞰"；既要"向后看"，又要"向前看"。"向内自省"即认真思考美术、音乐、舞蹈等艺术教育存在的问题，研究症结所在，寻找解决方法。深入探究艺术教育的规律、特点，使艺术教育吸引学生，让艺术完善其人。"向外观看"即开阔视野，以开放态度学习国外优秀艺术教育模式、经验，不断地以新的思维汲取艺术教学理论、教学方法等营养，提高自身的艺术教育素养与水平。"向高瞭望"即站在提升艺术教育的质量、水平的高度去理解艺术教育的价值、意义与特性。"向下俯瞰"即以宏观视野去俯瞰艺术教育领域，全方位地、综合性地考虑问题，不仅考虑单一种类的艺术教育问题，更要考虑艺术教育与其他学科结合、其他领域结合的问题。"向后看"即要看到现代艺术教育是传统艺术教育的传承，我国古代艺术教育的经验在现代仍具有一定参考意义，对古代艺术教育精华仍要保留。"向前看"即艺术教育要面向未来，面对高科技、网络、人工智能等时代潮流，要思考艺术教育的创新与改革，使艺术教育与社会进步同频共振，不落伍于飞速发展的时代。

  本书是艺术教育工作者的智慧的集锦、探索的成果、汗水的结晶。在此衷心感谢各位接受采访的专家，感谢支持北京学校艺术教育的艺术家、学者以及有关人士！

史 红
2017 年 10 月